Freiheit von Schulden – Freiheit zum Gestalten?

MAX-PLANCK-INSTITUT FÜR GESELLSCHAFTSFORSCHUNG
MAX PLANCK INSTITUTE FOR THE STUDY OF SOCIETIES

Lukas Haffert ist Oberassistent am Institut für Politikwissenschaft der Universität Zürich.

Lukas Haffert

Freiheit von Schulden – Freiheit zum Gestalten?

Die Politische Ökonomie von Haushaltsüberschüssen

Campus Verlag
Frankfurt/New York

Schriften aus dem Max-Planck-Institut für Gesellschaftsforschung Köln, Band 84

Bibliografische Information der Deutschen Nationalbibliothek
Die Deutsche Nationalbibliothek verzeichnet diese Publikation in der Deutschen Nationalbibliografie. Detaillierte bibliografische Daten sind im Internet unter http://dnb.d-nb.de abrufbar.

ISBN 978-3-593-50501-5 Print
ISBN 978-3-593-43276-2 E-Book (PDF)

Umschlaggestaltung: Campus Verlag GmbH, Frankfurt am Main
Umschlagmotiv: Gebäude des Max-Planck-Instituts für Gesellschaftsforschung, Köln
Lektorat und Satz: Jeanette Störtte, Berlin
Gesetzt aus: Garamond
Druck und Bindung: CPI buchbücher.de, Birkach
Gedruckt auf Papier aus zertifizierten Rohstoffen (FSC/PEFC).
Printed in Germany

www.campus.de

Kontakt: Werderstr. 10, 69469 Weinheim, info@campus.de

Inhalt

Vorwort

In den Wochen, da dieses Buch erscheint, debattiert der Deutsche Bundestag über den Bundeshaushalt 2016, der zum dritten Mal in Folge ausgeglichen sein soll. Fast haben wir uns schon an diese »schwarze Null« gewöhnt. In der jüngeren deutschen Finanzgeschichte ist sie jedoch weiterhin etwas Besonderes: Vor 2014 hatte der Bund zuletzt 1969 einen ausgeglichenen Haushalt erzielt, noch 2010 lag das Haushaltsdefizit bei 4,3 Prozent des Bruttoinlandsprodukts.

In den mehr als vier Jahren meiner Arbeit an diesem Buch kam es deshalb zu einem häufig wiederkehrenden Dialog. Wann immer ich anderen von meinem Forschungsthema berichtete, reagierten sie nämlich mit einiger Skepsis: »Haushaltsüberschüsse – gibt es das überhaupt?«

Ich erläuterte dann regelmäßig, dass solche Überschüsse tatsächlich verbreiteter seien, als man intuitiv annimmt. Kanada, Schweden oder Neuseeland hätten sogar für mehr als ein Jahrzehnt ununterbrochen Überschüsse erzielt. Damit war der Dialog jedoch nicht beendet. Denn meine Ausführungen lösten sogleich eine zweite Frage aus: »Das ist ja toll – wie machen die Länder denn das?«

Diese Frage, erklärte ich dann, sei voreilig gestellt. Denn sie gehe davon aus, dass Überschüsse eine unzweifelhaft positive Sache sind, die alle Länder anstreben sollten. Das ist aber nicht zwingend der Fall. Denn nur weil Überschüsse mit einer Reihe positiver Versprechen verbunden sind, müssen sich diese nicht auch tatsächlich erfüllen. Bevor wir Überschüsse zu einem politischen Ziel ausrufen, so argumentierte ich, müssten wir erst einmal klären, ob sie tatsächlich die positiven Folgen haben, die wir ihnen zuschreiben. Genau dieser Frage ist dieses Buch gewidmet.

Es ist eine gekürzte und überarbeitete Fassung meiner am Max-Planck-Institut für Gesellschaftsforschung (MPIfG) in Köln entstandenen Dissertation. In den vier Jahren, in denen ich dort den Abbau der finanziellen Verschuldung untersuchte, habe ich selbst zahlreiche intellektuelle Schulden angehäuft. Mein größter Gläubiger war dabei Wolfgang Streeck, der mit nie nachlassendem Elan in meine Verwandlung von einem politisch interessierten Ökonomen zu einem tatsächlichen politischen Ökonomen investiert hat. Ich hoffe, dass diese Anlage noch lange Zinsen trägt.

Besonders danken möchte ich zudem meinem Zweitgutachter Martin Höpner, der das Buch bis in die letzte Überarbeitung hinein mit vielen klugen Hinweisen begleitet hat. Wichtige Anstöße habe ich darüber hinaus Marius Busemeyer, Henrik Enderlein, Sigrid Quack und Armin Schäfer zu verdanken, die mir in unterschiedlichen Phasen des Entstehungsprozesses mit Ratschlägen und Kommentaren zur Seite standen. Die finalen Überarbeitungen des Textes erfolgten in Florenz, wo Pepper Culpepper ein immer hilfreicher Mentor war.

Wie jeder politische Ökonom weiß, ist der Ertrag einer Investition stets vom sozialen Umfeld abhängig, in das sie eingebettet wird. In dieser Hinsicht hat meine Arbeit maßgeblich vom regelmäßigen Austausch mit anderen (Post-) Doktoranden am Kölner Institut profitiert. Timur Ergen, Barbara Fulda, Sebastian Kohl, Daniel Mertens und Raphael Reinke hatten mit all den Schwierigkeiten des Dissertationsprozesses zu ringen, mit denen ich auch konfrontiert war – es war großartig, sie gemeinsam mit ihnen überwinden zu können. Lea Elsässer und Philip Mehrtens haben das Manuskript zum Schluss vollständig durchgearbeitet und mit vielen scharfsinnigen Korrekturen zu seiner Verbesserung beigetragen. Großen Dank schulde ich zudem den nichtwissenschaftlichen Mitarbeiterinnen und Mitarbeitern des Instituts – die institutionelle Unterstützung, die man am MPIfG erfährt, ist wohl einzigartig. Die vielfältigen Quellen der Inspiration dort repräsentierte schließlich niemand besser als Carolin Lange, deren unbändige Lust auf pointierte Debatten mir eine ständige Herausforderung und Freude war.

Was ich am MPIfG aber vor allem gelernt habe, ist eine bestimmte Haltung: dass nämlich sozialwissenschaftliche Forschung gerade deshalb attraktiv ist, weil sie keine endgültigen Antworten kennt. Dass es oft mehr wert ist, ein Problem präzise zu benennen, als eine scheinbare Lösung anzubieten. Und dass keine Theorie sich jemals endgültig durchsetzen und keine Theorie je vollständig zu den Akten gelegt werden kann. Diese Ambivalenz motiviert, immer noch weiter zu lesen, zu denken und zu zweifeln.

Zürich, im Oktober 2015 *Lukas Haffert*

Kapitel 1
Einleitung: Freiheit von Schulden – Freiheit zum Gestalten?

> But now, Mr. Speaker, having done what we had to do, we can see that the worst is behind us, that brighter days lie ahead. The era of cuts is ending. The finances of the nation are finally being brought under control. We are at the point where we are now able to forge a new destiny for ourselves. (Martin 1997: 28)

Mit dieser pathetischen Formulierung präsentierte Finanzminister Paul Martin dem kanadischen Unterhaus am 18. Februar 1997 den ersten ausgeglichenen Staatshaushalt seit 1969. Damit, so seine Botschaft, ende eine Epoche, in der politische Entscheidungen immer öfter alternativlos, weil von unverrückbaren Sachzwängen getrieben gewesen seien. Die erfolgreiche Haushaltssanierung befreie die kanadische Politik aus den Fesseln dieser Alternativlosigkeit. Sie habe die Kraft zurückerlangt, Kanadas Zukunft aktiv zu gestalten.

Angesichts der noch immer spürbaren Folgen der Weltfinanzkrise von 2008 ist die Rückgewinnung politischer Entscheidungsspielräume heute, achtzehn Jahre nach dieser Rede, weltweit eine dringliche Aufgabe. Denn mit dem Diktat des Sachzwangs ist ein fundamentales Problem für die Demokratie verbunden. Demokratie setzt die Möglichkeit einer Wahl zwischen Alternativen konstitutiv voraus. Wo aber jedes Wahlergebnis zur selben Politik führt, ist dieses demokratische Grundprinzip infrage gestellt (Schäfer/Streeck 2013a). Mit gutem Grund kürte die Gesellschaft für deutsche Sprache das Wort »alternativlos« daher zum Unwort des Jahres 2010.

Diese Arbeit untersucht eine häufig vorgeschlagene Strategie zur »Rückgewinnung staatlicher Handlungsfähigkeit« (Wagschal/Wenzelburger 2008a): die Konsolidierung der öffentlichen Haushalte und den Abbau von Staatsverschuldung. Am Beispiel Kanadas und anderer Länder mit dauerhaften Haushaltsüberschüssen wird geprüft, ob diese ihr »Schicksal« im Sinne Martins tatsächlich zurück in die Hände der Politik legen konnten. Die Untersuchung kommt zu dem Ergebnis, dass diese Strategie wenig erfolgversprechend ist. Wo fiskalische Handlungsspielräume ausgebaut werden konnten, gelang dies durch eine Beschränkung politischer Handlungsspielräume, sodass die Handlungsfähigkeit der Politik zwar neu justiert, aber eben nicht vergrößert wurde.[1]

1.1 Staatliche Handlungsfähigkeit und Verschuldung

Dass die staatlichen Entscheidungsspielräume in den letzten Jahrzehnten erheblich geschrumpft sind, ist weitgehend unumstritten. Warum das aber so ist, dafür gibt es verschiedene Erklärungen. Bereits in den 1970er-Jahren sah eine breite sozialwissenschaftliche Literatur die zunehmende »Unregierbarkeit« demokratischer Gesellschaften voraus. Von konservativer Seite wurde dafür die »Anspruchsinflation« der Bürger, von linker Seite die permanente Notwendigkeit, ökonomische Konflikte politisch zu pazifizieren, verantwortlich gemacht (Schäfer 2008). Seit den 1980er-Jahren galt dann vor allem die Globalisierung als Ursache schrumpfender Handlungsspielräume (Scharpf 1991; Cerny 1996; Berger 2000). Die zunehmende ökonomische Integration zwinge die Staaten zu einem immer schärferen Wettbewerb um mobile Produktionsfaktoren, der zu einem Unterbietungswettkampf, etwa bei der Besteuerung, führe, in dem nationale Eigenheiten auf der Strecke blieben. Andere Autoren relativierten die Rolle der Globalisierung und betonten die vorwiegend in den Grenzen des Nationalstaats stattfindende Transformation von der Industrie- zur Dienstleistungsökonomie (Iversen/Wren 1998; Iversen 2005). Letztere leide vor allem an den geringen Produktivitätszuwächsen im Dienstleistungssektor. Das zwinge den Staat, Arbeitsplätze in diesen Sektoren immer stärker zu subventionieren und stelle ihn somit vor ein Trilemma zwischen Vollbeschäftigung, wirtschaftlicher Gleichheit und gesunden Staatsfinanzen. Ein dritter Literaturstrang verwies vor allem auf die Ausreifung des Wohlfahrtsstaats, die den Staat in Verbindung mit dem demografischen Wandel immer stärker belaste (Pierson 1998, 2001a). Wachsende Teile des Staatshaushalts müssten dafür aufgewendet werden, in der Vergangenheit geleistete Zahlungsversprechen zu erfüllen. Zudem müssten immer weniger Beitragszahler für immer mehr Beitragsempfänger aufkommen. Der Staat sei deshalb zunehmend darauf beschränkt, für Entscheidungen der Vergangenheit zu bezahlen anstatt neue, auf die Zukunft gerichtete Entscheidungen zu treffen.

In den Jahren seit dem Ausbruch der Weltfinanzkrise und befeuert durch die Eurokrise ist nun vor allem die Staatsverschuldung als Ursache staatlichen

1 Die Arbeit unterscheidet konzeptionell zwischen *Handlungsspielraum* als einem Potenzial und *Handlungsfähigkeit* als Verwirklichung dieses Potenzials, siehe die Diskussion in Abschnitt 1.4.

Autonomieverlusts in den Mittelpunkt der Aufmerksamkeit gerückt.[2] Die Diagnose eines engen Zusammenhangs zwischen staatlicher Handlungsfähigkeit und Fiskalpolitik ist allerdings deutlich älter als die aktuelle Krise. Schon Rudolf Goldscheid betrachtete diese Handlungsfähigkeit als grundsätzlich begrenzt, weil sich der Staat als »Steuerstaat« von der Profitabilität der Privatwirtschaft abhängig gemacht habe (Goldscheid [1917]1976b). Und die Autoren, die unter der Parole »bringing the state back in« das autonome Handlungspotenzial des Staates wieder verstärkt in den Mittelpunkt der wissenschaftlichen Aufmerksamkeit rückten, legten von Anfang an ein Augenmerk auf seine Finanzbeziehungen. So argumentierte Theda Skocpol 1985:

> A state's means of raising and deploying financial resources tell us more than could any other single factor about its existing (and immediately potential) capacities to create or strengthen state organizations, to employ personnel, to coopt political support, to subsidize economic enterprises, and to fund social programs. (Skocpol 1985: 17)

Im Zeitalter »permanenter Austerität« (Pierson 1998, 2001b) hat diese abstrakte Diskussion staatlicher Handlungsfähigkeit an konkreter Brisanz gewonnen. Den Ausgangspunkt bildet eine simple Korrelation: Die Beschränkung politischer Spielräume verlief in den letzten drei Jahrzehnten parallel zu einem in Friedenszeiten nie gekannten Anstieg der Staatsverschuldung. Hatte die Verschuldungsquote in den meisten westlichen Industrieländern in den 1970er-Jahren noch bei unter 40 Prozent gelegen, stieg ihr Median bis Mitte der 1990er-Jahre auf über 70 Prozent, ehe sie durch erhebliche Konsolidierungsanstrengungen leicht zurückgeführt werden konnte. Im Gefolge der Weltfinanzkrise ab 2008 stieg die Medianverschuldung dann erneut sprunghaft an (Abbildung 1-1) – bis zum Ende des Untersuchungszeitraums 2010 auf über 80 Prozent, bis 2014 sogar auf fast 100 Prozent.

Wachsende Verschuldung beschränkt staatliche Handlungsfähigkeit in verschiedener Hinsicht. So sind ihr immer wieder negative makroökonomische Folgewirkungen zugeschrieben worden. Dabei wurde in den 1970er- und 1980er-Jahren vor allem der Zusammenhang von Staatsverschuldung und Inflation betont (Buchanan/Wagner 1977). In jüngerer Zeit sind dagegen mögliche Negativeffekte auf das Wirtschaftswachstum in das Blickfeld gerückt (vgl. zur an Reinhart/Rogoff 2010b entbrannten Kontroverse Kapitel 2). Die Verschuldung beschränkt den Spielraum der Fiskalpolitik aber auch ganz direkt: Über die zunehmende Zinslast bindet sie finanzielle Mittel, die sonst an anderer Stelle eingesetzt werden könnten. So lag die Zinssteuerquote, also der Anteil der Steuer-

---

2 Die Aktualität des Themas lässt sich auch an der jüngsten Flut populärwissenschaftlicher Darstellungen und Deutungen ermessen, so etwa Beck und Prinz (2013), Konrad und Zschäpitz (2010), Wittmann (2010).

Abbildung 1-1 Median der Bruttoschuldenquote in 19 OECD-Ländern

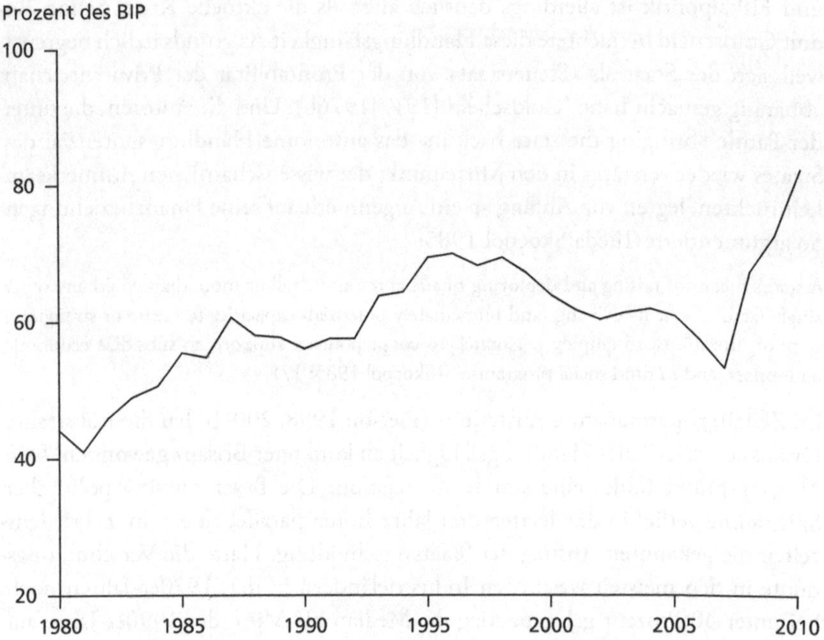

Quelle: OECD Economic Outlook No. 92 (OECD 2012a), Mittelwerte ungewichtet.

einnahmen, der für Zinszahlungen aufgewendet werden muss, im deutschen Bundeshaushalt des Jahres 2005 bei immerhin 16,4 Prozent (Konrad 2007: 118) und erreichte in Kanada im Krisenjahr 1995 sogar fast 36 Prozent (Lewis 2003: 151). Darüber hinaus zwingt die Verschuldung den Staat, sich wegen der jährlich anstehenden Überwälzung eines Teils der Schulden das Wohlwollen der Finanzmärkte zu bewahren, um neue Anleihen zu möglichst günstigen Konditionen platzieren zu können. Wo sich ein Staat zudem fiskalischen Normen unterworfen hat, etwa dem Stabilitätspakt der Eurozone, hat deren Einhaltung im Zweifel Vorrang vor anderen Zielen, wenn die Verschuldungsquote sich den definierten Grenzwerten nähert. Auch das begrenzt die Handlungsfähigkeit.

Hinzu kommt, dass wachsende Staatsverschuldung in aller Regel nur ein Symptom eines tiefer gehenden Verlustes fiskalischer Handlungsspielräume ist. Schulden sind insofern bereits selbst ein Versuch, Handlungsfähigkeit zu leihen. Sie sind eine Reaktion darauf, dass immer größere Teile der Staatseinnahmen dazu verwendet werden müssen, früher geleistete Zahlungsversprechen zu erfüllen. Instruktiv ist dabei die in den USA übliche Unterscheidung zwischen *mandatory spending* und *discretionary spending*. Während Ersteres bereits durch frühere Entscheidungen determiniert ist, muss (und kann!) Letzteres vom Kongress jedes Jahr neu bewilligt werden. Der Anteil dieser jährlich disponiblen Ausgaben befindet sich jedoch in nahezu allen entwickelten Demokratien seit Jahren auf dem Rückzug. Selbst wo das Budgetvolumen gestiegen ist, hat die politische Fähigkeit, Ressourcen für neue Ziele zu mobilisieren, also abgenommen (Schick 2009). In Deutschland ist der Zuschuss zur Rentenversicherung längst der größte Posten im Bundeshaushalt und in den USA überstieg das *mandatory spending* im Krisenjahr 2009 erstmals die Staatseinnahmen. Alle neuen Politikinitiativen mussten durch Kredite finanziert werden (Steuerle 2014).

Unabhängig davon, welchem der verschiedenen theoretischen Erklärungsansätze man die größte Erklärungskraft zubilligt, stellt dieser Verlust staatlicher Handlungskapazität ein fundamentales Problem für demokratisch verfasste Gemeinwesen dar. »Fiskalische Demokratie« ist nämlich nur gewährleistet, wenn gewählte Parlamente über diskretionäre Ausgaben verfügen können, also auch tatsächlich etwas zu entscheiden haben (Steuerle 2014; Streeck/Mertens 2010a). Die Wiedergewinnung staatlicher Handlungsfähigkeit ist daher ein enorm wichtiges Ziel. Um es zu erreichen, werden vor allem zwei Ansätze vorgeschlagen. Der erste Ansatz besteht darin, staatliche Kompetenzen auf supranationale Organisationen zu übertragen. Seine fortgeschrittenste Verwirklichung ist die Europäische Union (siehe etwa Habermas 2013). Die hinter diesem Ansatz stehende Logik ist so einfach wie bestechend: Wenn der Nationalstaat nur noch Alternativlosigkeiten administrieren kann, muss er eben durch eine größere und entsprechend handlungsfähigere Einheit ersetzt werden. Der wichtigste Alternativansatz besteht in dem Versuch, staatliche Entscheidungsspielräume auf nationaler Ebene zurückzugewinnen. Dieser Ansatz verspricht vor allem dann Erfolg, wenn das Diktat des Sachzwangs wesentlich auf fiskalischen Stress und den Verlust fiskalpolitischer Handlungsoptionen zurückzuführen ist. Seine Logik basiert in diesem Fall auf einem einfachen Umkehrschluss: Wenn steigende Verschuldung zu sinkender Handlungsfähigkeit führt, dann muss sinkende Verschuldung zu einem Wiederanstieg der Handlungsfähigkeit führen. Gelingt es also, fiskalische Manövriermasse zurückzugewinnen, kann auch wieder zwischen politischen Alternativen entschieden werden. Diese Logik zu hinterfragen und zu zeigen, dass ein solcher Umkehrschluss voreilig ist, bildet den Kern der vorliegenden Arbeit.

1.2 Progressive Haushaltskonsolidierungen

Am 28. November 2014 beschloss der Deutsche Bundestag den Bundeshaushalt für 2015, der erstmals seit 1969 ohne neue Schulden auskommen soll. Wenn mit dieser »schwarzen Null« große Hoffnungen verbunden werden, dann auch deshalb, weil sie das Versprechen enthält, die Zwänge der Alternativlosigkeit zumindest abzumildern. Bevor die Überschüsse überhaupt Realität geworden waren, erhoben verschiedenste Akteure Forderungen, wie sie zu verteilen seien. Alle politischen Projekte, die seit Jahren der angespannten Haushaltslage zum Opfer gefallen waren, kamen nun wieder auf die Agenda: vom Abbau der kalten Progression in der Einkommensteuer über eine Erhöhung von Sozialleistungen bis zu höheren Investitionen in die öffentliche Infrastruktur. Zugleich, so der von allen Seiten bekundete politische Wille, sollte aber mit dem Abbau der Altverschuldung begonnen werden.

Diese Hoffnung, ausgeglichene Haushalte und sinkende Schulden könnten zu einer Wiedergewinnung staatlicher Handlungsfähigkeit führen, ist keine Besonderheit der deutschen Debatte. Vielmehr knüpft sie an eine Argumentation an, die bereits in den 1990er-Jahren vor allem unter Vertretern eines »dritten Weges« verbreitet war (Giddens 1998; Romano 2006). Ihr prominentester Exponent war wohl Bill Clinton, dessen Regierung in den Jahren 1998 bis 2000 den US-Bundeshaushalt ausglich und prognostizierte, bis zum Jahr 2012 könnten die USA vollständig schuldenfrei sein (Congressional Budget Office 2001). Diese Überschüsse repräsentieren eine in den 1990er-Jahren weltweit vorangetriebene Politik der Haushaltskonsolidierung durch progressive Regierungen. Die liberale Regierung in Kanada, die sozialdemokratischen Regierungen in Schweden und Dänemark, und die britische New-Labour-Regierung unter Tony Blair und Gordon Brown sind andere Beispiele für eine solche progressive Konsolidierungspolitik.

Der Ansatz, den diese Regierungen verfolgten, wird im Folgenden als »progressive Konsolidierung« bezeichnet.[3] Solche Konsolidierungen müssen nicht zwangsläufig von progressiven Regierungen betrieben werden. Was sie ausmacht, ist vielmehr ihre progressive Zieldefinition. Diese könnte unter der paradoxen Überschrift »Handlungsfähigkeit durch Austerität« zusammengefasst werden. In dieser Perspektive sind ausgeglichene Haushalte kein Zweck an sich, sondern ein Mittel zum Zweck, nämlich zur Wiedergewinnung staatlicher Gestaltungs-

3 Der Begriff »progressiv« wird hier als Gegenbegriff zu »konservativ« für die Beschreibung einer politischen Grundhaltung verwendet. Progressive Parteien in diesem Sinne sind sowohl die sozialdemokratischen Parteien Europas als auch die US-Demokraten und die kanadischen Liberalen.

fähigkeit. Konsolidierungen sind also nur ein erster Schritt, der die Umsetzung progressiver Politikziele überhaupt erst ermöglicht. Sie erlauben es, die nötigen Ressourcen für die eigentlichen Ziele, nämlich »harte« und »weiche« Investitionen in Infrastruktur, Bildung und Familien aufzubringen.

Dieser enge Zusammenhang zwischen der Lage der öffentlichen Haushalte und der staatlichen Gestaltungsfähigkeit wird von den politischen Vertretern progressiver Konsolidierungen immer wieder offensiv betont. Beinahe sprichwörtlichen Rang hat in der Staatsverschuldungsliteratur das Zitat »Wer Schulden hat, ist nicht frei« des schwedischen Finanz- und späteren Premierministers Göran Persson erlangt, der sogar ein Buch mit diesem Titel veröffentlichte (Persson 1997). Während die Umkehrung, Schuldenabbau führe zu Handlungsfreiheit, bei Persson noch implizit erfolgt, machte sie sein kanadischer Amtskollege Paul Martin in der eingangs zitierten Rede explizit: »We are at the point where we are now able to forge a new destiny for ourselves« (Martin 1997). Ganz ähnlich wurde auch im Deutschen Bundestag argumentiert, als dieser am 29. Mai 2009 eine Verfassungsänderung debattierte, mit der die sogenannte Schuldenbremse in das Grundgesetz aufgenommen wurde. So führte der damalige Finanzminister Peer Steinbrück aus:

> Wenn Sie sich anschauen, wie sich die Schuldenstandquote in Deutschland, das heißt das Verhältnis der Schulden zu unserer Wirtschaftsleistung – und damit automatisch die Zinslastquote; will sagen: der Anteil der Zinsausgaben am Bundeshaushalt –, entwickelt hat, dann werden Sie feststellen, dass der Bundeshaushalt immer weiter verkarstet und versteinert und Ihre politischen Handlungsspielräume, vor allen Dingen die der nachfolgenden Generationen von Bundestagsabgeordneten, immer geringer werden. Das ist das Problem. […]
>
> Wer zukünftig einen handlungsfähigen Staat will, wer die Gestaltungsfähigkeit der Politik und nachfolgender Parlamentariergenerationen erhöhen will, der muss dafür sorgen, dass Schuldenstand und Zinslast reduziert werden. Ein handlungsfähiger Staat braucht langfristig tragfähige öffentliche Finanzen. (Steinbrück 2009: 24866)

Dieses Argument stieß auf parteiübergreifende Zustimmung und wurde in fast wortgleicher Formulierung auch von Abgeordneten anderer Parteien vorgebracht. Auch in der wissenschaftlichen Literatur wird es fast wörtlich wiederholt. So betiteln Uwe Wagschal und Georg Wenzelburger einen Artikel bereits mit »Die Rückgewinnung staatlicher Handlungsfähigkeit« und führen aus:

> Wenn Regierungen sich daher über eine Ausgabenpolitik differenzieren und profilieren möchten, müssen sie diesen Handlungsspielraum – bei zu hoher Staatsverschuldung – zurückgewinnen, d. h. sie müssen ihre Haushalte konsolidieren. (Wagschal/Wenzelburger 2008a: 142)

Und der amerikanische Politikwissenschaftler Donald Taylor schreibt mit ähnlicher Stoßrichtung, aber deutlich mehr Emphase:

Progressives have more at stake in developing a long-range balanced budget than do Conservatives precisely because we believe that government has a positive role to play in modern life. If we do not develop a path to a sustainable federal budget, there will be no room left for government to invest in new opportunities that could make people and our country better off. (Taylor 2012: ix)

Diese Interpretation von Konsolidierungen kommt in empirischen Untersuchungen auch ganz direkt zur Anwendung. Analysen, die den Einfluss von fiskalischem Stress auf die Staatstätigkeit untersuchen, operationalisieren Budgetüberschüsse in aller Regel als das Spiegelbild von Budgetdefiziten und unterstellen eine Symmetrie zwischen den beiden Phänomenen. Dann wird aus dem Befund, dass Defizite die Investitionen reduzieren, durch Umkehrschluss gefolgert, Überschüsse würden diese erhöhen – genau wie von progressiven Konsolidierern unterstellt. Ein Beispiel bietet die Studie von Boix (1997), der den Einfluss politischer Parteien auf die öffentlichen Investitionen untersucht und dabei, indem er Defizite und Überschüsse als symmetrisch betrachtet, zu folgendem Schluss gelangt:

[R]egardless of the ideological sign of the government, a budget surplus (deficit) contributes to boost (shrink) the level of public investment – each point of the budget stance changes public investment by 0.009 points of GDP. The degree of budget imbalance has, however, a particularly powerful effect on the policy decisions of a socialist cabinet. [… A] socialist cabinet increases public investment by 0.031 percentage points of GDP more than a conservative government for each percentage point of budget surplus. *Conversely*, a budget deficit depresses the public investment rate under a socialist government rather rapidly.
(Boix 1997: 830f., Hervorhebung nicht im Original)

Was im Defizit schrumpft, so seine Botschaft, wird im Überschuss wieder wachsen. Aus dieser Verknüpfung von Konsolidierungen mit dem Ziel der Handlungsfähigkeit folgt aber, dass sich der Erfolg einer progressiven Haushaltskonsolidierung nicht schon während der Konsolidierung selbst, sondern erst in ihrer Folgezeit beurteilen lässt. Ob eine Konsolidierung ihren Zweck erfüllt, zeigt sich nicht bereits an einer Reduktion der Schuldenquote. Erst wenn dieser Rückgang sich tatsächlich mit einem Wiedergewinn staatlicher Handlungsfähigkeit verbindet, ist eine progressive Konsolidierung gelungen. Ihr Erfolg kann also erst im Rückblick beurteilt werden.

1.3 Der empirische Fall: Länder mit dauerhaften Haushaltsüberschüssen

Diese Arbeit unternimmt einen solchen Rückblick mit dem Ziel, die Prognosen der progressiven Konsolidierungsthese theoretisch zu hinterfragen und empirisch zu überprüfen. Dazu analysiert sie Länder, denen es tatsächlich gelungen ist, ihre Haushalte nachhaltig zu konsolidieren und sich somit, zumindest potenziell, vom Diktat fiskalischer Sachzwänge zu befreien.

Die Studie operationalisiert dieses Kriterium über die Auswahl von Ländern mit dauerhaften Haushaltsüberschüssen. Diesen Ländern ist es nicht nur gelungen, ihre Haushalte auszugleichen und das Wachstum der Staatsverschuldung zu stoppen. Vielmehr haben sie die Verschuldung sogar deutlich zurückgeführt. Damit ist auch ihre Zinslast erheblich gesunken, wodurch sich neue fiskalische Spielräume eröffnet haben. Hinzu kommt, dass Länder mit Überschüssen in viel geringerem Maße auf das Wohlwollen der Finanzmärkte angewiesen sind. Zwar müssen sie weiterhin Altschulden refinanzieren, aber je weiter die Schuldenlast zurückgeht, desto geringer wird die Sorge um die Reaktion der Finanzmärkte. Selbstverständlich sind auch diese Länder nicht frei von Sachzwängen, aber die skizzierten Eigenschaften machen sie zu *most-likely cases* für die optimistischen Prognosen der progressiven Konsolidierungsthese (Eckstein 1975; Collier/Seawright 2010: 339), Fällen also, in denen ein Eintreffen dieser Prognosen besonders wahrscheinlich ist.

Dennoch hat die empirische und theoretische Literatur Haushaltüberschüssen bislang wenig Beachtung geschenkt. Dieses akademische Desinteresse steht im Widerspruch zur empirischen Relevanz dieser Fälle, die weit größer ist als üblicherweise unterstellt. Denn während die Staatsverschuldung in der industriellen Welt in den vergangenen vier Jahrzehnten im Mittel stark gestiegen ist, weichen einige Länder deutlich von diesem Trend ab. Wie Tabelle 1-1 zeigt, erzielten die traditionellen OECD-Länder (Organisation for Economic Co-operation and Development) zwischen 1980 und 2010 im Durchschnitt immerhin in mehr als einem Fünftel aller Jahre einen Haushaltsüberschuss. Allerdings ist dieser Durchschnitt wenig aussagekräftig, weil die Überschüsse sowohl zeitlich als auch räumlich sehr ungleichmäßig verteilt sind. Sie ballen sich zu einigen wenigen Zeitpunkten, die eng mit dem Verlauf der Weltkonjunktur zusammenhängen, sowie in einigen wenigen Ländern.[4]

4 Norwegen und Luxemburg werden trotz beinahe permanenter Überschüsse ausgeschlossen, weil sie von einzigartigen geologischen respektive geografischen Bedingungen profitieren und darum nicht mit anderen Ländern vergleichbar sind.

Tabelle 1-1 Gesamtstaatliche Haushaltsüberschüsse in OECD-Ländern, 1980–2009

Land	Anzahl der Überschüsse	Haushaltsüberschuss
Australien	9	1998–2007
Belgien	2	2001; 2006
Dänemark	13	1986–1989; 1999–2008
Deutschland	4	1989; 2000; 2007–2008
Finnland	22	1980–1990; 1998–2008
Frankreich	0	–
Großbritannien	4	1989; 1999–2001
Irland	10	1997–2007
Island	10	1980–1984; 1999–2000; 2004–2007
Italien	0	–
Japan	5	1988–1992
Kanada	9	1997–2007
Neuseeland	13	1994–2008
Niederlande	5	1999–2000; 2006–2008
Österreich	0	–
Portugal	0	–
Schweden	13	1987–1990; 1998–2008
Schweiz	5	2000; 2006–offen
Spanien	3	2005–2007
USA	3	1998–2000

Spalte 3 weist zusammenhängende Überschüsse aus, wenn ein Überschuss nicht für mehr als zwei Jahre von Defiziten unterbrochen wurde. Für Neuseeland bilden die Jahre 1994–2008 daher trotz kleiner Defizite in den Jahren 1998 und 1999 eine geschlossene Überschussperiode, da das Land bereits im Jahr 2000 wieder einen Überschuss erwirtschaftete.

Ganze sieben Länder vereinen mehr als drei Viertel der Überschussjahre auf sich, nämlich Australien, Dänemark, Finnland, Irland, Kanada, Neuseeland und Schweden. Ihnen gelang es, die Überschüsse für mehr als eine Dekade zu bewahren, während diese in den anderen Ländern nur Episoden blieben, die schon bald wieder von Defiziten abgelöst wurden. In den sieben Ländern dagegen sind, wie Tabelle 1-2 zeigt, alle drei skizzierten Elemente fiskalischen Handlungsspielraums erfüllt: Sie hatten substanzielle Überschüsse zur fiskalpolitischen Verfügung, profitierten von einem erheblichen Rückgang der Zinslast und waren angesichts sehr geringer oder sogar negativer Staatsverschuldung weitgehend unabhängig vom Druck der Finanzmärkte. Wenn sich ein Wiederanstieg fiskalpolitischer Handlungsfähigkeit feststellen lassen sollte, dann hier.

Die Untersuchung konzentriert sich daher auf diese Fälle. Wie die Analyse zeigen wird, unterscheiden sie sich nicht nur in der Überschussdauer von jenen Ländern, die ihren Überschuss schnell wieder verloren. Bereits die Entstehung der Überschüsse verlief vollkommen anders. Während die langfristigen Über-

Tabelle 1-2 Fiskalischer Handlungsspielraum, in Prozent des BIP

Land	Überschuss seit	Ø Überschuss	Nettoverschuldung[a]		Nettozinslast	
			t_{-1}	2007	t_{-1}	2007
Australien	1998	0,86	21,2	–7,3	1,4	0,0
Dänemark	1999	2,39	35,1	–3,8	2,7	0,4
Finnland	1998	3,48[b]	–7,5	–72,6	1,8	–0,6
Irland	1997	1,65	41,9[c]	–0,3	4,2	0,6
Kanada	1997	0,98	68,5	22,4	5,2	0,6
Neuseeland	1994	2,68	50,5	–5,5	3,2	0,1
Schweden	1998	1,23	24,6	–22,4	3,0	0,7

a t_{-1} steht für das jeweils letzte Jahr im Defizit, während 2007 das letzte Jahr vor dem Ausbruch der Weltfinanzkrise war.

b Enthält einen Sozialversicherungsüberschuss von 2 bis 3 Prozent des BIP.

c Wert für 1999.

schüsse das Ergebnis dezidierter politischer Entscheidungen sind, handelt es sich bei den kurzen Überschüssen vor allem um Nebenprodukte besonders günstiger Konjunkturlagen. Damit ist bereits die notwendige Voraussetzung für die Gültigkeit der progressiven Konsolidierungsthese, nämlich eine strukturelle Sanierung des öffentlichen Haushalts, nicht erfüllt. Die qualitative Aufarbeitung der Überschüsse beschränkt sich daher auf die in Tabelle 1-2 aufgelisteten Fälle, wobei Irland aus der Analyse ausgeklammert wird – die Gründe werden unten erläutert.

1.4 Die Fragestellung: Wie werden Überschüsse verwendet?

Die in dieser Arbeit zu untersuchenden Fragen ergeben sich unmittelbar aus dieser Exposition: Wie verwenden Staaten, die dauerhafte Haushaltsüberschüsse erzielen, diese Überschüsse? Senken sie die Steuern? Erhöhen sie die Staatsausgaben? Wenn ja, in welchen Bereichen? Oder legen sie die Überschüsse zurück und bilden staatliches Vermögen?

Diese Fragen erlauben es, die progressive Konsolidierungsthese zu prüfen, die eine Rückgewinnung fiskalpolitischer Handlungsfähigkeit vorhersagt. Um empirische Beobachtungen als Bestätigung oder Widerlegung dieser These interpretieren zu können, ist es jedoch nötig, das Konzept der fiskalpolitischen Handlungsfähigkeit genauer zu definieren. Offenbar kann schließlich nicht jede Verwendung eines Überschusses als Bestätigung der progressiven Konsolidierungsthese gelten.

Der Handlungsfähigkeitsbegriff der Arbeit orientiert sich dabei an seiner Verwendung in der fiskalpolitischen Debatte, wie sie etwa in Peer Steinbrücks Rede zur Schuldenbremse zum Ausdruck kam (ganz ähnlich Wagschal/Wenzelburger 2008a; Schäuble 2010: 5909). Noch spezifischer wurde das Motiv einer Rückgewinnung staatlicher Handlungsfähigkeit in derselben Debatte von Antje Tillmann (CDU) verwendet, die mit ihm auch eine konkrete Vorstellung verband, wie diese Handlungsfähigkeit zu nutzen sei:

> Schuldenbegrenzung ist kein Selbstzweck. Wir wollen dadurch Spielräume für wichtige Zukunftsinvestitionen zum Beispiel in Bildung, Familie und Kultur und vielleicht auch für künftige Wirtschaftskrisen schaffen. (Tillmann 2009: 24859)

In dieser Zweckbestimmung kommen zwei Dimensionen von Handlungsfähigkeit zum Ausdruck. Die eine lässt sich als »Handlungsfähigkeit als Potenzial« bezeichnen. Handlungsfähigkeit bedeutet demnach die Option etwas zu tun, in diesem Fall auf zukünftige Wirtschaftskrisen zu reagieren, etwa durch Bankenrettungen oder Konjunkturprogramme. Zugleich impliziert diese Definition aber nicht, dass diese Handlungsfähigkeit auch eingesetzt werden muss. Mit anderen Worten: Diese Dimension des Konzepts betont die »Fähigkeit« in Handlungsfähigkeit.

Die andere Dimension betont dagegen die »Handlung«, hier ist Handlungsfähigkeit die tatsächlich ausgeübte Kraft zur Gestaltung. »Handlungsfähigkeit als Gestaltung« hat dabei zwei Ebenen: Sie bezieht sich einerseits auf die Gegenwart, in der staatliches Handeln mehr sein soll als die Exekution in der Vergangenheit getroffener Entscheidungen, weil bereits alle Staatseinnahmen für die Kosten früherer Zahlungsversprechen verplant sind. Daneben geht es in diesem Verständnis aber auch um die Zukunft – und um die Fähigkeit, diese aktiv zu beeinflussen. Die Politik soll in wichtige gesellschaftliche Entwicklungen eingreifen und ihnen neue Impulse geben können, etwa indem sie Ressourcen für Investitionen in Infrastruktur sowie in Bildung, Familien und andere Elemente eines *social investment welfare state* zur Verfügung stellt.

Ob diese Ressourcen auch effektiv eingesetzt werden können (also mehr Geld für Bildung tatsächlich zu besserer Bildung führt), ist dabei zunächst irrelevant. Dagegen könnte man einwenden, dass die Situation der Staatsfinanzen nur für bestimmte Formen von Handlungsfähigkeit bedeutsam ist, weil die staatlichen Möglichkeiten der Regulierung oder Rechtsetzung nicht von der Haushaltslage abhängig sind. Dies weckt bisweilen die Hoffnung, der Staat könne seine Handlungsfähigkeit durch ein Ausweichen auf nicht fiskalische Instrumente der Regulierung und Gesetzgebung bewahren (IW Köln 2011). Es ist jedoch kaum anzunehmen, dass eine solche Politik erfolgreich sein kann: Wie das Beispiel Finanzmarktregulierung zeigt, ist dieser Bereich der Politik vielfach anfällig für den Einfluss globaler Märkte. Hier könnte ein Nationalstaat zwar prinzipiell strengere Regeln erlassen, würde damit aber nur bewirken, dass dieselben Geschäfte in Zukunft an anderen Finanzplätzen stattfinden. Ein finanziell starker Staat dagegen kann, wo seine Zwangsmittel versagen, auf Anreize setzen. Zudem sind bestimmte politische Probleme wie ökonomische Ungleichheit durch Regulierung nur schwer beeinflussbar.

Vor diesem Hintergrund konzentriert sich die Arbeit auf den fiskalischen Aspekt von Handlungsfähigkeit, der in »Handlungsfähigkeit als Gestaltung« zum Ausdruck kommt und die »Handlung« in Handlungsfähigkeit betont. Handlungsfähigkeit als Potenzial wird dagegen mit dem Begriff »Handlungsspielraum« bezeichnet. Handlungsspielraum ist also eine notwendige Bedingung für Handlungsfähigkeit.

Wenn erfolgreiche Konsolidierungen mithin tatsächlich nicht nur den Zweck, sondern auch den Effekt haben, staatliche Handlungsfähigkeit zurückzugewinnen, dann muss diese Handlungsfähigkeit früher oder später im Staatshaushalt sichtbar werden – und zwar in Form von Handlung. Hier sollten dann größere Investitionen in die Gestaltung der Zukunft zu beobachten sein als in vergleichbaren Ländern mit Defiziten. Methodologisch gesprochen werden die Überschüsse also nicht als abhängige, sondern als unabhängige Variable verwendet. Es wird untersucht, welche Erklärungskraft Haushaltsüberschüsse für andere Phänomene, hier konkret fiskalpolitische Entscheidungen, haben.

Die Frage nach der Verwendung von Haushaltsüberschüssen betrachtet Überschüsse als Rahmenbedingung für Fiskalpolitik. Sie wirft jedoch fast automatisch die Folgefrage auf, wie und warum Länder überhaupt Haushaltsüberschüsse erzielen. Das ist insofern überraschend, als es der weitverbreiteten Diagnose widerspricht, demokratische Regime unterlägen einem *Deficit Bias*.[5] Dauerhafte Überschüsse sind demnach ausgesprochen unwahrscheinlich. Wenn dies aber so ist, warum gibt es dann Länder, die über viele Jahre hinweg Überschüsse erwirtschaftet haben?

Diese Folgefrage, die Überschüsse als abhängige Variable betrachtet, wird jedoch aus einem bestimmten Blickwinkel gestellt. Übereinstimmend mit der progressiven Konsolidierungsthese wird ein Haushaltsausgleich nämlich nicht als Ziel an sich, sondern als Mittel zum Zweck betrachtet, und zwar um staatliche Handlungsfähigkeit wiederzugewinnen. Damit erhält auch die Frage nach den Ursachen von Überschüssen eine andere Bedeutung. Die Gründe für ihre Bewahrung interessieren nämlich vor allem insoweit, als sie einen Einfluss auf

5 Um den Text vor einer typografischen Überladung zu bewahren und zugleich ungelenke Übersetzungen zu vermeiden, die am Kern eines Konzepts vorbeigehen, führt die Arbeit feststehende englische Fachtermini kursiv gesetzt ein und verwendet sie danach wie deutsche Eigennamen.

die Überschussverwendung haben. Die meisten Analysten von Fiskalpolitik im Ländervergleich untersuchen Haushaltssanierungen dagegen präskriptiv, um zu ermitteln, »wie man es richtig macht«. Sie sind auf der Suche nach Rezepten, um den theoretisch und empirisch diagnostizierten Deficit Bias zu überwinden. Besonders erfolgreiche Länder gelten dabei als Vorbilder, von denen man Konsolidierungsstrategien abschauen kann (vgl. etwa explizit Mauro 2011). Dieser Ansatz wird hier dezidiert nicht verfolgt. Er setzt nämlich voraus, dass ausgeglichene Haushalte ein Ziel an sich sind, weil sie bereits unzweifelhaft positive Effekte haben. Definiert man die Sanierung des Haushalts als erfolgreichen Endpunkt des zu untersuchenden Prozesses, verengen sich die Forschungsfragen entsprechend: Was bleibt, ist zu ermitteln, wie eine Konsolidierung am nachhaltigsten und mit möglichst geringen Kollateralschäden erreicht werden kann. Zudem verleitet eine solche, den Überschuss als Endpunkt definierende Perspektive dazu, fast ausschließlich zu untersuchen, wie Überschüsse entstehen und nicht, wie sie bewahrt werden. Mit Eric Patashnik ist jedoch davon auszugehen, dass es sich um zwei sehr verschiedene Vorgänge handelt: »What is required to initiate policy reform should not be confused with what is required to sustain it« (Patashnik 2008: 154; siehe auch Stinchcombe 1968). Da die Verwendung von Überschüssen aber nicht bereits während sie entstehen, sondern erst parallel zu ihrer Bewahrung erfolgt, steht hier die Konservierung von Überschüssen im Mittelpunkt. Allerdings hängt diese eng mit ihrer Entstehung zusammen. Wenn man so will, geht es also darum, wann und wie Länder eine Haushaltskonsolidierung konsolidieren.

Das zweite Kapitel ordnet die Forschungsfrage zunächst in die verschiedenen theoretischen und empirischen Ansätze zur Fiskalpolitik und speziell zu Haushaltskonsolidierungen ein. Im dritten Kapitel wird dann das theoretische Argument der Arbeit entwickelt, das die erheblichen Restriktionen betont, denen die Überschussverwendung unterworfen ist. Das vierte Kapitel diskutiert dann das methodische Vorgehen und Fragen der Fallauswahl, ehe das fünfte und sechste Kapitel die Forschungsfrage empirisch untersuchen. Kapitel 5 analysiert die Verwendung von Überschüssen zunächst quantitativ vergleichend. Dabei zeigt sich, dass die empirische Realität erheblich von den optimistischen Prognosen der progressiven Konsolidierungsthese abweicht. Dieses Ergebnis ist Ausgangspunkt von Kapitel 6, dem empirischen Hauptteil der Arbeit, in dem die Sequenz der Entstehung und Bewahrung des Überschusses sowie einzelne herausragende Entscheidungen zur Überschussverwendung genauer studiert werden. Das siebte und letzte Kapitel fasst die wichtigsten Ergebnisse dann zusammen und fragt, welche Schlüsse sich aus ihnen für eine allgemeinere Theorie der Fiskalpolitik sowie den Umgang mit möglichen deutschen Haushaltsüberschüssen ziehen lassen. Im Folgenden soll der Argumentationsgang aber schon einmal kurz zusammengefasst werden.

1.5 Das Argument in Kürze

Den empirischen Kern dieser Arbeit bildet die Frage nach der Verwendung von Haushaltsüberschüssen. Sie dient dazu, die Prognosen der progressiven Konsolidierungsthese zu prüfen. Die Verwendung von Überschüssen ist jedoch, anders als von den Vertretern progressiver Konsolidierungen implizit unterstellt, nicht losgelöst von ihrer Entstehung und ihrer Bewahrung zu verstehen. Die Analyse wird zeigen, dass diese drei Elemente eines Haushaltsüberschusses eng miteinander verknüpft sind. Darum ist es nötig, sie gemeinsam in den Blick zu nehmen. Vor allem aber wird es durch diese Verknüpfung ausgesprochen unwahrscheinlich, dass die Überschüsse im Sinne der progressiven Konsolidierungsthese verwendet werden.

Das ist der Fall, weil Haushaltskonsolidierungen den Kontext der Fiskalpolitik dauerhaft verändern. Die Entscheidung über die Überschussverwendung erfolgt in einem Umfeld von Interessen, Ideen und Institutionen, das durch die Konsolidierung auf eine bestimmte Weise geprägt worden ist. Nachhaltige Haushaltskonsolidierungen müssen in institutionelle und politische Veränderungen eingebettet sein, die gemeinsam eine dauerhafte und wirkungsvolle Beschränkung der Fiskalpolitik im Überschuss bilden.

Dieses Argument nimmt einige der Kernthesen des historischen Institutionalismus auf, insbesondere sein Insistieren auf der Bedeutung von Zeit und seine Argumente über Pfadabhängigkeit, *Critical Junctures* und selbstverstärkende Feedbackprozesse (Thelen 1999; Pierson/Skocpol 2002). Die der Arbeit zugrunde liegende Einsicht brachte E. E. Schattschneider bereits 1935 auf den Nenner: »[N]ew policies create a new politics« (Schattschneider 1935: 288; siehe auch Lowi 1972). Dies gilt auch und gerade für die Fiskalpolitik. Fiskalpolitische Paradigmenwechsel beeinflussen nicht nur die Einnahmen- und Ausgabenseite des Budgets, sondern wirken auf den Prozess der Budgeterstellung zurück. Die Effekte einer Haushaltskonsolidierung bleiben daher wirksam, lange nachdem ihre eigentlichen Ursachen verschwunden sind.

Um diese Verbindung zwischen Defizit und Überschuss analytisch zu fassen, verwendet die vorliegende Arbeit das von Paul Pierson entwickelte Konzept des »fiskalischen Regimes« (Pierson 2001b). Ihm liegt die Einsicht zugrunde, dass fiskalpolitische Entscheidungen von sich wechselseitig beeinflussenden Interessen, Ideen und Institutionen strukturiert werden. In einem etablierten fiskalpolitischen Regime sind diese Faktoren gleichgerichtet und verstärken sich gegenseitig. So führt Pierson aus:

> At the center of my analysis is the concept of a fiscal regime, by which I mean the configuration of political interests, institutions, and policy arrangements that structure conflicts over taxes and spending. […] At the height of a particular fiscal regime, the critical components – policies, politics, and institutions – will be mutually reinforcing. Economists speak of orga-

nizational and institutional complementarities – in which the benefits of each element are increased when it operates in the context of the others. A consolidated regime exhibits political complementarities. The whole is in a real sense greater than the sum of its parts. (Pierson 2001b: 57)

Tief greifende Haushaltskonsolidierungen führen unter bestimmten Umständen zu einem neuen fiskalischen Regime, das als Überschussregime bezeichnet werden kann. Ziel der Arbeit ist zunächst, die Existenz dieses Regimetyps nachzuweisen, der eine besondere Spielart eines Austeritätsregimes ist und den politischen Handlungsspielraum in der Fiskalpolitik erheblich beschränkt. Dieser Regimetyp zeigt einen möglichen fiskalpolitischen Entwicklungspfad, auf dem die stets latent vorhandene Norm ausgeglichener Staatshaushalte aktiviert wird und der in klarem Kontrast zum sonst diagnostizierten Deficit Bias steht. Danach sollen die Entwicklungsbedingungen dieses Regimetyps herausgearbeitet und aufgezeigt werden, unter welchen Umständen und auf welche Weise die Haushaltsausgleichsnorm in den Ländern mit dauerhaften Überschüssen aktiviert wurde.

Die wichtigste Voraussetzung für die Herausbildung dieses Regimes sind fiskalpolitische Konsolidierungsmaßnahmen, die weit über rein technische Anpassungen hinausgehen. Dauerhaft erfolgreiche Konsolidierungen profitieren empirisch immer auch stark von positiven makroökonomischen Entwicklungen (Perotti 2011). Günstige Umstände allein reichen jedoch nicht aus, um die Bewahrung eines Konsolidierungserfolgs zu erklären. Diese basiert vielmehr auf einem fundamentalen Bruch mit dem herrschenden fiskalpolitischen Paradigma. Insbesondere verlangt sie eine Beschränkung des politischen Handlungsspielraums. Die Konsolidierung bildet somit eine Critical Juncture (Collier/Collier 1991; Capoccia/Kelemen 2007; Soifer 2012), die starke Pfadabhängigkeiten für die spätere Fiskalpolitik erzeugt. Dieser Bruch prägt die Fiskalpolitik auch dann weiter, wenn der Konsolidierungsdruck längst abgenommen hat, und stellt damit eine Verbindung zwischen Überschuss und Defizit her.

Dieses Argument widerspricht den Prognosen der progressiven Konsolidierungsthese. Diese unterstellt, eine Ausweitung fiskalischer Handlungsspielräume reiche bereits aus, um zu größerer Handlungsfähigkeit zu gelangen, weil die Politik in der Verwendung dieser Spielräume im Wesentlichen frei sei. Damit ignoriert sie jedoch die einem fiskalischen Regime inhärente Beschränkung des politischen Handlungsspielraums. Eine Rückkehr zu größerer fiskalpolitischer Handlungsfähigkeit würde einen erneuten Regimewechsel verlangen. Dieser jedoch ausgesprochen unwahrscheinlich, da sich die einzelnen Elemente eines Regimes gegenseitig verstärken.

Die Diagnose, die den Ausgangspunkt der progressiven Konsolidierungsthese bildet, ist dennoch nicht falsch. Wie im empirischen Teil gezeigt wird, beschreibt sie die Entwicklung der Staatstätigkeit im Defizit völlig zutreffend:

Abbildung 1-2 Entwicklung von Staatsausgaben und Staatseinnahmen in sechs Überschussländern

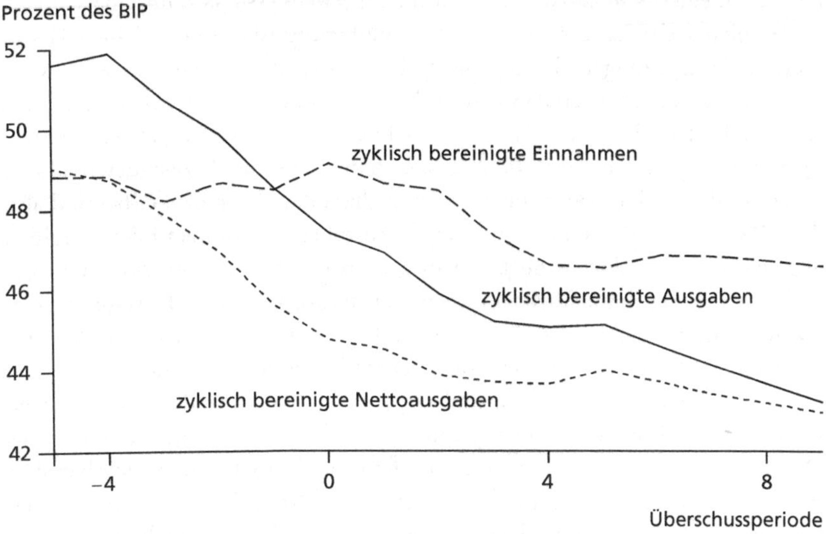

Quelle: OECD (2012a), Mittelwerte ungewichtet.

Wo der fiskalische Druck wächst, geht die Staatstätigkeit zurück. Es ist jedoch voreilig, daraus einen Umkehrschluss für Überschüsse zu ziehen. Wo der fiskalische Druck sinkt, wächst nicht automatisch auch die gestaltende Staatstätigkeit. Mit einem Rückgang der Staatsverschuldung ist eben nicht zwangsläufig ein Zugewinn an Handlungsfähigkeit verbunden. Gerade weil Staatsverschuldung der Versuch ist, Handlungsfähigkeit zu leihen, führt ihr Abbau nicht zu mehr Handlungsfähigkeit. Das Problem ist fundamentaler.

Diese These wird in den folgenden Kapiteln zunächst theoretisch und danach empirisch ausführlich begründet. Die empirischen Ergebnisse lassen sich wie folgt zusammenfassen: Die erhoffte Wiederbelebung der Staatstätigkeit ist in den Ländern mit dauerhaften Überschüssen ausgeblieben. Zwar konnten diese Länder in der Tat weitere Kürzungen weitgehend vermeiden, allerdings erst nach umso heftigeren Kürzungen in der Konsolidierung. Zugleich gelang es ihnen jedoch kaum, Ressourcen für neue Gestaltungsaufgaben bereitzustellen.

Dieser Befund soll mithilfe einiger Zahlen kurz veranschaulicht werden. Diesen liegt eine Durchschnittsbildung für die Konsolidierungen und die ersten zehn Überschussjahre der sechs Überschussländer Australien (1998–2007), Dänemark (1999–2008), Finnland (1998–2007), Kanada (1997–2006), Neuseeland (1994–2003) und Schweden (1998–2007) zugrunde. Abbildung 1-2 zeigt die

Entwicklung der zyklisch bereinigten Staatseinnahmen und Staatsausgaben als Anteil am Bruttoinlandsprodukt im Mittel dieser Länder. Dabei steht das in der Grafik mit einer Null bezeichnete Jahr für das jeweils erste Jahr im Überschuss.

In allen sechs Ländern war die Konsolidierung (die Jahre –5 bis –1) mit erheblichen Kürzungen der Staatsausgaben verbunden. Bemerkenswert ist allerdings, dass die Staatseinnahmen im Mittel nahezu unverändert blieben. Das strukturelle Defizit wurde also fast ausschließlich auf der Ausgabenseite abgebaut. Noch interessanter ist indessen, was ab dem mit Null bezeichneten Jahr geschah. In diesem Jahr lagen die Einnahmen über den Ausgaben, es bestand also die Möglichkeit, die Steuern zu senken, Ausgaben zu erhöhen oder Schulden abzubauen. Am wahrscheinlichsten mag a priori eine Kombination aller drei Ziele erscheinen. Tatsächlich gingen die Staatsausgaben jedoch weiter zurück, während die Einnahmen in der Tat zu sinken begannen. Steuern wurden also gesenkt. Dieser Trend setzte sich mit wachsenden fiskalischen Spielräumen fort. Dank anhaltender Überschüsse und entsprechendem Schuldenabbau wurden die bisher durch Zinszahlungen gebundenen Mittel, die in der Abbildung als Differenz zwischen den Bruttoausgaben und den Nettoausgaben sichtbar sind, für andere Zwecke frei. Gemäß der progressiven Konsolidierungsthese sollten die Nettoausgaben daher nach oben in Richtung der Bruttoausgaben konvergieren. Stattdessen geschah das Gegenteil: Die Bruttoausgaben konvergierten nach unten in Richtung der Nettoausgaben. Nicht nur profitierten die Nettoausgaben nicht von der Zinsersparnis, sie fielen sogar leicht.

Dieses Ergebnis wird noch deutlicher in Abbildung 1-3. Sie zeigt die Kernausgaben des Staates als Anteil am Bruttoinlandsprodukt. Die Kernausgaben sind dabei die Nettoausgaben abzüglich der Sozialausgaben (Castles 2007). Für die Bereinigung um die Sozialausgaben sprechen dabei zwei Argumente: Zum einen sind sie stark abhängig von Entwicklungen, die weitgehend außerhalb des politischen Einflusses liegen, insbesondere der Demografie und der Konjunktur. Zum anderen sind sie weitgehend durch frühere Entscheidungen festgelegt und bilden insofern keine haushaltspolitische Manövriermasse. Das gilt zwar auch für Teile der Kernausgaben, etwa für Löhne und Gehälter. Dennoch sind die Kernausgaben eine erste taugliche Annäherung an das Konzept fiskalpolitischer Handlungsfähigkeit.

In der Abbildung wiederholt sich der Eindruck aus Abbildung 1-2: Die Kernausgaben wurden in der Konsolidierung massiv gekürzt und danach nicht wieder erhöht. Wenn sich ein Trend feststellen lässt, dann gingen sie sogar leicht zurück.

Die beiden Abbildungen vermitteln nur einen ersten, vorläufigen Eindruck von den empirischen Zusammenhängen. Gegen sie kann eine Vielzahl legitimer Einwände erhoben werden: Die dargestellten Aggregate sind viel zu abstrakt, um das Konzept fiskalpolitischer Handlungsfähigkeit zu operationalisieren, außer-

Abbildung 1-3 Entwicklung der Nettokernausgaben in sechs Überschussländern

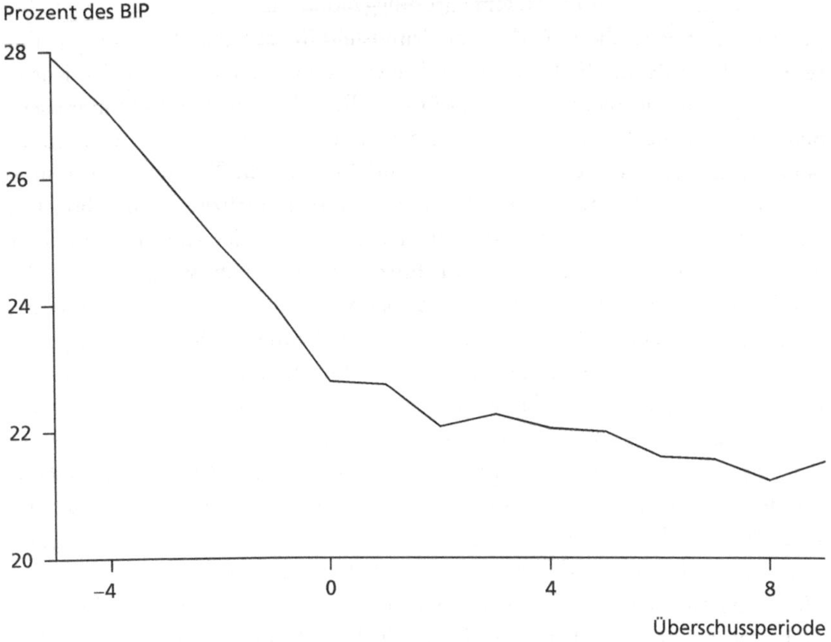

Quelle: OECD (2012a), Mittelwerte ungewichtet.

dem fehlt ihnen jegliche kontrafaktische Überlegung, weil sie keine intervenierenden Faktoren berücksichtigen. Vielleicht wären die Ausgaben ohne permanente Überschüsse noch viel stärker gefallen, weil Globalisierung, Demografie oder die Dienstleistungsökonomie die wahren Gründe für ihren Rückgang sind.

Vor diesem Hintergrund entwickelt das erste empirische Kapitel diese Ergebnisse wesentlich detaillierter und zeigt, dass sie nicht nur dem Augenschein nach im Widerspruch zur progressiven Konsolidierungsthese stehen, sondern dass dieses Ergebnis auch statistisch abgesichert werden kann: Wer statistische Zusammenhänge aus Defizitzeiten verwendet, um Fiskalpolitik im Überschuss zu prognostizieren, trifft signifikant überoptimistische Vorhersagen für die Entwicklung wichtiger Ausgabenkategorien. Diese Asymmetrie gilt allerdings nur auf der Ausgabenseite. Die Steuern werden dagegen ganz so gesenkt, wie es eine Extrapolation aus dem Defizit erwarten lässt.

Dieses Ergebnis wird dann damit erklärt, dass sich ein Überschussregime als spezifischer fiskalischer Regimetyp herausbildet. Dieser ist in allen untersuchten Ländern in einer weitgehend ähnlichen Sequenz entstanden, die ausführlich empirisch nachgezeichnet wird. Sie beginnt mit einer tiefen fiskalischen Krise, die das bisherige fiskalische Regime grundlegend infrage stellt. Darauf folgt eine umfassende Konsolidierung, die den Grundstein für das neue Regime legt. Entscheidend für dessen Etablierung sind aber die ersten Jahre nach der Konsolidierung und vor allem die fiskalpolitische Reaktion auf makroökonomische Schocks. Erst hier wird das neue Regime auf Dauer gestellt. In einem letzten Schritt zeigt sich das Regime dann voll entfaltet, ehe die Weltfinanzkrise in allen untersuchten Ländern zumindest zeitweilig neue Defizite verursachte. Der Zusammenhang zwischen Haushaltsüberschüssen und der Reaktion auf diese Krisen kann in dieser Studie nicht im Einzelnen untersucht werden. Die Krise hat das Regime in den meisten Ländern aber wohl eher gestärkt als untergraben.

Progressive Haushaltskonsolidierer drohen demnach Opfer ihres eigenen Handelns zu werden. Je erfolgreicher sie die Ansprüche an den Staat reduzieren, desto schwieriger wird es, den Staat hinterher wieder als Agenten gesellschaftlicher Veränderung zu aktivieren. Die Rückkehr von einer Politik der Verwaltung zu einer Politik der Gestaltung wäre aber auf ein solches Rollenverständnis des Staates angewiesen. Vor diesem Hintergrund kehrt sich die übliche Interpretation des Zusammenhangs von Staatsfinanzen und Handlungsfähigkeit um: Demnach sind nicht verbesserte Haushaltszahlen die Ursache wachsender Handlungsfähigkeit, sondern der Verzicht auf Handlungsfähigkeit erklärt die Verbesserung der Haushaltslage. Haushaltsüberschüsse sind dann nicht Ausdruck wachsender Gestaltungsfreiheit, sondern Ausdruck sinkenden Gestaltungswillens.

Kapitel 2
Theoretische Perspektiven

Diese Arbeit beschäftigt sich mit der Verwendung und der Bewahrung von Haushaltsüberschüssen. Damit wendet sie sich gegen zwei weitverbreitete Auffassungen der politik- und wirtschaftswissenschaftlichen Literatur. Zum einen stellt sie die Gleichsetzung von Haushaltsüberschüssen mit einem Zugewinn an staatlicher Handlungsfähigkeit infrage. Zum anderen relativiert sie die These, demokratische Prozesse könnten kaum zu ausgeglichenen Haushalten führen, und wenn, dann nur unter dem Druck institutioneller Vorgaben oder für sehr kurze Zeit. Bevor die Argumente entwickelt werden, ist es jedoch nötig, einen Blick auf die wichtigsten Theorien zur Fiskalpolitik und insbesondere zur Staatsverschuldung zu werfen. Denn um herrschende Ansichten zu hinterfragen, müssen zunächst die hinter ihnen stehenden Annahmen identifiziert werden.

2.1 Theoretischer Kontext: Was sind die Ursachen staatlicher Verschuldung?

Die Fiskalpolitik ist Gegenstand mindestens dreier wissenschaftlicher Disziplinen. Als Instrument der Allokation, der Distribution und der Stabilisierung ist sie Untersuchungsobjekt der Volkswirtschaftslehre und hier vor allem der Finanzwissenschaft. Als in Zahlen gegossener Ausdruck gesellschaftlicher Interessenkonflikte und Machtpositionen ist sie Gegenstand der Soziologie, namentlich der Fiskalsoziologie. Und als eines der bedeutsamsten Politikfelder und »Königsrecht« des Parlaments wird sie von der Politikwissenschaft und hier besonders von der vergleichenden Staatstätigkeitsforschung untersucht. Diese Literaturstränge berühren sich immer wieder und die Grenzen zwischen ihnen sind teilweise fließend. Dennoch ist es sinnvoll, sie zunächst getrennt zu betrachten, um ihre jeweiligen Grundannahmen klarer herauszuarbeiten.

Alle Disziplinen stehen dabei vor zwei Fragen: Zum einen untersuchen sie die Ursachen fiskalpolitischer Entscheidungen, wobei sowohl ökonomische als auch politische Erklärungen in den Blick genommen werden können. Daneben analysieren sie die Effekte der Fiskalpolitik. Dabei betrachten sie vor allem ihre ökonomischen, zunehmend aber auch ihre politischen Konsequenzen. Im Folgenden wird zunächst die Finanzwissenschaft, danach die Fiskalsoziologie und abschließend die Staatstätigkeitsforschung in knapper Form vorgestellt. Im Kontext der Untersuchung fiskalpolitischer Handlungsfähigkeit ist dabei vor allem bedeutsam, wie frei die Politik in ihren fiskalpolitischen Entscheidungen ist. Einige Ansätze sehen Fiskalpolitik als Ausdruck struktureller Determinanten, während andere die Rolle politischen Handelns betonen. Das dritte Kapitel entwickelt dann ein spezifisches Argument über den Umgang mit Überschüssen, das sich auf eine Kombination von Fiskalsoziologie und Staatstätigkeitsforschung stützt, die von einzelnen Elementen der Finanzwissenschaft ergänzt wird.

2.1.1 Die Perspektive der Finanzwissenschaft

Die moderne Finanzwissenschaft lässt sich in zwei Forschungsprogramme mit unterschiedlichem Schwerpunkt unterteilen (Backhaus/Wagner 2004; Buchanan/Musgrave 1999). Der als *Public Finance* bezeichnete Ansatz untersucht vor allem die ökonomischen Wirkungen staatlicher Finanzpolitik, während der finanzwissenschaftliche Zweig der *Public-Choice*-Theorie das Ziel hat, die Ursachen fiskalpolitischer Entscheidungen zu analysieren (Downs 1957; Buchanan/Tullock 1962).[1] Dabei geht er in der Regel von den Wirkungsbeschreibungen des Public-Finance-Ansatzes aus und leitet die Interessen der politischen Akteure aus diesen ab.

Beide Stränge der Finanzwissenschaft sind eng mit der Entwicklung der makroökonomischen Theorie verknüpft. Im Zuge der keynesianischen Revolution dominierte zunächst der Public-Finance-Ansatz, der versprach, Rezepte für den wirkungsvollen Einsatz der Fiskalpolitik zur Globalsteuerung der Wirtschaft zu liefern. Mit dem Siegeszug neuklassischer und monetaristischer Ansätze geriet eine aktive Fiskalpolitik dann zunehmend ins wissenschaftliche Abseits. Die theoretischen und empirischen Argumente gegen einen diskretionären Einsatz der Fiskalpolitik warfen zugleich die Frage auf, warum viele Regierungen daran festhielten, obwohl dies nach mehrheitlicher Auffassung der Ökonomen kontraproduktiv war. Die Public-Choice-Theorie machte sich daher zur Aufgabe, genau solche wahrgenommenen Ineffizienzen zu erklären.

Sie überträgt das mikroökonomische Verhaltensmodell auf das Handeln politischer Akteure. Demnach handeln politische Entscheidungsträger nicht gemeinwohlorientiert – auch Politiker und Bürokraten maximieren ihren indi-

1 Die Bezeichnung der beiden Traditionen als Public Finance und Public Choice folgt dem amerikanischen Gebrauch (vgl. Buchanan/Musgrave 1999).

viduellen Nutzen. Als Ziel von Politikern wird dabei in der Regel die Wiederwahl modelliert (Downs 1957: 28). Politiker handeln also »opportunistisch« (Williamson 1975). Zugleich reagieren sie in vorhersagbarer Weise auf Veränderungen der Nebenbedingungen, also vor allem der (eng definierten) institutionellen Anreizstrukturen wie Wahlverfahren, Mehrheitsregeln oder Schuldengrenzen. Aus diesen Annahmen werden für die Fiskalpolitik vor allem zwei Typen von Argumenten abgeleitet. Einerseits wird eine geschlossen agierende Regierung den Staatshaushalt strategisch einsetzen, um ihre Wiederwahlchancen zu maximieren. Andererseits ist es ausgesprochen schwierig, überhaupt eine zielgerichtete Fiskalpolitik zu formulieren, weil Kosten und Nutzen fiskalpolitischer Entscheidungen typischerweise auseinanderfallen. Die einzelnen Akteure versuchen daher, ihre Partikularinteressen durchzusetzen und deren Kosten auf alle Steuerzahler zu überwälzen. Unabhängig vom konkreten Modell diagnostiziert die Public-Choice-Theorie daher einen Deficit Bias demokratischer Systeme. Demnach haben repräsentative Demokratien eine inhärente Neigung zu Budgetdefiziten; sowohl in dem Fall, dass die Fiskalpolitik von einem einzelnen Akteur gelenkt wird, als auch dann, wenn sie das Ergebnis von Verhandlungen zwischen verschiedenen Akteuren ist.

Zu den einflussreichsten Erklärungen des ersten Typs gehören Modelle des politischen Konjunkturzyklus. In der Ursprungsformulierung von Nordhaus (1975; der Begriff stammt ursprünglich von Kalecki 1943) ist die Geldpolitik das Instrument der staatlichen Einflussnahme.[2] Stellt man dagegen die Fiskalpolitik in den Mittelpunkt, gelangt man zum politischen Schuldenzyklus. Demnach erhöhen Regierungen vor Wahlen die Verschuldung, um Ausgaben zu steigern oder Steuern zu senken und so ihre Wiederwahlchancen zu verbessern. Voraussetzung dafür ist allerdings, dass die Wähler einer sogenannten Fiskalillusion unterliegen. Dann verkennen sie, dass schuldenfinanzierte Staatsausgaben letztlich auch durch Steuern beglichen werden müssen, die Verschuldung deren Erhebung also nur aufschiebt (Buchanan/Wagner 1977: 125ff.). Die empirische Evidenz für die Existenz eines politischen Schuldenzyklus ist allerdings nicht eindeutig (Wagschal 2003; siehe aber Franzese 2002b).

Der zweite Typ von Modellen stellt weniger auf die Präferenzen der einzelnen Akteure als vielmehr auf institutionelle Eigenheiten des Budgetprozesses ab. Kern dieser Modelle ist die Konzeptualisierung der Fiskalpolitik als Allmende- oder Common-Pool-Problem. Demnach internalisieren die politischen Akteure einen Großteil des Nutzens einer fiskalischen Maßnahme, überwälzen deren Kosten aber auf die Allgemeinheit. Dieses Modell ist besonders in Mehr-

2 Spätere Modifikationen haben das Modell um Parteiendifferenzen, rationale Erwartungen oder Unsicherheit über den Wahlausgang erweitert (Tufte 1978; Rogoff/Sibert 1988; Alesina 1987).

heitswahlsystemen relevant, in denen es zu den Kernaufgaben der Abgeordneten gehört, *pork barrel spending* für ihren Wahlkreis zu sichern (Shepsle/Weingast 1981). Aber auch in den Kabinetten von Verhältniswahlsystemen kann es zu diesem Problem kommen, wenn die Fachminister die Etats ihrer Ressorts zu maximieren suchen. Ohne institutionelle Schranken ist die Budgetaufstellung dann durch *fiefdom* charakterisiert (Hallerberg 2004; Hallerberg/Strauch/von Hagen 2009): Die Ressortminister agieren als Potentaten ihres jeweiligen Fiskal-Vasallenstaats und ignorieren die Auswirkungen ihres Handelns auf den Gesamthaushalt.

Wie schwerwiegend das Problem der fiskalischen Allmende ist, hängt nach herrschender Meinung von der Fragmentierung und Polarisierung der Regierung und des Parlaments ab (Persson/Tabellini 2003). Je heterogener Regierung und Parlament sind, umso schwieriger sei es zu vermeiden, dass Partikulargruppen die Kosten einer Maßnahme auf alle Steuerzahler verteilen. Demnach verschulden sich Koalitionsregierungen stärker als Einparteienregierungen; Länder mit vielen Parteien im Parlament verschulden sich stärker als Länder mit einem Zweiparteiensystem. Daher sollten Länder mit Verhältniswahlrecht höhere Schulden haben als Länder mit Mehrheitswahlrecht. Dass Koalitionsregierungen höhere Defizite hervorbringen, wurde empirisch von Roubini und Sachs (1989) untersucht und bestätigt. Seitdem überwiegen jedoch die empirischen Zurückweisungen (Mikosch/Übelmesser 2007: 317). Auch die empirischen Ergebnisse für andere Ansätze, die auf der Tragik der fiskalischen Allmende basieren, sind bestenfalls gemischt (Wagschal 2003: 307).

Ein besonderer Ansatz innerhalb dieses Literaturzweigs ist schließlich das Modell fiskalischer Stellungskriege (Alesina/Drazen 1991; für eine empirische Anwendung vgl. Barta 2011). Es untersucht den Fall eines – etwa durch eine Rezession verursachten – Konsolidierungsbedarfs, bei dem sich mehrere politische Akteure einigen müssen. Annahmegemäß ist kein Akteur gewillt, die politischen Kosten der Konsolidierung zu tragen, sondern setzt darauf, dass sein Gegenüber sie übernimmt. Dann wird die Konsolidierung so lange hinausgezögert, bis ein Akteur einlenkt und diese Kosten trägt. Solange die Schmerzgrenze der anderen Seite im Dunkeln liegt, ist es rational, nicht einzulenken, auch wenn die mit dem Einlenken verbundenen Kosten immer weiter steigen. Möglicherweise kann unter diesen Umständen erst eine echte fiskalische Krise den Stellungskrieg beenden und einen Kompromiss erzwingen (Drazen/Grilli 1993).

Die verschiedenen Public-Choice-Ansätze identifizieren also eine Vielzahl wohlfahrtsschädigender Ineffizienzen, halten diese aber prinzipiell für eliminierbar. Die Lösung suchen sie in institutionellen Reformen, die die Verhaltensanreize von Politikern und Wählern in geeigneter Weise verändern (Alesina/Perotti 1995b). Der Widerspruch zwischen Eigeninteressen und Gemeinwohlinteresse wird dann durch sanktionsbewehrte Regeln aufgelöst. Für die Fiskalpolitik wird daher regelmäßig die Einführung von Schuldenbremsen, Ausgabenregeln, starken Finanzministern, Fiscal Councils und anderem mehr empfohlen, um den Staatshaushalt von den unerwünschten Nebeneffekten demokratischer Prozesse zu isolieren. Offen bleibt dabei aber häufig, wer diese institutionellen Reformen durchsetzen soll. Studien, die signifikante Effekte institutioneller Regeln nachweisen, leiden daher unter einem Endogenitätsproblem: Oft werden sich gerade jene Länder strikte Fiskalregeln geben, die ohnehin zu einem Sparkurs entschlossen sind, sodass unklar ist, ob diese Regeln eigentlich Ursache oder schon selbst Wirkung sind (Posen 1993; Debrun/Kumar 2006).

Zudem erfasst der Public-Choice-Ansatz nur einen Ausschnitt der fiskalpolitischen Dynamik, weil er die Präferenzbildung von Wählern und Politikern ausklammert. Stattdessen geht er, wie in der modernen Volkswirtschaftslehre üblich, von fixen Präferenzen aus und versucht Verhaltensänderungen durch veränderte Restriktionen zu erklären (Kirchgässner 2008). Trotz aller unbestreitbaren Vorteile sind mit diesem Ansatz, gerade bei der Fiskalpolitik, aber auch erhebliche analytische Kosten verbunden. Zum einen untersucht man bei der Staatsverschuldungsentwicklung oft Zeiträume von mehreren Jahrzehnten. Vor diesem Hintergrund sind fixe Präferenzen eine ausgesprochen kühne Annahme, denn Generationswechsel in Politik und Wählerschaft dürften auch mit veränderten Weltbildern, normativen Grundpositionen und Vorstellungen von der Rolle des Staates einhergehen. Vor allem aber ist davon auszugehen, dass die Fiskalpolitik selbst Auswirkungen auf die Präferenzen der Politiker und Wähler hat und diese im Zeitablauf verändert. Diese Einsichten sind der Ausgangspunkt eines Literaturzweigs, der als Fiskalsoziologie zusammengefasst werden kann und der vornehmlich die Interdependenzen zwischen fiskalischen und gesellschaftlichen Prozessen betrachtet.

2.1.2 Die Perspektive der Fiskalsoziologie

Eine dezidiert soziologische Analyse der Fiskalpolitik hat sich bis heute nicht als kohärenter Theorieansatz etablieren können, obwohl der Begriff seit den Tagen Rudolf Goldscheids ([1917]1976a, b, [1926]1976) und Joseph A. Schumpeters ([1918]1976) ein reges Eigenleben führt und die »Fiskalsoziologie« oder »Finanzsoziologie« unter Berufung auf diese beiden Autoren auch immer wieder als vielversprechendes Forschungsprogramm gehandelt wurde (etwa von Campbell 1993; Blomert 2001; Backhaus 2004).[3] Eine kurze Renaissance erlebte der An-

3 In Anlehnung an das englische *fiscal sociology* wird im Folgenden der Begriff Fiskalsoziologie verwendet. Das vermeidet Bedeutungsunklarheiten, wie sie der Begriff Finanzsoziologie hervor-

satz in den 1970er-Jahren, als James O'Connors Studie *The Fiscal Crisis of the State* (1973) auch den Doyen der damaligen Finanzwissenschaft, Richard Musgrave, zu einer Antwort herausforderte (Musgrave 1980). Nachdem O'Connors Arbeit für einige Jahre breit rezipiert wurde, brach die Entwicklung einer Fiskalsoziologie jedoch wieder ab.

Der Begriff Fiskalsoziologie bezeichnet mithin auch keine einheitliche Theorieschule. Fiskalsoziologische Ansätze teilen nicht mehr als eine gemeinsame Perspektive, eine bestimmte Art, über Fiskalpolitik nachzudenken. Gemeinsamer und wichtigster Ausgangspunkt der Autoren, die sich auf diese Tradition berufen, ist die Überzeugung, der Staatshaushalt diene nicht lediglich dem Justieren makroökonomischer Stellschrauben, sondern sei auch eines der wichtigsten Konfliktfelder in modernen Staaten. Demnach ist der Haushalt die Arena, in der Interessenkonflikte zwischen verschiedenen gesellschaftlichen Gruppen ausgetragen werden. Fiskalpolitik ist daher nicht ohne Berücksichtigung gesamtgesellschaftlicher Entwicklungen und Prozesse zu verstehen. Immer wieder wird zustimmend Schumpeter zitiert, der die Bedeutung der Staatsfinanzen in seinem für das Feld grundlegenden Aufsatz »Die Krise des Steuerstaates« mit der ihm eigenen Wortgewalt herausstellte:

> Vor allem ist die Finanzgeschichte jedes Volkes ein wesentlicher Teil seiner Geschichte überhaupt: […] Der unmittelbar formende Einfluß der Finanzbedürfnisse und der Finanzpolitik der Staaten weiter auf die Entwicklung der Volkswirtschaft und damit auf alle Lebensformen und Kulturinhalte erklärt in manchen Geschichtsperioden so ziemlich alle großen Züge der Dinge und in den meisten sehr viel davon – nur in wenigen nichts. […] Allein viel größer als die *ursächliche* ist noch die *symptomatische* Bedeutung der Finanzgeschichte. Welch Geistes Kind ein Volk ist, auf welcher Kulturstufe es steht, wie seine soziale Struktur aussieht, was seine Politik für Unternehmungen vorbereiten mag – das und vieles andere noch steht phrasenbefreit darin. Wer ihre Botschaft zu hören versteht, der hört da deutlicher als irgendwo den Donner der Weltgeschichte. […] Die Finanzen sind einer der besten Angriffspunkte der Untersuchung des sozialen Getriebes, besonders, aber nicht ausschließlich, des politischen. (Schumpeter [1918]1976: 331f.)

Den Kern fiskalsoziologischer Ansätze bildet also die Überzeugung, das Wechselspiel gesellschaftlicher Prozesse und fiskalpolitischer Entscheidungen müsse im Fokus der wissenschaftlichen Analyse stehen. Dabei ist dieses Wechselspiel stets konfliktgetrieben. Die Suche nach gemeinwohlmaximierenden (lies: paretoeffizienten, also niemanden schlechterstellenden) Lösungen, wie der Public-Choice-Ansatz sie anstrebt, geht für Fiskalsoziologen daher am Kern der Fiskalpolitik vorbei.

---

rufen kann. Gemeint ist eine Soziologie der öffentlichen Finanzen, nicht der Finanzmärkte oder des Geldes.

Der forschungsstrategisch wichtigste Unterschied zur Public-Choice-Theorie dürfte aber darin liegen, dass fiskalsoziologische Ansätze die Entstehung und Veränderung von Interessen ins Zentrum ihrer Aufmerksamkeit rücken. In der Finanzwissenschaft verbergen sich diese hinter den individuellen »Präferenzen« von Politikern und Wählern, die annahmegemäß konstant sind und deren Genese außerhalb des Modells liegt. Demgegenüber versucht die Fiskalsoziologie, Interessen zu endogenisieren. Die Anforderungen an den Staat sind aus dieser Sicht nur im größeren Kontext einer politischen Ökonomie zu verstehen. Die Ergebnisse der privaten Wirtschaftstätigkeit haben direkten Einfluss auf die Nachfrage nach staatlichen Interventionen, die wiederum auf den privaten Sektor zurückwirken. Das heißt aber auch, dass Ursachen und Wirkungen der Fiskalpolitik nicht wie in der Finanzwissenschaft analytisch sauber voneinander getrennt werden können. Vielmehr verändern die Ergebnisse der Fiskalpolitik die Interessen, die bei ihrer Gestaltung miteinander ringen.

Der Ansatz der Fiskalsoziologie wurde lange vor allem von marxistischer Seite für sich reklamiert. Ihr herausragender Vertreter war James O'Connor (1973), der den Argumentationsgang Goldscheids wieder aufnahm. Goldscheid hatte eine Fiskalkrise des Staates vorhergesagt, weil dieser sich als Steuerstaat in die Abhängigkeit der Privatwirtschaft begeben habe, anstatt selbst unternehmerisch tätig zu sein. Deshalb sei seine Entscheidungsfreiheit permanent durch die Notwendigkeit beschränkt, die Steuerbasis zu erhalten, letztlich also den Kapitalinteressen entgegenzukommen. O'Connor formulierte dieses Argument in Form eines Zielkonflikts zwischen zwei Zwecken, denen die Aktivitäten des Staates dienen. Diese Zwecke nannte er »Akkumulation« – die fiskalische Unterstützung der Interessen des »Monopolkapitals« – und »Legitimation« – die Befriedung der entfremdeten, potenziell revoltierenden Arbeiterschaft. Da das Akkumulationsziel eine Besteuerungsausdehnung nicht erlaubt, kommt es bei gleichzeitig wachsenden Legitimationsausgaben zur Fiskalkrise des Staates. In der Diagnose einer permanent anwachsenden Staatsverschuldung ist O'Connor damit überraschend nah bei den Vertretern der Public-Choice-Theorie, wenngleich mit völlig anderer Begründung.

Zwar wirkt vieles an diesem Ansatz aus heutiger Sicht von den Zeitläuften überholt. Aber wenn man ihn vom marxistischen Ornament befreit, bleibt als wesentliche These, der moderne Staat sehe sich zwei prinzipiell miteinander konfligierenden Zwecken ausgesetzt und der Versuch, beiden gerecht zu werden, führe regelmäßig dazu, dass diese fiskalisiert werden. Diese Auffassung hat eine weit über marxistische Kreise hinausgehende Rezeption erfahren. So setzte sich Daniel Bell (1976) kritisch mit O'Connor auseinander, übernahm aber dessen These vom Zielkonflikt und formulierte sie um als einen Konflikt zwischen »public needs« und »private wants«. In Wolfgang Streecks (2011) Formulierung besteht der Konflikt zwischen den Allokationsprinzipien »merit« und »entitlement«. Der Kern der diagnostizierten Krise des Steuerstaates liegt dann darin, dass einerseits die Ansprüche an den Staat immer weiter steigen, andererseits aber keine Bereitschaft besteht, ihn mit den notwendigen finanziellen Ressourcen auszustatten. Er ist einnahmenseitig restringiert.

Dafür gibt es vor allem zwei Gründe, nämlich Wohlfahrtsverluste und Wählerwiderstand (Block 1981). Die Wohlfahrtsverluste sind ökonomischer Natur und werden aus der Finanzwissenschaft importiert: Zu hohe Steuern schädigen das Wirtschaftswachstum und damit letztlich ihre eigene Erhebungsgrundlage. Durch Globalisierung und Steuerwettbewerb wird zudem die Steuerbasis immer elastischer (Genschel/Schwarz 2011). Mobile Produktionsfaktoren, insbesondere das Kapital, können glaubwürdig mit Abwanderung drohen, wenn ihre Steuerlast zu hoch wird. Daneben tritt ein doppelter politischer Effekt: Zunächst kann die Steuererhebung bereits an den administrativen Problemen eines unzureichend ausgebauten und legitimierten Staatsapparats scheitern. Vor allem aber kann selbst eine ökonomisch und administrativ durchsetzbare Besteuerung auf den Widerstand der Wähler treffen. In den 1970er-Jahren erschien diese Besteuerungsgrenze sogar wichtiger als die ökonomische: Die Erfolge der Anti-Steuer-Referenden in Kalifornien und der Aufstieg von Mogens Glistrups Fortschrittspartei in Dänemark schienen eine Ära dauerhaften Steuerwiderstands anzukündigen. Dahinter verbarg sich die Einsicht, dass mit wachsender Staatsquote der Anteil der Nettozahler in der Bevölkerung wächst, der Anteil der Nettoempfänger aber zurückgeht.[4]

Trotz dieser ökonomischen und politischen Grenzen der Besteuerung – die Steuerquote stagniert seit 1980 in fast allen OECD-Ländern oder sinkt sogar – ist eine tatsächliche »Fiskalkrise« des Staates ausgeblieben. Zwar stieg die Staatsverschuldung in fast allen OECD-Ländern seit 1973 kräftig. Offenbar gelang es der Politik jedoch, die Legitimationsausgaben des Staates, wenngleich unter großer Mühe, ebenfalls zu stabilisieren. Statt eine krisenhafte Zuspitzung zu erfahren, ist die Politik damit in ein Zeitalter »permanenter Austerität« (Pierson 1998, 2001b) eingetreten.

Nach der Diskussion um O'Connors Krisenthese nahm das Interesse an fiskalsoziologischen Ansätzen zunächst spürbar ab. Einen neuen Aufschwung hat das Feld dann in den letzten zehn Jahren erfahren. Er ist getragen von Ökonomen aus Public Choice und österreichischer Schule (Backhaus 2004, 2005; Wagner 2007; McLure 2005), Soziologen (Campbell 1993; Blomert 2001; Mar-

4 In diesem Befund trafen sich fast zeitgleich ein marxistisch inspirierter Soziologe wie Fred Block (1981), ein klassischer Finanzwissenschaftler wie Richard Musgrave (1980) und Vertreter eines Public-Choice-Ansatzes wie Allan Meltzer und Scott Richard (1981).

ques 2004) und Politikwissenschaftlern (Pierson 2001b; Campbell 2009). Als repräsentativ darf ein 2009 erschienener Sammelband gelten, dessen programmatischer Titel *The New Fiscal Sociology: Taxation in Comparative and Historical Perspective* wohl bewusst den Gedanken an andere Neu-Entdeckungen wie die »New Economic Sociology« und die »New Institutional Economics« weckt (Martin/Mehrotra/Prasad 2009). Der Band zeigt allerdings, dass diese neue Fiskalsoziologie fast ausschließlich eine Soziologie der Besteuerung ist. Zwar berufen sich die Herausgeber im programmatischen Einleitungskapitel ausdrücklich auf Goldscheid und Schumpeter, setzen Schumpeters Fiskalsoziologie dabei aber mit einer Soziologie der Besteuerung gleich. Damit verliert ihre neue Fiskalsoziologie jedoch die perspektivische Weite des schumpeterschen Ansatzes. Seine Fiskalsoziologie wollte Staatseinnahmen und Staatsausgaben zusammendenken und gemeinsam in ihren gesellschaftlichen Kontext einbetten. Trotz der erheblichen Fortschritte der jüngeren Literatur ist daher festzuhalten, dass eine von der Fiskalpolitik ausgehende, zu einer fiskalsoziologischen Theorie führende »Untersuchung des sozialen Getriebes« noch immer fehlt.

So bleibt es bei einzelnen Ansätzen, die sich von der voluntaristischen Public-Choice-Theorie dadurch absetzen, dass sie eine viel stärker strukturell determinierte Lesart der Fiskalpolitik vertreten. Politiker, die Schulden aufnehmen, handeln demnach nicht in zynischem Eigeninteresse, von dem sie durch eine einfache Veränderung der Anreizstrukturen abgebracht werden könnten. Sie sind vielmehr Gefangene der Grundkonflikte kapitalistischer Gesellschaften, auf die sie immer nur ad hoc reagieren können, stets darum bemüht, einen Flickenteppich von Zwischenlösungen zu knüpfen, die nur zeitweilig eine fragile Befriedung der zugrunde liegenden Strukturkonflikte ermöglichen. Eine Lösung des Schuldenproblems sehen diese Ansätze entsprechend skeptisch. Schulden sind in dieser Lesart vor allem der Versuch, »Zeit zu kaufen«, bis sich eine bessere Lösung findet oder – wahrscheinlicher – bis dieses Instrument erschöpft ist (Streeck 2013a). Ein Abbau von Schulden ist demnach allenfalls unter gleichzeitiger Inkaufnahme anderer Probleme zu erreichen.

2.1.3 Die Perspektive der Staatstätigkeitsforschung

Da es sich bei der Fiskalpolitik um eines der wichtigsten Politikfelder überhaupt handelt, erhält sie auch in der Politikwissenschaft große Aufmerksamkeit. Die wichtigsten Erklärungsansätze werden üblicherweise in Form der vier (Schmidt 1993), später sechs (Schmidt et al. 2007) von Manfred G. Schmidt identifizierten Theorieschulen innerhalb der »Heidelberger Schule der vergleichenden Staatstätigkeitsforschung« zusammengefasst. Es sind dies die Theorie der sozioökonomischen Determination, die internationale Hypothese, die Machtressourcentheorie, die Parteiendifferenztheorie, politisch-institutionalistische Theorien und die Lehre vom Politikerbe (vgl. auch Siegel 2002; Zohlnhöfer 2008). Diese sind zwar nicht spezifisch zur Erklärung von Fiskalpolitik, sondern ganz allgemein zur Politikfeldanalyse entwickelt worden. Sie wurden jedoch schon früh auf Staatsverschuldung (Wagschal 1996) und Haushaltskonsolidierungen (Wenzelburger 2010b) angewendet.

Wie die Fiskalsoziologie ist auch die vergleichende Staatstätigkeitsforschung kein einheitlicher Ansatz. Die Gemeinsamkeit der einzelnen Stränge liegt nicht in ihrer Herangehensweise, sondern in ihrem Gegenstand. Ihre Verästelungen müssen hier auch nicht weiter verfolgt werden. Für die Untersuchung der progressiven Konsolidierungsthese ist entscheidend, dass sich aus ihren Ansätzen drei grundsätzliche Vorstellungen davon ergeben, wie frei die Politik in ihren Entscheidungen oder wie sehr sie durch strukturelle Faktoren determiniert ist: Fiskalpolitik kann als durch Sachzwänge bestimmt, als institutionell vorstrukturiert oder als weitgehend offenes Feld der Interessenkonkurrenz aufgefasst werden.

Den geringsten Spielraum schreiben der Politik die Theorie der sozioökonomischen Determination und ihr prominentester Spezialfall, die internationale Hypothese, zu. In ihrem Verständnis folgen politische Entscheidungen vor allem gesellschaftlichen oder ökonomischen Notwendigkeiten. Demnach bestimmen Faktoren wie die demografische Entwicklung, das Wirtschaftswachstum oder die Arbeitslosenquote die Staatstätigkeit. Die Politik passt sich diesen Entwicklungen an und hat wenig eigenen Handlungsspielraum. Bezogen auf die Fiskalpolitik ist das Wagnersche Gesetz, das einen mit fortschreitender wirtschaftlicher Entwicklung wachsenden Anteil des Staates an der Wirtschaftsleistung prophezeit, das wohl einflussreichste Beispiel für einen solchen Ansatz.

Die wichtigste zeitgenössische Formulierung dieser These ist die internationale Hypothese. Folgt man ihr, wird nationalstaatliches Handeln immer stärker von internationalen Zusammenhängen geprägt. Klassisches Beispiel ist die sogenannte Kompensationsthese (Cameron 1978; Katzenstein 1985; Rodrik 1998; Garrett 1998), die argumentiert, größere wirtschaftliche Offenheit gehe mit einem Ausbau des Sozialstaats einher, weil dieser die Unwägbarkeiten des Weltmarkts abfedere. Demgegenüber wird heute eher eine Konvergenz- oder Effizienzthese vertreten, der zufolge der Konkurrenzdruck der Globalisierung einen Unterbietungswettbewerb bei der Regulierung der Wirtschaft, der Besteuerung oder der Größe des Wohlfahrtsstaats auslöst (Scharpf/Schmidt 2000; Busemeyer 2009; Genschel/Schwarz 2011).

Während derartige Ansätze die Politik stark von strukturellen Faktoren determiniert sehen, gehen der Machtressourcen- und der Parteiendifferenzansatz von relativ großer politischer Entscheidungsfreiheit aus. Entsprechend stellen sie Prozesse der Interessendurchsetzung in den Mittelpunkt der Analyse. In der

Machtressourcentheorie (Korpi 1983; Korpi/Palme 2003) liegt der Fokus dabei klassisch auf dem Konflikt zwischen Arbeit und Kapital. Demnach sind vor allem die organisierten Interessen der Arbeiterschaft, gebündelt in der Gestalt von linken Parteien und Gewerkschaften, entscheidend für Umfang und Form der Staatstätigkeit. Als besonders erfolgreich hat sich die These bei der Erklärung der unterschiedlichen Entwicklung moderner Wohlfahrtsstaaten erwiesen (Esping-Andersen 1990). Die New-Politics-These argumentiert jedoch, dass die Erklärungskraft der Machtressourcentheorie in Zeiten des Rückbaus der Staatstätigkeit begrenzt sei (Pierson 1996).

Eine für die Fiskalpolitik wichtigere Verwandte der Machtressourcentheorie ist die Parteiendifferenzthese, die auch im Public-Choice-Ansatz weite Verbreitung gefunden hat. Ihre Grundannahme lautet, dass linke Regierungen und ihre Wähler andere wirtschaftspolitische Präferenzen haben als rechte Regierungen (Hibbs 1977; Tufte 1978). Das wichtigste Ziel linker Parteien ist demnach Vollbeschäftigung, während rechte Parteien vor allem Preisstabilität anstreben (Überblicke bei Boix 2000; Franzese 2002a). Zugleich schloss die Literatur, linke Parteien strebten allgemein einen höheren Anteil des Staates an der Wirtschaftsleistung an. Was aus diesen Annahmen für das Verschuldungsverhalten folgt, ist allerdings unklar. Die meisten Autoren unterstellen, linke Parteien verschuldeten sich stärker als rechte Parteien. Empirisch ist diese These jedoch zweifelhaft (die beste Analyse bietet Cusack 1999). Es lassen sich auch kaum theoretisch zwingende Gründe für eine bestimmte Form der Parteiendifferenz bei Defiziten und Schulden angeben. Zwar folgt die Annahme, dass linke Parteien höhere Staatsausgaben präferieren, unmittelbar aus den Ideologien und Präferenzen der Parteien. Dasselbe gilt für die Annahme, dass sie höhere Steuern erheben. Damit bleibt der Nettoeffekt auf den Haushaltssaldo aber a priori unklar. Es ist deshalb sinnvoller, die parteipolitische Haltung zu Defiziten und Überschüssen als strategisches Instrument im Parteienwettbewerb und nicht als Destillat bestimmter fixer Präferenzen zu betrachten (Haffert/Mehrtens 2014b).

Theoretische Weiterentwicklungen weisen zudem darauf hin, dass fiskalpolitische Parteieffekte kontextabhängig sind: Ihre Stärke hänge von den makroökonomischen Umständen, der Offenheit einer Volkswirtschaft, ihrem monetären Regime, der institutionellen Konfiguration ihres Arbeitsmarktes und den allgemeinen Institutionen des politischen Systems ab (Garrett 1998; Franzese 2002b). Derartige Überlegungen stehen im Mittelpunkt politisch-institutionalistischer Theorien. Diese nehmen eine mittlere Position hinsichtlich des angenommenen politischen Handlungsspielraums ein. Sie unterstellen zwar einen Primat des Politischen gegenüber gesellschaftlichen Einflüssen, verstehen den politischen Raum aber als durch Institutionen vorstrukturiert. Dabei arbeiten sie in der Regel mit einem engen Institutionenbegriff und untersuchen den

Einfluss politischer Institutionen wie Föderalismus, Verfassungsgerichtsbarkeit, Wahlsystem oder Abstimmungsverfahren auf die Staatstätigkeit. Besondere Aufmerksamkeit hat dabei die Rolle von Vetospielern erfahren (Tsebelis 1995, 2002). Je mehr, vor allem aber je unterschiedlichere Akteure es gibt, die innerhalb des politischen Systems eine Vetoposition einnehmen, desto schwieriger wird es, Veränderungen des Status quo durchzusetzen. Dieser Ansatz sagt daher eine hohe Persistenz politischer Entscheidungen voraus und rechnet nicht mit radikalen Kurswechseln (entsprechende Vetospielereffekte in der Fiskalpolitik findet Franzese 2002b).

Eng verwandt ist die These vom Politikerbe, die ebenfalls starke Persistenz impliziert (Rose 1990). Sie sieht den politischen Handlungsspielraum als maßgeblich durch die Folgen früherer Entscheidungen beschränkt. Wichtigstes Element dieses Ansatzes ist das Konzept der Pfadabhängigkeit, die durch positive Feedback-Prozesse entsteht (David 1985; Arthur 1994; Mahoney 2000; Pierson 2004). Einmal getroffene politische Entscheidungen erzeugen demnach zunehmend selbstverstärkende Prozesse und Komplementaritäten. Dieser Mechanismus ist vor allem aus der vergleichenden Wohlfahrtsstaatsforschung bekannt (Pierson 1994). Ein fiskalpolitisches Beispiel ist die steuerliche Absetzbarkeit von Hypothekenzinsen in den USA. Sie hat massiv zur Suburbanisierung beigetragen und damit die Präferenzstruktur innerhalb der amerikanischen Bevölkerung nicht nur in Bezug auf Wohneigentum, sondern auch in Bezug etwa auf den motorisierten Individualverkehr tief greifend verändert. Trotz der Immobilienblase der 2000er-Jahre ist dieser Steuervorteil noch immer unantastbar (Glaeser 2011).

Derartige Argumentationen sind charakteristisch für das Forschungsprogramm des historischen Institutionalismus. Dieser hat der Fiskalpolitik (mit Ausnahme der Steuerpolitik, Steinmo 1993) allerdings bislang nur wenig Aufmerksamkeit geschenkt. Als repräsentativ darf in dieser Hinsicht ein von Streeck und Thelen (2005a) herausgegebener Sammelband zu graduellem institutionellem Wandel gelten, der Fallstudien zur Gesundheits-, zur Renten-, zur Wettbewerbs- und zur Arbeitsmarktpolitik enthält, aber keine zu den Staatsfinanzen. Ähnliches gilt auch für die Vergleichende Politische Ökonomie insgesamt (Ausnahmen sind Pierson 2001b; Streeck 2009, 2011). Im vielleicht einflussreichsten Band dieses Forschungsfelds, Halls und Soskices *Varieties of Capitalism* (2001), finden sich Kapitel zu Produktionsregimen, zu Arbeitsmärkten, zur Geld- und Lohnpolitik, zu Ausbildungssystemen und zur Innovationsfähigkeit. Die Fiskalpolitik aber fehlt. Wagschals Versuch (2001), in Analogie zu Produktregime- oder Wohlfahrtsstaatstypologien auch fiskalpolitische Regimecluster zu identifizieren, steht weitgehend allein und hat nur geringe Resonanz erfahren.

Dennoch spielen die Thesen des historischen Institutionalismus für das hier entwickelte Argument eine entscheidende Rolle. Die Argumentation in Kapitel 3 wird sie noch einmal vertiefen und zeigen, dass sich wichtige Konzepte mit geringem Aufwand und großem Ertrag auf fiskalpolitische Fragestellungen übertragen lassen. Dabei wird insbesondere deutlich werden, dass der politische Handlungsspielraum viel stärker begrenzt ist, als die Vertreter einer progressiven Konsolidierungsthese annehmen.

2.2 Theoretischer Kontext: Was sind die Folgen staatlicher Verschuldung?

Der vorangegangene Abschnitt hat verschiedene Ansätze diskutiert, die die Höhe der Staatsverschuldung theoretisch und empirisch erklären wollen. Diese Erklärungsansätze gewinnen ihre Bedeutung aber letztlich erst aus den Konsequenzen der Verschuldung. Nur wenn man der Staatsverschuldung ökonomische oder politische Folgewirkungen zuschreibt, wird die Frage relevant, warum es zu viel (oder auch zu wenig) Staatsverschuldung gibt. Und nur wenn Defizite die staatliche Handlungsfähigkeit reduzieren, können Überschüsse mit deren Wiedergewinnung verbunden sein. Damit stellt sich die Frage nach den Folgen von Staatsverschuldung. Sie sind auch darum wichtig, weil die Folgen (oder jedenfalls die erwarteten Folgen) der Verschuldung in das Kalkül der fiskalpolitischen Entscheidungsträger einfließen und weil sich die politische Debatte über Fiskalpolitik an ihnen orientiert. Deshalb muss eine vollständige Erklärung ihrer Ursachen auch die Folgen von Verschuldung berücksichtigen. Die Literatur hat dabei vor allem die makroökonomischen Effekte untersucht (die besten Zusammenfassungen bieten noch immer Ball/Mankiw 1995; Elmendorf/Mankiw 1998). In jüngerer Zeit richtet sich der Blick jedoch zunehmend auch auf die politischen Folgewirkungen der Schuldenlast (Schäfer/Streeck 2013b).

2.2.1 Makroökonomische Effekte

Noch stärker als die Ursachendiskussion hat sich die Analyse möglicher Konsequenzen der Staatsverschuldung mit der Veränderung der makroökonomischen Problemlagen verschoben. In den 1970er-Jahren wurde vor allem argumentiert, hohe Defizite beförderten die Inflation (Buchanan/Wagner 1977). Dieses Argument ist heute kaum noch zu finden, auch weil die Zentralbanken inzwischen weltweit unabhängig von den Regierungen agieren und die Möglichkeit einer Monetisierung der Staatsschuld dadurch deutlich zurückgegangen ist. Heute liegt der Fokus der Debatte daher vor allem auf der wachstumshemmenden Wirkung von Verschuldung. Diese wird traditionell über den *Crowding-out-*

Mechanismus begründet, dem zufolge eine höhere Inanspruchnahme des Kapitalmarktes durch den Staat die Zinsen erhöht, andere Kreditnehmer aus dem Markt drängt, damit privatwirtschaftliche Investitionsvorhaben verhindert und somit letztlich den gesamtwirtschaftlichen Kapitalstock reduziert. Auf integrierten Kapitalmärkten kommt ein außenwirtschaftlicher Effekt hinzu (Abbas et al. 2010; Kim 2007). Das gestiegene Staatsdefizit wird teilweise über Kapitalimporte finanziert, die mit einem Anstieg des Wechselkurses, höheren Importen und einer entsprechenden Verschlechterung der Leistungsbilanz einhergehen. Ein Abbau des Budgetdefizits gehört daher zu den Standardempfehlungen für Länder mit negativer Außenbilanz.[5]

Dieser klassische Verdrängungseffekt ist in jüngerer Zeit durch eine Fokussierung auf die Erwartungen von Anlegern und Investoren ergänzt worden. Demnach erhöhen Defizite nicht nur die aktuellen, sondern auch die erwarteten zukünftigen Zinssätze. Diese Erwartungen schlagen aber unmittelbar auf die aktuellen Langfristzinsen durch, mit ganz ähnlichen Folgen wie beim klassischen Verdrängungseffekt (Blanchard 1984; Reinhart/Sack 2000). Zudem erzeugen Defizite bei rationalen Wirtschaftssubjekten die Erwartung höherer Steuersätze in der Zukunft, da ja die Schulden bedient werden müssen. Höhere Zinsen und Steuern reduzieren aber das erwartete verfügbare Einkommen. Das reduziert bereits die heutige Nachfrage, wenn die Individuen ihren Konsum über den Lebenszyklus glätten. Zudem unterminieren Defizite das Investorenvertrauen und sorgen damit für Druck von den Finanzmärkten.

Empirisch ist dieser Zusammenhang von Schulden und Wachstum prominent von Carmen Reinhart und Kenneth Rogoff behauptet worden (2010b). In einer viel diskutierten Studie identifizierten sie neben einem allgemein negativen Effekt der Schuldenquote auf das Wirtschaftswachstum auch einen Schwellenwert der Staatsverschuldung in Höhe von 90 Prozent des Bruttoinlandsprodukts (BIP), ab dem die Wachstumsverluste besonders massiv würden (für ein ähnliches Resultat vgl. Kumar/Woo 2010). Diesem Ergebnis ist bereits frühzeitig widersprochen worden, wobei vor allem die Richtung der Kausalitätsbeziehung infrage gestellt wurde (Irons/Bivens 2010). Eine Korrelation zwischen hohen Schulden und niedrigem Wachstum kann demnach bedeuten, dass Schulden das Wachstum reduzieren, aber auch, dass niedrige Wachstumsraten der Grund für hohe Schulden sind. Durch die Aufdeckung eines Excelfehlers in der Berechnung von Reinhart und Rogoff wurde der Befund eines Schwellenwerts dann weitgehend diskreditiert (Herndon/Ash/Pollin 2013). Der aktuelle Forschungs-

5 Besondere Prominenz erlangte dieser Zusammenhang zwischen Inlands- und Auslandsverschuldung in der Debatte um das *twin deficit* der USA in den 1980er-Jahren (Abell 1990; Normandin 1999).

stand kann daher wie folgt zusammengefasst werden: Ceteris paribus reduziert ein höherer Schuldenstand das Wirtschaftswachstum, allerdings sind die Effekte klein und es lässt sich nicht feststellen, dass sie ab einem bestimmten Wert besonders schnell zunehmen.

Neben diesen Wachstumseffekten haben Staatsschulden potenziell Umverteilungseffekte, sowohl innerhalb einer Generation als auch zwischen Generationen. Es ist allerdings ausgesprochen schwierig, sie zu ermitteln, weil sie entscheidend davon abhängen, wie der Staat das geliehene Geld verwendet. Prinzipiell bevorteilt ein Defizit heutige Generationen zulasten künftiger Generationen. Wenn das Defizit jedoch in eine Erhöhung des Kapitalstocks investiert wird, der diesen zukünftigen Generationen vererbt wird, verschiebt sich das Bild. Zudem sollte es in einer wachsenden Wirtschaft kommenden Generationen leichterfallen, die Schulden zurückzuzahlen. Der deutsche Staatswissenschaftler Lorenz von Stein war daher sogar der Auffassung: »Ein Staat ohne Staatsschuld tut entweder zu wenig für seine Zukunft, oder er fordert zu viel von seiner Gegenwart« (von Stein 1878, zitiert nach Wagschal 1996: 132).

Von Stein repräsentiert damit eine Position, die Staatsverschuldung positiv bewertet und die dominierende kritische Lesart relativiert. Für solche positiven Einschätzungen gibt es verschiedene Gründe: So ist unstrittig, dass die Kosten einmaliger, die gesamte Gesellschaft betreffender Ereignisse wie Kriege und Naturkatastrophen durch Defizite finanziert werden sollten. Auch streng neuklassische Makroökonomen treten zudem für eine Politik der Steuerglättung ein (Barro 1979). Da die Zusatzlasten einer Steuer mit der Höhe des Steuersatzes exponentiell zunehmen, ist es ineffizient, das Steueraufkommen jedes Jahr den konjunkturell schwankenden Ausgaben anzupassen. Sinnvoller ist, einen konstanten Steuersatz zu wählen, der den Haushalt über den Konjunkturzyklus ausgleicht und mit Überschüssen im Aufschwung und Defiziten im Abschwung verbunden ist.

Im Kontext der Handlungsfähigkeitsdebatte noch wichtiger sind aber zwei weitere Zwecke der Staatsverschuldung. In der keynesianischen Tradition wird das Steuerglättungsargument ergänzt durch die Stabilisierungsfunktion der Fiskalpolitik. Demnach sollte der Staat konjunkturelle Abschwünge durch kontrazyklisches *deficit spending* abfedern, wobei die Defizite durch Überschüsse im Aufschwung ausgeglichen werden. In der Finanzwissenschaft war dieses Argument lange in Misskredit geraten: Der Staat reagiere viel zu langsam, sodass der fiskalische Impuls zu spät wirke, zudem sei der Multiplikatoreffekt viel zu klein für einen effektiven Einsatz der Konjunkturpolitik (Feldstein 2002). Im Zuge der Weltfinanzkrise ist hier jedoch ein Umdenken feststellbar (Blanchard/Leigh 2013). Sogar dauerhaft geboten ist Staatsverschuldung nach dem *Pay-as-you-use*-Prinzip aber bei öffentlichen Investitionen. Das klassische Beispiel dafür ist eine vom Staat finanzierte Brücke, die fünfzig Jahre lang genutzt wird. Es wäre weder gerecht noch effizient, wenn diese vollständig von den Steuerzahlern im Errichtungsjahr finanziert werden müsste. Die Kreditfinanzierung dient hier dazu, Kosten und Nutzen des Brückenbaus in zeitliche Übereinstimmung zu bringen.

Diese beiden Argumente weisen auf potenzielle Zielkonflikte im Rahmen progressiver Konsolidierungen hin. Zum einen besteht die Gefahr, dass Konsolidierungen einen kontrazyklischen Einsatz der Fiskalpolitik verhindern. Dafür müsste nämlich die Bereitschaft bestehen, Konsolidierungserfolge in Abschwungphasen wieder preiszugeben – zumindest temporär. Zudem müssten in Boomphasen sehr hohe Überschüsse erzielt werden, von denen fraglich ist, ob sie politisch durchsetzbar sind. Es ist daher denkbar, dass permanente Konsolidierungsbemühungen zu einer prozyklischen Fiskalpolitik führen. Vor allem das *Pay-as-you-use*-Prinzip kann aber mit dem Ziel progressiver Konsolidierungen in Konflikt geraten. Denn diese streben eben eine Erhöhung der öffentlichen Investitionen an. Eine Generation, die Schulden abbaut, muss jedoch aus dem laufenden Steueraufkommen gleichzeitig die Investitionen der Vergangenheit und die der Gegenwart finanzieren. Es dürfte dann schwierig sein, tatsächlich noch neue Ressourcen für Investitionen zu mobilisieren.

Neben diesen Argumenten für und gegen Staatsverschuldung gibt es eine dritte, radikale Position, die als Ricardianische Äquivalenz bekannt ist und von Robert Barro vertreten wurde (Barro 1974, 1979). Er bestritt auf Basis der Theorie rationaler Erwartungen grundlegend die Wirksamkeit schuldenfinanzierter Staatseingriffe. Wenn Wähler nicht nur ihren eigenen, sondern auch den Nutzen ihrer Nachkommen bewerten, dehnen sie ihre Ersparnisbildung demnach in Erwartung der zukünftig höheren Steuerbelastung genau um die Höhe der Staatsverschuldung aus und neutralisieren deren Effekt somit vollständig. Daher gibt es weder eine Lastenverschiebung zwischen den Generationen noch eine Wirkung auf die Konjunktur: Die zusätzlichen Staatsausgaben werden vollständig durch eine Reduktion der privaten Nachfrage ausgeglichen.

Barros Theorie hat sich trotz überzeugender Einwände gegen zu starke Rationalitätsannahmen als überraschend zählebig erwiesen. Ein Grund dafür könnte sein, dass das Äquivalenztheorem eine Erklärung für die seit den 1970er-Jahren gestiegene Verschuldung enthält. Da es nämlich entscheidend auf der Annahme eines Vererbungsmotivs basiert, wäre eine angesichts der wachsenden Zahl kinderloser Paare abnehmende Bedeutung dieses Motivs gleichbedeutend mit einer höheren Verschuldungspräferenz der Bevölkerung. Dieses Argument ist verwandt mit der Theorie der intergenerationellen Umverteilung (Cukierman/Meltzer 1989; Tabellini 1991). Demnach sollten vor allem ältere Wähler ein Interesse an defizitfinanzierten Staatsausgaben haben, weil deren Kosten zum Teil auf zukünftige Generationen überwälzt werden können.

Diese Argumentation, die auf einer bestimmten Form von Umverteilungseffekten basiert, zeigt damit, wie Theorien über die makroökonomischen Effekte der Verschuldung die Theoriebildung zu den politischen Ursachen der Verschuldung beeinflussen. Weil Verschuldung bestimmte Umverteilungswirkungen hat, entwickeln bestimmte Gruppen ein Interesse an schuldenfinanzierter Politik, sodass ein wachsender Einfluss dieser Gruppen zu höherer Verschuldung führen sollte. Vor allem aber liefern die verschiedenen Theorien darüber, wie sich Verschuldung auswirkt, das argumentative Rüstzeug für die Debatte um den Umgang mit Haushaltsüberschüssen. Sie werden daher im sechsten Kapitel immer wieder eine Rolle spielen, wenn analysiert wird, wie Überschüsse entstehen und wie sie bewahrt und verwendet werden.

2.2.2 Politische Effekte

Während die makroökonomischen Effekte der Staatsverschuldung schon lange große Aufmerksamkeit genießen, sind ihre politischen Effekte häufig nur am Rande betrachtet worden. Dies hat sich jedoch mit der Eurokrise geändert. Spätestens die zeitweilige Einsetzung von Expertenregierungen in Griechenland und Italien hat die Frage aufkommen lassen, ob Staatsschulden das Funktionieren demokratischer Prozesse fundamental untergraben können. Unter dem Druck der Finanzmärkte droht das »Staatsvolk« vom »Marktvolk« als Souverän verdrängt zu werden (Streeck 2013a). Bereits Göran Persson hatte bekanntlich befürchtet, wer Staatsschulden habe, sei nicht frei, sondern abhängig von den anonymen internationalen Finanzmärkten.

Bevor er die demokratischen Institutionen untergräbt, macht sich fiskalischer Stress in Form von Defiziten und Verschuldung jedoch zunächst bemerkbar, indem er die staatliche (und damit demokratische) Handlungsfähigkeit beschränkt. Dieser Effekt ist der Ausgangspunkt der progressiven Konsolidierungsthese. Die wachsende Zinslast und der Druck der Finanzmärkte zwingen den Staat zu ständigen Sparmaßnahmen und schränken den Spielraum für Zukunftsinvestitionen immer weiter ein. Diese These kann sich auf eine Vielzahl empirischer Studien in der Vergleichenden Politischen Ökonomie stützen, die den Einfluss von Defiziten und Verschuldung auf einzelne Politikfelder untersuchen. So finden diese Arbeiten, dass fiskalischer Stress zu höheren Steuern (Swank/Steinmo 2002), niedrigeren Sozialausgaben (Swank 2001; Kittel/Obinger 2003), sinkender Generosität der Sozialleistungen (Allan/Scruggs 2004) und sinkenden Kernausgaben des Staates (Castles 2007) führt. Zugleich betrifft dieses schuldeninduzierte Retrenchment nicht alle Politikfelder im selben Ausmaß. Vielmehr hat sich der Wohlfahrtsstaat, jedenfalls im Aggregat, als verhältnismäßig gut vor Kürzungen geschützt erwiesen (Breunig/Busemeyer 2011; Obinger

2012). Größtes Opfer des Spardrucks waren stattdessen die öffentlichen Investitionen. Das betrifft sowohl harte Investitionen in die öffentliche Infrastruktur (de Haan/Sturm/Sikken 1996; Sturm 1998; Keman 2010; Vuchelen/Caekelbergh 2010) als auch weiche Investitionen in Bildung und Forschung (Boix 1997; Streeck/Mertens 2011). Die Ziele progressiver Konsolidierungen leiden also in der Tat besonders unter den Folgen der Verschuldung.

Defizite entfalten mithin Zweitrundeneffekte auf die Fiskalpolitik, indem sie fiskalpolitische Kurskorrekturen in Folgejahren erzwingen. Sie werden damit von einer Folge zu einer Ursache fiskalpolitischer Entscheidungen. Daraus lässt sich die Möglichkeit einer strategischen politischen Verwendung des Haushaltssaldos ableiten. Wenn Haushaltssalden bestimmte politische Reaktionen erzeugen, können sie gezielt eingesetzt werden, um Ergebnisse zu erzielen, die im politischen Prozess ansonsten nicht möglich wären. In Bezug auf Defizite wird diese These in Modellen strategischer Verschuldung vertreten, die eine Sonderform von Parteigängermodellen sind (Persson/Svensson 1989; Alesina/Tabellini 1990). Demnach kann eine Regierung, die davon ausgeht, bei der nächsten Wahl von der Opposition abgelöst zu werden, sich bewusst verschulden, um den Entscheidungsspielraum der zukünftigen Regierung einzuschränken. Ausgerechnet besonders hartnäckige (»stubborn«) Konservative könnten daher bewusst Defizite generieren, um progressive Nachfolgeregierungen zu Einsparungen zu zwingen und von neuen Staatsausgaben abzuhalten.

Empirisch wird diese These unter dem Schlagwort *starving the beast* vor allem mit der Regierung von Ronald Reagan assoziiert. Demnach sollten Defizite beim von Reagan intendierten Rückbau des Wohlfahrtsstaats als politischer Hebel eingesetzt werden, um den notwendigen Einsparungsdruck zu erzeugen, ohne den Kürzungen politisch nicht durchsetzbar waren. Heute stimmen die meisten Beobachter überein, dass es sich bei *starving the beast* um eine Ex-post-Rationalisierung unintendierter Defizite handelt.[6] Was immer man aber für die zugrunde liegende Motivation der reaganschen Fiskalpolitik hält – die erwarteten Ausgabensenkungen blieben jedenfalls aus (Romer/Romer 2009: 1). Selbst Befürworter eines schlanken Staates betrachten *starving the beast* daher heute als Fehlschlag (Niskanen 2006). Stattdessen hätten Reagans Steuersenkungen zu Defiziten in vorher nicht gekanntem Ausmaß geführt.

Vor diesem Hintergrund hat in jüngerer Zeit vor allem eine umgekehrte Lesart an Popularität gewonnen, in der Mehreinnahmen zu wachsenden Staatsausgaben führen (Bartlett 2007). Diese These wird von Konservativen ins Feld

---

6 Diese Sichtweise ist insbesondere von Reagans Budgetdirektor David Stockman vertreten worden (Stockman 1986, 2013; siehe auch Morgan 2009). Bartlett (2007) zeigt jedoch die Wurzeln von *starving the beast* im konservativen ökonomischen Diskurs der späten 1970er-Jahre.

geführt, die befürchten, Überschüsse könnten eine Wiederkehr des aktivistischen Staates mit sich bringen (Friedman 2003). Wenn Defizite zu Ausgabenkürzungen führen, so ihr Umkehrschluss, dann bewirken Überschüsse Ausgabenerhöhungen. Dies entspricht im Prinzip dem Argument der progressiven Konsolidierungsthese, nur wird es von Konservativen mit einer negativen statt mit einer positiven Konnotation versehen. Dementsprechend empfahl Gary S. Becker 2001 im Kontext der Clinton-Überschüsse »to take away the temptation to spend more by using large tax cuts to reduce revenue and budget surpluses« (Becker 2001).

Implizit gehen solche Argumente von einem Public-Choice-Modell aus, in dem Politiker mit Ausgabenerhöhungen oder Steuersenkungen das Wohlwollen der Wähler zu kaufen versuchen. Seltsam unerforscht geblieben ist jedoch die Frage, inwiefern diese Strategie überhaupt erfolgversprechend ist. Dabei ist die These, schuldenfinanzierte Politik könne die Wiederwahlchancen der Regierung erhöhen, eine zentrale Grundannahme der Public-Choice-Theorie. Die empirischen Studien, die den Zusammenhang von Fiskalpolitik und Wahlausgängen untersuchen, lassen daran jedoch erheblichen Zweifel aufkommen. So schließen Brender und Drazen (2008) in einer breit angelegten Panelstudie, dass Defizite in etablierten Demokratien die Wahrscheinlichkeit einer Wiederwahl sogar reduzieren. Zu einem ähnlichen Befund gelangen Alesina, Carloni und Lecce (2012). Demnach führen sogar tief greifende Konsolidierungen nicht zu einer signifikanten Bestrafung der Regierung an der Wahlurne.

Zusammengefasst signalisieren die hier vorgestellten Ergebnisse, dass Defizite sowohl den makroökonomischen als auch den politischen Handlungsspielraum von Regierungen begrenzen. Darunter leiden besonders die Kernbereiche staatlicher Handlungsfähigkeit. Genau aus diesem Grund erzeugen Defizite aber zunehmenden politischen Handlungsdruck.

2.3 Ein verwandtes Feld: Haushaltskonsolidierungen

Defizite setzen Regierungen unter Druck, einen fiskalischen Kurswechsel vorzunehmen. Diese Überlegung ist Ausgangspunkt der finanz- und politikwissenschaftlichen Literatur zu Haushaltskonsolidierungen. Sie ist besonders interessant, weil sie die Voraussetzung von Überschüssen, nämlich den Abbau von Defiziten, untersucht. Bezogen auf die progressive Konsolidierungsthese analysiert sie allerdings nur deren Mittel. Ihren Zweck, nämlich eine Erhöhung der fiskalpolitischen Handlungsfähigkeit, lässt sie entweder außen vor oder nimmt ihn als gegeben an. Stattdessen ist das erklärte Ziel eines Großteils der Konsolidierungsliteratur, technisches Wissen zu generieren, wie Konsolidierungen möglichst erfolgversprechend ausgestaltet werden können. Solche Studien verwenden erfolgreiche Konsolidierungen also als empirische Beispiele, von denen andere Länder unter fiskalischem Anpassungsdruck lernen können.

Dabei ist es, wie bei der übrigen fiskalpolitischen Literatur, auch bei der Literatur zu Haushaltskonsolidierungen sinnvoll, zwischen Studien zu ihren Ursachen und Studien zu ihren Folgen zu unterscheiden. Studien zu den Ursachen untersuchen, wann Länder mit einer Konsolidierung beginnen, vor allem aber, wie erfolgreiche Konsolidierungen ausgestaltet sind. Typische Fragen sind, ob sich die Konsolidierung auf die Einnahmen- oder die Ausgabenseite des Budgets konzentriert, ob sie auf einen Schlag erfolgt oder über mehrere Jahre gestreckt wird und ob die tiefsten Einschnitte gleich zu Beginn oder erst gegen Ende des Konsolidierungszeitraums erfolgen. Für die Analyse von Haushaltsüberschüssen ist die Literatur zu den Folgen von Konsolidierungen jedoch relevanter. Diese ist vor allem makroökonomisch orientiert und fragt, ob und unter welchen Umständen Sparanstrengungen das Wirtschaftswachstum reduzieren und daher potenziell sogar kontraproduktiv sein können. Diese Frage ist vor allem im Kontext der Austeritätsdebatte der Jahre seit 2008 brisant.

In einer traditionellen keynesianischen Betrachtung entfalten Konsolidierungen negative konjunkturelle Effekte, weil sie der Gesamtwirtschaft Nachfrage entziehen. Diese Lesart wurde jedoch seit den frühen 1990er-Jahren zunehmend von der »Theorie expansiver Konsolidierungen« hinterfragt (Giavazzi/Pagano 1990, 1996; McDermott/Wescott 1996; in neuerer Zeit vor allem Alesina/Ardagna 1998, 2009, 2012). Dieser Schule zufolge können Konsolidierungen unter bestimmten Umständen sogar positive Wachstumseffekte zeitigen. Der Grund liegt in der vertrauenserzeugenden Wirkung der Konsolidierung, durch die der erwartungsinduzierte Verdrängungseffekt der Staatsverschuldung umgekehrt wird: Konsolidierungen versprechen sinkende Steuern und Zinsen in der Zukunft, erzeugen damit einen Vermögenseffekt in der Gegenwart und daraus abgeleitet einen unmittelbaren Nachfrageimpuls.[7]

Diese Denkschule ist der progressiven Konsolidierungsthese dahin gehend wesensverwandt, dass sie ebenfalls »Handlungsfähigkeit durch Austerität« propagiert. Beide Ansätze gehen davon aus, ein Verzicht in der Gegenwart könne zu größeren Optionen in der Zukunft führen. Dabei geht es den Advokaten expansiver Austerität vor allem um größeres Wirtschaftswachstum, progressiven Konsolidierern um größere Handlungsfähigkeit. Trotz dieses gemeinsamen

7 Interessanterweise vermeiden diese Autoren den Begriff »Konsolidierung« konsequent. Stattdessen nutzen sie den Begriff »adjustment« mit der ihm innewohnenden Vorstellung eines Gleichgewichts, zu dem man zurückkehrt.

Ausgangspunkts gelangen Studien expansiver Konsolidierungen aber zu Ergebnissen, die aus Sicht der progressiven Konsolidierungsthese hoch problematisch sind: Konsolidierungen haben demnach umso größere Aussichten, wachstumsfreundlich und nachhaltig erfolgreich zu sein, je stärker sie sich auf die Ausgabenseite des Budgets konzentrieren. Kombiniert man dieses Ergebnis mit dem Resultat, dass Investitionen in Konsolidierungsphasen als Erstes gekürzt werden, dann stehen progressive Konsolidierer vor einem Dilemma: Verteidigen sie diese Ausgaben, wird ein Konsolidierungserfolg unwahrscheinlicher. Kürzen sie diese Ausgaben aber, so muss ihr Ausbau in der Postkonsolidierung von einem entsprechend niedrigeren Ausgangsniveau erfolgen.

Die These nicht keynesianischer Konsolidierungseffekte hat erbitterten Widerspruch hervorgerufen. So ziehen verschiedene empirische Analysen sowohl die Fallstudienevidenz (Blyth 2013) als auch die quantitative Evidenz für solche Effekte in Zweifel (IMF 2010, 2012; Guajardo/Leigh/Pescatori 2011; Blanchard/Leigh 2013). Mit Roberto Perotti (2011) hat auch ein prominenter Vertreter expansiver Konsolidierungseffekte diese zuletzt deutlich relativiert: In der Tat seien tief greifende Konsolidierungen oft mit starken Wirtschaftsaufschwüngen verbunden. Diese Aufschwünge seien aber häufig günstigen Sondereffekten, etwa außenwirtschaftlicher Natur, zu verdanken, die kaum verallgemeinert werden könnten. Nicht die Konsolidierung verursache den Aufschwung, sondern der Aufschwung ermögliche den Erfolg der Konsolidierung.

Ein Hauptgrund für den empirischen Streit liegt in der Schwierigkeit, Konsolidierungsperioden sauber zu identifizieren. Dies ist deshalb so wichtig, weil diese Studien auf dasselbe Endogenitätsproblem stoßen wie Arbeiten zu den Wachstumseffekten von Verschuldung: Wenn Konsolidierungen mit höherem Wachstum einhergehen, kann dies auf einen kausalen Zusammenhang hinweisen oder auch nur bedeuten, dass Sparanstrengungen in Wachstumsphasen leichter durchzusetzen sind. Zudem besteht die Gefahr, rein konjunkturelle Verbesserungen der Haushaltslage fälschlich als politischen Konsolidierungserfolg zu klassifizieren. Diesem Problem versuchen viele Studien zu begegnen, indem sie den zyklisch bereinigten Haushaltssaldo zur Identifizierung von Konsolidierungsperioden verwenden (Alesina/Ardagna 1998, 2009, 2012; Guichard et al. 2007; Ahrend/Catte/Price 2006; Mulas-Granados 2003, 2006). Andere Autoren misstrauen diesen Bereinigungsverfahren und verwenden unbereinigte Budgetzahlen (Wagschal/Wenzelburger 2008b). Ein völlig anderes Verfahren ist von Devries et al. (2011) vorgeschlagen worden (siehe auch IMF 2010): Diese Autoren identifizieren politische Konsolidierungsmaßnahmen direkt auf Basis zeitgenössischer Dokumente. Die wichtigsten Vorteile dieser Methode liegen darin, nach den Begründungen für eine Konsolidierung differenzieren sowie reduzierte Zuwachsraten bei automatisch wachsenden Programmen als Einschnitte identifizieren zu können. Auch ihre Ergebnisse sind jedoch kritisiert worden – die Autoren hätten oftmals wichtige Maßnahmen übersehen (Perotti 2011).

Diese Identifikationsprobleme erklären nicht nur, warum die Konsolidierungsstudien zu so verschiedenen Ergebnissen kommen, sondern senden auch eine wichtige methodologische Botschaft. Sie zeigen, dass die Ergebnisse von Studien, die auf jährlichen Veränderungsraten beruhen, Gefahr laufen, zu Artefakten ihrer Periodendefinition zu werden. Deshalb sollten solche Ansätze durch die Betrachtung mehrjähriger Zyklen ergänzt werden, in denen die Effekte sehr viel klarer hervortreten. Dauerhafte Überschüsse sind dafür besonders gut geeignet. Da die Konsolidierungsliteratur jedoch ausgeglichene Haushalte bereits als das finale Ziel einer Konsolidierung definiert, interessiert sie sich kaum für eine derartige Langfristperspektive. Um zu beurteilen, wie erfolgreich oder nachhaltig eine Konsolidierung ist, betrachtet sie typischerweise einen Zeitraum von zwei (etwa von Hagen/Hallett/Strauch 2002; Alesina/Ardagna 2012) oder maximal drei Jahren (etwa Alesina/Perotti 1995a; Wagschal/Wenzelburger 2008c) nach dem Ende der eigentlichen Konsolidierung. Mit dieser Kurzfristperspektive riskiert sie jedoch, Konsolidierungen verfrüht als nachhaltig zu klassifizieren. So identifizieren Alesina und Ardagna (2012) in Italien eine nachhaltige Konsolidierung von 1995 bis 1997. Angesichts der Tatsache, dass Italiens strukturelles Defizit zwischen 2001 und 2006 in jedem Jahr mehr als 4 Prozent des BIP betrug, vermag diese Einstufung kaum zu überzeugen.

Diese Kurzfristperspektive führt außerdem dazu, dass die Konsolidierungsliteratur nicht zwischen der Entstehung und der Bewahrung von Überschüssen unterscheiden kann. Dass einige Länder offenbar in einem Zyklus aus Konsolidierungen, erneuten Defiziten und weiteren Konsolidierungen gefangen bleiben, während es in anderen Ländern zu einem dauerhaften Regimewechsel kommt, bleibt damit außen vor. Dabei ist Letzteres besonders beachtlich, weil eine Fortsetzung der Sparpolitik hier nicht mehr ökonomisch »notwendig« oder »erzwungen«, sondern eine politische Entscheidung ist.[8] Die Konsolidierungsliteratur beschränkt sich dagegen auf die Entstehung von Überschüssen und muss dann unterstellen, dass dieselben Faktoren auch ihre Bewahrung erklären.[9]

Das wichtigste Versäumnis der Konsolidierungsliteratur ist aber, die politischen Folgen von Konsolidierungen fast vollständig zu ignorieren. Konsolidie-

8 Man könnte einwenden, diese Länder müssten aus Gründen wie dem demografischen Wandel oder ihrer außenwirtschaftlichen Position auch im Überschuss weiter sparen. Kapitel 6 wird jedoch zeigen, dass diese Argumentation nicht plausibel ist und es einer politischen Erklärung bedarf.

9 Patashnik (2008: 6) findet dasselbe Muster auch in der Literatur zu Reformen in zahlreichen anderen Politikfeldern: Während es viele Studien zur Entstehung von Reformen gibt, beschäftigen sich nur wenige Arbeiten mit den Bedingungen ihrer Beständigkeit.

rungen werden ausschließlich im Hinblick auf ihre ökonomischen Konsequenzen untersucht und die Bewertung verschiedener Konsolidierungsoptionen erfolgt allein vor dieser Folie. Dass Konsolidierungen auch den politischen Kontext verändern können, weshalb diese Effekte bei der Bewertung mit berücksichtigt werden müssen, wird in der Literatur kaum beachtet.

2.4 Anwendbarkeit der Theorien auf Haushaltsüberschüsse

Indem sie nur die Ursachen, aber nicht die Folgen von Überschüssen untersucht, steht die Konsolidierungsliteratur repräsentativ für weite Teile der empirischen und theoretischen Forschung. Die Mehrzahl der Ökonomen und Politikwissenschaftler ist in ihrem Desinteresse an Überschüssen James Buchanan gefolgt, der bereits 1967 postulierte: »It is, of course, widely recognized that surpluses are unlikely to arise from deliberate policy action in a democratic political setting« (Buchanan 1967: 8). Folgerichtig hat sich die Forschung auf die empirisch dominanten Fälle von Haushaltsdefiziten konzentriert. Überschüsse erlebten eine kurze Welle der Aufmerksamkeit im Zuge der Clinton-Überschüsse der späten 1990er-Jahre (Chalk/Hemming 1998; Hassett/Hubbard 1999; Alesina 2000; Auerbach/Gale 2000; Posner/Gordon 2001). Dieses Interesse verblasste jedoch rasch wieder, nachdem der amerikanische Haushalt 2001 ins Defizit zurückkehrte. Hinzu kam, dass Überschüsse, wenn sie doch einmal auftraten, nicht von gesteigertem theoretischem Interesse zu sein schienen. Als repräsentativ darf hier eine Aussage Alberto Alesinas gelten, der über den US-amerikanischen Überschuss der Regierung Clinton befand: »In many respects, the political economy of surpluses is similar to the political economy of deficits« (Alesina 2000: 12). Er brachte damit eine weitverbreitete Auffassung zum Ausdruck, nach der Überschüsse nicht viel mehr als Defizite mit anderem Vorzeichen, oder – anders ausgedrückt – deren Spiegelbild sind. Defizite und Überschüsse verhalten sich demnach symmetrisch zueinander: Was im Defizit fällt, steigt im Überschuss und was im Defizit steigt, fällt im Überschuss.

Für die makroökonomischen Zusammenhänge hat diese These auch einige Plausibilität. Die negativen Effekte der Verschuldung verwandeln sich im Überschuss demnach in positive Effekte, statt zu *crowding-out* kommt es zu *crowding-in* (Chalk/Hemming 1998; Reinhart/Sack 2000): Überschüsse reduzieren den staatlichen Zugriff auf die Kapitalmärkte, schaffen damit Raum für private Kreditnehmer und senken die Zinsen. Spiegelbildlich zu Defiziten verbessern Überschüsse zudem die Außenbilanz, weil sie Kapitalimporte weniger notwendig machen. Schließlich erlauben sie einen raschen Abbau der Schuldenquote und ein Vorsorgen für die Folgekosten des demografischen Wandels. All diese Effekte erzeugen Vertrauen bei möglichen Investoren und sind deshalb wachstumsfördernd. Darüber hinaus erleichtern Überschüsse aber sogar keynesianische Politik, weil sie im Aufschwung überschüssige Nachfrage abschöpfen und im Abschwung Spielräume bieten, um die automatischen Stabilisatoren wirken zu lassen oder sogar eine aktive Konjunkturpolitik zu betreiben. Die Analyse von Überschüssen als Spiegelbild von Defiziten formalisiert insofern die weitverbreitete Intuition, wonach Überschuss gleich Überfluss ist, es Ländern mit Überschüssen also besonders gut geht und sie sich in einer Positivspirale befinden.

Ein ökonomisches Problem, das von Überschüssen überhaupt erst aufgeworfen wird, ist dagegen der weitere Umgang mit der existierenden Staatsverschuldung. Prinzipiell könnte diese bei fortdauernden Überschüssen auf null zurückgeführt werden. Dagegen spricht jedoch, dass Staatsanleihen als risikofreie Benchmarkanlage essenziell sind für funktionierende Finanzmärkte. Damit sind sie wichtig für die Bilanzen großer Banken, vor allem aber der Notenbank, die den Märkten durch den An- und Verkauf von Staatsanleihen Geld zur Verfügung stellt oder entzieht. Aus diesen Gründen verzichten Staaten in aller Regel darauf, ihre Schulden vollständig zurückzuzahlen.

Spätestens, wenn die Schuldenquote nicht mehr weiter reduziert werden kann, steht aber die Frage im Raum, was mit den Überschüssen geschehen soll. Werden sie gespart, sodass der Staat Finanzanlagen bildet? Werden sie für Steuersenkungen genutzt? Werden die Staatsausgaben erhöht? Oder greift die Politik sogar zu einer vierten Option, in der die Überschüsse verwendet werden, um einen grundlegenden Systemumbau, etwa in der Altersvorsorge, zu finanzieren und die Verluste der Verlierer dieses Umbaus zu kompensieren (Niskanen 1997)? Dabei handelt es sich aber nicht mehr um eine ökonomische, sondern um eine politische Frage. Wäre die Symmetrieannahme auch im politischen Raum gültig, würde daraus ganz logisch die Wiedergewinnung staatlicher Handlungsfähigkeit folgen: Wenn Defizite die Handlungsfähigkeit reduzieren, dann erhöhen Überschüsse sie. Es ist aber ausgesprochen zweifelhaft, dass Überschüsse auch in politischer Hinsicht nicht mehr als Defizite mit anderen Vorzeichen sind. So wenig wie Wohlfahrtsstaatsrückbau das Spiegelbild von Wohlfahrtsstaatsausbau ist (Pierson 1996), wird Politik im Überschuss das Spiegelbild von Politik im Defizit sein.

2.4.1 Kritik der Symmetrieannahme empirischer Arbeiten

Die hinter der Annahme einer Symmetrie zwischen Defiziten und Überschüssen stehende Logik soll im Folgenden noch einmal präzisiert werden, um die einzelnen Annahmen herauszuarbeiten, die für einen Symmetrie erzeugenden Mechanismus nötig sind. Danach werden diese Annahmen ausführlich diskutiert und schließlich zurückgewiesen. Zu diesem Zweck ist es hilfreich, zunächst die Rolle der Symmetrieannahme in der empirischen Literatur zu den kausalen Effekten von Staatsverschuldung und Haushaltsdefiziten zu betrachten. Aus der Art und Weise, wie sie dort verwendet wird, lässt sich ableiten, dass sie ein ausgesprochen voluntaristisches Bild von Fiskalpolitik voraussetzt, das mit den Einwänden historisch-institutionalistischer und fiskalsoziologischer Argumente kaum in Übereinstimmung zu bringen ist.

Konkret zeigt sich die Symmetrieannahme in Regressionsanalysen zur Erklärung der Staatstätigkeit, die den Haushaltssaldo in aller Regel als kontinuierliche Variable behandeln und einen einheitlichen Koeffizienten ermitteln, der sowohl für Defizite als auch für Überschüsse gilt (so zum Beispiel Allan/Scruggs 2004; Mehrotra/Välilä 2006). Indem sie die Veränderung der Staatstätigkeit linear auf das Haushaltsdefizit regressieren, unterstellen solche Analysen, ein Defizit von -1 Prozent des BIP erkläre gegenüber einem Defizit von -3 Prozent denselben Unterschied im Niveau der Staatstätigkeit, wie ein Überschuss von +3 Prozent gegenüber einem Überschuss von +1 Prozent. Außerdem geht die Staatstätigkeit bei einem Defizit von -2 Prozent demnach im selben Maß zurück, wie sie bei einem Überschuss von +2 Prozent wächst. Eine Fallunterscheidung zwischen Defiziten und Überschüssen nimmt die empirische Literatur so gut wie nicht vor.[10]

Die Rolle der Symmetrieannahme im Forschungsdesign quantitativer Studien sei kurz an einem fiktiven Beispiel illustriert: Das Land Austeria verfügt über einen Staatshaushalt im Umfang von 200 Millionen Consol, von dem je 100 Millionen für Staatskonsum und Investitionen aufgewendet werden. Nun erlebt Austeria eine Fiskalkrise mit einem Haushaltsdefizit von 20 Millionen Consol. Da keine Steuererhöhungen möglich sind, müssen die Staatsausgaben auf 180 Millionen Consol reduziert werden. Nach harten Verhandlungen einigt sich die Regierung auf eine Senkung der Investitionen auf 85 Millionen und des Konsums auf 95 Millionen Consol. Damit gelingt es, die Fiskalkrise zu überwinden. Eine konjunkturelle Erholung lässt die Einnahmen dann wieder auf 200 Millionen Consol steigen, sodass es zu einem Überschuss von 20 Millionen Consol kommt. Welche Verteilung dieses Überschusses auf Investitionen und Konsum ist nun zu erwarten?

10 So befinden Brender und Drazen (2008: 2213) in ihrer Untersuchung der elektoralen Konsequenzen von Defiziten für entwickelte Demokratien ganz allgemein: »[A]n increase of 1 percentage point in the central government surplus ratio to GDP can raise the probability of reelection by 3–5 percentage points.« Eine Ausnahme stellen allerdings Studien zu Maastrichteffekten dar, die Defiziten von mehr als 3 Prozent einen anderen Effekt zuschreiben als Defiziten unter dieser Grenze, zum Beispiel Zohlnhöfer/Obinger (2005). Häufiger werden solche Asymmetrien zudem in Arbeiten zu den makroökonomischen Effekten der Fiskalpolitik modelliert (etwa Perotti 1999).

Die intuitive Antwort auf diese Frage lautet, dass in beiden Kategorien wieder 100 Millionen Consol ausgegeben werden. Diese Intuition wird von folgendem Regressionsmodell bestätigt, das in vereinfachter Form dem in der Einleitung zitierten Modell von Boix (1997) entspricht:

(1) $\text{Investitionen}_t = \text{Investitionen}_{t-1} + \alpha \times \text{Saldo}_{t-1} + \beta_1 \times \text{Kontrollvariablen}_t$

(2) $\text{Konsum}_t = \text{Konsum}_{t-1} + (1-\alpha) \times \text{Saldo}_{t-1} + \beta_2 \times \text{Kontrollvariablen}_t$

Auf Basis der Krisenerfahrung werden die Koeffizienten α und $1-\alpha$ – bei unterstellter Konstanz der Kontrollvariablen – als 0,75 und 0,25 berechnet und die Prognose lautet dann, dass beide Ausgabenkategorien in der Nachkrisenzeit tatsächlich wieder jeweils 100 Millionen Consol erhalten.

Dieses Ergebnis stimmt mit der oben beschriebenen Intuition überein. Es ist jedoch völlig unklar, welcher Mechanismus hinter dieser Extrapolation steht. Die Entscheidung über die Sparmaßnahmen ist offenbar das Ergebnis eines Verteilungskonflikts zwischen den Verteidigern der Konsumausgaben und den Vertretern der Investitionen. Die Investitionsbefürworter haben diesen Konflikt verloren und drei Viertel der Anpassungslasten tragen müssen. Warum aber sollten sie den Konflikt um die Verteilung der Überschüsse gewinnen, nachdem sie den um die Verteilung der Defizite verloren haben? Dieselben Gründe, die den Vertretern der Konsumausgaben im Defizit einen Vorteil verschafft haben, sollten das auch jetzt tun, zumal der Erfolg im Defizit sie sogar gestärkt haben dürfte. Eine Alternativhypothese zur Symmetrieannahme würde also lauten, dass die Investitionen, die drei Viertel der Sparanstrengung leisten mussten, nur ein Viertel der Überschussdividende reklamieren können, während der Konsum zwar nur ein Viertel der Kürzungen tragen musste, aber drei Viertel des Zuwachses erhält. Daraus würde sich eine Verteilung von 90 Millionen Consol für Investitionen und 110 Millionen Consol für Konsum ergeben. Diese Hypothese kann aber mit dem skizzierten Regressionsmodell, das Symmetrie impliziert, nicht abgebildet werden. Dafür müsste eine Fallunterscheidung zwischen Defiziten und Überschüssen eingeführt werden, was prinzipiell kein Problem ist, aber in fast allen Studien unterbleibt.

Die Implausibilität der Symmetrieannahme zeigt sich besonders deutlich, wenn in der Analyse geprüft wird, ob der Haushaltssaldo mit anderen Variablen interagiert. Ein Beispiel dafür bietet die Parteiendifferenzthese, wie sie von Boix in seiner ansonsten ausgezeichneten Studie verwendet wird. Boix prüft die Effekte des Haushaltssaldos, der Parteizugehörigkeit und der Interaktion beider Variablen auf die öffentlichen Investitionen und kommt zu folgendem bereits zitierten Ergebnis:

> [A] socialist cabinet increases public investment by 0.031 percentage points of GDP more than a conservative government for each percentage point of budget surplus. Conversely, a budget deficit depresses the public investment rate under a socialist government rather rapidly. (Boix 1997: 830f.)

Es wird also behauptet, unter sozialdemokratischen Regierungen würden die Investitionen im Überschuss schneller wachsen, zugleich aber im Defizit schneller schrumpfen als unter konservativen Regierungen. Sozialdemokraten wären somit einerseits die größten Befürworter, aber andererseits auch die größten Gegner öffentlicher Investitionen – je nach Haushaltslage. Das ist offensichtlich paradox. Viel plausibler wäre, dass Sozialdemokraten allgemein eine größere Präferenz für öffentliche Investitionen haben, also in guten Zeiten mehr investieren, in schlechten Zeiten aber die Investitionen stärker verteidigen. Um zu erklären, warum die empirisch beobachtbare Gewichtung verschiedener Politikziele mit der Haushaltslage schwanken sollte, müsste man stattdessen Hilfsgründe einführen – etwa dass bestimmte Kürzungen für Sozialdemokraten politisch leichter durchsetzbar sind. Solche Hilfsannahmen werfen aber neue Probleme auf und es wird in derartigen Studien ohnehin in der Regel auf sie verzichtet.[11]

Die Symmetrieannahme kann auch nicht mit dem Hinweis gerechtfertigt werden, sie zeige sich nun einmal in den Daten. Tatsächlich stützen sich entsprechende Studien nämlich fast ausschließlich auf Defizitjahre. Diese Kritik trifft insbesondere Studien aus den späten 1990er-Jahren. So untersucht Boix den Zeitraum von 1963 bis 1990. Die Welle der Überschussbildung in der OECD-Welt begann aber erst 1997, liegt also außerhalb seines Datensatzes. Seine Aussagen über Überschüsse basieren also entweder auf der Symmetrieannahme oder stützen sich allenfalls auf Beobachtungen aus den 1960er-Jahren.

2.4.2 Das logische Modell der Symmetrieannahme

Die meisten Autoren, die Symmetrie zwischen Defiziten und Überschüssen unterstellen, tun dies implizit und diskutieren daher auch keinen Mechanismus hinter dieser Annahme. Die Voraussetzungen der Symmetrieannahme müssen darum hier überhaupt erst entwickelt werden. Ihre einfachste denkbare Rechtfertigung greift dabei das fiktive Beispiel des Staates Austeria auf und überträgt ein mikroökonomisches Maximierungsproblem auf ihn (Abbildung 2-1): Der

11 Wie unplausibel die Annahme symmetrischer Parteieffekte ist, zeigt sich, wenn man sie auf den Wohlfahrtsstaat überträgt. Dass Sozialdemokraten in Expansionszeiten besonders stark für den Ausbau von Sozialleistungen eintreten, würde dann implizieren, dass sie diese in Zeiten des Retrenchment besonders stark kürzen. Nahezu alle Analysen des Parteienwettbewerbs gehen aber davon aus, dass die sozialdemokratische Präferenz für den Wohlfahrtsstaat unabhängig ist von der Haushaltslage.

Abbildung 2-1 Fiskalpolitisches Maximierungsproblem einer Konsolidierungsregierung

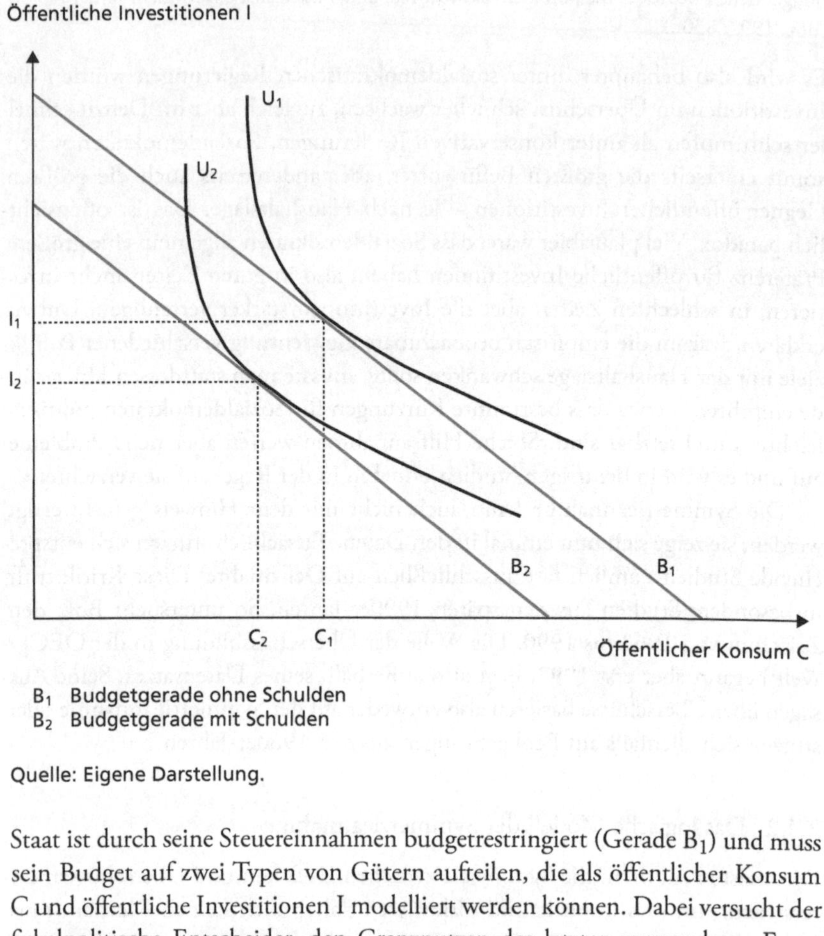

Quelle: Eigene Darstellung.

Staat ist durch seine Steuereinnahmen budgetrestringiert (Gerade B_1) und muss sein Budget auf zwei Typen von Gütern aufteilen, die als öffentlicher Konsum C und öffentliche Investitionen I modelliert werden können. Dabei versucht der fiskalpolitische Entscheider, den Grenznutzen des letzten verwendeten Euros in beiden Verwendungsrichtungen auszugleichen. Was diesen Grenznutzen bestimmt – eine gesellschaftliche Wohlfahrtsfunktion, die Zahl der Wählerstimmen für die Regierungspartei oder das politische Kräfteverhältnis zwischen Arbeit und Kapital –, ist dabei zunächst unerheblich. Wichtig ist nur, dass sich aus dem Maximierungsziel eine Schar von Indifferenzkurven U_i ableiten lässt, die das handlungsleitende Interesse der politischen Akteure abbildet und deren am weitesten außen liegende erreicht werden soll.

Fiskalischer Stress kann in diesem Modell als eine Verschärfung der Budgetrestriktion des Staates dargestellt werden (von B_1 zu B_2), zum Beispiel weil ein größerer Teil der Staatseinnahmen für Zinszahlungen aufgewendet werden muss. Die Fiskalpolitik muss dann einen neuen Tangentialpunkt auf einer weiter innen gelegenen Indifferenzkurve finden. In Abbildung 2-1 wird das Güterbündel ($C_1|I_1$) durch das Güterbündel ($C_2|I_2$) ersetzt.[12]

Die Symmetrieannahme lautet im Kontext dieses Modells, ein Überschuss lockere die Budgetrestriktion wieder (hier: von B_2 zurück zu B_1) und die Fiskalpolitik kehre danach zum alten Güterbündel zurück. Diese These ist allerdings voraussetzungsreicher, als es auf den ersten Blick scheint. In der harmlosen Rückverschiebung stecken zwei essenzielle Annahmen: Erstens setzt sie voraus, dass die Nutzenfunktion aus Vorkonsolidierungszeiten auch nach der Konsolidierung unverändert bleibt. Darin steckt die für die Public-Choice-Theorie charakteristische Annahme fixer Präferenzen. Und zweitens unterstellt sie, die Politik sei darin frei, jeden Punkt auf der Budgetgeraden auszuwählen, den sie auch vor der Konsolidierung wählen konnte – die Fiskalpolitik sei also kaum strukturell determiniert.[13] Mit anderen Worten: Die Symmetrieannahme unterstellt eine Konstanz der Restriktionen und der Präferenzen, das Maximierungsproblem nach der Konsolidierung ist identisch mit dem Maximierungsproblem vor der Konsolidierung.[14] Zeit ist hier nur ein Variablensubskript, aber kein kausal intervenierender Faktor.

Beide Grundannahmen sind zutiefst problematisch. Gegen die Annahme konstanter Präferenzen ist fiskalsoziologisch einzuwenden, dass eine Konsolidierung die materiellen und ideellen Quellen der individuellen Präferenzen und damit auch die Interessenkonstellation der politischen Akteure verändern wird – darum ist die Annahme eines unveränderten Maximierungsziels nicht zulässig. Dies gilt unabhängig von der konkreten Modellierung fiskalpolitischer Entscheidungen: Ein benevolenter Fiskaldiktator ist dann mit einer anderen gesellschaftlichen Wohlfahrtsfunktion und somit auch mit anderen Iso-Nutzenkurven konfrontiert, während ein opportunistischer Machtpolitiker auf Wähler mit veränderten Interessen und somit auf andere Iso-Stimmenkurven trifft.

---

12 Offensichtlich ist Fiskalpolitik wesentlich komplizierter als in diesem Modell abgebildet. Genau darin besteht die hier vertretene Kritik: Sobald man Fiskalpolitik komplexer und damit realistischer modelliert, ist die Symmetrieannahme nicht mehr zu halten.

13 Die Budgetrestriktion muss dabei nicht die einzige Beschränkung der Fiskalpolitik sein. Die progressive Konsolidierungsthese setzt nur voraus, dass die Konsolidierung andere Beschränkungen nicht verschärft, weil sonst das alte Güterbündel ($C_1|I_1$) möglicherweise nicht mehr erreicht werden könnte

14 Auch wer eine solche Modellierung als ungeeignet für Staatshandeln zurückweist, zum Beispiel weil er dieses als sozioökonomisch determiniert betrachtet (Präferenzen spielen dann keine Rolle), kommt um die Annahme konstanter Restriktionen nicht herum. Ohne diese Annahme ist Symmetrie nicht denkbar.

Abbildung 2-2 Fiskalpolitisches Maximierungsproblem mit institutionellen Schranken

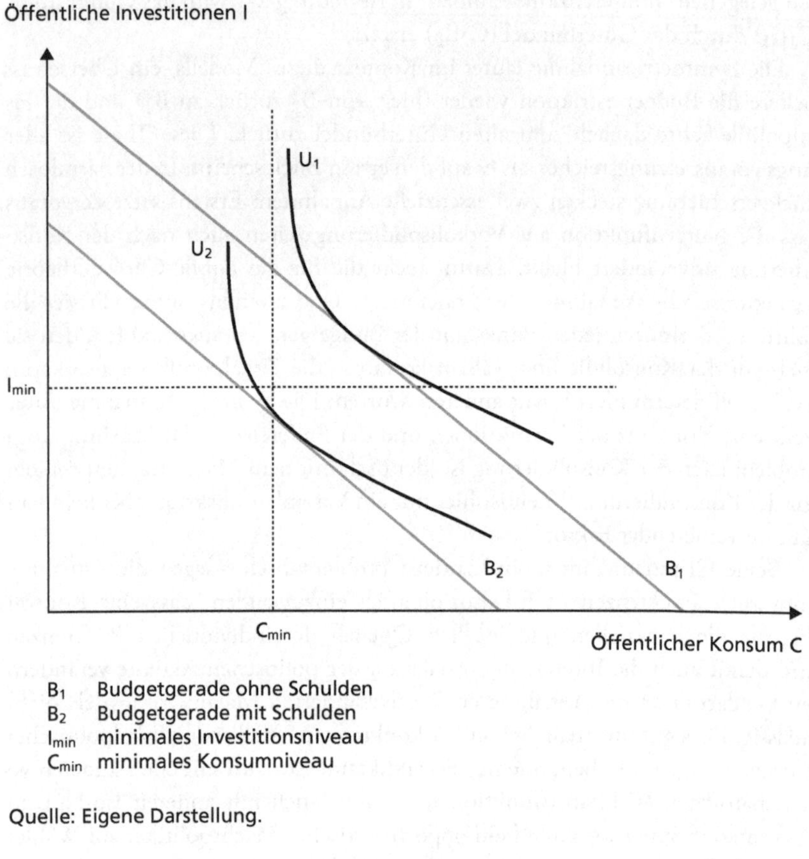

B_1 Budgetgerade ohne Schulden
B_2 Budgetgerade mit Schulden
I_{min} minimales Investitionsniveau
C_{min} minimales Konsumniveau

Quelle: Eigene Darstellung.

Gegen die Annahme konstanter Restriktionen spricht, dass im Rahmen von Konsolidierungen institutionelle Schranken entstehen dürften, die den politischen Entscheidungsspielraum begrenzen. So wird ein Mindestvolumen des öffentlichen Konsums C_{min} und ein Mindestvolumen der öffentlichen Investitionen I_{min} existieren, zu denen die Regierung gesetzlich verpflichtet ist (Abbildung 2-2).[15] Darüber hinaus sind informelle, aber nicht weniger bindende Verpflichtungen gegenüber kollektiven Akteuren wie Gewerkschaften und Verbänden oder gegenüber ausländischen Partnern möglich – etwa bezüglich des Verteidigungsetats. Um die neue Budgetgerade politisch überhaupt erreichen zu

15 Das sind gerade die in der Vergangenheit geleisteten Zahlungsversprechen.

Abbildung 2-3 Fiskalpolitisches Maximierungsproblem nach der Konsolidierung

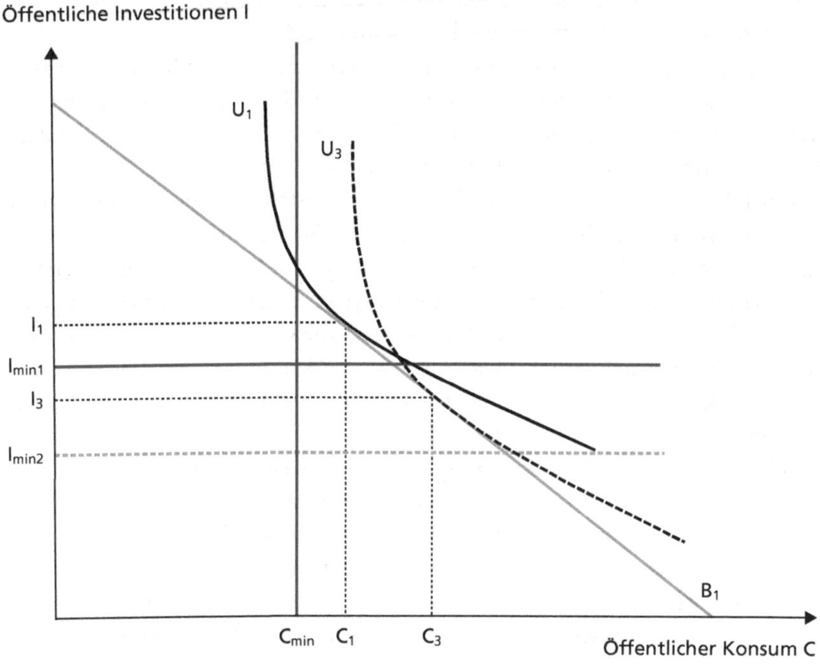

B_1 Budgetgerade ohne Schulden

Quelle: Eigene Darstellung.

können, müssen diese Verpflichtungen in der Konsolidierung neu ausgehandelt werden. Diese Neuaushandlung dürfte auch die Machtpositionen der jeweiligen Akteure und somit auch ihren Einfluss in Postkonsolidierungszeiten verändern. Zudem greifen derartige Schranken vermutlich nicht nur auf der Ausgaben-, sondern auch auf der Einnahmenseite. So ist eine institutionelle Begrenzung der Besteuerung und damit auch der Rückverschiebung der Budgetgerade denkbar, etwa im Gefolge einer Reform des Steuersystems. Eine tief greifende Haushaltskonsolidierung dürfte deshalb fast immer mit einer Verschiebung dieser institutionellen Schranken einhergehen.

Zusammenfassend spricht gegen die Symmetriethese also, dass eine Konsolidierung sowohl die Ziele als auch die zur Verfügung stehenden Mittel der Fiskalpolitik dauerhaft verändert. Im hier skizzierten Modell betrifft dies erstens die Indifferenzkurve (U_3), weil die Interessen der Bürger sich in der Konsolidierung verändern, und zweitens die politischen Beschränkungen der überhaupt erreichbaren Güterkombinationen (I_{min2}), weil sich das relative Gewicht der Interessengruppen verschiebt und weil diese Gewichtsverschiebung auch in Form neuer Regeln institutionalisiert wird (Abbildung 2-3).[16]

Die These der Symmetrie zwischen Defiziten und Überschüssen ist letztlich nicht zu halten, weil Konsolidierungen Teil eines dynamischen Prozesses sind, in dem sich Interessen, Ideen und institutionelle Handlungsoptionen verändern. Im statischen Kontext einer Querschnittsuntersuchung mögen Länder mit Überschüssen ceteris paribus tatsächlich handlungsfähiger sein als Länder ohne Überschüsse. Die Analyse der fiskalpolitischen Entwicklung verlangt aber eine Längsschnittperspektive, in der die fiskalsoziologische Einsicht ins Spiel kommt, dass der Staatshaushalt selbst einer der wichtigsten Erklärungsfaktoren für gesellschaftliche Veränderungen ist. Damit lässt sich die Ceteris-paribus-Klausel aber nicht auf Postkonsolidierungsüberschüsse anwenden. Die kontrafaktische Überlegung, wie ein sonst gleiches Land nach einer mehrjährigen Konsolidierung über seinen Haushalt entscheidet, ist sinnlos. Das fiskalpolitische Umfeld dieses Landes wird nach der Konsolidierung nicht mehr dasselbe sein.

Vertreter der progressiven Konsolidierungsthese könnten auf diese Kritik antworten, dass die Veränderungen des fiskalpolitischen Kontexts nicht zwangsläufig zuungunsten progressiver Konsolidierungsziele ausfallen müssen. Ohnehin sei die Fiskalpolitik dank der verbesserten Haushaltslage viel eher in der Lage, sich solchen Beschränkungen zu entziehen. Die folgende Argumentation muss daher zeigen, dass Konsolidierungen nicht nur mit einer Veränderung der Rahmenbedingungen einhergehen, sondern dass diese Veränderung systematisch zum Nachteil progressiver Ziele ausfällt.

Zudem könnten progressive Konsolidierer argumentieren, die Symmetrieannahme sei kein konstitutiver Bestandteil ihrer These. Erfolgreiche Konsolidierungen seien nur eine notwendige, aber keine hinreichende Bedingung staatlicher Handlungsfähigkeit. Dagegen seien hohe Defizite eine hinreichende Bedingung für deren Verlust. Dies entspricht zwar nicht der üblichen empirischen Operationalisierung, wäre aber möglicherweise dennoch ein valider theoretischer Einwand. Dieses Argument scheitert jedoch am selben Problem wie seine symmetrische Form. Denn obwohl es anerkennt, dass ausgeglichene Haushalte nur eine unter mehreren Bedingungen für staatliche Handlungsfähigkeit sind, arbeitet es weiterhin mit einer Ceteris-paribus-Annahme, in der ausgegli-

16 Diese Argumentation hat die beiden Perioden getrennt voneinander analysiert. Selbst wenn die Regierung intertemporal maximiert, bleibt es aber beim Asymmetriebefund, weil sie annahmegemäß zur Konsolidierung in der ersten Periode gezwungen ist, also keine Ressourcen zwischen den Perioden verschieben kann.

chene Haushalte ohne Rückkopplungseffekte auf diese anderen Bedingungen zu erreichen sind. Nachhaltige Konsolidierungen gehen aber stets mit solchen Rückkopplungen einher.

2.4.3 Theoretische Gründe für Asymmetrie

Das im vorherigen Abschnitt entfaltete Argument lautet: Eine Konsolidierung verändert die Parameter, unter denen Fiskalpolitik gemacht wird. Diese These überträgt einige der Kernbotschaften des Historischen Institutionalismus auf die Fiskalpolitik. Sie begreift Fiskalpolitik als pfadabhängig, geprägt von Politik-Erblasten und Gegenstand starker Feedbackeffekte: Die Auswirkungen einmal getroffener fiskalpolitischer Entscheidungen werden zu Randbedingungen zukünftiger Fiskalpolitik und strukturieren sie auch dann noch, wenn die ursprünglichen Entscheidungsgründe nicht mehr existieren.[17]

Eine so begründete Kritik an der Annahme symmetrischer Kausalität in dynamischen Kontexten ist nicht neu. Ihre grundlegende Formulierung fand sie in Paul Piersons These der »New Politics of the Welfare State« (1996, 2001c). Pierson argumentierte, der Rückbau eines Wohlfahrtsstaats folge anderen Dynamiken als sein Aufbau. Daher seien Forschungskonzepte und Theorien zum Aufbau des Wohlfahrtsstaats nicht umstandslos auf seinen Rückbau anzuwenden. Er berief sich dabei vor allem auf positive Feedbackeffekte: So entstehen durch den Wohlfahrtsstaat mächtige Interessengruppen, die von ihm profitieren und ihn wirkungsvoll gegen Kürzungsversuche verteidigen. Dies geht über den banalen Effekt hinaus, dass die Profiteure eines Programms dieses Programm unterstützen, weil sie davon profitieren. Vielmehr verändert sich die Zahl der Profiteure im Zeitablauf, weil die Menschen ihr Verhalten an der Existenz des Wohlfahrtsstaats ausrichten und spezifische Investitionen in ihn tätigen. Beispielsweise erlaubt sein Versicherungscharakter Investitionen in spezifisches Humankapital, dessen Besitzer somit ein starkes Interesse am Erhalt des Wohlfahrtsstaats entwickeln (Iversen 2005). Außerdem bilden sich Komplementaritäten mit anderen Programmen heraus. Darum treten auch Bürger, die nicht unmittelbar von einem Programm profitieren, für seine Bewahrung ein.

Auf einer konzeptionellen Ebene wirft Pierson die Frage nach dem analytischen Umgang mit Trendumkehrungen auf. Er beschreibt den Wechsel von einem Wachstumstrend zu einem Schrumpfungstrend und weist nach, dass Wirkungsketten, die unter den Bedingungen wachsender Wohlfahrtsstaaten bestehen, unter den Bedingungen schrumpfender Wohlfahrtsstaaten nicht in

17 Damit verwendet die Arbeit einen weiten Begriff von Pfadabhängigkeit im Sinne Sewells (1996). Dieser wird von Mahoney (2000) kritisiert.

gleicher Weise gelten müssen. Beispielsweise sollten Vetospieler Veränderungsprozesse bremsen. Damit reduzieren sie in Zeiten eines sich ausdehnenden Wohlfahrtsstaats seine Wachstumsrate und sorgen für niedrigere Variablenniveaus. In Zeiten eines schrumpfenden Wohlfahrtsstaats dagegen verlangsamen sie den Rückbau und sorgen somit für höhere Variablenniveaus. Dieses Argument gilt für alle theoretischen Erklärungen, die Persistenz implizieren: Was groß ist, bleibt groß und was klein ist, bleibt klein. Die Frage, wie etwas groß geworden ist, bedarf damit einer anderen Erklärung als die Frage, warum es groß bleibt.[18]

Überträgt man diese Logik auf die Fiskalpolitik, folgt daraus unmittelbar ein theoretisches Argument für die Asymmetrie zwischen Überschüssen und Defiziten. Typische institutionelle Erklärungen, wie Alesinas und Drazens Stellungskrieg-Modell, prophezeien, fragmentierte politische Systeme erzeugten höhere Defizite, weil sie größere Schwierigkeiten hätten, sich angesichts negativer fiskalischer Schocks auf Sparmaßnahmen zu einigen. Dasselbe Argument impliziert aber, dass sie angesichts positiver fiskalischer Schocks Schwierigkeiten haben, die Zusatzeinnahmen wieder auszugeben. Fragmentierte Systeme würden demnach Überschüsse eher bewahren als geschlossene Systeme.[19] Systematisch auf die Erklärung von Budgetdefiziten angewendet wurden derartige Überlegungen von Franzese (2002b), dessen empirisches Ergebnis Tsebelis wie folgt zusammenfasst: »Franzese finds that multiple parties in government preserve the status quo more effectively, whether this means that deficits will continue to be high (in countries like Italy) or low (in countries like Switzerland)« (Tsebelis 2002: 192). Institutionelle Faktoren sorgen demnach nicht für höhere oder niedrigere, sondern für persistentere oder variablere Defizite. Deshalb ist es auch sinnvoller, nach der Bewahrung statt nach der Entstehung von Überschüssen zu fragen. Was wie eine semantische Feinheit klingt, ist von fundamentaler Bedeutung, weil es sich bei der Entstehung um eine Frage nach der Veränderung, bei der Bewahrung aber um eine Frage nach der Persistenz fiskalpolitischer Outcomes

18 Daraus folgt, dass Forschungsfragen anders gestellt werden müssen, als in fiskalpolitischen Arbeiten üblich. Diese versuchen in der Regel, Variablenniveaus zu erklären: Linke Regierungen, Verhältniswahlsysteme oder eine ideologische Polarisierung der Politik erzeugen demnach höhere Staatsausgabenniveaus. Folgt man Piersons Argument, geht es aber darum, Veränderungsraten statt Niveaus zu erklären.

19 Ganz ähnlich ist auch der Clinton-Überschuss der USA erklärt worden: Angesichts eines »Divided Government« mit demokratischem Präsidenten und republikanischer Mehrheit im Kongress konnte keine Partei ihre Verwendungswünsche durchsetzen, sodass der Überschuss durch politische Untätigkeit immer weiter wuchs (Schick 2000). Erst als das Weiße Haus im Jahr 2001 an die Republikaner fiel, konnten diese ihre Steuersenkungspläne umsetzen und den Überschuss in kürzester Zeit wieder in ein Defizit verwandeln.

handelt. Der Endpunkt der Konsolidierungsliteratur, die nach der Entstehung von Überschüssen fragt, ist somit der Ausgangspunkt der vorliegenden Arbeit.[20]

Um es zum Abschluss dieses Kapitels noch einmal zusammenzufassen: Fiskalpolitik kann in sehr unterschiedlichem Maße als Ergebnis voluntaristischer Entscheidungen, institutioneller Bedingungen oder struktureller Determinanten aufgefasst werden. Die progressive Konsolidierungsthese basiert auf einem Umkehrschluss, dem zufolge den negativen Effekten von Schulden die entsprechenden positiven Folgen von Überschüssen gegenüberstehen. Dieser Umkehrschluss setzt ein sehr entscheidungsfreies Konzept von Fiskalpolitik voraus, in dem die Präferenzen von Wählern und Politikern fix sind und die Politik in der Verwendung von Haushaltsüberschüssen weitgehend freie Hand hat. Sie unterstellt, dass Konsolidierungen größere Spielräume wiederherstellen, ohne dabei neue Zwänge anderer Art zu erzeugen. Dann können Überschüsse eine fiskalpolitische Schubumkehr auslösen und die staatliche Handlungsfähigkeit wächst wieder symmetrisch. Im Gegensatz zu solchen voluntaristischen Ansätzen wird Fiskalpolitik hier dagegen als sehr viel stärker von institutionellen und strukturellen Bedingungen begrenzt konzeptualisiert. In einer solchen fiskalsoziologisch und historisch-institutionalistisch geprägten Perspektive können Interessen und Ideen demnach nicht als exogen gegeben angenommen werden, sondern entwickeln sich im endogenen Wechselspiel mit fiskalpolitischen Entscheidungen.

Anders als in zeitgenössischen fiskalsoziologischen Ansätzen liegt der Fokus dabei aber nicht auf einer bestimmten Seite des Budgets. Im Zentrum der Analyse stehen stattdessen das Zusammenspiel beider Seiten sowie ihre Interaktion mit dem gesellschaftlichen Kontext. Demnach lösen Konsolidierungen stets Veränderungen dieses Kontexts aus, die auch die Verwendung der folgenden Überschüsse prägen. Fiskalpolitik wird also nie auf einer Tabula rasa gemacht, sondern immer in einem Kontext, der von früheren fiskalpolitischen Entscheidungen geprägt wurde. Das betrifft sowohl die Interessen der fiskalpolitischen Akteure als auch das institutionelle und ideelle Umfeld, in dem sie sich bewegen. Infolgedessen sind Überschüsse weder unabhängig von Defiziten noch zu ihnen symmetrisch. Ihre Verwendung hängt vielmehr eng damit zusammen, wie sie entstanden sind und wie sie bewahrt werden. Das erfordert einen analytischen Rahmen, der es erlaubt, Entstehung, Bewahrung und Verwendung gemeinsam zu untersuchen. Ein solcher analytischer Rahmen wird nun entwickelt.

---

20 Faktoren, die daran scheitern, eine Veränderung der Fiskalpolitik zu erklären, könnten für ihre Bewahrung also durchaus eine wichtige Rolle spielen. So neigen Ökonomen und Politikwissenschaftler dazu, rhetorische Bekenntnisse zu ausgeglichenen Haushalten als *cheap talk* abzutun, solange sie keinen fiskalpolitischen Kurswechsel auslösen. Es wäre zu bedenken, ob ihre Rolle im Überschuss nicht genau darin liegt, einen solchen Kurswechsel zu verhindern.

Kapitel 3
Der analytische Rahmen der Arbeit

Das vorige Kapitel hat die progressive Konsolidierungsthese in die theoretische und empirische Literatur zu Fiskalpolitik und Staatsverschuldung eingeordnet. Dabei wurde betont, dass Überschüsse zwar in einem engen Zusammenhang zu den vorangegangenen Defiziten stehen, dass dieser Zusammenhang aber nicht durch die Annahme einer Symmetrie abgebildet werden kann. In diesem Kapitel soll der spezifische Zusammenhang von Fiskalpolitik im Defizit und Fiskalpolitik im Überschuss theoretisch genauer aufgeschlüsselt werden. Dazu wird Paul Piersons Konzept des fiskalischen Regimes auf Haushaltsüberschüsse angewendet. Es identifiziert mit Interessen, Ideen und Institutionen drei Kanäle, über die ein fiskalpolitischer Regimewechsel in der Konsolidierung in den Überschuss hinein fortwirkt, und leitet eine Asymmetrie der Effekte somit aus einer Konstanz der Ursachen ab. Zunächst werden aber die Voraussetzungen fiskalpolitischer Handlungsfähigkeit noch einmal genauer analysiert.

3.1 Fiskalischer und politischer Handlungsspielraum

Im Zentrum der progressiven Konsolidierungsthese steht das Ziel, fiskalpolitische Handlungsfähigkeit zurückzugewinnen, wobei diese in der Einleitung im Sinne von »Handlungsfähigkeit als Gestaltung« definiert wurde. Dieser Begriff bezeichnet die Fähigkeit, politische Ziele zu definieren und finanzielle Ressourcen dafür zur Verfügung zu stellen. Aus Sicht der progressiven Konsolidierungsthese ist der Zusammenhang zwischen so definierter Handlungsfähigkeit und der Situation der Staatsfinanzen eindeutig: Fiskalischer Stress beschränkt die Handlungsfähigkeit, und wenn er überwunden ist, wächst sie qua Definition wieder. Die bisherige Diskussion hat bereits Anlass gegeben, an dieser Konzeptualisierung zu zweifeln. Ihre grundlegende Schwäche ist die Gleichsetzung fiskalischen Handlungsspielraums mit fiskalpolitischer Handlungsfähigkeit, die politische und institutionelle Beschränkungen der Handlungsfähigkeit ignoriert.

Deshalb trennt diese Arbeit die beiden Begriffe und erweitert sie um das Konzept des politischen Handlungsspielraums:[1]

Fiskalpolitische Handlungsfähigkeit bezeichnet die Fähigkeit, frei von Sachzwängen fiskalpolitische Ziele zu definieren und finanzielle Ressourcen dafür bereitzustellen. Fiskalpolitische Handlungsfähigkeit ist das Ziel progressiver Haushaltskonsolidierungen.

Fiskalischer Handlungsspielraum bezeichnet die Abwesenheit fiskalischer Sachzwänge. Dann kann die Politik die für ihre fiskalpolitischen Ziele notwendigen Ressourcen bereitstellen. Fiskalischer Handlungsspielraum ist das Mittel progressiver Haushaltskonsolidierungen.

Politischer Handlungsspielraum bezeichnet die Abwesenheit politischer Sachzwänge. Dann kann die Politik ihre fiskalpolitischen Ziele selbst wählen. Politischer Handlungsspielraum ist die stillschweigend vorausgesetzte Prämisse progressiver Haushaltskonsolidierungen.

Fiskalpolitische Handlungsfähigkeit ist also gegeben, wenn sowohl fiskalischer Handlungsspielraum als auch politischer Handlungsspielraum vorhanden sind. Es besteht deshalb nur ein indirekter, über die beiden Formen von Handlungsspielraum vermittelter Zusammenhang zwischen Konsolidierung und fiskalpolitischer Handlungsfähigkeit (Abbildung 3-1). Die progressive Konsolidierungsthese beschränkt ihre Argumentation dabei auf den Weg über den fiskalischen Handlungsspielraum (A). Damit vernachlässigt sie sowohl die Rolle des politischen Handlungsspielraums (B) als auch die Interaktion von fiskalischem und politischem Handlungsspielraum (C).

Folgt man dieser analytischen Aufschlüsselung, dann erhöhen Konsolidierungen zwar den fiskalischen Handlungsspielraum, aber um den Preis einer Reduktion des politischen Handlungsspielraums. In Konsolidierungen wird also politischer gegen fiskalischen Handlungsspielraum getauscht. Beispielhaft ist die Haushaltssanierung vieler heutiger Eurozonenmitglieder in den 1990er-Jahren. Durch den Beitritt zur Währungsunion mussten diese Länder deutlich niedrigere Zinsen bezahlen, das erhöhte ihren fiskalischen Handlungsspielraum. Zugleich mussten sie aber fortan auf eine eigenständige Geldpolitik verzichten und verloren die Möglichkeit, ihre Währung abzuwerten. So tauschten sie letztlich einen kleineren politischen gegen einen größeren fiskalischen Handlungsspielraum.

1 Die Unterscheidung in Spielraum und Fähigkeit wird im Folgenden konsequent beibehalten. Das Wort Handlungsspielraum steht immer mit den Adjektiven »fiskalisch« oder »politisch«, das Wort Handlungsfähigkeit entweder allein oder in Verbindung mit »fiskalpolitisch« oder »staatlich«.

Abbildung 3-1 Der Zusammenhang von Handlungsspielräumen und fiskalpolitischer Handlungsfähigkeit

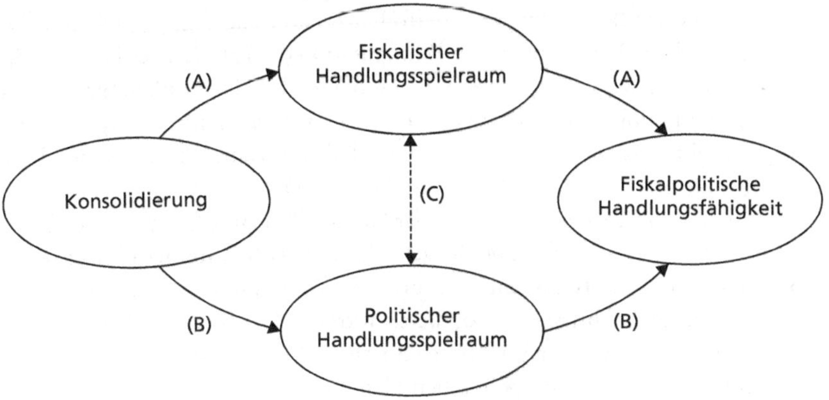

Das Konzept des fiskalischen Handlungsspielraums ist bereits ausführlich erörtert worden.[2] Er geht verloren, wenn immer geringere Teile der Steuereinnahmen für disponible Ausgaben verfügbar sind, wenn immer größere Teile der Steuereinnahmen für Zinszahlungen aufgewendet werden müssen und wenn die Finanzmärkte höhere Risikoprämien auf Staatsanleihen verlangen. Das Konzept des politischen Handlungsspielraums bedarf dagegen einer ausführlicheren Erläuterung. Politischer Handlungsspielraum bezeichnet die Fähigkeit der Politik, autonom, das heißt frei von Sachzwängen, die Ziele staatlichen Handelns zu bestimmen. Erst damit wird fiskalischer Handlungsspielraum zu fiskalpolitischer Handlungsfähigkeit: Ein Staat, der zwar Ressourcen für bestimmte Zwecke aufbringen kann, diese Zwecke aber von außen vorgegeben bekommt, ist nicht fiskalpolitisch handlungsfähig.

Beschränkungen des politischen Handlungsspielraums lassen sich vor allem mit jenen theoretischen Ansätzen identifizieren, die der Fiskalpolitik wenig Autonomie zubilligen – also mit fiskalsoziologischen Ansätzen, der Theorie der sozioökonomischen Determination und institutionalistischen Ansätzen. Typische Beschränkungen entstehen demnach durch institutionelle Regeln und Vetospieler wie Föderalismus, unabhängige Notenbanken oder eine zweite Kammer.

2 Fiskalischer Handlungsspielraum entspricht dem Begriff »fiscal space« bei Schick (2009), der diesen als »financial resources available to a government for policy initatives« definiert (2009: 1). Die häufig anzutreffende Definition von *fiscal space* als Differenz zwischen der nachhaltig stabilisierbaren Schuldenquote und der aktuellen Schuldenquote eines Landes (Ostry et al. 2010) spielt hier keine Rolle.

Hinzu kommen Pfadabhängigkeiten, aber auch das Kräfteverhältnis zwischen den verschiedenen fiskalpolitischen Akteuren und Interessengruppen. Das betrifft sowohl die Interessenlagen der Bevölkerung – insbesondere der Widerstand der von staatlichem Handeln Betroffenen kann Handlungsspielräume beschränken – als auch die strategische Konfiguration des Parteienwettbewerbs. So haben etwa linke Regierungen wesentlich größere Handlungsspielräume, wenn sie das gesamte linke Lager vertreten und nicht von einer linken Oppositionspartei bedroht werden. Dann entstünde nämlich ein strategischer Zwang, diese offene Flanke politisch abzusichern (Kitschelt 2001).

Hinzu kommt, dass die Reichweite der Politik selbst zu- oder abnehmen kann (Krippner 2011). Während einige Bereiche der Gesellschaft immer Objekt politischen Handelns sind, etwa innere und äußere Sicherheit, sind andere dies nur zeitweise. Als der Wohlfahrtsstaat expandierte, wurden viele Bereiche Ziel legitimer Staatseingriffe, in denen der Staat bis dahin nicht aktiv gewesen war. Sie wurden in diesem Sinne Gegenstand politischen Handlungsspielraums. Mit dem Einsetzen permanenter fiskalischer Austerität in den späten 1970er-Jahren begann sich der Staat dann wieder aus vielen Bereichen zurückzuziehen. Für den Zusammenhang von Handlungsfähigkeit und Konsolidierungen ist diese Dimension des politischen Handlungsspielraums vor allem dann relevant, wenn die Staatsfinanzen durch Privatisierungen saniert werden, mit denen der Staat sich aus bestimmten Wirtschaftssektoren zurückzieht und diese gewissermaßen entpolitisiert.

Die Unterscheidung zwischen den beiden Typen von Handlungsspielraum lässt sich anhand der im Kontext von O'Connors Fiskalkrisendiagnose diskutierten Einnahmerestriktion des Staates verdeutlichen. Dass der Staat die notwendigen Mittel zur Erfüllung seiner Akkumulations- und Legitimationsaufgaben nicht aufbringen kann, liegt demnach sowohl am mangelnden fiskalischen Handlungsspielraum (es droht der fallende Abschnitt der Laffer-Kurve) als auch am mangelnden politischen Handlungsspielraum: Sowohl die administrativen Fähigkeiten des Staates als auch der mögliche Steuerwiderstand der Bevölkerung begrenzen das Besteuerungspotenzial.

Ein praktisches Beispiel für den Unterschied zwischen den beiden Spielräumen ist die Bankenrettung der Jahre 2008 und 2009. Damals verfügten viele Staaten zwar über fiskalischen, nicht aber über politischen Handlungsspielraum. Sie waren in der Lage, die nötigen Ressourcen aufzubringen und Zusatzbelastungen in Milliardenhöhe zu tragen, ohne dass dies eine Fiskalkrise ausgelöst hätte. Zugleich waren sie angesichts des drohenden Zusammenbruchs des Bankensystems jedoch gezwungen, diese Zusatzbelastungen zu übernehmen und insofern nicht entscheidungsfrei (Streeck 2010: 160).

Handlungsspielräume sind graduell und nicht binär definiert, darum wird die Politik niemals vollständig handlungsfrei oder vollständig fremdbestimmt sein. Einige politische Systeme beschränken politische Handlungsspielräume stärker als andere, gleichzeitig sind sie nie vollkommen beschränkt, schließlich können sogar Verfassungen geändert werden. Zudem ist die Grenze zwischen den beiden Dimensionen nicht immer sauber zu ziehen. Jede fiskalische Maßnahme ist auch politisch umstritten, weil sie stets nach einer Prioritätensetzung verlangt und konkurrierende Maßnahmen zurückgestellt werden müssen. Dennoch ist diese analytische Abstraktion sinnvoll, weil sie den Blick auf die politischen Voraussetzungen von Handlungsfähigkeit lenkt, die die progressive Konsolidierungsthese stillschweigend als gegeben annimmt. Entscheidend ist, dass der fiskalische und der politische Handlungsspielraum die fiskalpolitische Handlungsfähigkeit unabhängig voneinander begrenzen können. Ein Anstieg des fiskalischen Spielraums allein führt daher nicht zu mehr Handlungsfähigkeit. Wenn aber Handlungsspielräume getauscht werden, also fiskalischer Handlungsspielraum zu- und gleichzeitig politischer Handlungsspielraum abnimmt, dann kann der Nettoeffekt auf die fiskalpolitische Handlungsfähigkeit sogar negativ sein.

Ohnehin besteht zwischen den beiden Formen von Handlungsspielraum fast immer eine Wechselwirkung (Linie C in Abbildung 3-1). Veränderungen des einen lösen häufig Veränderungen des anderen aus. Die Staatsverschuldung selbst ist dafür das beste Beispiel. So ist mit O'Connor (1973) und Streeck (2013a) anzunehmen, dass ihr Anstieg zumindest teilweise im Versuch des Staates begründet liegt, Beschränkungen seines politischen Handlungsspielraums durch eine Ausweitung des fiskalischen Handlungsspielraums mit geliehenem Geld zu neutralisieren. Je länger sich ein Staat aber dieses Instruments bedient, desto stärker wird es selbst zu einer Beschränkung. Die Unterscheidung zwischen politischem und fiskalischem Handlungsspielraum betont also mit der Fiskalsoziologie und gegen voluntaristische Konzepte der Fiskalpolitik, dass diese oft auf Schranken und Grenzen trifft, die in einem historisch kontingenten Prozess entstehen und nicht das Ergebnis gezielten institutionellen Designs sind.

3.2 Das Argument: Fiskalpolitische Regime

Die bisherige Diskussion hat die progressive Konsolidierungsthese als theoretisch unplausibel zurückgewiesen. Sie basiert auf den Annahmen fixer Präferenzen und großer fiskalpolitischer Autonomie und schließt deshalb zu einfach von Handlungsspielraum auf Handlungsfähigkeit. Dabei übersieht sie, dass der Zugewinn fiskalischen Handlungsspielraums möglicherweise mit einer Beschränkung politischen Handlungsspielraums erkauft wird. Der nächste Schritt besteht nun darin, einen analytischen Modellrahmen zu entwickeln, der die progressive Konsolidierungsthese ersetzt, und diesen anschließend empirisch anzuwenden.

3.2.1 Paul Piersons Konzept des fiskalischen Regimes

Für den analytischen Modellrahmen greift diese Arbeit auf Paul Piersons Konzept des fiskalischen Regimes zurück, das Ansätze des historischen Institutionalismus und der Fiskalsoziologie verbindet. Pierson hatte um die Jahrtausendwende in einer Reihe wegweisender Aufsätze (Pierson 1998, 2001a, 2001b) das Zusammenspiel von Interessen, Ideen und Institutionen als strukturgebenden Kontext des politischen Konflikts um Staatseinnahmen und Staatsausgaben identifiziert. Dieses Zusammenspiel ist dabei potenziell komplementär: Die einzelnen Elemente verstärken sich gegenseitig und erzeugen somit positives Feedback. Der Begriff des fiskalischen Regimes bezeichnet also eine fiskalpolitische Konstellation, in der Interessen, Ideen und Institutionen gleichgerichtet und aufeinander bezogen sind. Daraus entsteht eine gemeinsame Richtung der fiskalpolitischen Entscheidungen, gewissermaßen ein fiskalpolitischer Grundtenor. Das Regimekonzept abstrahiert somit von konkreten Konflikten um Staatseinnahmen und Staatsausgaben und stellt auf die allgemeineren Entwicklungstendenzen hinter diesen ab. Zudem betont es, dass die herrschenden Interessen, Ideen und Institutionen keine exogenen Voraussetzungen der Fiskalpolitik sind, sondern sich endogen mit ihr entwickeln.

Will man diesen Regimebegriff mit dem Vokabular der fiskalsoziologischen Literatur ausdrücken, könnte ein Regime als eine zeitweilig stabile Konfiguration des Zielkonflikts zwischen Legitimität und Effizienz aufgefasst werden. Ein fiskalisches Regime verkörpert damit immer auch eine Antwort auf die Frage nach der Rolle des Staates in der Wirtschaft.[3]

Bei Pierson ist mit dem Regimebegriff eine sehr langfristige Perspektive verbunden. Folgerichtig unterscheidet er empirisch nur zwei in den USA seit 1945 herrschende fiskalische Regime, eine Klassifizierung, die sich hervorragend auf andere Länder übertragen lässt (für Deutschland siehe Streeck/Mertens 2010b). Bis Mitte der 1970er-Jahre herrschte demnach ein »expansionäres Regime«, das die Rolle des Staates ausbaute. Dieses Regime stützte sich auf eine Reihe expansionär wirkender Faktoren (Pierson 2001b: 58ff.): die hohen Wachstumsraten der Nachkriegszeit, die Popularität eines Wohlfahrtsstaats mit vorteilhaftem demografischem Profil, eine starke Regulierung des grenzüberschreitenden Kapitalverkehrs und eine massive Friedensdividende, die neue fiskalische Spielräume

3 Für eine Verwendung des Regimebegriffs in diesem Sinne – wenn auch nicht allein auf Fiskalpolitik bezogen – siehe Eisner (2011) und Przeworski (2014).

schuf. Hinzu kamen der Triumph der keynesianischen Makroökonomik, starke Gewerkschaftsbewegungen und geringer Steuerwiderstand. Staatsverschuldung war keine reale ökonomische Last, weil die reale Wachstumsrate des Bruttoinlandsprodukts fast permanent oberhalb des Realzinses lag. Im Sinne der oben getroffenen Unterscheidung bestand in dieser Zeit also eine Positivinteraktion von politischem und fiskalischem Handlungsspielraum, in der eine Vergrößerung des einen in der Regel eine Vergrößerung des anderen nach sich zog, sodass der Staat fiskalpolitisch hochgradig handlungsfähig war. Entsprechend stieg der Anteil der öffentlichen Ausgaben am Bruttoinlandsprodukt zwischen 1950 und 1975 in den meisten OECD-Ländern um mehr als 10 Prozentpunkte (Tanzi/Schuknecht 2000).

Seit Mitte der 1970er-Jahre kollabierte dieses expansionäre Regime und wurde durch ein »Regime permanenter Austerität« ersetzt. Nahezu alle Faktoren, die das expansionäre Regime gestützt hatten, wirkten nun in die entgegengesetzte Richtung (Pierson 2001b: 61ff.): Die Wachstumsraten gingen dauerhaft zurück, der ausreifende Wohlfahrtsstaat litt unter einem immer ungünstigeren demografischen Profil, die Schranken des Kapitalverkehrs fielen mit dem Ende von Bretton Woods und die Friedensdividende der Nachkriegszeit war längst verzehrt. Daneben führte die hohe Inflation der 1970er-Jahre zum Durchbruch des Monetarismus, die Gewerkschaften verloren an Einfluss und der Steuerwiderstand in der Bevölkerung stieg. Auch die zweite Friedensdividende nach dem Fall des Eisernen Vorhangs brachte nicht mehr als eine fiskalpolitische Atempause. In dieser Zeit lag der Realzins fast permanent und zum Teil massiv oberhalb der realen Wachstumsrate des Bruttoinlandsprodukts, sodass Verschuldung zu einer realen ökonomischen Belastung für den Staatshaushalt wurde. Fiskalischer und politischer Handlungsspielraum befanden sich in einer Negativspirale, in der die fiskalpolitische Handlungsfähigkeit immer weiter erodierte.

Dieses Austeritätsregime zeigt sich seit Anfang der 1980er-Jahre in fast allen OECD-Ländern an den stagnierenden oder sogar sinkenden Staatsquoten (Ausnahmen sind die nachholenden Wohlfahrtsstaaten an der europäischen Peripherie). Vor allem aber geht der Anteil der disponiblen, also potenziell gestaltenden Ausgaben an der Staatstätigkeit immer weiter zurück. Stattdessen müssen immer größere Teile der Staatsausgaben für die Begleichung in der Vergangenheit geleisteter Zahlungsversprechen aufgewendet werden. Die Haupteigenschaft des Austeritätsregimes ist also ein permanenter Druck auf die Ausgabenseite des Budgets. Weil die Steuereinnahmen nicht erhöht werden können und die nicht disponiblen Ausgaben ohne politisches Zutun immer weiter steigen, geraten die disponiblen Teile des Budgets in einen fiskalischen Schraubstock. Das ist auch der Grund, warum fiskalische Austerität so eng mit einem Verlust von Handlungsfähigkeit verbunden ist.

Dass Steuereinnahmen kaum zu erhöhen sind, folgt dabei aus den oben identifizierten Gründen: Ökonomisch stößt die Besteuerung an Effizienzgrenzen, politisch auf den Widerstand der Wähler. Die nicht disponiblen Ausgaben wachsen vor allem wegen des permanenten Anstiegs der Sozialausgaben. Weil dieses Wachstum beinahe automatisch erfolgt, ist ihm schwer Einhalt zu gebieten. Es gehört daher zu den charakteristischen Eigenschaften des Austeritätsregimes, dass regelmäßig gewaltige Mengen politischen Kapitals für Reformen aufgewendet werden müssen, die Leistungen einschränken, ohne den Anstieg der Ausgaben dauerhaft zu stoppen. Entsprechend attestierte Pierson (2001b: 67): »In fiscal terms, […] government needs to run harder and harder just to stand still.«

3.2.2 Die Interaktion von Interessen, Ideen und Institutionen

Die nicht nur von Pierson identifizierte Interaktion fiskalpolitischer Interessen, Ideen und Institutionen hat die Literatur ausgiebig beschäftigt. Ob fiskalpolitische Entscheidungen besser mit den Interessen der politischen Akteure, ihrer institutionellen Einbettung oder den herrschenden Ideen über Fiskalpolitik erklärt werden können, gehört seit jeher zu den Hauptstreitpunkten zwischen Public Choice, Fiskalsoziologie und Staatstätigkeitsforschung. Wie so häufig ist die Antwort vermutlich, dass alle drei Elemente einen Teil zur Erklärung beitragen. Vor allem aber sind sie nicht unabhängig voneinander, sondern bedingen sich gegenseitig: Das Vorherrschen bestimmter Ideen erlaubt die Durchsetzung bestimmter Interessen in Bezug auf institutionelle Reformen. Diese Reformen beeinflussen politische Entscheidungen, welche wiederum die Interessenkonstellation in der Gesellschaft verändern und zur Entstehung neuer Ideen beitragen. Dieses Knäuel aus Kausalitätsfäden ist daher ausgesprochen schwer zu entwirren.

Das Regimekonzept nimmt die Interaktion von Interessen, Ideen und Institutionen demgegenüber nicht als Problem, sondern als Chance wahr.[4] Pierson

4 Diese Verwendung von Ideen, Interessen und Institutionen steht in diametralem Gegensatz zum Rat von Bob Hancké: »By all means avoid invoking some combination of ideas, interests and institutions as part of your answer [… Y]ou have just claimed that what you are interested in is explained by practically everything that matters in the social world« (Hancké 2009: 32). Die These, die Verwendung von Überschüssen werde maßgeblich von ihrer Entstehung geprägt, impliziert jedoch, »practically everything that matters in the social world« werde von der Konsolidierung mit erfasst. Ideen, Interessen und Institutionen sind insofern die drei Kanäle, über die die Konsolidierung auf den Überschuss wirkt. Dies wäre forschungsstrategisch dann problematisch, wenn die Effekte der Konsolidierung in den drei Dimensionen einander widersprechen würden. Das Regimekonzept geht jedoch davon aus, dass die Effekte gleichgerichtet sind und sich gegenseitig verstärken. Deshalb muss auch nicht entschieden werden, welcher der drei Kanäle »wichtiger« ist.

versucht erst gar nicht, die individuellen kausalen Effekte einzelner Variablen zu isolieren, sondern macht ihre unauflösbare Interdependenz zum Gegenstand der Theoriebildung: »In utilizing the concept of a fiscal regime, I want to stress the connectedness of different aspects of the policymaking environment in a particular historical configuration« (Pierson 2001b: 57). Dieses Wechselspiel verschiedener Elemente betrifft aber nicht nur das »environment«, also die Inputs, sondern auch die Outputs der Fiskalpolitik. Das Regimekonzept bringt also Staatseinnahmen und Staatsausgaben zusammen und ist somit besonders geeignet, die Verwendung von Haushaltsüberschüssen zu analysieren. Vor allem liegt sein Wert für die Diskussion der progressiven Konsolidierungsthese aber darin, die Interaktion von fiskalischem und politischem Handlungsspielraum fassbar zu machen. Es lenkt den Blick darauf, wie fiskalischer Handlungsspielraum aus dem Zusammenspiel politischer Interessen, Ideen und Institutionen erwächst und auf sie zurückwirkt.

Vor diesem Hintergrund lautet die Hypothese der Arbeit, dass dauerhaft erfolgreiche Konsolidierungen mit einem Wandel des fiskalpolitischen Regimes einhergehen. Dieser Regimewechsel verändert die Kontextbedingungen, unter denen Fiskalpolitik nach der Konsolidierung gemacht wird. Entstehung und Verwendung von Überschüssen sind demnach Teil eines gemeinsamen Prozesses, der am besten als Herausbildung eines Überschussregimes verstanden werden kann.

3.2.3 Stabilität und Wandel von Regimen

Diese These wirft die Frage nach den Voraussetzungen für einen Regimewechsel auf. Immerhin scheint das Regimekonzept vor allem Stabilität und Persistenz zu erklären: Die einzelnen Elemente eines Regimes verstärken sich gegenseitig und entwickeln Komplementaritäten. Eine solche Beschreibung suggeriert, Regimewechsel seien so gut wie ausgeschlossen. Letzteres ist aber offenbar nicht der Fall, denn Pierson beschreibt zwei verschiedene empirische Regime in den USA. In der Tat sind Regimewechsel jedoch sehr voraussetzungsvoll.

Die Ablösung eines fiskalischen Regimes durch ein anderes kann am besten als fiskalpolitischer Paradigmenwechsel beschrieben werden. Der locus classicus für die Analyse solcher wirtschaftspolitischen Paradigmenwechsel ist Peter Halls Aufsatz »Policy Paradigms, Social Learning, and the State« (Hall 1993; siehe auch Hall 1989a). Demnach gibt es drei Arten von Wandel in einem Politikfeld: Wandel erster Ordnung betrifft die Justierung der politischen Instrumente, also etwa das Senken oder Erhöhen des Leitzinses oder einer Steuer. Die verwendeten Instrumente und ihre Ziele bleiben aber dieselben. Wandel zweiter Ordnung betrifft dagegen die Wahl der Instrumente, also etwa das Verhältnis von Geld- und Fiskalpolitik in der Wirtschaftspolitik. Wandel dritter Ordnung betrifft schließlich die Wahl der Politikziele, also die Zielhierarchie (Bandelow 2003). Dieser Wandel dritter Ordnung hat den Charakter eines Paradigmenwechsels, den Hall (1993: 279) explizit mit dem Kuhnschen Paradigmenwechsel der Wissenschaftstheorie vergleicht.

Ein fiskalischer Regimewechsel ist demnach ein Paradigmenwechsel im Sinne Halls, weil er eine Neudefinition der fiskalpolitischen Ziele impliziert. Im expansionären Regime der keynesianisch geprägten Nachkriegszeit war das wichtigste Ziel der Wirtschaftspolitik, Arbeitslosigkeit zu vermeiden, und die Fiskalpolitik wurde als Instrument zum Erreichen dieses Ziels begriffen. Diese Zielsetzung gerät im Austeritätsregime, zumal in seiner Spielart als Überschussregime, in den Hintergrund. Statt eines Vollbeschäftigungsparadigmas herrscht nun ein Haushaltsausgleichsparadigma und die Wirtschaftspolitik ist bereit, Zielverfehlungen in anderen Bereichen zuzulassen, um diesem Ziel gerecht zu werden.

Während Wandel erster und zweiter Ordnung häufig unterhalb der politischen Sichtbarkeitsschwelle bleibt und daher von der Bürokratie herbeigeführt werden kann, setzt Wandel dritter Ordnung breite Zustimmung in der Bevölkerung voraus, weil er weithin sichtbar ist und in der Wahlarena bestehen muss. Der Schlüssel zum Verständnis eines Regimewechsels ist daher nicht auf der Ebene der Regierungsbürokratie, sondern bei Interessengruppen und der Öffentlichkeit zu suchen (vgl. auch Pierson 1993). Zugleich reicht der individuelle Einfluss einzelner Interessengruppen aber nicht aus. Ein Regimewechsel bedarf vielmehr der Unterstützung einer breit angelegten Interessenkoalition (Lewis 2003: 191). Aus diesem Grund setzen Paradigmenwechsel laut Hall – wie bei Kuhn – eine Krise des alten Paradigmas voraus, das immer seltener geeignet ist, wirksame Antworten auf drängende politische Fragen zu geben. Dies führt schließlich zu seiner fundamentalen Delegitimierung bei Eliten und in der Öffentlichkeit. Halls Musterbeispiel dafür ist die Krise des Keynesianismus angesichts der Stagflation der 1970er-Jahre.

Überträgt man die Frage nach den Quellen der Delegitimierung eines Regimes auf die Fiskalpolitik, dann rücken *Punctuated Equilibria* als Modell für institutionellen Wandel in den Fokus (Eldredge/Gould 1972; Gould/Lewontin 1979; Krasner 1988). Ein solches Modell wurde bereits von Alan Peacock und Jack Wiseman (1961) auf die Entwicklung der Staatsfinanzen angewendet, als diese die heute nach ihnen benannte Hypothese eines Niveauverschiebungs- oder Displacementeffekts erarbeiteten: Verwerfungen wie Kriege oder Naturkatastrophen führen zu einer dauerhaften Ausweitung der Staatstätigkeit, auch nachdem ihre unmittelbaren Kosten wieder zurückgehen. Die zeitgenössische Formulierung dieses Ansatzes findet sich in der Literatur zu Punctuated Equilibria und Budgets (Baumgartner/Jones 2005; Jones et al. 2009; Baumgartner et al. 2009), die auf Aaron Wildavskys Konzept des budgetären Inkrementalismus zurückgeht (Wildavsky 1975). Demnach sind Budgets gekennzeichnet von langen Phasen relativer Stagnation mit allenfalls marginalen Veränderungen, die von kurzen Phasen radikalen Wandels unterbrochen werden. Der Hauptgrund dafür sind institutionelle Friktionen und die begrenzte Rationalität der fiskalpolitischen Akteure. Budgets werden daher nicht jedes Jahr neu entworfen, sondern nur durch inkrementelle Veränderungen auf Basis des Vorjahres weiterentwickelt, sodass die politische Debatte sich auf die Allokation von zusätzlichen Mitteln oder Kürzungen konzentriert. Der größte Teil des Budgets steht also gar nicht auf dem Prüfstand. Wie alle institutionalistischen Theorien prophezeit auch diese eine hohe Persistenz fiskalpolitischer Maßnahmen, die nur an bestimmten Critical Junctures überwunden werden kann. Dies geschieht etwa dann, wenn sogenannte *Focusing Events* die kollektive Aufmerksamkeit schlaglichtartig auf ein Problem richten (Kingdon [1984]2011). Dann wird das alte, weitgehend statische Gleichgewicht erschüttert und kann möglicherweise nach einer kurzen Phase radikalen Wandels durch ein neues Gleichgewicht ersetzt werden.

Im Kontext der Fiskalpolitik dürfte der Effekt solcher Focusing Events nicht darin bestehen, ein negatives Bild von Defiziten überhaupt erst zu erzeugen. Dieses negative Bild besteht im Prinzip seit jeher, wie der rhetorische Protest zeigt, den Defizite immer und überall hervorrufen.[5] Es existiert also bereits eine latente Haushaltsausgleichsnorm, die aber in aller Regel nicht politisch aktiviert wird. Der eigentliche Effekt fiskalischer Focusing Events liegt dann darin, diese Norm politisch relevant zu machen. So hatte Kingdon ([1984]2011: 99) ganz allgemein festgestellt: »[Focusing events] reinforce some preexisting perception of a problem, focus attention on a problem that was already ›in the back of people's minds‹.« Im Zusammenhang mit der Staatsverschuldung wäre die eigentliche Rolle solcher Ereignisse also, die Ablehnung von Defiziten von einer rhetorischen Pflichtübung zu einer politisch beherrschenden Frage zu machen.

Sucht man daher nach fiskalpolitischen Focusing Events, die eine Critical Juncture auslösen können, dann rücken Fiskalkrisen ins Zentrum der Aufmerksamkeit. Indem sie das alte Paradigma vor besonders große Schwierigkeiten stellen, dürften sie Versuche legitimieren, ein neues Paradigma zu etablieren. Sie wirken dann als *Permissive Conditions* (Soifer 2012), die den üblichen Widerstand gegen Reformen zeitweilig aufbrechen. Der Zusammenhang von Wirtschaftskrisen und Wirtschaftspolitik ist genau in diesem Sinne bereits untersucht worden (Drazen/Grilli 1993; Rodrik 1996; Drazen/Easterly 2001), aber vor allem mit Blick auf ihre direkten Effekte, also die unmittelbar von einer Krise ausgelösten Politikmaßnahmen. Hier geht es dagegen um ihre Mittel- bis Langfristeffekte.

5 Bereits 1980 warnte etwa die deutsche Bischofskonferenz [sic!] in einem in jeder Hinsicht bemerkenswerten Hirtenbrief zur Bundestagswahl vor den Gefahren der Staatsverschuldung.

Wenn Fiskalkrisen nämlich den Übergang zu einem neuen Regime auslösen, dann entfalten sie dadurch eine Wirkung, die noch viele Jahre anhält.[6]

Dieses Modell sprunghaften politischen oder institutionellen Wandels blieb nicht unbestritten. So bemängeln Streeck und Thelen (2005b), das tertium non datur der Unterscheidung zwischen Stabilität und radikalem Wandel verleite dazu, graduellen Wandel fälschlich als Zeichen für Stabilität zu deuten. Dabei sei durchaus wahrscheinlich, dass andauernde Prozesse kleinteiligen Wandels im Ergebnis zu einem radikalen Bruch mit der Vergangenheit führen. In Übereinstimmung mit solchen Argumenten betont auch Piersons empirische Analyse vor allem die graduellen Veränderungen, die dem fiskalischen Regimewechsel der 1970er-Jahre zugrunde liegen. Zugleich datiert er den Regimewechsel jedoch in die Phase der tiefsten ökonomischen Krise zwischen 1945 und 2008: die Zeit nach der Ölpreiskrise von 1973. Dieser scheinbare Widerspruch zwischen dem graduellen Modell Piersons und der hier vertretenen Krisenorientierung im Sinne von Punctuated Equilibria lässt sich anhand der Idee eines Schwellenwertes auflösen. Regimeverändernde Krisen müssen nicht sintflutartig über ein stabiles Regime hereinbrechen, sondern werden in vielen Fällen das Ergebnis mehrjähriger Erosionsprozesse sein, die zunächst unbemerkt bleiben, aber gewissermaßen die Gefahr eines Erdrutschs immer größer werden lassen, der dann von einem leichten Platzregen ausgelöst werden kann.

Zugleich ist aber nicht jede Konsolidierung gleichbedeutend mit einem fiskalischen Regimewechsel. Die meisten Konsolidierungen beschränken sich vielmehr auf eine Neujustierung fiskalischer Instrumente, sind also Wandel erster Ordnung. Wo Konsolidierungen aber Teil eines fiskalischen Paradigmenwechsels sind, da können sie die langfristigen Effekte haben, die der Regimebegriff impliziert.

3.3 Das Überschussregime als Spielart des Austeritätsregimes

Nach Pierson ist das seit den 1980er-Jahren in der westlichen Welt vorherrschende fiskalische Regime also ein Austeritätsregime, in dem Interessen, Ideen und Institutionen in Richtung eines Rückbaus des Staates wirken und sich dabei gegenseitig verstärken. Vor diesem Hintergrund kann die Überwindung des Austeritätsregimes als Ziel progressiver Haushaltskonsolidierungen interpretiert

6 Für eine Interpretation der kanadischen Konsolidierung der 1990er-Jahre als Wandel dritter Ordnung siehe Lewis (1999), für eine solche Interpretation der schwedischen Konsolidierung Mehrtens (2013).

werden. Mit der These, Haushaltsüberschüsse läuteten das Ende permanenter Austerität ein, setzte sich Pierson selbst anhand der Clinton-Überschüsse der späten 1990er-Jahre auseinander und hatte sie für diesen Fall zurückgewiesen: »discussions of taxing and spending in this new postdeficit climate remain firmly anchored in a regime of austerity« (Pierson 2001b: 75). Dieses Argument gilt nicht nur für die USA im Jahr 2000. Ein Austeritätsregime ist eben nicht allein Ausdruck eines momentanen fiskalischen Sachzwangs, sondern einer grundlegenden Konfiguration des fiskalpolitischen Handlungskontexts.

3.3.1 Definition des Überschussregimes

Piersons Regimebegriff nimmt eine sehr starke Makroperspektive ein, er betrachtet Entwicklungen über mehrere Jahrzehnte hinweg. Seine Kernidee einer Interaktion von Interessen, Ideen und Institutionen ist allerdings bereits sinnvoll auf kürzere Perioden von ein bis zwei Dekaden anwendbar. Auf einen solchen Zeitraum bezieht sich das Konzept des Überschussregimes, das als Ergebnis längerfristiger und im Sinne ihrer Ziele erfolgreicher Austerität entstehen kann.

Als Überschussregime bezeichnet diese Arbeit eine Spielart des Austeritätsregimes, in der die Vermeidung von Defiziten als wichtigstes Ziel der Fiskalpolitik institutionalisiert ist und in der sich die fiskalpolitischen Entscheidungsträger entsprechend verhalten. Deshalb bleibt der für das Austeritätsregime charakteristische permanente Druck auf die Staatsausgaben auch im Überschuss erhalten. Andere fiskalpolitische Ziele werden erst dann umgesetzt, wenn ein Überschuss sichergestellt ist. In einem idealtypischen Überschussregime wird der Erhalt eines Überschusses zum Teil der »Rules of the Game« (North 1990: 3), zu einer fiskalpolitischen Norm, die nur unter Inkaufnahme erheblicher politischer Sanktionen gebrochen werden kann. Diese Norm ist sowohl formell als auch informell im politischen Diskurs verankert und wird von komplementären Interessen, Institutionen und Ideen gestützt.

Voraussetzung für die Entstehung eines Überschussregimes ist die Delegitimierung des herrschenden fiskalischen Regimes, in der Regel durch eine tiefe fiskalische Krise. In Reaktion auf die Krise kommt es zunächst zu einer tief greifenden Konsolidierung, in der die Rolle des Staates in der Wirtschaft erheblich reduziert und die fiskalischen Interessen, Institutionen und Ideen neu konfiguriert werden. Die Interaktion dieser drei Elemente sorgt dann dafür, dass sich das Konsolidierungsprogramm zum Überschussregime weiterentwickelt.

Interessen

Zu den Kernelementen eines von einer Konsolidierung ausgelösten Regimewechsels zählt also eine Veränderung der fiskalpolitischen Interessenkonstellation. Diese dürfte nicht nur den Inhalt der Interessen wichtiger Gruppen, sondern auch ihr politisches Gewicht betreffen. In Reaktion darauf ist damit zu rechnen, dass die politischen Parteien ihre fiskalpolitischen Strategien dieser neuen Interessenkonstellation anpassen.

Eine solche Transformation der fiskalpolitischen Interessen ist zu erwarten, weil Austerität das Verhältnis von Staat und Markt in der Gesellschaft verändert. Dies geschieht etwa, wenn sich der Staat aus zuvor bedeutenden Aktivitäten zurückzieht, zum Beispiel indem er ihre Bereitstellung privatisiert. Immer mehr relevante Güter und Dienstleistungen werden dann nicht mehr vom Staat bereitgestellt, sondern über den Markt organisiert. Infolgedessen dürften insbesondere die politisch wichtigen Mittelschichten zunehmend den Markt und nicht mehr den Staat als natürliche Arena ihrer Interessenverwirklichung wahrnehmen. Sie werden dann, in der denkwürdigen Terminologie Esping-Andersens, »wedded to the market« (Esping-Andersen 1990: 173) – mit dem Markt verheiratet. Wenn sie aber elementare Dienstleistungen wie Gesundheitsvorsorge oder Bildung zunehmend auf privaten Märkten erwerben müssen, wird verfügbares Einkommen für sie immer wichtiger. Folgerichtig sollten sie stärker an Steuersenkungen und weniger an höheren Staatsausgaben interessiert sein. Diesen Mechanismus der Interessenverschiebung hatte sich bereits Margaret Thatcher bei der Privatisierung öffentlichen Wohnraums zunutze machen wollen. Die neuen Besitzer kreditfinanzierter Immobilien, so die dahinterstehende Idee, wählen konservativ, weil sie zunehmend sensibler für Zinsschwankungen werden und sich auch ihre Präferenzen in Bezug auf Sozialausgaben verändern (Castles 1998; Schwartz 2012). Ohnehin machen die Sparmaßnahmen im Zuge der Konsolidierung bisherige Nettoempfänger staatlicher Transfers zu Nettozahlern (Meltzer/Richard 1981). Dasselbe geschieht bei einer Verringerung der Progression des Steuersystems: Mittelschichten, die bislang netto von der Staatstätigkeit profitierten, müssen dann netto zu ihr beitragen, während Gutverdiener weniger stark belastet werden, aber selbstverständlich Nettozahler bleiben. Die Gruppe derjenigen, die ein materielles Interesse an Steuersenkungen haben, wird damit größer.

Diese Veränderungen der Interessenlagen sollten über kurz oder lang den Parteienwettbewerb und die strategischen Überlegungen von Regierung und Opposition beeinflussen. Die Überwindung einer Schuldenkrise dürfte dabei besonders starke Effekte haben, weil sie für die Regierung mit hohen politischen Kosten verbunden ist. Sparmaßnahmen stoßen regelmäßig auf erbitterten

Widerstand in der Bevölkerung, weshalb eine erfolgreiche Konsolidierung große Mengen politischen Kapitals verbraucht. In den Worten der Pfadabhängigkeitsliteratur: Die Konsolidierung generiert erhebliche »Set-up-Kosten« (Stinchcombe 1968), die das weitere Kalkül der Regierungspartei beeinflussen dürften. Denn zugleich ist die Überwindung einer Fiskalkrise regelmäßig ein großer politischer Erfolg, darum werden erfolgreiche Konsolidierungsregierungen häufig wiedergewählt (Alesina/Carloni/Lecce 2012). Das macht einen fiskalpolitischen Kurswechsel nach dem Ende der Krise für im Amt bestätigte Regierungen wenig attraktiv. Ein solcher Kurswechsel würde ihr in das Austeritätsregime investiertes politisches Kapital entwerten und ihre mühsam errungene Reputation für eine verantwortungsbewusste Haushaltsführung gefährden. Darüber hinaus dürften sich die Oppositionsparteien bemühen, als mindestens ebenso verantwortungsvolle Hüter der Staatsfinanzen zu erscheinen, um den Glaubwürdigkeitsvorteil der Regierung zu kompensieren. Der Regierung droht dann von Oppositionsseite nicht etwa Kritik für zu wenig, sondern für zu viel fiskalpolitischen Aktivismus. Zugleich kann die Regierung das Überschussziel aber strategisch nutzen, um den Spielraum der Opposition zu beschränken. Wenn es ihr gelingt, einen Allparteienkonsens über das Überschussziel herbeizuführen, dann muss die Opposition Vorschläge für neue Politikmaßnahmen entweder durch Steuererhöhungen oder durch Kürzungen an anderer Stelle refinanzieren – beides keine populären Optionen. Wenn sie die Opposition erfolgreich auf einen Überschusskurs festlegt, kann die Regierung sich also zugleich vor Kritik an ihrer fiskalpolitischen Ambitionslosigkeit schützen.

Das bisherige Argument hat sich eng an einen Mechanismus gehalten, den Pierson (1994) zunächst auf die Untersuchung des Wohlfahrtsstaats angewendet hat: Politische Reformen lösen Feedbackprozesse aus, weil individuelle Akteure ihr Verhalten anpassen. Das löst wiederum Anpassungsreaktionen bei anderen Akteuren aus, etwa indem sie spezifische Investitionen in das Regime tätigen. Ein wichtiger Unterschied zur Argumentation Piersons besteht allerdings. Pierson stützt sich vor allem auf positives Feedback, das heißt auf wachsende Interessengruppen, die vom Status quo profitieren und deren Einfluss im Zeitablauf immer größer wird. Das ist aber nicht unmittelbar auf den Kontext von Überschüssen übertragbar. Während sich nämlich spezifische Interessengruppen benennen lassen, die vom Wohlfahrtsstaat profitieren und deshalb für seinen Erhalt eintreten, hat ein Haushaltsüberschuss keine solche natürliche Unterstützerkoalition. Es mag Befürworter höherer Staatsausgaben geben, ebenso wie Befürworter niedrigerer Steuern, und positive Feedbackeffekte könnten erklären, warum Letztere sich gegen die Ausgabenbefürworter durchsetzen. Es gibt aber keine natürlichen Unterstützer des Haushaltssaldos, die spezifische Investitionen in diesen tätigen.

Zudem sind sich alle theoretischen Ansätze zur Fiskalpolitik einig, dass höhere Staatsausgaben (außer bei einer libertären Minderheit der Wählerschaft) populär sind. Genau darauf will Alesina (2000) hinaus, wenn er schreibt, die politische Ökonomie des Überschusses sei der des Defizits sehr ähnlich: Wenn die Politik schon im Defizit versuche, Wähler durch höhere Staatsausgaben zu gewinnen, dann werde sie dies im Überschuss erst recht tun. Sowohl die Bewahrung von Haushaltsüberschüssen als auch ihre Nichtverwendung für neue Staatsausgaben stehen also im Widerspruch zu den Erwartungen großer Teile der Literatur und können nicht einfach mit einem Verweis auf die Präferenzen der Bürger erklärt werden.

Vor diesem Hintergrund können die bisher beschriebenen Mechanismen positiven Feedbacks nur einen Teil des Zusammenhangs von fiskalpolitischen Outcomes und politischen Interessen erfassen. Sie müssen daher um negatives Feedback (im paradoxen Sinne einer selbstverstärkenden Schwächung) ergänzt werden: Der Haupteffekt von Konsolidierungen sind nicht neue Maßnahmen, die dann positives Feedback generieren, sondern es ist ein Rückbau alter Maßnahmen, der negatives Feedback auslöst. Konsolidierungen wirken also nicht, indem sie Gruppen stärken, die an einem schwachen Staat interessiert sind, sondern indem sie Gruppen schwächen, die einen starken Staat wollen.[7]

Austerität dürfte nämlich nicht nur die spezifischen Interessen verschiedener Gruppen, sondern auch deren politisches Gewicht verändern. Denn in der Regel sind nicht alle Budgetbereiche gleichermaßen von Kürzungen betroffen. Während in einigen Feldern radikal gestrichen wird, sind andere allenfalls symbolischen Sparmaßnahmen ausgesetzt. Ein Effekt dieser Kürzungsdifferenzen dürfte sein, den Einfluss der stärker betroffenen Interessengruppen zu schwächen. Der Rückbau staatlicher Leistungen wird das Gewicht derjenigen reduzieren, die an ihrer Erstellung beteiligt sind oder die von diesen Leistungen profitieren. So werden etwa Gewerkschaften des öffentlichen Dienstes an Einfluss verlieren, wenn der öffentliche Sektor schrumpft und die Zahl der Staatsbediensteten zurückgeht. In ähnlicher Weise dürften die Unterstützer des Wohlfahrtsstaats geschwächt werden, wenn dieser zunehmend einen residualen Charakter annimmt und nicht mehr alle Bevölkerungsgruppen umfasst. Schließlich sollten die Profiteure keynesianischer Konjunkturpolitik, vor allem Anbieter auf dem Binnenmarkt, gegenüber den Exportsektoren an Einfluss verlieren, wenn die Fiskalpolitik ihre konjunkturpolitische Funktion verliert. Solche Effekte dürften sowohl die Profiteure existierender Ausgabenprogramme als auch die Befürworter neuer Ausgaben schwächen.

7 Dass tiefe Krisen den Einfluss etablierter Interessengruppen erschüttern, vertritt prominent Olson (1982).

Institutionen

Neben einem Wandel der politischen Interessen ist die Herausbildung eines Austeritätsregimes in der Regel auch mit einer Reform der fiskalpolitischen Institutionen, also der institutionellen Beschränkungen des politischen Handlungsspielraums verbunden. Dabei wird größere Sparsamkeit zu einem Hauptziel des Budgetprozesses.

Vor allem die public-choice-inspirierte Literatur sieht in solchen Reformen den Schlüssel zu einer Überwindung des Deficit Bias repräsentativer Demokratien. Zu diesem Zweck schlägt sie eine Vielzahl institutioneller Reformen vor (Schaechter et al. 2012). Ein besonders naheliegendes Instrument ist die Einführung expliziter Ziele für die Schuldenquote und den Budgetsaldo, als deren prominentestes Beispiel die Drei-Prozent-Grenze des europäischen Stabilitätspakts gelten kann. Im Fall von Überschüssen ist eine solche Norm zudem um das Ziel einer Akkumulation staatlichen Nettovermögens ergänzbar. Über derartige Instrumente noch hinaus geht die Einführung expliziter Ausgabengrenzen. Diese beziehen sich nur auf die Ausgabenseite des Budgets und legen vorab fest, wie viel Geld in zukünftigen Jahren ausgegeben werden kann (Ljungman 2008). Solche Grenzen stellen sicher, dass unerwartet gestiegene Einnahmen nicht in eine wachsende Staatstätigkeit, sondern in Schuldenabbau oder Steuersenkungen fließen.

Um die Durchsetzung derartiger Ziele sicherzustellen, kann einerseits versucht werden, sie wie beim Stabilitätspakt mit expliziten, gesetzlich kodifizierten Sanktionsmechanismen zu versehen. Andererseits kann ihre Durchsetzung auch in die Hände der Öffentlichkeit gelegt werden: Die Politik hält ihre selbst gesteckten Ziele dann ein, weil sie die Bestrafung durch die Wähler fürchtet (Schick 2004). Diesen Mechanismus visieren Reformen wie die Einrichtung sogenannter Fiscal Councils an, die auf eine Erhöhung der fiskalischen Transparenz abzielen (Lienert 2010; Debrun 2011; Calmfors/Wren-Lewis 2011).

Daneben wird häufig auch eine Reform des eigentlichen Budgeterstellungsprozesses angemahnt, wobei typischerweise eine Zentralisierung propagiert wird: Entscheidungskompetenzen sollen aus den einzelnen Ministerien und Ausschüssen ins Finanzministerium verlagert werden (Hallerberg 2004; Hallerberg/Strauch/von Hagen 2009). Auch das parlamentarische Abstimmungsverfahren über das Budget kann dahin gehend verändert werden, das Budget als Ganzes anstatt seiner einzelnen Elemente zum Verhandlungsgegenstand zu machen. Schließlich sind sogar Reformen grundlegender politischer Institutionen denkbar. So schlagen Autoren, die einen politischen Schuldenzyklus diagnostizieren, eine Verlängerung der Legislaturperiode vor, um seinen Einfluss zu reduzieren (Molander 2000: 197).

Im Unterschied zu weiten Teilen der Literatur zu fiskalischen Institutionen werden institutionelle Reformen hier jedoch nicht als Ursache, sondern als Element eines fiskalischen Kurswechsels begriffen. Sie tragen dazu bei, einen Wandel der Interessen und Ideen zu stabilisieren, der wiederum auf ihre eigene Legitimität zurückwirkt. In dieser Perspektive bleiben die Reformen wirksam, auch nachdem sie ihren ursprünglichen Zweck erfüllt haben, eine Haushaltskonsolidierung also bereits durchgesetzt ist. Statt der Politik die Hände zu *führen*, dienen sie nun dazu, ihr die Hände zu *binden*.[8] Damit bewirken sie, dass der politische Handlungsspielraum begrenzt bleibt, selbst wenn der fiskalische Handlungsspielraum wächst. Ein besonders deutliches Beispiel sind institutionalisierte Ausgabengrenzen: Selbst wenn im Überschuss neue Spielräume auf der Einnahmenseite entstehen, können diese nicht für höhere Ausgaben genutzt werden. Derartige Restriktionen können Politiker allein mit Steuersubventionen umgehen, weil sie nicht als Ausgaben angerechnet werden.

Neben solchen formellen Reformen ist auch eine informelle Institutionalisierung von Austerität als Prinzip der Fiskalpolitik möglich. Im Politikprozess werden alle Politikmaßnahmen »fiskalisiert« (Lewis 2003: 16). Sie werden dann nicht mehr primär anhand fachpolitischer Vor- und Nachteile, sondern vor allem in Bezug auf ihre budgetären Auswirkungen beurteilt: »Was kostet das?« wird die wichtigste Frage an einen Politikvorschlag. Ähnliches beobachteten White und Wildavsky schon im Kontext der amerikanischen Budgetdebatten der 1980er-Jahre:

> Political time is counted not in years but in issues; a political era is defined by the concerns that dominate debate and action, so that about other issues we ask: How does that affect———? […] Now we are living in the era of the budget. […] Virtually all other issues are discussed and decided in terms of impacts on the deficit. (White/Wildavsky 1991: xv)

In einem solchen Klima werden alle Politikinitiativen, die möglicherweise zu einem neuen Defizit beitragen, skeptisch betrachtet. Darunter leiden vor allem die Investitionsausgaben, die üblicherweise in Teilen durch Kreditaufnahme finanziert werden, wofür es auch gute ökonomische Gründe gibt. In einem Überschussregime müssen sie aus den laufenden Einnahmen finanziert werden und stehen somit in einem unmittelbaren Verteilungskonflikt mit staatlichem Konsum und Steuersenkungen. Ähnliches gilt für alle Langfristverpflichtungen, die stets einen negativen Effekt auf die Budgetentwicklung haben. Regierungen haben deshalb einen Anreiz, am Ende des Haushaltsjahres zu Einmalprogrammen zu greifen, die dann den Überschuss nicht mehr gefährden. Solche Einmal-

8 Das entspricht auch dem in diesem Kontext häufig bemühten Odysseus-Bild: Odysseus ließ sich nicht an den Mast binden, um eine Kursänderung zu erzwingen, sondern um eine Kursänderung zu verhindern.

maßnahmen erzeugen aber keine Langfristverpflichtungen. Sie dürften deshalb auch kaum spezifische Investitionen anderer Akteure in ihren Fortbestand auslösen und darum auch keine positiven Feedbackprozesse erzeugen. Selbst wenn ein Ressort von wiederholten Einmalmaßnahmen profitiert, bleibt es daher stets anfällig für erneute Kürzungen, wenn Unterstützerkoalitionenfehlen.

Ideen

Die Interpretation fiskalischer Regimewechsel als Paradigmenwechsel oder Wandel dritter Ordnung lässt erwarten, dass Ideen bei der Herausbildung eines Überschussregimes ebenfalls eine Schlüsselrolle spielen (Pierson 1993; allgemein zum Einfluss von Ideen in der Wirtschaftspolitik siehe Hall 1989b; Blyth 2002). Dabei dürfte ihre Rolle vor allem darin liegen, das alte Regime zu delegitimieren. Halls Analyse von Paradigmenwechseln stellt in dieser Hinsicht vor allem die Bedeutung von Krisen heraus. Während das alte Regime – in Halls Fall der Keynesianismus – keine Antworten auf empirische Anomalien mehr findet, bietet das neue Regime – also der Monetarismus – Lösungen in Form positiver makroökonomischer Effekte. Dieser Mechanismus kann auch im Kontext von Überschüssen sehr bedeutsam sein, zumal wenn er durch die symbolische Bedeutung der »schwarzen Null« ergänzt wird.

Voraussetzung für die Herausbildung eines Überschussregimes ist die Delegitimierung des Paradigmas einer aktivistischen Fiskalpolitik.[9] Es wird delegitimiert, wenn der Staat die einst gegebenen Wohlstands- und Vollbeschäftigungsversprechen nicht mehr erfüllen kann. In vielen Fällen widerruft er im Zuge einer Konsolidierung sogar konkrete Zahlungsversprechungen an Kranke, Rentner oder Beamte. Vor allem aber tritt er den Anspruch, Lösungen für wichtige gesellschaftliche Probleme zu bieten, an den Markt ab. Der Interventionsstaat der Nachkriegszeit war der natürliche Adressat des Rufes nach Veränderungen. Die Politik nahm diesen Ruf gern auf und setzte die Ressourcen des Staates zur Lösung gesellschaftlicher Konflikte ein, wobei nach den Erfahrungen der 1930er-Jahre das Vollbeschäftigungsversprechen im Vordergrund stand. Dieser Anspruch kann in einer Fiskalkrise verloren gehen, wenn diese als Krise genau dieses Staatsverständnisses verstanden wird. So betrachtet ist sie kein exogener oder zyklischer Schock, sondern die logische Folge einer strukturellen Überdehnung der Rolle des Staates. Die Krise der Staatsfinanzen entsteht, weil sich der Staat für allzuständig erklärt und deshalb immer neue finanzielle Lasten über-

9 Verstanden als »aktivistisch« im Sinne des amerikanischen *activist government* und nicht etwa im Sinne der im Deutschen mitschwingenden Konnotation von hektischem Aktionismus.

nommen hat. Zugleich legt sie offen, dass der Kaiser nackt ist: Die übernommenen Verpflichtungen sind viel größer als das, was der Staat jemals erfüllen kann.

Durch solch eine Deutung der Krise wird sich fast zwangsläufig das politische Klima verändern – zuungunsten der Befürworter neuer Staatsausgaben. Ein Austeritätsstaat, der nur noch darum bemüht ist, die Lasten der Vergangenheit abzutragen, wird nämlich zunehmend uninteressant für seine Bürger, weil von ihm keine Lösung für wichtige Probleme mehr zu erhoffen ist. Sobald die Bürger aber andere Problemlösungsstrategien entwickelt haben, wird selbst ein Wiederanstieg des fiskalischen Handlungsspielraums sie kaum motivieren, diese wieder zugunsten des Staates aufzugeben. Der Staat verliert dann zunehmend seine Rolle als natürlicher Adressat gesellschaftlicher Veränderungsbestrebungen. Einem Staat, der keine Lösungen anzubieten hat, gesteht man aber auch keine größeren finanziellen Ressourcen zu.

Die Voraussetzung für die Etablierung eines neuen Regimes ist dann, dass dieses die ökonomischen Schwierigkeiten der Krise zu lösen vermag – oder sie zu lösen scheint –, an denen das alte Regime gescheitert ist. Ein Überschussregime ist dafür besonders geeignet, denn Konsolidierungen gehen in der Regel mit einem starken ökonomischen Aufschwung einher: Die Wirtschaft wächst, die Arbeitslosigkeit geht zurück, die Zinsen sinken und die Leistungsbilanz verbessert sich (Perotti 2011). Dieser Aufschwung lässt sich politisch als direkte Folge des Konsolidierungskurses präsentieren. Zwar hat die Diskussion des Forschungsstandes gezeigt, dass theoretisch wie empirisch zumindest unklar ist, was hier Ursache und was Wirkung ist. Welche Position im Recht ist, bleibt für die politische Wirksamkeit aber zweitrangig. Es reicht, wenn die Regierung einen Zusammenhang zwischen ihrer Fiskalpolitik und den erfreulichen makroökonomischen Entwicklungen konstruieren und politisch ausnutzen kann. Wer unter diesen Umständen eine Rückkehr zu größerem fiskalpolitischem Aktivismus vorschlägt, verstößt also nicht nur gegen die informelle Norm verantwortungsvoller Fiskalpolitik, sondern gilt auch schnell als Gefährder des ökonomischen Aufschwungs.

Dieser Paradigmenwechsel in der Rolle des Staates kann durch den symbolischen Charakter der »schwarzen Null« noch verstärkt werden. Denn während Fiskalpolitik eigentlich zu den technischen, für die Öffentlichkeit schwer durchschaubaren Bereichen staatlichen Handelns zählt, in denen die Experten der Bürokratie relativ freie Hand haben, können Haushaltsüberschüsse eine Ausnahme von dieser Regel sein. Dies ist nicht etwa deshalb der Fall, weil die Bürger im Überschuss ein klareres Verständnis von fiskalpolitischen Zusammenhängen entwickeln würden. Überschüsse bieten jedoch einen leicht politisierbaren Anlass für eine Dichotomie von verantwortungsvoller versus verantwortungsloser, gerechter versus ungerechter, kompetenter versus inkompetenter oder einfach guter versus schlechter Fiskalpolitik. Die »schwarze Null« ist einfach zu kommunizieren und leicht verständlich und erfüllt damit alle Voraussetzungen, um in der politischen Debatte zu einem wirkmächtigen Symbol zu werden (Campbell 2002: 29).

Ein gutes Beispiel für solche symbolträchtigen Zahlen bieten das Defizit- und das Schuldenquotenkriterium des europäischen Stabilitätspaktes. Kaum ein Bürger wird hinter diesen Zahlen eine ökonomische Logik identifizieren können, die Grenzwerte könnten statt bei 3 und bei 60 ebenso gut bei 2 oder 4 beziehungsweise bei 30 oder 90 Prozent liegen. Ihr eigentlicher Effekt liegt darin, einen *focal point* zu setzen, der Gelingen und Scheitern definiert und an dem sich die politische Debatte orientieren kann. Anders als bei den künstlich gesetzten Grenzwerten des Stabilitätspaktes dürfte bei Haushaltsüberschüssen aber noch die intuitive Autorität der »schwarzen Null« hinzukommen. Gewissermaßen zeigt sich hier ein psychologisches Urproblem keynesianischer Politikempfehlungen besonders stark: Diese Empfehlungen scheinen einen Bruch mit dem Prinzip darzustellen, man könne und dürfe nicht über seine Verhältnisse leben.[10] Dass Sparen eine Tugend sei, Verschuldung aber eine Sünde, zieht sich als Narrativ durch 5.000 Jahre Verschuldungsgeschichte (Graeber 2011). Keynesianische Fiskalpolitik stellt diese etablierte Norm auf den Kopf und erklärt, in Rezessionen sei Sünde Tugend und Tugend Sünde. Folgerichtig schildern Buchanan und Wagner (1977: 37ff.), wie erst ein langer keynesianischer Marsch durch die Institutionen nötig war, um das etablierte »Fiskalevangelium« zu erschüttern.

Ausgeglichene Haushalte scheinen dagegen der natürlichen Ordnung der Dinge zu entsprechen und stützen sich somit auf eine kulturell tief verankerte Norm – mit der »schwarzen Null« als wirkmächtigem Symbol. Solche Zahlen sind von der Soziologie der Statistik (Porter 1995; Prewitt 1987; Alonso/Starr 1987; Zorn 2009) untersucht worden, die argumentiert, statistische Messkategorien erzeugten einen Maßstab (und bildeten ihn nicht nur ab), an dem sich das Verhalten von Individuen wie des politischen Systems orientiere. Die Rolle solcher Zahlen beschreibt Porter (1995) am Beispiel der Buchführungsstandards großer Firmen:

> Their highest purpose is to instill an ethic. […] They provide legitimacy for administrative actions, in large part because they provide standards against which people judge themselves. (Porter 1995: 45)

Diese normerzeugende Kraft statistischer Maßzahlen erkennt auch Starr (1987):

10 Angela Merkel beruft sich nicht ohne Grund auf die buchhalterische Weisheit der schwäbischen Hausfrau.

> If official statistics affect social perception and cognition, so they also powerfully affect social norms. […] Since the frameworks of normative judgment are so widely shared, the numbers are tantamount to a verdict. (Starr 1987: 53)

Die »schwarze Null« hat diese normsetzende Funktion in ganz besonderer Weise. Dafür sprechen auch psychologische Mechanismen, die sich aus der von Daniel Kahnemann und Amos Tversky (1979) entwickelten *Prospect Theory* ableiten lassen. Ihr zufolge bewerten Individuen Nutzenveränderungen relativ zu einem Referenzpunkt und nehmen Gewinne weniger stark wahr als Verluste (»loss aversion«). Daraus ergeben sich unterschiedliche Verhaltensprognosen, je nachdem, auf welcher Seite des Referenzpunktes sich ein Akteur befindet. Ist er im Gewinnbereich, also auf der positiven Seite des Referenzpunktes, verhält er sich risikoavers, weil weitere Gewinne das Risiko eines kostspieligen Sturzes in die Verlustzone nicht wert sind. Befindet er sich dagegen im Verlustbereich, verhält er sich risikofreudig. In diesem Fall wiegen mögliche weitere Verluste die Chance einer Rückkehr in den Gewinnbereich nicht auf.

Selbst wenn man akzeptiert, dass diese individualpsychologische Theorie auf kollektive Entscheidungen übertragbar ist (Belege dafür bei Vis 2011: 338), sind zwei schwerwiegende Einwände gegen diese Theorie möglich: Zum einen sei es extrem schwierig, den Referenzpunkt festzustellen, weil die Prospect Theory eine »Reference-dependent theory without a theory of the reference point« sei (Levy 1997: 100). Zum andern sei keineswegs immer klar, ob eine Veränderung als Gewinn oder als Verlust wahrgenommen wird (Mercer 2005). Haushaltspolitik im Überschuss ist vor diesem Hintergrund ein idealer Gegenstand für die Anwendung der Prospect Theory, weil die »schwarze Null«, die Überschüsse von Defiziten trennt, einen extrem starken und von allen Wählern und Politikern teilbaren, weil für alle gleich definierten Referenzpunkt bietet, der Gewinne und Verluste klar definiert.

In der Politischen Ökonomie ist die Prospect Theory bislang vor allem verwendet worden, um zu erklären, warum Politiker in Krisen bereit sind, unpopuläre Reformen des Wohlfahrtsstaats zu riskieren (Vis/van Kersbergen 2007; Vis 2009, 2011). Demnach befinden sie sich in Krisen in einer Verlustposition und handeln daher risikofreudig. Dieses Argument lässt sich auf fiskalpolitische Krisen übertragen. Für die Politik im Überschuss ist dagegen der Gewinnbereich relevant. Wenn die »schwarze Null« als Referenzpunkt der Fiskalpolitik fest etabliert ist, sollte eine Regierung, die einen Überschuss zu verwalten hat, deshalb risikoavers agieren. Sie wird dann der Bewahrung des Überschusses Priorität vor möglichen Politikinitiativen einräumen, mit denen die Gefahr verbunden ist, den Überschuss wieder zu verlieren. Aus dem Referenzpunktcharakter der »schwarzen Null« folgt zudem unmittelbar eine Asymmetrie zwischen Politik im Defizit und Politik im Überschuss. Denn eine Saldoverbesserung im Defizit wiegt dann viel schwerer als eine Saldoverbesserung im Überschuss, während für Saldoverschlechterungen das Gegenteil gilt.

Es ist also zu erwarten, dass ein fiskalischer Regimewechsel mit Veränderungen der herrschenden Interessen, Institutionen und Ideen einhergeht. Diese sind nicht unabhängig voneinander, sondern verstärken sich gegenseitig: Neue Vorstellungen von guter Fiskalpolitik lösen institutionelle Reformen aus, diese verändern die Politikmaßnahmen. Neue Politikmaßnahmen wirken auf die Struktur der politischen Interessen, veränderte Interessen beeinflussen das strategische Kalkül der Parteien, die wiederum neue institutionelle Reformen auf den Weg bringen. So kann etwa die »schwarze Null« als Referenzpunkt durch institutionelle Reformen gestärkt werden und die ausgeglichenen Haushalte weiter etablieren. Sie bildet dann nicht mehr nur den symbolischen Rahmen, sondern wird als Rechtsnorm kodifiziert. Aus diesen Wechselwirkungen folgt nicht, dass das Regime unumkehrbar ist. Es kann durch externe Schocks und durch interne Erosion in eine Krise geraten. Zunächst einmal wird Austerität im Rahmen einer erfolgreichen Konsolidierung aber institutionalisiert und dürfte dies in den ersten Jahren nach der Konsolidierung auch bleiben.

3.3.2 Warum wirkt das Überschussregime als Spielart des Austeritätsregimes?

Aus der bislang entwickelten Konzeption des Überschussregimes folgt als Prognose, dass Überschüsse kaum mit wachsender Staatstätigkeit verbunden sein werden. Zwar könnte das Primat des Defizitvermeidungsziels theoretisch auf verschiedenen Wegen umgesetzt werden: durch Erhöhung der Staatseinnahmen oder durch Kürzung der Staatsausgaben. Tatsächlich spricht jedoch vieles dafür, dass die Kernelemente eines Austeritätsregimes auch im Überschuss wirksam bleiben. Insbesondere die Vorstellung, ein Überschussregime wäre so etwas wie ein Überflussregime, ist demnach entschieden zurückzuweisen.

Die progressive Konsolidierungsthese geht davon aus, dass Überschusspolitik eine Politik des *Credit Claimings* ist, die das Ziel hat, die Zustimmung der Bürger durch möglichst populäre Initiativen zu gewinnen: Gestaltende Investitionen sind ein klassisches Element solchen Credit Claimings. Konsolidierungen verlangen dagegen nach *Blame Avoidance*. Diese von Kent Weaver (1986) eingeführte Unterscheidung der beiden Politiklogiken ist ein wichtiges Element in Piersons Argumentation (1994), nach der Wachstumskontexte (in denen Credit Claiming dominiert) und Schrumpfungskontexte (in denen Blame Avoidance dominiert) nicht symmetrisch zueinander sind. Weaver gründet sein Argument auf die bereits eingeführte Unterscheidung der psychologischen Effekte von Gewinnen und Verlusten: »In short, voters are more sensitive to what has been done to them than to what has been done for them« (Weaver 1986: 373). Eine Politik des Credit Claimings versucht die Gewinne der Wähler zu maximieren, um sie zur Wiederwahl zu motivieren. Weithin sichtbare Investitionen, Transfers und Steuersenkungen sind also typisches Credit Claiming. Eine Politik der Vermeidung von Blame versucht dagegen, die Verluste der Wähler zu begrenzen.[11] Politische Entscheidungsträger bemühen sich daher, die Verantwortung für Entscheidungen mit unpopulären Konsequenzen abzuschieben und setzen auf »automatic government« (ebd.: 387) und eine Minimierung der politischen Entscheidungsspielräume.[12]

Allerdings sind nicht alle politischen Entscheidungen von Blame Avoidance dominiert. Blame entsteht vor allem in zwei Szenarios: zum einen, wenn ein Teil der Wählerschaft unmittelbar negativ von Politikmaßnahmen betroffen ist, zum anderen, wenn diese Maßnahmen gegen eine etablierte Definition legitimer Politik verstoßen. Dies ist der Fall,

> when constituency opinion is overwhelmingly on a single side of an issue. When consensus is so pervasive, there is little credit to be derived from agreement with it – conformity is simply expected. But if a candidate can show that his or her opponent has violated the consensual norm […] it can be very damaging indeed. (ebd.: 379)

Dieser Fall ist im Kontext von Überschüssen besonders bedeutsam. Nicht ohne Grund nennt Weaver ein Nein zu einem »balanced budget amendment« der amerikanischen Verfassung als typisches Beispiel für Blame erzeugendes Abstimmungsverhalten (ebd.: 383).[13] Diese Arbeit argumentiert daher, dass Politik im Überschuss weiter von Blame Avoidance geprägt sein wird und nicht zu Credit Claiming zurückkehrt. Denn ein Überschussregime zeichnet sich gerade dadurch aus, den ausgeglichenen Haushalt in den Status einer *consensual norm* zu erheben, gegen den nur unter Inkaufnahme politischer Sanktionen verstoßen werden kann.

Folgt man diesem Argument, ist mit der Herausbildung dieser Norm eine Neuausrichtung des fiskalpolitischen Grundkonflikts verbunden. Im Defizit besteht dieser Grundkonflikt darin, dass ausgeglichene Haushalte zwar abstrakt sehr populär sind, konkrete Kürzungen aber sehr unpopulär. In diesem Kontext überwiegt die Angst vor Blame für Kürzungen daher die Hoffnung auf Credit

---

11 Die Konzeptualisierung von Fiskalpolitik als Allmende-Problem (konzentrierte Nutzen und diffuse Kosten) geht also von Credit Claiming als dominantem politischem Motiv aus. Das Modell fiskalischer Stellungskriege basiert dagegen auf der Dominanz von Blame Avoidance.

12 Staatsverschuldung ist insofern ein Versuch, Blame für unpopuläre Kürzungen zu vermeiden.

13 In der Regel ist Blame Avoidance bei Weaver auf spezifische Betroffenengruppen bezogen, die unter einer Kürzung leiden und die dafür verantwortlichen Politiker deshalb mit Blame überziehen. Mit diesem Beispiel zeigt Weaver aber, dass auch Maßnahmen ohne eine spezifische Klientel Quellen von Blame sein können.

für ausgeglichene Haushalte. Eine Situation, die nur durch die besonderen Umstände einer Krise aufgebrochen werden kann. Wenn aber ein Überschuss erreicht ist, verändert sich, wie von der Prospect Theory beschrieben, der Entscheidungskontext. Dann sind neue Investitionen zwar prinzipiell populär, die dafür nötige Gefährdung des Überschusses aber unpopulär.[14] In diesem Fall überwiegt die Angst vor Blame für den Verlust des Überschusses daher in der Regel die Hoffnung auf Credit für neue Investitionen. Unter diesen Umständen wird der Überschuss – durchaus kontraintuitiv – zu einem potenziellen Instrument der Opposition, um der Regierung im Falle eines erneuten Defizits Verantwortungslosigkeit vorzuwerfen, statt zu einem Instrument der Regierung, um für sich zu werben. Das dürfte gerade in Ländern wirkungsvoll sein, in denen die Regierung aufgrund früherer Krisen für den Vorwurf fiskalpolitischer Verantwortungslosigkeit anfällig ist. Diese Regierungen müssen dann fiskalpolitisch enorm risikoavers agieren. Risikoaversion und Blame Avoidance sind also eng miteinander verknüpft.

Das soeben entwickelte Argument setzt keineswegs voraus, dass die Bevölkerung von einer plötzlichen Begeisterung für Staatsabbau erfasst wird. Insofern steht es auch nicht im Widerspruch zu dem verbreiteten Befund, dass der Wohlfahrtsstaat selbst in Ländern mit besonders tief greifenden Haushaltskonsolidierungen, wie Schweden oder Kanada, enorm populär bleibt und Kürzungen also weiterhin eine Quelle von Blame sind (Starke 2008: 114; Svallfors 2011). Um Kürzungen geht es im Überschuss aber gar nicht mehr. Und dieser Befund impliziert eben nicht, Credit für neue Staatstätigkeit würde wieder zu einem dominierenden Ziel der Fiskalpolitik. Die Überwindung des Defizits dürfte nämlich eine noch aussichtsreichere Option bieten, politischen Credit zu reklamieren. Je tiefer die vorausgehende Fiskalkrise war, desto größer wird schließlich der mögliche politische Gewinn sein, der aus ihrer Überwindung zu ziehen ist. Entsprechend interpretiert Bonoli (2012: 99f.) die schwedische Konsolidierung der 1990er als Quelle von Credit, und das entspricht auch der Prospect-Theory-Interpretation von Vis (2009).

Die Prognose dieser Argumentation lautet also, dass die Fiskalpolitik im Überschuss weitgehend passiv bleiben wird. Wenn sie aber Aktivitäten entfaltet, sollten sich diese auf die Einnahmenseite des Budgets konzentrieren, wobei Interessen, Ideen und Institutionen erneut in dieselbe Richtung wirken dürften. Wie bereits gezeigt, haben viele institutionelle Regeln implizit diesen Effekt, weil sie Ausgabensteigerungen begrenzen, Steuersenkungen aber nicht. Zudem basiert das Überschussregime ohnehin auf einer Konzeptualisierung von Fiskalpolitik,

14 Die theoretisch mögliche Option Steuern zu erhöhen, um mehr zu investieren, ohne dabei den Überschuss zu riskieren, bleibt ohnehin unbeliebt.

in der staatlicher Aktivismus fundamental infrage gestellt wird, weil er als Ursache tief greifender makroökonomischer Schwierigkeiten gilt. Damit sind auch die Vertreter eines solchen Aktivismus geschwächt. Dagegen konnten die Interessengruppen, die für Steuersenkungen eintreten, ihre Position in der Konsolidierung stärken, weil der Abbau staatlicher Leistungen die Frage aufwirft, welche Gegenleistungen der Staat den Steuerzahlern eigentlich bietet. Steuersenkungen können wichtige politische Unterstützung für das Überschussregime erzeugen, indem sie signalisieren, dass eine Fortsetzung des Austeritätskurses keineswegs im Widerspruch zu den Wünschen dieser Interessengruppen stehen muss.

3.4 Empirische Implikationen der Regimethese

Zum Abschluss dieses Kapitels wird der Argumentationsgang noch einmal zusammengefasst und es werden die empirischen Implikationen abgeleitet. Dabei grenzt sich die Arbeit von einem übermäßig voluntaristischen Bild von Fiskalpolitik ab, wie es der Public-Choice-Theorie und Teilen der Staatstätigkeitsforschung zugrunde liegt. Sie sieht fiskalpolitische Entscheidungen nicht als Ergebnis ergebnisoffener, pluralistischer Interessenkonkurrenz, sondern als in hohem Maße durch etablierte Interessen, Ideen und Institutionen vorstrukturiert. Um die einzelnen Facetten dieser Vorstrukturierung zu erfassen, verwendet sie das Konzept des fiskalischen Regimes.

Im Folgenden soll empirisch die Existenz eines bestimmten fiskalischen Regimetyps herausgearbeitet werden, der als »Überschussregime« bezeichnet wird und eine besondere Spielart eines Austeritätsregimes ist. Dieses Regime steht im Widerspruch zur herrschenden wissenschaftlichen Meinung, die Demokratien unter einem permanenten Deficit Bias leiden sieht. Die Entwicklung eines Überschussregimes setzt eine Delegitimierung des alten fiskalischen Regimes voraus, die in der Regel durch eine fiskalische Krise herbeigeführt wird. Erst sie kann die Permissive Conditions erzeugen, unter denen Politik und Bevölkerung zu einem fiskalischen Paradigmenwechsel bereit sind. Dann besteht die Möglichkeit, dass sich aus dem Ziel einer nachhaltigen fiskalischen Konsolidierung ein Überschussregime entwickelt.

Eine derartige Konsolidierung lässt sich als Tausch politischer gegen fiskalische Handlungsspielräume interpretieren. Ein solcher Tausch erfolgt in der Gestalt von politischen und institutionellen Reformen, die verabschiedet werden, um die Fiskalkrise zu beenden, die aber der Politik auch nach der Krise die Hände binden. Für die Entwicklung eines Überschussregimes konstitutiv ist zudem, dass dieser Effekt durch eine von den Sparmaßnahmen ausgelöste Verschiebung der in Bevölkerung und Politik herrschenden Interessen und Ideen verstärkt wird. Die Konsolidierung verändert dann die Kontextbedingungen der Fiskalpolitik tief greifend und sorgt dafür, dass der Staat immer weniger als prägender Akteur gesellschaftlicher Problemlösung wahrgenommen wird. In diesem Fall gewinnt die Ablehnung von Defiziten einen beinahe institutionellen Status. Die Politik bleibt auch im Überschuss weiter von Blame Avoidance geprägt. Anders als von der progressiven Konsolidierungsthese unterstellt, kommt es daher nicht zu einem Wiederanstieg staatlicher Handlungsfähigkeit.

Aus dieser stilisierten Beschreibung, wie sich ein Überschussregime herausbildet, lassen sich einige empirische Implikationen ableiten, die in den folgenden Kapiteln wieder aufgenommen werden können. Diese Implikationen betreffen einerseits die Entstehung und Bewahrung, andererseits die Verwendung von Überschüssen. Ausgangspunkt der Überschussentstehung sollte demnach die Delegitimierung des alten fiskalischen Regimes sein, in deren Gefolge es zu einem erheblichen Rückbau der Staatstätigkeit kommt. Konkret dürfte dies durch eine Krise und eine darauf folgende umfassende Haushaltskonsolidierung geschehen, die dann schließlich erste Überschüsse generieren. Diese Überschüsse stellen die sich etablierende Spielart eines Austeritätsregimes aber nicht infrage. Vielmehr dürften sie dem Austeritätsregime sogar zusätzliche Legitimität verschaffen.

Die Voraussetzung für ihre Bewahrung ist dann, dass die Überschüsse selbst zum Zweck werden, anstatt, wie von den Vertretern progressiver Konsolidierungen intendiert, das Mittel zu einem höheren Zweck zu sein. Daraus folgt als empirische Implikation, dass sowohl die politische Rhetorik als auch die politischen Entscheidungen der Überschussregierungen von Risikoaversion geprägt sein sollten. Das heißt aber auch, dass die Überschüsse kein Instrument für Credit Claiming durch die Regierung sind, wenn sie sich erst einmal als neuer Referenzpunkt der Fiskalpolitik etabliert haben. Vielmehr dürften Regierungen aus Angst vor Blame für den Verlust von Überschüssen ihre gute Haushaltslage sogar durch zusätzliche Sparanstrengungen zu verteidigen suchen, wenn eine Rückkehr ins Defizit zu einer realen Gefahr wird. Damit ist im Überschuss also nicht nur eine risikoaverse, sondern auch eine tendenziell prozyklische Fiskalpolitik zu erwarten.

Für die Frage nach der Verwendung der Überschüsse folgt aus diesen Überlegungen, dass zwischen Defiziten und Überschüssen kausale Asymmetrie herrschen sollte: Zum einen werden im Überschuss neue Faktoren politisch wirksam, zum anderen verändern alte Faktoren wie Vetospieler ihre Wirkungsrichtung. Die erste empirische Implikation zur Überschussverwendung lautet daher, dass man Ergebnisse aus Defizitzeiten nicht in den Überschuss extrapolieren kann, um die Entwicklung der Staatstätigkeit vorherzusagen.

Konkret ist von dieser Asymmetrie die Annahme der progressiven Konsolidierungsthese betroffen, dass Überschüsse einen neuen fiskalpolitischen Aktivismus ermöglichen. Stattdessen ist damit zu rechnen, dass im Gefolge der Konsolidierungen nicht Ausgaben erhöht, sondern Steuern gesenkt werden. Die zweite empirische Implikation ist also, dass die Formen der Staatstätigkeit, die den größten Konsolidierungsbeitrag erbringen mussten, am wenigsten vom Überschuss profitieren, weil die Interessengruppen, die für sie eintreten würden, geschwächt wurden oder sich anderen Zielen zugewandt haben.

Sofern Regierungen ihre Überschüsse überhaupt für politische Initiativen einsetzen, dürfte diese Überschussverwendung aber noch eine weitere Besonderheit aufweisen. Die Regierungen werden nämlich den Vorgriff auf zukünftige Überschüsse vermeiden, wenn sie damit eine Rückkehr in das Defizit riskieren. Deshalb werden sie Initiativen erst dann auf den Weg bringen, wenn ein Überschuss sichergestellt ist. Hinsichtlich großer, langjährige Verpflichtungen erzeugender Ausgabenprogramme werden sie sich darum noch einmal stärker zurückhalten. Stattdessen ist damit zu rechnen, dass Regierungen bereits erzielte Überschüsse am Ende des Haushaltsjahres in der einen oder anderen Form an die Bürger »zurückgeben«.

Zusammengefasst beschreibt das Überschussregime also einen umgekehrten Niveauverschiebungseffekt im Sinne von Peacock und Wiseman (1961). Nicht nur ein sprunghafter Anstieg, sondern auch ein sprunghafter Abbau der Staatstätigkeit im Zuge einer umfassenden Konsolidierung wird danach nicht wieder umgekehrt. Stattdessen etabliert sich ein neuer Status quo, in dem die Fiskalpolitik nun mit deutlich geringerer Reichweite operiert.

Kapitel 4
Methodik und Fallauswahl

Die bis hierhin entwickelten theoretischen Argumente sollen nun empirisch überprüft werden. Dazu werden Länder untersucht, die über einen längeren Zeitraum hinweg substanzielle Haushaltsüberschüsse erwirtschaftet haben. Das fünfte Kapitel überprüft die progressive Konsolidierungsthese dabei anhand der Verwendung von Überschüssen zunächst quantitativ. Im sechsten Kapitel wird dann Piersons Konzept des fiskalischen Regimes in Form einer an den Gemeinsamkeiten orientierten vergleichenden Fallstudie auf die Fälle dauerhafter Haushaltsüberschüsse angewendet. Bevor mit der Untersuchung der empirischen Fälle begonnen wird, begründet dieses vierte Kapitel aber zunächst, warum Überschüsse von besonderem Interesse sind, skizziert danach das weitere methodische Vorgehen und diskutiert abschließend Fragen der Identifikation von Überschüssen sowie die konkrete Fallauswahl.

4.1 Überschüsse als *most-likely cases* der progressiven Konsolidierungsthese

Der empirische Gegenstand dieser Arbeit sind Länder mit substanziellen Haushaltsüberschüssen. Wie in Kapitel 2 gezeigt, bleiben solche Länder in der fiskalpolitischen Literatur weitgehend unbeachtet. Dabei sollten sie gemäß der progressiven Konsolidierungsthese erheblich an Handlungsfähigkeit gewinnen: Weil sie tatsächlich über freie Einnahmen verfügen, deren Verwendung nicht auf Kosten bereits existierender Staatsausgaben geht, stellen sie einen *most-likely case* (Eckstein 1975; Collier/Seawright 2010: 339) für die Gültigkeit der progressiven Konsolidierungsthese dar. Zugleich folgt daraus: Sollte schon in den erfolgreichen Ländern durch die Konsolidierung keine fiskalpolitische Handlungsfähigkeit gewonnen werden, dann erscheint eine solche im Falle weniger erfolgreicher Budgetkonsolidierungen noch unwahrscheinlicher. Dies gilt insbesondere für Konsolidierungen, die ein Defizit bloß reduzieren, aber nicht eliminieren. Selbst wenn diese die Verschuldungsquote und damit auch die Zinskosten als Anteil am BIP reduzieren, entsteht so nur schleichend neuer Handlungsspielraum. Nur durch echte Überschüsse erfolgt Schuldenabbau im Wortsinn, wird also ein Teil der Altschulden getilgt. Vor allem aber erzeugen Überschüsse tatsächlich verfügbaren Cashflow, also Einnahmen, denen noch kein Verwendungszweck zugewiesen ist und die somit im Prinzip diskretionär für Steuersenkungen, Mehrausgaben oder Sondertilgungen eingesetzt werden können.

Überschüsse sind aber nicht nur aus der Perspektive der progressiven Konsolidierungsthese interessant. Vielmehr stellen sie für alle finanzwissenschaftlichen Ansätze, die einen grundsätzlichen Deficit Bias repräsentativer Demokratien diagnostizieren, eine Herausforderung dar. Sie sind für diese Theorien insofern »negative cases« im Sinne von Emigh (1997: 649), also »cases in which an outcome that had been predicted by theory did not occur«. Damit werfen sie die Frage auf, ob diese Theorien einen grundsätzlichen Konstruktionsfehler haben, oder ob Überschüsse nur erklärbare Ausnahmen von einer weiterhin gültigen allgemeinen Regel sind.

Haushaltsüberschüsse zu untersuchen, impliziert schließlich einen Perspektivwechsel gegenüber der Konsolidierungsliteratur. Es wird nicht nur der Endpunkt der Konsolidierungsliteratur zum Ausgangspunkt gemacht; hinzu kommt, dass die neue Perspektive auch nicht Veränderungsraten, sondern Variablenniveaus als Selektionskriterium verwendet. Die Konsolidierungsliteratur definiert ihren Untersuchungsgegenstand über die Verbesserung des Haushaltssaldos. Das schließt Überschüsse weitgehend von der Analyse aus, denn in der Regel verbessert sich der Budgetsaldo in einer Überschussphase nicht mehr weiter. Dagegen untersucht diese Arbeit Niveauwerte – im Einklang mit dem in Kapitel 2 entwickelten Argument, wonach die Bewahrung eines Phänomens oftmals andere Erklärungen hat als seine Entstehung, und Fiskalpolitik besser mit einem niveauorientierten »policy inertia approach« als mit einem veränderungsorientierten Ansatz erklärt werden kann (Tsebelis 2002: 189).

4.2 Zum methodischen Vorgehen

Die Haushaltsüberschüsse werden in zwei Schritten empirisch analysiert. Das quantitativ angelegte fünfte Kapitel dient der Überprüfung der progressiven Konsolidierungsthese. Das narrativ angelegte sechste Kapitel versucht dann, die beobachtete Verwendung der Überschüsse zu erklären.

Dabei besteht das fünfte Kapitel aus zwei Elementen: Sein erster Teil entwickelt eine einfache Typologie von zwei Überschussarten – langen Überschussperioden und kurzen Überschussperioden –, die Entstehung und Bewahrung von Überschüssen zueinander in Beziehung setzt. Danach beschränkt es sich auf den Typus der langen Überschussperiode und überprüft für diesen die Prognosen der progressiven Konsolidierungsthese. Dazu repliziert es typische Forschungsdesigns der vergleichenden Staatstätigkeitsforschung und zeigt, dass diese zwar Politik im Defizit gut erklären können, ihre Ergebnisse aber nicht auf Überschusspolitik übertragbar sind.

Konkret untersucht das Kapitel dabei die Fiskalpolitik in reifen, kapitalistischen, wohlfahrtsstaatlichen Demokratien, definiert als die »klassischen« OECD-Länder ohne Luxemburg, Norwegen und Griechenland. Zwar erzielen die beiden erstgenannten Länder regelmäßig Haushaltsüberschüsse, jedoch profitieren sie dabei von einzigartigen geografischen (Luxemburg) respektive geologischen (Norwegen) Bedingungen, weshalb sie nicht mit anderen Ländern zu vergleichen sind. Bei Griechenland ist das Kriterium des reifen Wohlfahrtsstaats sowie die Qualität der verfügbaren Daten zweifelhaft. Damit verbleiben zunächst die 20 Länder aus Tabelle 1-1.

Die Daten dieser Länder werden für den Zeitraum von 1980 bis 2009 betrachtet. Das sind jene drei Jahrzehnte, die mit Pierson als das Zeitalter permanenter Austerität bezeichnet werden können. Diese dreißig Jahre kommen dem in Ländervergleichsstudien immer problematischen Ziel kausaler Homogenität (King/Keohane/Verba 1994) und damit der für die Time-Series-Cross-Section-Analyse in Kapitel 5 benötigten Poolbarkeit (Kittel/Winner 2002) so nah, wie es bei einem solchen Untersuchungsgegenstand überhaupt nur möglich ist. Sie beginnen mit der als »Volcker-Schock« bekannten Hochzinspolitik der amerikanischen Notenbank nach der Ernennung Paul Volckers zu ihrem Vorsitzenden im Jahr 1979. Sie markierte eine weltweite Verschiebung der geldpolitischen Prioritäten hin zu einem Primat der Preisstabilität. Und der Zeitraum endet mit der Finanz- und Schuldenkrise der Jahre ab 2008, in deren Folge fiskalische Austerität das staatliche Handeln noch stärker prägt als in den vergangenen drei Jahrzehnten.

Die quantitative Analyse des so definierten Datensatzes hat das Ziel, die Fiskalpolitik der Überschussländer mit den Prognosen der progressiven Konsolidierungsthese zu vergleichen. Die Analyse kann allerdings nur feststellen, wie die Überschüsse verwendet wurden, hingegen wenig zum Verständnis der Verwendung beitragen. Diesem Zweck dient dann das sechste Fallstudienkapitel. Es zeichnet nach, wie sich parallel in den langen Überschussperioden der sechs Länder Kanada, Australien, Neuseeland, Schweden, Dänemark und Finnland ein Überschussregime herausbildete. Eine solche Fallstudienarbeit gilt gerade zur Untersuchung pfadabhängiger Prozesse, wie sie in dieser Arbeit unterstellt werden, als besonders geeignet (Bennett/Elman 2006). Zudem stellt das Überschussregime mit seiner Interaktion von Interessen, Ideen und Institutionen ein kausal komplexes Konzept dar, in dem »das Ganze mehr ist als die Summe seiner Teile« (Pierson 2001b: 57). Genau diese Komplexität kann in qualitativen Untersuchungen besser erfasst werden als in quantitativen Analysen (Hall 2003; Blatter/Haverland 2012: 6).

Das sechste Kapitel hat somit das Ziel, den engen Zusammenhang zwischen Bewahrung und Verwendung von Überschüssen zu explizieren. Es geht dabei nicht theorietestend, sondern theorieentwickelnd vor und ist deshalb auch fall- und nicht variablenorientiert angelegt (della Porta 2008). Weil die Arbeit explorativ angelegt ist und unkartografiertes Gelände vermisst, stellt das Kapitel dabei die Gemeinsamkeiten der einzelnen Fälle in den Mittelpunkt. Sein Ziel ist, die allen sechs Fällen gemeinsame Essenz eines Überschussregimes herauszuarbeiten. Soweit dem Autor bekannt, wird dieses Konzept hier zum ersten Mal verwendet. Das Kapitel soll nachweisen, dass das Regimekonzept einen gewinnbringenden Zugriff auf die empirischen Fälle erlaubt und somit einen Mehrwert beim Verständnis ihrer Fiskalpolitik erzeugt. Dabei ist das Überschussregime selbstverständlich ein Idealtyp, dessen stilisierte Eigenschaften von keinem einzigen Land vollständig erfüllt werden. Gerade darum ist es wichtig zu zeigen, dass mit diesem Konzept die gemeinsame Essenz verschiedener Überschussfälle erfasst werden kann.

Dies ist umso bedeutender, weil die geringe Variation bei den fiskalpolitischen Outputs im Kontrast zu einer sehr großen Varianz bei den fiskalpolitischen Inputs steht. In dieser Hinsicht handelt es sich bei den sechs Ländern der Fallstudie um »diverse cases« (Rohlfing 2012). Nimmt man übliche Typologien politischer Systeme (Lijphart 1999), von Produktionsregimen (Hall/Soskice 2001) oder von Wohlfahrtsstaaten (Esping-Andersen 1990) zum Maßstab, ist zunächst nicht damit zu rechnen, dass diese Länder in eine Gruppe zu fassen sind. Kanada und Australien sind föderale Mehrheitsdemokratien mit liberaler Marktwirtschaft und liberalem Wohlfahrtsstaat. Schweden, Dänemark und Finnland sind dagegen Konsensdemokratien mit koordinierten Marktwirtschaften und sozialdemokratischen Wohlfahrtsstaaten. Neuseeland gehört prinzipiell zur angelsächsischen Ländergruppe, hat aber von allen Ländern die stärksten institutionellen Reformen erlebt. Allerdings sind alle sechs Länder kleine offene Volkswirtschaften, weshalb es sich wohl um »very different«, aber nicht um »most different cases« (Przeworski/Teune 1970) handelt.

Vor diesem Hintergrund bietet die für einen fallorientierten Vergleich hohe Zahl von sechs Fällen mehr Vorteile als Nachteile. Zwar können die einzelnen Fälle nicht mit derselben Detailgenauigkeit untersucht werden, wie dies in einer Einzelfallstudie der Fall wäre und wie sie etwa Lewis (2003) für Kanada oder Mehrtens (2013) für Schweden erreichen. Dafür erlaubt die größere Fallzahl eine Triangulation zwischen den einzelnen Fällen, die für die Identifikation der konstituierenden Elemente des Überschussregimes ausgesprochen hilfreich ist. Denn dem Idealtypus eines Überschussregimes entspricht natürlich empirisch kein einziger Fall. Alle Länder weichen in einzelnen Dimensionen mehr oder weniger stark davon ab, ohne dass allerdings die fundamentalen Gemeinsamkeiten verloren gingen.

Ziel des sechsten Kapitels ist also, die grundlegenden Gemeinsamkeiten dieser bunten Ländergruppe zu ermitteln und ihre Herausbildung nachzuzeichnen. Dabei fragt es, wie einmal eingeschlagene Pfade den Weg der Fiskalpolitik noch lange Zeit prägten. Damit ist die Untersuchung eines Prozesses in der Zeit verbunden. Diese Betonung zeitlicher Abfolgen ist unter dem Etikett »process tracing« (Gerring 2007; George/Bennett 2005; Beach/Pedersen 2013) oder »systematic process analysis« (Hall 2008) populär und insbesondere im Feld des historischen Institutionalismus zu einem Standardwerkzeug geworden. Konkret folgt die Arbeit Langley (1999) darin, die Analyse nicht anhand von Variablen, sondern von Ereignissen zu organisieren und die Identifikation einer prototypischen Sequenz als analytisches Werkzeug zu verwenden.

Das sechste Kapitel identifiziert deshalb eine Sequenz aus fünf Schritten, die von einer Fiskalkrise, über die folgende Konsolidierung, erste Überschüsse und den Umgang mit makroökonomischen Rückschlägen schließlich zum voll entwickelten Überschussregime führen. Damit wendet es eine Strategie an, die Langley als »temporal bracketing« bezeichnet (ebd.: 703). In Übereinstimmung mit dem theoretischen Argument, dass Regimewechsel einer breiten Unterstützung bedürfen, ist innerhalb der fünf Phasen die Untersuchung der politischen Dimension fiskalpolitischer Entscheidungen zentral. Auf Basis der oben entwickelten Definition eines Regimes ist nämlich davon auszugehen, dass die Rolle der Bürokratie, die in einigen anderen Arbeiten stark betont wird (so Christensen 2012 zu Neuseeland; Pusey 1991 zu Australien; Dahlström 2006 zu Schweden), Regimewechsel kaum erklären kann. Sie ist demnach besser geeignet, konkrete Reformprozesse zu verstehen, als ein über mehr als eine Dekade anhaltendes Muster restriktiver Haushaltspolitik zu analysieren.

Die Aufarbeitung des politischen Prozesses greift vor allem auf Sekundärquellen der ökonomischen, politikwissenschaftlichen und soziologischen Fachliteratur sowie auf Primärquellen wie Regierungsdokumente, Parlamentsdebatten, amtliche Statistiken, sowie Berichte internationaler Organisationen wie OECD, IWF (Internationaler Währungsfonds) und EU-Kommission zurück. Ergänzend werden führende Zeitungen für die englischsprachigen Länder Kanada (The Globe and Mail, Maclean's), Australien (Sydney Morning Herald) und Neuseeland (New Zealand Herald, Sunday Star-Times) sowie die englischsprachige Ausgabe der finnischen Zeitung Helsingin Sanomat ausgewertet. Die Ergebnisse dieser dokumentenbasierten Erhebung wurden während eines zweimonatigen

Forschungsaufenthalts beim Internationalen Währungsfonds zudem in insgesamt 17 Hintergrundgesprächen mit Länderexperten des IWF und der Weltbank abgeglichen.

4.3 Mögliche Einwände gegen das Forschungsdesign

Gegen die soeben beschriebene Forschungsstrategie können ein forschungspraktischer und ein forschungsstrategischer Einwand erhoben werden. Ersterer fragt nach der korrekten Messung von Überschüssen, Letzterer nach den Gefahren eines *Selection Bias*.

Der forschungspraktische Einwand lautet, Überschüsse, vor allem aber ihre Verwendung, ließen sich gar nicht sauber identifizieren. Denn »der Überschuss«, in Verbindung mit dem bestimmten Artikel, evoziert die Vorstellung einer physisch greifbaren Menge Geldes, zu der man etwas hinzufügen oder von der man etwas wegnehmen kann, wobei es sich dann um seine »Verwendung« handelt. Tatsächlich ist ein Überschuss als positive Differenz zwischen Staatseinnahmen und Staatsausgaben jedoch qua Definition eine Strom- und keine Bestandsgröße. Er ist darüber hinaus ein Residuum und keine direkt steuerbare Größe.

Vor diesem Hintergrund ist Schuldentilgung in einem engen Sinne die einzige mögliche Überschussverwendung, denn nur dabei bleiben Staatseinnahmen und -ausgaben unverändert und der Haushalt weist am Ende des Jahres einen Saldo in Höhe der erfolgten Tilgung aus (vgl. allgemein Scherf 2007; Brümmerhoff 2011). Wenn dagegen Steuern gesenkt oder Ausgaben erhöht werden, sinkt der Überschuss entsprechend und wird in der Finanzstatistik gar nicht ausgewiesen. Auch wenn die Regierung die Investitionen erhöht, sinkt der ausgewiesene Überschuss in gleichem Maße, obwohl die Veränderung des staatlichen Nettovermögens aus ökonomischer Sicht dieselbe ist wie im Falle einer Tilgung (Chalk/Hemming 1998). Hinzu kommt, dass ein Überschuss erst am Ende des Haushaltsjahres feststeht – also in dem Jahr, in dem er entsteht, ohnehin nicht mehr verwendet werden kann.

Vor diesem Hintergrund operationalisiert die Arbeit »Überschussverwendung« als die diskretionäre Veränderung der Staatsausgaben, der Staatseinnahmen und der Staatsverschuldung in einem Haushaltsjahr, das mit einem Überschuss abgeschlossen wird oder auf einen Überschuss folgt. Die Frage »Wie wird ein Überschuss verwendet?« wird damit überführt in die Frage »Zu welchen fiskalpolitischen Entscheidungen gibt ein Überschuss Anlass?«.

Vor der erfolgreichen Operationalisierung der Überschussverwendung steht jedoch die Frage, wie Überschüsse und Veränderungen der Staatstätigkeit korrekt identifiziert werden können. Die Schwierigkeiten bei der Messung von Haushaltssalden und Staatsverschuldung haben nämlich eine heftige Diskussion über den informationellen Gehalt der verwendeten Zahlen und ihre Folgen für den politischen Prozess ausgelöst (Boskin 1982; Blejer/Cheasty 1993): »The definition of budget balance varies significantly from country to country, and can have an impact on the nature of the budget debate during a period of surplus« (US General Accounting Office 1999: 31). Die Auswahl der Datengrundlage für die folgenden Analysen muss daher im Bewusstsein der mit den einzelnen Maßzahlen verbundenen Vor- und Nachteile erfolgen.

Dabei stützen sich die quantitativen Analysen vor allem auf Daten des OECD Economic Outlook.[1] Auch diese bergen eine Reihe von Problemen, beispielsweise werden sie nachträglich immer wieder korrigiert.[2] Die Veränderungen sind aber in der Regel klein und es gibt keine Anzeichen für eine systematische Verzerrung bestimmter Daten, die Einfluss auf die hier gestellte Forschungsfrage hätte. Bei allem nötigen Bewusstsein für die Begrenztheit der Daten erscheint es daher möglich, Messfehler als *random noise* zu betrachten.

Die Auswahl der verwendeten Variablen folgt in den meisten Fällen den in der fiskalpolitischen Literatur verbreiteten Konventionen; weil sie an politischen Prozessen interessiert ist, weicht sie aber davon ab, wenn die jeweiligen Messgrößen in der politischen Debatte keine Rolle spielen. So ist ihre größere politische Relevanz der Hauptgrund dafür, den Finanzierungssaldo statt des Primärsaldos und die explizite statt der impliziten Staatsverschuldung zu verwenden, wobei im quantitativen Teil auch nicht zwischen externer, also in Auslandswährung denominierter, und interner Verschuldung unterschieden wird. Zudem wird dort in der Regel die Nettoverschuldung statt der Bruttoverschuldung betrachtet, weil Überschüsse oft in Finanzanlagen statt in einen Abbau der Bruttoverschuldung investiert werden, womit der enge Zusammenhang zwischen Haushaltssalden und Schuldenquote – je höher der Überschuss, desto stärker sinkt die Schuldenquote – nicht mehr gilt.[3] Bei der Nettoverschuldung sind allerdings auch die Messprobleme besonders groß. Schließlich analysiert das quantitative fünfte Kapitel, um die Vergleichbarkeit zwischen den Fällen zu wahren, Zahlen für den Gesamt- und nicht für den Zentralstaat. Demgegenüber bezieht sich

---

1 Die in der Analyse verwendeten politischen Variablen stammen aus dem Comparative Political Data Set 1960–2009 von Klaus Armingeon et al. (2012).

2 So führen Umdefinitionen zum Teil dazu, dass die OECD heute Defizite für Jahre ausweist, in denen ihre zeitgenössischen Publikationen Überschüsse anzeigten, etwa in Kanada und Schweden.

3 Zugleich sind Überschüsse aber nicht zwangsläufig mit einer Verbesserung der staatlichen Nettovermögensposition verbunden, weil die Staaten gleichzeitig implizite Verbindlichkeiten eingehen können.

das sechste Kapitel in der Regel auf den Zentralstaat als Einheit der politischen Entscheidungsfindung.

Dabei werden in den quantitativen Analysen – wo möglich – zyklisch bereinigte Zahlen verwendet. Zwar ist die Reliabilität dieser Zahlen problematisch (Wenzelburger 2010a), weil für die Bereinigung zunächst die Auslastung des Produktionspotenzials bestimmt und danach deren Einfluss auf Staatseinnahmen und Staatsausgaben geschätzt werden muss. Beide Schätzungen können die Quelle erheblicher Unschärfe sein (Projektgruppe Gemeinschaftsdiagnose 2010: 70). Um aber zumindest einen Teil der konjunkturellen Effekte und des diskretionären Einflusses der Politik identifizieren zu können, werden diese Zahlen dennoch verwendet.

Schließlich ist auch zu fragen, ob Ausgabenaggregate tatsächlich das messen, was Gegenstand der theoretischen Fragestellung ist (siehe die Beiträge im Sammelband von Clasen/Siegel 2007). Beispielsweise sind Ausgabenaggregate nur sehr bedingt geeignet, die Generosität eines Programms zu messen (Siegel 2007). So bedeuten konstante aggregierte Bildungsausgaben bei sinkender Schülerzahl trotzdem eine Erhöhung der Ausgaben pro Schüler. Darüber hinaus gibt es mögliche Schwierigkeiten bei der Definition und Vergleichbarkeit von Messkategorien (De Deken/Kittel 2007). Im Kontext der Fiskalpolitik betrifft dies vor allem den Umgang mit Steuersubventionen, weil diese oft ähnliche Effekte wie Staatsausgaben haben, aber keine Ausgaben erzeugen, sondern die Staatseinnahmen reduzieren. Kindergeld und Kinderfreibeträge können im Prinzip identische Effekte haben, aber nur das Kindergeld ist ausgabewirksam und erscheint in der Ausgabenstatistik. Hinzu kommt die Frage nach der Abgrenzung des Staates, etwa bezogen auf die fiskalische Behandlung der Sozialversicherungen. Wenn beispielsweise die OECD für Finnland Haushaltsüberschüsse von bis zu 6,8 Prozent des BIP ausweist, so ist zu berücksichtigen, dass darin Überschüsse der Pensionskassen von mehr als 3 Prozent des BIP enthalten sind.

Diese verschiedenen Messprobleme verweisen darauf, dass die Untersuchung der progressiven Konsolidierungsthese sich nicht allein auf quantitative Auswertungen stützen kann, sondern durch qualitative Analysen ergänzt werden sollte. Die grundsätzliche Antwort auf diese Probleme liegt aber in der mittelfristigen Perspektive der Arbeit. So ist eine Konjunkturbereinigung vor allem bei der Untersuchung jährlicher Veränderungsraten wichtig, weil die ermittelten Ergebnisse sonst zu einem Artefakt kurzfristiger Konjunkturschwankungen werden könnten. Substanzielle Haushaltsüberschüsse sind dagegen ein mehrjähriges Phänomen, darum spielen kurzfristige Konjunkturschwankungen eine geringere Rolle.

Neben dem soeben diskutierten forschungspraktischen kann auch ein forschungsstrategischer Einwand gegen die Untersuchung von Haushaltsüberschüssen erhoben werden. Dieser betrifft die Frage, ob die Beschränkung der Fallauswahl auf Länder mit substanziellen Überschüssen zu einem Selection Bias führt. Die Gefahr eines solchen Bias hat insbesondere King, Keohane und Verba (1994) dazu veranlasst, Forschungsdesigns ohne Variation auf der abhängigen Variablen skeptisch zu betrachten.[4]

Demnach beschränkt die vorliegende Arbeit die Überprüfung der progressiven Konsolidierungsthese auf Länder, die sich mit einer bestimmten Fiskalpolitik selbst in die Fallauswahl hineinselektieren, nämlich durch permanente Restriktion ihrer Staatsausgaben. Nur diese Länder bewahren nämlich ihren Überschuss. Länder mit einer anderen Fiskalpolitik erscheinen dagegen nicht im Datensatz, weil sie erst gar keine Überschüsse erzielen oder diese wieder verlieren. Wenn die Entwicklung der Investitionen in Überschussländern der progressiven Konsolidierungsthese widerspricht, könnte dies also ein Artefakt der Fallauswahl sein, da Länder, die ihre Überschüsse gerade deshalb verlieren, weil sie die diskretionären Staatsausgaben erhöhen, von vornherein aus der Untersuchung ausgeschlossen sind.[5]

Diese Kritik basiert jedoch auf einem Missverständnis der progressiven Konsolidierungsthese. Deren Argument lautet, ausgeglichene Haushalte seien die Voraussetzung für fiskalpolitische Aktivität, Überschüsse und Handlungsfähigkeit verhielten sich also komplementär. Weil Budgetdefizite und Handlungsfähigkeit negativ korrelieren, sollten Budgetausgleich und Handlungsfähigkeit demnach positiv korrelieren. Der Vorwurf eines Selection Bias impliziert dagegen, Überschüsse und Handlungsfähigkeit stünden in Konkurrenz zueinander. Dann ist die progressive Konsolidierungsthese aber ohnehin nicht gültig. Wenn andere Länder in der Lage gewesen sein sollten, finanzielle Ressourcen für politisch gestaltende Ziele zu mobilisieren, dann nicht, indem sie Überschüsse erzielten, sondern indem sie genau darauf verzichteten, also nicht durch ausgeglichene Budgets, sondern auf Kosten ausgeglichener Budgets.

In gewisser Weise entspricht dieser Bias also genau dem Argument der Arbeit: Die Entscheidung für Überschüsse ist nicht unabhängig von der Entschei-

4 Daneben ist an sogenannten y-zentrierten Forschungsdesigns kritisiert worden, sie könnten zwar notwendige Bedingungen etablieren, aber keine anderen Formen kausaler Zusammenhänge aufdecken (Ganghof 2005b). Diese Kritik ist potenziell relevant, weil die Arbeit tatsächlich nur Fälle erfolgreicher Herausbildungen des Überschussregimes untersucht. Sie geht aber von einem Forschungsdesign aus, in dem konkurrierende Theorien gegeneinander getestet werden. Ziel der vorliegenden Arbeit ist jedoch, das Konzept eines Überschussregimes überhaupt erst zu entwickeln.

5 Das erklärt allerdings nicht, warum die Überschüsse zwangsläufig durch sinkende Ausgaben bewahrt werden müssen. Im Prinzip wäre auch vorstellbar, dass sie steigenden Steuereinnahmen zu verdanken sind.

dung gegen eine aktive Fiskalpolitik, sondern eng mit dieser verbunden. Der ausschlaggebende Punkt dabei ist: Was forschungsmethodologisch als Bias auftritt, ist politisch ein gravierendes Problem. Denn wenn Länder ihre Überschüsse nur bewahren konnten, indem sie auf deren Verwendung zugunsten öffentlicher Investitionen verzichteten, dann steht der Investitions- und Interventionsstaat vor einem fundamentalen Dilemma: Die einzige Möglichkeit, Handlungsfähigkeit in der Gegenwart zu gewinnen, besteht dann nämlich darin, durch Staatsverschuldung auf Handlungsfähigkeit in der Zukunft zu verzichten.

Kapitel 5
Haushaltsüberschüsse und Staatstätigkeit

Dieses erste empirische Kapitel wird das soeben identifizierte Falluniversum genauer vermessen. Dazu gibt es zunächst einen Überblick über das empirische Vorkommen von Haushaltsüberschüssen in der OECD. Danach entwickelt es eine Typologie zweier Überschussarten. Diese Typologie setzt miteinander in Beziehung, wie die Überschüsse entstehen und wie sie bewahrt werden. Dabei wird in Erscheinung treten, dass es sich bei der Dauer der Überschüsse nicht nur um einen graduellen Unterschied handelt, sondern um eine kategoriale Differenz, die eng mit anderen Eigenschaften des Überschusses verbunden ist. Der dritte Teil des Kapitels widmet sich dann den langen Überschussperioden, an denen es die progressive Konsolidierungsthese zu überprüfen gilt. Dazu wird die Entwicklung verschiedener Indikatoren der Staatstätigkeit mit jener Entwicklung verglichen, die eine Time-Series-Cross-Section-Regression auf Basis des gesamten Datensatzes prognostiziert. Dabei zeigt sich eine Asymmetrie zwischen Defiziten und Überschüssen, die im Widerspruch zur progressiven Konsolidierungsthese steht. Dieses Resultat ist dann der Ausgangspunkt für die narrative Analyse der Entwicklung eines Überschussregimes im sechsten Kapitel.

5.1 Eine kurze Geschichte von Haushaltsüberschüssen

Die knappe empirische Exposition in der Einleitung hat bereits angedeutet, dass das Sprichwort, nach dem sich eher ein Hund einen Wurstvorrat anlegt, als dass ein Politiker eine Budgetreserve bildet, auf einem vorschnellen Urteil basiert. Tatsächlich sind Defizite und Staatsverschuldung kein permanentes, quasi naturgesetzliches Ergebnis demokratischer Fiskalpolitik. Von 1980 bis 2010 erzielten die traditionellen OECD-Länder im Durchschnitt immerhin in mehr als einem Fünftel aller Jahre einen Haushaltsüberschuss. Ohnehin ist die Vorstellung, Haushaltsdefizite seien das beinahe natürliche Resultat demokratischer Prozesse, relativ jung. Bis zur ersten Ölkrise waren ausgeglichene Haushalte und stabile oder sinkende Schuldenquoten in den entwickelten kapitalistischen Demokratien – von Kriegen und Katastrophen abgesehen – nichts Ungewöhnliches. Unterstützt von einer schnell wachsenden Wirtschaft, einer jungen Bevölkerung und den fiskalpolitischen Erträgen finanzieller Repression, konnten die meisten Länder die im Zweiten Weltkrieg aufgehäuften Schulden bis 1973 weitgehend abbauen. Paul Piersons expansionäres Fiskalregime war also zugleich ein Regime ausgeglichener Haushalte.

Zu einer grundsätzlichen Veränderung der fiskalpolitischen Rahmenbedingungen und infolgedessen auch der Entwicklungstendenzen der Staatsverschuldung kam es dann in den 1970er-Jahren. Neben die von Pierson identifizierten politischen Veränderungen trat dabei eine dauerhafte Umkehrung der makroökonomischen Dynamik der Staatsverschuldung: In den 1950er- und 1960er-Jahren hatte der Realzins in fast allen Ländern unter der Wachstumsrate gelegen, das heißt, die Wirtschaft (und damit das Besteuerungspotenzial des Staates) wuchs schneller als die Zinsen für die bestehende Verschuldung. Defizite erzeugten somit keine reale Last für den Staatshaushalt, weil die Kosten der Verschuldung aus dem jährlichen Wachstum der Steuereinnahmen bestritten werden konnten. Durch die Verlangsamung des Wirtschaftswachstums nach 1973 kehrte sich dieses Verhältnis um, von nun an lag der Realzins über der Wachstumsrate und die Verschuldung wurde zu einer realen ökonomischen Belastung. Die Arithmetik des Zinseszinses erzwang unter diesen Umständen eine Erhöhung der realen Steuerlast, eine Reduktion der realen Staatsausgaben oder eben eine Schließung der Finanzierungslücke durch höhere Neuverschuldung.

Folgerichtig waren die 1980er-Jahre fast überall ein Jahrzehnt hoher Defizite und wachsender Schulden. Die etablierte, keynesianisch geprägte Sicht auf die Rolle der Fiskalpolitik stieß an ihre Grenzen. Daraufhin begann ein permanenter politischer Kampf darum, die Budgetdefizite zu begrenzen. Angeleitet von internationalen Organisationen wie dem IWF und der OECD produzierten die Parlamente und Regierungen der westlichen Welt einen beständigen Strom von Sparpaketen, Nachtragshaushalten und institutionellen Reformen, mit dem Ziel, die Defizite wieder zu verringern oder zumindest nicht weiter wachsen zu lassen. Nicht umsonst stammen die noch heute einflussreichsten finanzwissenschaftlichen Erklärungen der Staatsverschuldung fast alle aus dieser Zeit (Alesina/Tabellini 1990; Alesina/Drazen 1991; Roubini/Sachs 1989; Cukierman/Meltzer 1989; Persson/Svensson 1989). Die 1990er-Jahre waren dann weltweit ein Jahrzehnt der Haushaltskonsolidierungen. Tatsächlich zeigten die Konsolidierungsbemühungen auch Erfolge und es gelang vielen Ländern, ihre Haushalte zum Ende des Jahrzehnts hin erstmals wieder auszugleichen. Die Rezession des Jahres 2001 machte diese Erfolge jedoch schnell wieder zunichte. Bereits vor dem Jahr 2008 stieg die Verschuldung in vielen Ländern wieder an, ehe die direkten und indirekten Kosten der Weltfinanzkrise die Staatsverschuldung in zu Friedenszeiten nie gekannte Höhen trieben.

Für die Zeit nach 1980 scheint die Diagnose eines Deficit Bias also zuzutreffen, wenngleich für den Anstieg der Verschuldung weniger der demokratische Prozess (der vor 1973 auch ohne Neuverschuldung auskam), sondern vor allem die beschriebenen Veränderungen der ökonomischen Rahmenbedingungen verantwortlich gewesen sein dürften (Streeck 2013b). Die 1990er-Jahre bewiesen zudem, dass demokratische Gemeinwesen sehr wohl zu schmerzhaften Konsolidierungsmaßnahmen in der Lage sind. Insbesondere gelang es einer Reihe von Ländern, eine Rückkehr zu Defiziten erfolgreich zu vermeiden – und zwar, wie zu zeigen sein wird, nicht etwa durch glückliche ökonomische Fügung, sondern durch »deliberate policy action« (Buchanan 1967).

Wie Tabelle 5-1 demonstriert, wiesen die 20 untersuchten OECD-Länder in den drei Jahrzehnten zwischen 1980 und 2009 immerhin in 131 Länder-Jahren oder 21,8 Prozent der Zeit einen Haushaltsüberschuss aus. Dabei entspricht jede in der Tabelle eingetragene Jahreszahl einem Überschuss. Die Verteilung der Überschüsse über die einzelnen Länder ist jedoch unausgewogen. Vier Länder (Frankreich, Italien, Österreich und Portugal) erzielten überhaupt keine, neun Länder (Belgien, Deutschland, Großbritannien, Island, Japan, die Niederlande, die Schweiz, Spanien und die USA) nur vereinzelte Überschüsse und nie für längere Zeiträume. Insgesamt waren diese neun Länder für nur 41 Überschussjahre verantwortlich. Damit entfielen mehr als zwei Drittel der Haushaltsüberschüsse auf nur sieben Länder – Australien, Dänemark, Finnland, Irland, Kanada, Neuseeland und Schweden.

Neben der Dominanz einiger weniger Länder ist auch die zeitliche Parallelität der Überschüsse auffällig. Wenig überraschend ballen sie sich auf den Höhepunkten des weltweiten Konjunkturzyklus – um die Jahre 1989, 2000 und 2006 herum. Bemerkenswert ist aber vor allem die Stabilität der Überschüsse nach dem New-Economy-Boom der 1990er-Jahre. Immerhin sieben Ländern gelang es, ihren Überschuss – mit kurzen Lücken – auch über den globalen Abschwung der Jahre 2001 bis 2004 hinweg zu bewahren. Diese Länder erzielten ihre Überschüsse also weitgehend zum selben Zeitpunkt, was darauf hindeutet, dass die Erklärung dieser Überschüsse nicht in den Idiosynkrasien der Einzelfälle, sondern in gemeinsam wirkenden Prozessen zu suchen ist.

In Tabelle 5-1 lassen sich insgesamt 20 Überschussperioden identifizieren, wobei das Konzept der Überschussperiode eine Situation bezeichnet, in der ein Land mindestens zwei Jahre in Folge einen Überschuss im gesamtstaatlichen Budget erwirtschaftet, der in Summe mindestens 1 Prozent des BIP ausmacht. Einmaleffekte, wie der durch den Erlös aus UMTS-Lizenzen verursachte deutsche Überschuss des Jahres 2000, sind also ebenso wenig Teil der weiteren Untersuchung wie Überschüsse im Promillebereich. Eine Überschussperiode endet, wenn ein Land ein Jahr mit einem Defizit abschließt, ohne innerhalb der

Tabelle 5-1 Gesamtstaatliche Haushaltsüberschüsse in OECD-Ländern zwischen 1980 und 2009

	1980					1985					1990					1995					2000					2005				
Australien																			98	99	00		02	03	04	05	06	07		
Belgien																						01					06			
Dänemark							86	87	88	89										99	00	01	02		04	05	06	07	08	
Deutschland										89											00							07	08	
Finnland	80	81	82	83	84	85	86	87	88	89	90								98	99	00	01	02	03	04	05	06	07	08	
Frankreich																														
Großbritannien										89										99	00	01								
Irland																		97	98	99	00	01		03	04	05	06	07		
Island	80	81	82		84															99	00				04	05	06	07		
Italien																														
Japan									88	89	90	91	92																	
Kanada																		97	98	99	00	01			04	05	06	07		
Neuseeland															94	95	96	97			00	01	02	03	04	05	06	07	08	
Niederlande																				99	00						06	07	08	
Österreich																														
Portugal																														
Schweden								87	88	89	90								98	99	00	01			04	05	06	07	08	
Schweiz																					00						06	07	08	09
Spanien																										05	06	07		
USA																			98	99	00									
OECD gesamt	2	2	2	1	2	1	2	3	4	6	3	1	1	0	1	1	1	3	6	10	13	8	4	5	8	9	12	12	7	1

Quelle: OECD (2012a).

nächsten zwei Jahre wieder in den Überschuss zurückzukehren. Für Neuseeland bilden die Jahre 1994 bis 2008 daher trotz kleiner Defizite in den Jahren 1998 und 1999 eine geschlossene Überschussperiode, da das Land bereits im Jahr 2000 wieder einen Überschuss erwirtschaftete.[1] Dieses Vorgehen wird unterstützt von einem kritischen Blick auf die verwendeten OECD-Daten. Wo der Datensatz kurze Unterbrechungen der Überschussperioden ausweist, gibt es fast immer eine Erklärung in der Art, wie die Daten erhoben oder aggregiert werden.[2] Die meisten Lücken erklären sich bereits daraus, dass Tabelle 5-1 nur gesamtstaatliche Überschüsse berücksichtigt. Ein Defizit entsteht aber oft auf der Provinz- oder Kommunalebene und ist somit nicht ein großes Phänomen, sondern besteht aus einer Vielzahl kleiner Phänomene. Beispielsweise wurde der Überschuss des kanadischen Zentralstaats im Jahr 2002 leicht von einem aggregierten Defizit der Provinzen überwogen, weshalb die OECD ein gesamtstaatliches Defizit von 0,09 Prozent des BIP ausweist.

Die 20 Überschussperioden werden in Tabelle 5-2 vorgestellt. Vier Länder erlebten in den 30 untersuchten Jahren zwei, Island sogar drei Überschussperioden. Um die Größe des Überschusses abschätzen zu können, summiert Spalte 3 der Tabelle alle Überschüsse und Defizite der Überschussperiode als Anteil am BIP auf. Im Vergleich mit Spalte 6 zeigt sich dann, dass nicht alle Überschüsse für den Abbau der Bruttoverschuldung verwendet wurden: So reduzierte etwa Finnland seine Bruttoverschuldung zwischen 1998 und 2008 trotz kumulierter Überschüsse von fast 40 Prozent des BIP nur um 24 Prozentpunkte.

Von diesen 20 Perioden werden aber noch drei weitere Fälle ausgeschlossen. Dies betrifft zunächst den isländischen Überschuss der frühen 1980er-Jahre. Dieser begann bereits vor dem Untersuchungszeitraum, sodass die Daten linkszensiert sind und ihre Vorgeschichte nicht untersucht werden kann. Dasselbe gilt für die elf finnischen Überschussjahre von 1980 bis 1990. Zudem ist ihre Vergleichbarkeit mit den anderen Fällen ohnehin problematisch, weil diese Überschüsse Ausdruck eines ganz anderen Verständnisses der Rolle des Staates in der Wirtschaft waren. Keynesianische Nachfragesteuerung hatte in Finnland nie Fuß gefasst, stattdessen erwirtschaftete der Staat bis in die 1980er-Jahre hinein permanente Überschüsse, die im Rahmen einer staatsgetriebenen Industrialisierung zur Anhebung der Investitionsquote verwendet wurden (Vartiainen 2011). Hinzu kam Finnlands spezifische Lage zwischen den Blöcken, durch die das

1 Diese Definition operationalisiert das Argument, Konsolidierungen und Überschüsse sollten durch Perioden und Regime statt durch jährliche Veränderungsraten konzeptualisiert werden.

2 So zeigen die verwendeten OECD-Daten aufgrund einer Reklassifikation der Überschüsse des Rentensystems für Schweden Defizite in den Jahren 2002 und 2003 an. In den Jahren selbst wurden aber Überschüsse ausgewiesen. Hinzu kommt, dass die OECD Daten für Kalenderjahre ausweist, Haushaltsjahre dem Kalenderjahr aber oft nicht entsprechen.

Tabelle 5-2 Haushaltsüberschüsse in der OECD seit 1980 im Überblick

Land	Umfang des Überschusses		Bruttoverschuldung			Δ
	Dauer	kumuliert	zu Beginn	zum Ende	Differenz	Nettozinslast
Australien	1998–2007	8,56	36,98	14,24	–22,74	–1,46
Dänemark	1986–1989	8,80	81,13	71,23	–9,90	–1,98
Dänemark	1999–2008	24,82	72,40	42,60	–29,80	–2,64
Finnland	1980–1990	43,87	–	16,44	–	–
Finnland	1998–2008	38,99	64,80	40,56	–24,24	–2,70
Großbritannien	1999–2001	5,25	52,54	40,39	–12,15	–1,02
Island	1980–1984	4,56	–	32,97	–	–
Island	1999–2000	2,84	–	72,95	–	–0,32
Island	2004–2007	16,64	71,02	53,27	–17,75	–1,55
Irland	1997–2007	18,19	74,19	28,80	–45,39	–3,56
Japan	1988–1992	6,20	76,80	67,58	–9,22	–0,77
Kanada	1997–2007	10,77	101,72	66,52	–35,20	–4,62
Neuseeland	1994–2008	38,03	63,76	28,92	–34,84	–3,25
Niederlande	1999–2000	2,39	80,82	63,89	–16,93	–1,07
Niederlande	2006–2008	1,22	60,73	64,49	3,76	–0,22
Schweden	1987–1990	13,17	69,68	46,32	–23,36	–1,44
Schweden	1998–2008	14,49	82,98	49,58	–33,40	–2,56
Schweiz	2006–offen	6,05	56,43	41,49	–14,94	–0,58
Spanien	2005–2007	4,88	53,36	42,12	–11,24	–0,70
USA	1998–2000	2,47	67,43	54,52	–12,91	–0,76
Mittelwert		13,61	68,63	46,94	–20,60	–1,73

Alle Angaben außer den Jahreszahlen in Prozent des BIP; »zu Beginn« bezeichnet die Periode t_{-1}; bei der Schweiz wird 2009 als Bezugsjahr verwendet; mit »–« gekennzeichnete Daten fehlen beziehungsweise können nicht berechnet werden.
Quelle: OECD (2012a), eigene Berechnung.

Land die Ölkrisen verhältnismäßig unversehrt überstand. Da die Sowjetunion Finnlands größter Handelspartner war und als großer Ölproduzent vom Anstieg des Ölpreises profitierte, blieb auch die finnische Wirtschaft von Bremsspuren weitgehend verschont (Honkapohja et al. 2006: 12). Anders als alle anderen Überschüsse – und anders auch als der finnische ab 1998 – ist der Überschuss der 1980er-Jahre also kein Postkonsolidierungsüberschuss und damit auch nicht relevant für die progressive Konsolidierungsthese. Dieses Argument gilt analog für den ersten isländischen Überschuss.

Ebenfalls außen vor bleibt schließlich der irische Haushaltsüberschuss. Zwar ist dieser ein Postkonsolidierungsüberschuss par excellence – noch 1987 lagen die irische Staatsverschuldung bei 111 Prozent und das Defizit bei 8 Prozent des BIP. Er war jedoch, jedenfalls in den 2000er-Jahren, vor allem ein Ausdruck der massiven Überhitzung der irischen Wirtschaft und eines damit verbundenen Immobilienbooms. Der positive Finanzierungssaldo verbarg ein strukturelles Defizit.[3] Hinter dieser Diskrepanz steht das einzigartige irische Wirtschaftswachstum in den Jahren 1994 bis 2007, das dem Land den Beinamen »Celtic Tiger« einbrachte. Dieses Wachstum beruhte ganz wesentlich auf ausländischen Direktinvestitionen (FDI), überwiegend aus den USA, die zu einer in der OECD-Welt einmaligen Wirtschaftsstruktur führten (Murphy 2000). Nirgendwo sonst – außer in Luxemburg – fallen Bruttoinlandsprodukt und Bruttonationaleinkommen so weit auseinander. Der Grund dafür ist der hohe Anteil ausländischer *multinationals* an der Wertschöpfung. Diese verschieben durch firmeninterne Transferpreise einen Teil ihrer Gewinne ins Niedrigsteuerland Irland, was das irische BIP künstlich erhöht, und repatriieren diese Gewinne anschließend. Nach der Einführung des Euro wurde das ohnehin hohe Wachstum zudem durch die Geldpolitik der Europäischen Zentralbank verstärkt, deren Zinsen für die sich überhitzende irische Wirtschaft jahrelang zu niedrig waren. Dies trug maßgeblich zur Entstehung der Immobilienblase bei, die 2008 schließlich platzte. Zwischen 2002 und 2007 wuchsen die Einnahmen aus der Grunderwerbsteuer um 19,3 Prozent im Jahr, die Einnahmen aus der Kapitalertragsteuer sogar um atemberaubende 32,3 Prozent im Jahr (Addison-Smyth/McQuinn 2010: 204). In den Daten des OECD Economic Outlook liegt der irische Budgetsaldo im Mittel der Jahre 1997 bis 2007 daher um 2,44 Prozent des BIP höher als der zyklisch bereinigte Saldo, der ab dem Jahr 2001 im Defizit war. Weil der irische Überschuss also das Ergebnis einer überhitzten Wirtschaft, einer Immobilienblase und eines einzigartigen Wirtschaftsmodells war, wird er aus der weiteren Untersuchung ausgeklammert.[4]

Damit verbleiben insgesamt 17 Fälle für die Untersuchung. Diese werden nun zunächst noch weiter nach zwei Typen von Überschüssen differenziert. Danach wendet sich die Analyse den intendierten und unintendierten Folgen der Überschusspolitik zu.

3 Das zeigen Bereinigungsverfahren allerdings erst in der Rückschau. Zeitgenössische Daten weisen dagegen strukturelle Überschüsse aus. Das spricht jedoch nicht für den Überschuss, sondern gegen die Bereinigungsverfahren.

4 Für die quantitativen Ergebnisse ergibt es allerdings einen überraschend geringen Unterschied, ob Irland in den Datensatz aufgenommen wird oder nicht.

5.2 Zum Unterschied zwischen kurzen und langen Überschussperioden

Der sichtbarste Indikator dafür, dass die beiden Überschusstypen weiter differenziert werden müssen, ist die Dauer der Überschussperiode. Wie Tabelle 5-3 zeigt, teilen sich die 17 im Datensatz verbleibenden Überschussperioden in zwei Gruppen von höchstens fünf (zehn Fälle) oder mindestens zehn Jahren Dauer (sechs Fälle). Dabei stellt sich allerdings die Frage nach der Einordnung der Schweiz. Ihr seit 2006 erzielter Überschuss bestand bei Abschluss des Untersuchungszeitraums im Jahr 2009 noch immer, ist also rechtszensiert.[5] Tatsächlich erzielte die Eidgenossenschaft auch 2010 und 2011 weitere Überschüsse. Diese Rechtszensierung ist kein Grund, die Schweiz aus dem Datensatz zu entfernen, nur kann sie nicht einer der beiden nach Länge bestimmten Gruppen zugeordnet werden. Deshalb wird der Fall von der Berechnung gruppenspezifischer Mittelwerte, die in diesem Abschnitt im Mittelpunkt steht, ausgenommen.

Da es sich bei der Dauer um eine ebenso wichtige wie charakteristische Eigenschaft der beiden Typen handelt, werden diese im Folgenden als kurze Überschussperiode (oder kurze Periode) und als lange Überschussperiode (lange Periode) bezeichnet. Die Fälle in den beiden Gruppen verbindet aber wesentlich mehr als nur die Dauer des Überschusses. Sie zeichnen sich daneben durch große Ähnlichkeit innerhalb der Typen und große Unterschiede zwischen den beiden Typen aus. Diese Unterschiede betreffen sowohl die Entstehung als auch die Verwendung der Überschüsse.

Die kurzen Perioden könnten auch als konjunkturelle Überschüsse bezeichnet werden. Sie ergaben sich immer dann, wenn es einem Land gelang, auf dem Gipfel des Konjunkturzyklus einen ausgeglichenen Haushalt vorzulegen oder sogar einen Überschuss zu erzielen. Dieser Überschuss signalisierte jedoch nicht viel mehr als einen außergewöhnlich starken Wirtschaftsaufschwung. Die Grundlinien der Fiskalpolitik änderten sich nicht und der Überschuss verschwand entsprechend schnell, wenn der Konjunkturaufschwung endete. Im Gegensatz dazu könnten lange Überschussperioden auch als strukturelle Überschussperioden bezeichnet werden.[6] In diesen Fällen entkoppelten sich die Überschüsse weitgehend vom Konjunkturzyklus und die Länder erzielten für zehn oder mehr Jahre am Stück beinahe ununterbrochen Überschüsse. Sofern sie überhaupt einmal ein konjunkturbedingtes Defizit auswiesen, kehrten sie umge-

5 Dasselbe gilt für Schweden, das bereits 2011 wieder Überschüsse erzielte. Dieser Überschuss ist aber ohnehin eindeutig als lange Periode zu bewerten.

6 Weil diese Begriffe allerdings bereits im Kontext zyklischer Bereinigung besetzt sind, bleibt die Arbeit bei den Bezeichnungen kurze und lange Überschussperiode.

Tabelle 5.3 Kurze und lange Überschussperioden in der OECD seit 1980

Lange Perioden		Kurze Perioden	
Australien	1998–2007	Dänemark	1986–1989
Dänemark	1999–2008	Großbritannien	1999–2001
Finnland	1998–2008	Island	1999–2000
Kanada	1997–2007	Island	2004–2007
Neuseeland	1994–2008	Japan	1988–1992
Schweden	1998–2008	Niederlande	1999–2000
		Niederlande	2006–2008
		Schweden	1987–1990
		Spanien	2005–2007
		USA	1998–2000

Quelle: Eigene Darstellung auf Basis von OECD (2012a).

hend in den Überschuss zurück, und das nicht erst, wenn die Wirtschaft wieder schneller wuchs. In diesen Ländern ist also ein klarer Bruch mit der bisherigen Fiskalpolitik festzustellen, der im Folgenden als fiskalpolitischer Regimewechsel interpretiert wird: Die grundsätzlichen Paradigmen der Fiskalpolitik änderten sich, und zwar dauerhaft. Die fundamentale fiskalpolitische Zäsur besteht also nicht zwischen Überschüssen und Defiziten generell, sondern zwischen Ländern mit langen Überschüssen und der Gesamtheit der übrigen Länder – ob mit Defizit oder kurzem Überschuss.

Die sechs langen Überschussperioden entwickelten sich weitgehend zeitgleich. Alle sechs entstanden während der Konsolidierungsbemühungen in den 1990er-Jahren und dauerten bis zum Ausbruch der Weltfinanzkrise an. Die kurzen Überschussperioden verteilen sich dagegen gleichmäßig auf die drei Gipfel des weltweiten Konjunkturzyklus: Dänemark, Schweden und Japan in den späten 1980er-Jahren; Großbritannien, Island, die Niederlande und die USA in den späten 1990er-Jahren; Spanien sowie erneut die Niederlande und Island in den Jahren um 2006. Die Gelegenheit zu einem möglichst exakten Vergleich mit den langen Perioden bieten daher nur die Überschüsse der späten 1990er-Jahre, die unter sehr ähnlichen Bedingungen entstanden. Daher werden in den folgenden Analysen zum Teil alle kurzen Überschüsse berücksichtigt, zum Teil beschränkt sich der Vergleich aber auch auf die Überschüsse der späten 1990er-Jahre.

Das Ziel der folgenden Abschnitte ist, die systematischen Unterschiede zwischen der Fiskalpolitik in den sechs langen Perioden und den zehn kurzen Perioden herauszuarbeiten. Dass erstere die Überschüsse dauerhaft und über den Konjunkturzyklus hinweg bewahrten, während sie in letzteren im ersten Konjunkturabschwung wieder verschwanden, ist nicht einfach günstigeren makroökonomischen Rahmenbedingungen zu verdanken, sondern das Ergebnis politischer Entscheidungen im Konsolidierungsprozess und danach. Dabei beschränkt sich dieses Kapitel auf eine statistische Beschreibung der getroffenen Entscheidungen, ohne diese Entscheidungen selbst zu erklären. Das sechste Kapitel zeichnet dann konkrete politische Entscheidungen in den Ländern mit dauerhaften Überschüssen nach.

5.2.1 Zum makroökonomischen Umfeld der Überschussperioden

Eine naheliegende Erklärung für den Unterschied zwischen kurzen und langen Überschussperioden böten systematisch verschiedene makroökonomische Rahmenbedingungen. Auf den ersten Blick wirkt dieser Ansatz plausibel: Unter den sechs Ländern mit dauerhaften Überschüssen sind mit Kanada, Australien und Neuseeland drei Rohstoffproduzenten, die in den 2000er-Jahren ganz erheblich vom weltweiten Anstieg der Rohstoffpreise profitierten. Auch Dänemark erzielte steigende Einnahmen aus der Öl- und Gasproduktion in der Nordsee. Dieses Argument kann jedoch die Chronologie der Überschussentwicklung nicht erklären. Der weltweite Rohstoffboom begann erst im Jahr 2003, als die Überschüsse in den sechs Ländern bereits fest etabliert waren. Dagegen befanden sich die Preise wichtiger Rohstoffe in den 1990er-Jahren, als die Haushalte konsolidiert und die ersten Überschüsse erzielt wurden, auf einem historischen Tiefstand. Das war auch noch 2001 der Fall, als die Länder mit kurzer Periode ihre Überschüsse bereits wieder verloren. Rohstoffeinnahmen können also allenfalls die Höhe, nicht aber die Existenz der Überschüsse erklären.

Auch ein breiterer Vergleich der kurzen und langen Überschussperioden zeigt, dass die Unterschiede zwischen den beiden Gruppen nicht auf ihr makroökonomisches Umfeld zurückzuführen sind. Um die Gemeinsamkeiten aller Fälle vergleichbar zu machen, erfolgt dieser Vergleich in theoretischer und nicht in kalendarischer Zeit, das heißt, die Zeitachse der Untersuchung wird für jedes Land auf sein erstes Überschussjahr geeicht: In Neuseeland, das seit 1994 Überschüsse erzielte, ist also das Jahr 1991 das Jahr t_{-3}, während in Schweden, wo der Haushalt erst 1998 ausgeglichen wurde, das theoretische Jahr t_{-3} dem kalendarischen Jahr 1995 entspricht.

In einem solchen Vergleich sind bei der makroökonomischen und fiskalpolitischen Ausgangslage der Überschussfälle (Tabelle 5-4, Spalte 2-4) kaum systematische Unterschiede feststellbar: Drei Jahre vor dem ersten Überschuss waren die Länder im Durchschnitt mit ähnlichen Verschuldungsquoten konfrontiert, auch Wachstums- und Inflationsraten lagen in einem ähnlichen Bereich. Die Defizite waren in den langen Perioden sogar höher als in den kurzen Perioden. Ein erheblicher Unterschied zeigt sich allenfalls bei der Arbeitslosigkeit, die in den langen Perioden deutlich größer war. Dabei kennzeichnen die Grafiken und

Tabelle 5-4 Fiskalische und makroökonomische Situation im Jahr t_{-3} sowie im Durchschnitt der Jahre t_1 bis t_3

Indikator	Lange Perioden	Kurze Perioden	Differenz	Lange Perioden	Kurze Perioden	Differenz
	Ausgangssituation t_{-3}			Durchschnitt der Jahre t_1 bis t_3		
Ø Saldo	–4,94	–2,83	2,01+	1,76	1,88	0,12
Ø Bruttoverschuldung	71,04	68,59	2,45	60,71	59,81	0,90
Ø Wachstumsrate	3,07	3,38	0,31	3,96	4,03	0,07
Ø Inflationsrate	2,13	3,81	1,68	1,85	3,10	1,25*
Ø Arbeitslosenquote	10,49	5,57	4,92**	7,60	4,08	3,52***

+ $p<0{,}1$; * $p<0{,}05$; ** $p<0{,}01$; *** $p<0{,}001$. Alle Werte in Prozent.
Quelle: Eigene Berechnung auf Basis von OECD (2012a).

Tabellen in diesem Abschnitt wegen der geringen Fallzahl bereits Unterschiede, die in einem einfachen t-Test ein 10-Prozent-Niveau erreichen, als signifikant. Selbst auf diesem weichen Signifikanzniveau ist in der makroökonomischen Ausgangsposition aber kein systematischer Unterschied zwischen den beiden Gruppen feststellbar – wenn überhaupt, war die Ausgangslage in den langen Perioden sogar ungünstiger.

Ein ähnlicher Befund ergibt sich zu den makroökonomischen Bedingungen im Überschuss. Der rechte Teil von Tabelle 5-4 zeigt im Durchschnitt der ersten drei Überschussjahre nur geringe Unterschiede zwischen den beiden Gruppen.[7] Das zeigt sich insbesondere beim Blick auf die Wachstumsrate: Diese ist nahezu identisch. Auch der Saldo unterscheidet sich zwischen den beiden Typen kaum. Gegenüber dem Jahr t_{-3} gingen Inflation und Arbeitslosigkeit in beiden Gruppen zurück, in den kurzen Perioden herrschte nun sogar Vollbeschäftigung. Ein günstigeres makroökonomisches Umfeld lässt sich in den Ländern, die ihre Überschüsse dauerhaft bewahrten, also nicht feststellen. Dieser Befund wird auch von einer Analyse der Differenz von Realzins und Wachstumsrate bestätigt, die Escolano (2010) für 16 Länder im Durchschnitt der Jahre 1992 bis 2008 berechnet. Dabei zählen Kanada und Finnland gemeinsam mit Italien, Japan und Deutschland zu den fünf Ländern, in denen diese Differenz am höchsten war, während die USA nach Irland und Spanien den drittniedrigsten Wert aufweisen. Die Länder mit langer Periode profitierten also auch keineswegs von einer niedrigeren realen Verschuldungslast.

7 Für die nur zwei Jahre andauernden Überschüsse in Island und in den Niederlanden von 1999 bis 2000 gehen nur zwei Beobachtungen in die Durchschnittsbildung ein.

5.2.2 Entstehung des Überschusses

Während der makroökonomische Datenkranz der beiden Gruppen sich also nicht wesentlich unterscheidet, ist der fiskalpolitische Weg in den Überschuss grundlegend verschieden. Dies kann anhand der Veränderungen der aggregierten Staatstätigkeit im Rahmen derjenigen Haushaltskonsolidierung, die dem Überschuss vorausgeht, verdeutlicht werden. Für die Berechnung des Vergleichs stellt sich einmal mehr die Frage nach der Definition der Konsolidierungsperiode, denn es gibt keinen Grund, warum Konsolidierungen ausgerechnet drei Jahre dauern sollten. Abbildung 5-1 zeigt daher zunächst die Veränderung in den drei Jahren zwischen t_{-3} und t_1 (linke Grafik), dann die Differenz zwischen dem ersten Überschussjahr t_1 und dem Jahr vor Beginn der Konsolidierung.[8]

Zusammengenommen zeigen die beiden Vergleiche, dass die Staatstätigkeit in den Ländern mit langen Überschussperioden deutlich stärker schrumpft als in den Ländern mit kurzen Überschussperioden. Die Verbesserung des Saldos um mehr als 6 Prozent des BIP in nur drei Jahren ergibt sich hier fast vollständig aus sinkenden Ausgaben, die Einnahmen bleiben konstant. In den Ländern mit kurzen Überschussperioden geht dagegen fast die Hälfte der Saldoverbesserung von 4 Prozentpunkten auf eine Erhöhung der Staatseinnahmen zurück.

Besonders instruktiv wird dieser Unterschied, wenn man die zyklisch bereinigte Staatstätigkeit betrachtet, die die politischen Konsolidierungsentscheidungen direkter abbildet. Bei den langen Perioden tragen die Ausgaben rund 80 Prozent zur Saldoverbesserung bei, sodass man klar von einer ausgabenseitigen Konsolidierung sprechen kann. In den kurzen Perioden kommen dagegen 80 Prozent der Saldoverbesserung aus den Einnahmen, es handelt sich also um einnahmenseitige Konsolidierungen. Dieser Befund stimmt mit den Ergebnissen der empirischen Konsolidierungsliteratur überein, wonach ausgabenseitige Konsolidierungen nachhaltiger sind als einnahmenseitige Konsolidierungen. Blickt man auf die gesamten Konsolidierungsperioden, wird er ebenfalls bestätigt. Dabei sind die unbereinigten Einnahmen in den Konsolidierungen der langen Perioden bemerkenswerterweise nicht nur nicht gestiegen, sondern sogar leicht gesunken. Wenn man so will, sind die Ausgaben hier für 103 Prozent des Konsolidierungserfolgs verantwortlich.

Bei allen Unterschieden zwischen den beiden Gruppen gibt es aber eine augenfällige Gemeinsamkeit, die in beiden Konsolidierungsdefinitionen hervortritt: Der größere Teil des Ausgabenrückgangs wird von den Kernausgaben

8 Dabei ist eine Konsolidierung definiert als der Zeitraum, in dem sich der Saldo jedes Jahr weiter verbessert, bis ein Überschuss erreicht ist. Der Beginn der Konsolidierung liegt im ersten Jahr, in dem es zu einer solchen Verbesserung kommt. Die so ermittelten Konsolidierungen zeigt Tabelle A-2 im Anhang.

Abbildung 5-1 Durchschnittliche Veränderung der Staatstätigkeit gegenüber t_{-3} und dem Konsolidierungsbeginn

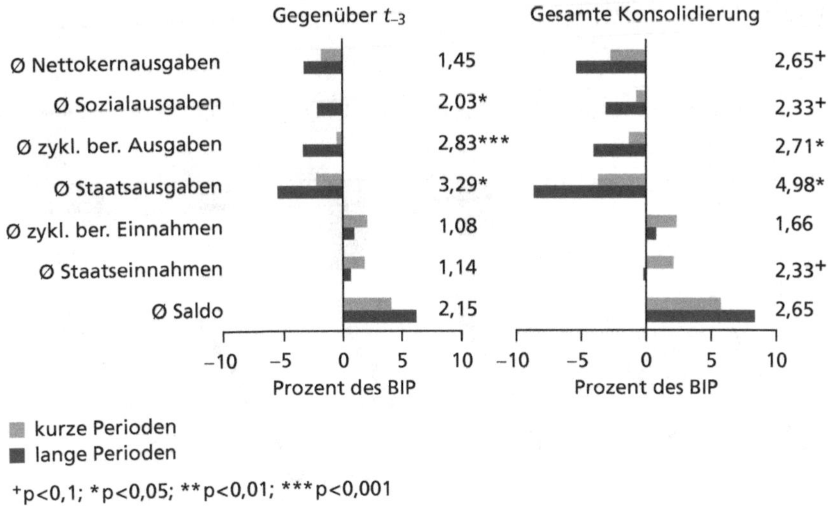

Quelle: OECD (2012a), Mittelwerte ungewichtet.

getragen, die progressive Haushaltskonsolidierer ja gerade zu erhöhen suchen. Sie beginnen dieses Vorhaben also unter denkbar schlechten Voraussetzungen.

5.2.3 Verwendung des Überschusses

Der in Bezug auf die Vorgeschichte der Überschüsse sichtbare systematische Unterschied zwischen ausgabeseitigen und einnahmeseitigen Überschüssen verstärkt sich bei der Betrachtung der ersten drei Jahre, in denen über den Umgang mit den Überschüssen entschieden wird. Wie Abbildung 5-2 zeigt, betrifft dies sowohl die Staatseinnahmen als auch die Staatsausgaben. In den langen Perioden gehen die Staatseinnahmen in den ersten Überschussjahren sogar zurück, während sie in den kurzen Perioden weiter steigen. Darüber hinaus beginnen die Ausgaben in den kurzen Perioden wieder zu steigen, während sie in den langen Perioden weiter sinken. Besonders deutlich wird dieser Unterschied bei den Nettokernausgaben: Während diese in den kurzen Perioden in Übereinstimmung mit der progressiven Konsolidierungsthese wieder zu steigen beginnen, werden sie in den langen Perioden sogar noch weiter gekürzt.

Den grundlegenden Unterschied zwischen den Überschüssen der kurzen und langen Perioden veranschaulicht Abbildung 5-3 noch einmal. Sie zeigt die

Abbildung 5-2 Durchschnittliche Veränderung der Staatstätigkeit in t_3 gegenüber t_1

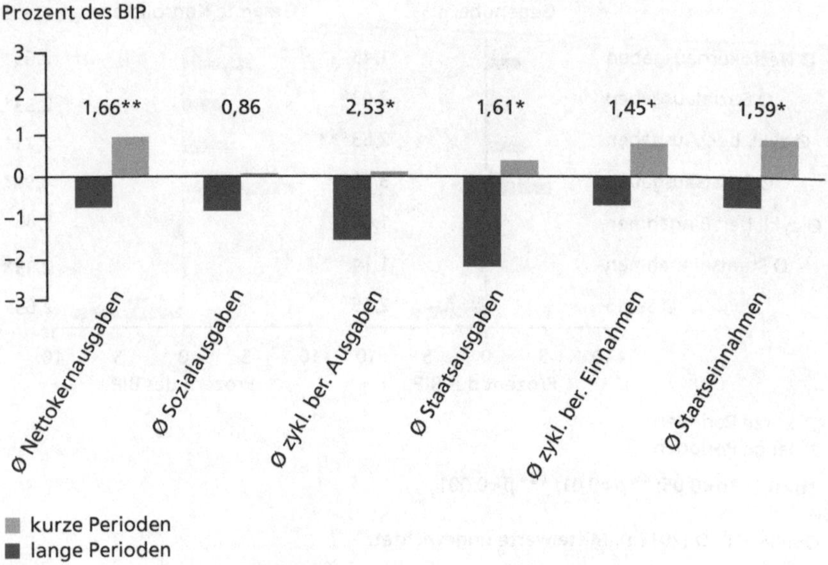

+p<0,1; *p<0,05; **p<0,01; ***p<0,001

Quelle: OECD (2012a), Mittelwerte ungewichtet.

Differenz von Staatseinnahmen und Nettoausgaben gegenüber dem Ausgangsjahr t_{-3} im Durchschnitt aller kurzen und langen Perioden. Dabei wird sowohl der konjunkturelle Charakter der kurzen Überschüsse als auch der Strukturbruch bei den langen Überschüssen deutlich. In den kurzen Perioden schwanken Einnahmen und Ausgaben mit dem Konjunkturzyklus und entwickeln sich in entgegengesetzte Richtungen. Ein Wachstumsimpuls sorgt für einen konjunkturellen Anstieg der Einnahmen und einen entsprechenden Rückgang der Ausgaben, sodass ein Überschuss entsteht. Wenn der Aufschwung zu Ende geht, kehren sich diese Trends um und der Haushalt gerät wieder ins Defizit. In diesen Ländern ist der Überschuss also Teil des normalen fiskalpolitischen Zyklus, der auch im Überschuss weiterläuft.

Ein ganz anderes Bild ergibt sich dagegen in den langen Überschussperioden. Hier ist die Entstehung des Überschusses mit einem Strukturbruch auf beiden Seiten des Haushalts verbunden: Die Einnahmen steigen nicht mit dem Konjunkturzyklus, sondern sinken tendenziell sogar, während die Ausgaben massiv

Abbildung 5-3 Veränderung der Staatstätigkeit im Durchschnitt kurzer und langer Überschussperioden

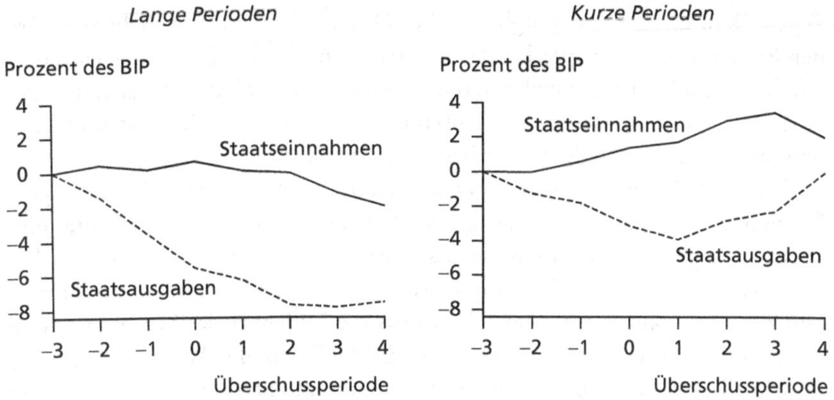

Quelle: OECD (2012a), Mittelwerte ungewichtet.

und dauerhaft zurückgeführt werden.[9] Der Überschuss entsteht dann dadurch, dass die Ausgaben schneller sinken als die Einnahmen. Länder mit langen Überschüssen haben daher am Ende ihrer Überschussperiode einen verkleinerten Staatssektor, während der Umfang der Staatstätigkeit in Ländern mit kurzer Periode weitgehend unverändert bleibt.

Mit diesen Zahlen ist ein erstes Verdikt über die progressive Konsolidierungsthese verbunden. Im Durchschnitt der Länder mit langer Überschussperiode ist die Staatstätigkeit im Überschuss weiter gesunken, wovon die Kernausgaben des Staates sogar stärker betroffen sind als der Wohlfahrtsstaat. Ein Wiedergewinn fiskalpolitischer Handlungsfähigkeit ist also zumindest in den ersten drei Überschussjahren nur schwer zu erkennen.

9 Solche Strukturbrüche können auch statistisch identifiziert werden, etwa durch einen Bai-Perron- oder einen Quandt-Likelihood-Ratio-Test (QLR; für eine Anwendung in der Fiskalpolitik siehe Mauro et al. 2013). Tatsächlich identifiziert ein QLR-Test in den frühen 1990er-Jahren auch fiskalpolitische Strukturbrüche in den Ländern mit langer Überschussperiode, etwa in ihren »fiscal reaction functions« (Bohn 1998), das heißt ihrer fiskalpolitischen Reaktion auf die Entwicklung des Saldos. Zugleich identifiziert dieser Test solche Strukturbrüche aber auch in vielen anderen Ländern. Der weltweite Schwenk zu Konsolidierungen in den 1990er-Jahren kann damit also nicht vom spezifischen Regimewechsel der Überschussländer unterschieden werden. Deshalb werden solche formalen Tests hier nicht weiter verfolgt.

5.2.4 Evidenz auf Fallebene

Diese Feststellungen beziehen sich bislang nur auf die Mittelwerte der beiden Typen. Weil die Gruppenmitglieder aber *Diverse Cases* sind, ist nicht von vornherein klar, ob ein entsprechendes Muster auch auf der Ebene der einzelnen Länder erkennbar ist. Deshalb soll nun geprüft werden, ob die Mittelwerte nicht bloß Artefakte der statistischen Durchschnittsbildung, sondern tatsächlich repräsentativ für die Mitglieder der beiden Gruppen sind.

Tabelle 5-5 zeigt für jede Überschussperiode, ob die zyklisch bereinigten Einnahmen und Ausgaben – als grober Indikator politischer Konsolidierungsentscheidungen – vor dem Überschuss (erstes Zeichen) und in den ersten Überschussjahren (zweites Zeichen) gewachsen (+) oder geschrumpft (–) sind. Dabei gibt die Entwicklung vor dem Überschuss die Differenz der Werte in t_1 und t_{-3} an, die Entwicklung im Überschuss die Differenz der Werte in t_3 und t_1. Prinzipiell gibt es 2^4, also 16 mögliche Kombinationen der Entwicklung der Staatstätigkeit, wobei Konstellationen, in denen die Ausgaben vor dem Überschuss wachsen und die Einnahmen zugleich sinken, logisch unmöglich sind. Das betrifft die vier oberen rechten Zellen der Tabelle. Von den zwölf logisch möglichen Kombinationen werden neun durch mindestens einen empirischen Fall repräsentiert.

Blickt man zunächst auf die Ausgabenseite des Staatshaushalts, dann zeigt sich, dass alle sechs langen Überschussperioden mit schrumpfenden Ausgaben

Tabelle 5-5 Veränderung der zyklisch bereinigten Staatstätigkeit vor und im Überschuss

	Einnahmen			
Ausgaben	+/–	+/+	–/–	–/+
+/–		Island II		
+/+	Island I	Niederlande II Schweden		
–/–	**Kanada** **Neuseeland** **Schweden**	USA	**Dänemark** Niederlande I	**Finnland**
–/+	**Australien**	Dänemark Großbritannien Japan Spanien		

Lange Überschussperioden sind fett gedruckt.
Quelle: Eigene Darstellung auf Basis von OECD (2012a).

Tabelle 5-6 Einfluss einnahmen- und ausgabenseitiger Veränderungen auf die Art des Überschusses

	(1)	(2)
Ausgaben (vor)	–2,890	–2,754⁺
	(–1,882)	(–1,578)
Einnahmen (im)	–0,670	
	(0,953)	
N	16	16

Standardfehler in Klammern. $^{+}p<0{,}1$.
Quelle: Eigene Berechnung auf Basis von OECD (2012a).

in der Konsolidierung verbunden sind. Dagegen erreichten immerhin vier Fälle kurzer Perioden einen Überschuss, obwohl ihre Ausgaben sogar stiegen. In fünf der sechs langen Perioden schrumpften die Ausgaben sogar im Überschuss weiter, nur in Australien begannen sie wieder zu steigen. Die wichtigste gemeinsame Eigenschaft fast aller langen Perioden ist also ihre Zugehörigkeit zur Zeile –/–. Das stimmt damit überein, dass sie oben als ausgabenseitige Überschüsse charakterisiert worden sind. Wendet man sich den Staatseinnahmen zu, findet man acht der zehn kurzen Perioden in der Spalte +/+, wiederum in Übereinstimmung mit ihrer Beschreibung als einnahmenseitige Überschüsse. Das gilt auch für Islands Überschuss der 1990er-Jahre, wo der Anstieg der Einnahmen den parallelen Anstieg der Ausgaben übertraf. Von dieser Beschreibung weicht nur der niederländische Überschuss der Jahre 1999/2000 ab. Dagegen sind die Einnahmen in allen sechs Ländern mit langer Periode in mindestens einem der beiden Zeiträume geschrumpft.

Diese Darstellung hat allerdings den Nachteil, zwar die Richtung, nicht jedoch den Umfang der Veränderung abzubilden. Dieser kann mithilfe einer Logit-Regression mit dem Überschusstyp als abhängiger Variable erfasst werden (Tabelle 5-6). Dabei werden die langen Perioden als 1, die kurzen Perioden als 0 codiert. Da die beiden wichtigsten Erkenntnisse aus Tabelle 5-5 lauten, dass die Ausgaben in allen langen Überschussperioden in der Konsolidierung gefallen sind und dass die Einnahmen fast in allen kurzen Überschussperioden (aber nur einer langen Periode) während des Überschusses gestiegen sind, beschränkt sich die Regression auf zwei unabhängige Variablen, nämlich die Veränderung der zyklisch bereinigten Staatsausgaben *vor* dem Überschuss und die Veränderung der bereinigten Staatseinnahmen *im* Überschuss. Es zeigt sich, dass vor allem die Veränderung der Staatsausgaben zur Erklärung des beobachteten Ergebnisses beiträgt. Je stärker die Ausgaben in der Konsolidierung fallen, desto wahrscheinlicher entwickelt sich der beobachtete Überschuss zu einem langen Überschuss.

Tabelle 5-7 Fehlprognosen für die Überschussfälle auf Basis der Regressionen in Tabelle 5-6

	(1)	(2)
Lange Perioden	Australien 1998–2007	Australien 1998–2007
Kurze Perioden	Niederlande 1999–2000	Großbritannien 1999–2001

Dagegen hat die Veränderung der Staatseinnahmen in den ersten Überschussjahren keinen auch nur annähernd signifikanten Effekt. Entsprechend zeigt Spalte 2 das Ergebnis derselben Regression, gestützt nur auf die Veränderung der Ausgaben zwischen t_{-3} und t_1.

Die Aussagekraft dieser Regression liegt aber nicht hauptsächlich in der Höhe der Koeffizienten, sondern in ihrer Fähigkeit, den Überschusstyp zu prognostizieren. Dabei zeigt sich, dass die Beschreibung der Daten in der zweiten Regression kaum weniger präzise ist als in der ersten Regression. Beide Regressionen klassifizieren 14 der 16 Überschussperioden korrekt, und zwar jeweils fünf der sechs langen und neun der zehn kurzen Perioden.

Tabelle 5-7 zeigt, dass beide Regressionen den langen Überschuss Australiens falsch prognostizieren. Die Erklärung dafür dürfte in einem Regierungswechsel während der Konsolidierung liegen. Die Jahre t_{-3} bis t_1 entsprechen in Australien den Jahren 1995 bis 1998. Bis 1996 regierte aber eine Labor-Regierung unter Paul Keating, die sich bemühte, das Budget durch eine Erhöhung der Staatseinnahmen auszugleichen. Die neu gewählte Regierung Howard setzte dann in ihrem ersten Budget viel stärkere Sparmaßnahmen auf der Ausgabenseite durch. Über die gesamten drei Jahre betrachtet fiel die Konsolidierung daher weniger ausgabenseitig aus als in den anderen Ländern mit langer Periode.

Bei den kurzen Perioden klassieren die beiden Regressionen dagegen unterschiedliche Fälle falsch. Während in der ersten Regression – wenig überraschend – die Niederlande für den Fehler verantwortlich sind, prognostiziert die zweite Regression für Großbritannien einen langen Überschuss. Letztere Fehlklassifikation weist darauf hin, dass neben der Vorgeschichte des Überschusses eben auch die ersten Überschussjahre eine Rolle spielen. Wie Tabelle 5-5 gezeigt hat, wuchsen die britischen Einnahmen und Ausgaben im Überschuss, während in allen langen Perioden mindestens eine der beiden Seiten des Haushalts schrumpfte. Ein Ausreißer bleiben jedoch die Niederlande, die in den 1990er-Jahren der typischen Entwicklung langer Überschussperioden folgten und sowohl die Staatseinnahmen als auch die Nettoausgaben reduzierten. Auch hier liegt ein ausgabenseitiger Überschuss vor, der jedoch, anders als in den übrigen Ländern, nicht auf Dauer gestellt wurde. Diese Diskrepanz wird im folgenden Abschnitt noch deutlicher.

Insgesamt bestätigt der Vergleich auf Fallebene noch einmal, wie eng der Charakter der Konsolidierung, die einem Überschuss vorausgeht, mit seiner Dauer verbunden ist. Das heißt aber nicht, dass er diese Dauer bewirkt. Wie das sechste Kapitel zeigen wird, ist der ausgabenseitige Charakter der Konsolidierung in den langen Perioden vielmehr ein Symptom eines fiskalpolitischen Regimewechsels. Weil ein solcher Regimewechsel stattfindet, ist die Konsolidierung ausgabenseitig; und weil ein Regimewechsel stattfindet, werden die Überschüsse bewahrt. Dagegen kommt es in den anderen Ländern nicht zu einem Regimewechsel, weshalb die Konsolidierung, die auf beiden Seiten des Haushalts erfolgt, nicht dauerhaft bewahrt wird.

5.2.5 Vergleich von Überschuss- und Defizitperioden

Bislang hat der Vergleich der beiden empirischen Überschusstypen sich ausschließlich auf theoretische Zeit beschränkt. Dadurch war es möglich, auch die schwedischen, dänischen und japanischen Überschüsse der späten 1980er-Jahre und die isländischen, niederländischen und spanischen Überschüsse der zweiten Hälfte der 2000er-Jahre mit zu berücksichtigen. Damit sind jedoch auch zwei Nachteile verbunden. Erstens reduziert sich mit der Vergrößerung des betrachteten Zeitraums zugleich die Vergleichbarkeit der einzelnen Fälle, zweitens bleiben Länder, die nie Überschüsse erzielt haben, vollständig ausgeklammert. Ein Vergleich mit diesen reinen Defizitländern kann nicht in theoretischer Zeit, sondern muss in empirischer Zeit erfolgen, da es dort kein Äquivalent zur »Überschusszeit« gibt. Aus diesem Grund verwenden Tabelle 5-8 und Tabelle 5-9 die drei Referenzjahre 1990, 1998 und 2007. Das Jahr 2007 war das letzte Jahr vor der Weltfinanzkrise, 1998 markiert den Höhepunkt der weltweiten Konsolidierungswelle der späten 1990er-Jahre und 1990 den Beginn einer weltweiten Rezession, die mit einem enormen Anstieg der Schuldenquoten verbunden war. Die beiden Tabellen vergleichen die sechs Länder, die in den späten 1990er-Jahren lange Überschussperioden entwickelten, zum einen mit den vier Ländern, die parallel kurze Überschussperioden erlebten, und zum anderen mit den neun Ländern, die trotz des Konjunkturaufschwungs dieser Zeit im Defizit verblieben.

Tabelle 5-8 zeigt die Entwicklung der zyklisch bereinigten Staatseinnahmen in diesen drei Ländergruppen. Insgesamt blieben die Einnahmen über diesen Zeitraum betrachtet weitgehend konstant, wenn man von den nachholenden Wohlfahrtsstaaten Spanien und Portugal sowie von Island absieht. Allerdings sind die Länder mit langen Überschussperioden die einzige Gruppe, die ihre Steuerlast konsistent reduzierte. Dies wird vor allem in den beiden Rangspalten sichtbar, in der die Länder nach dem Umfang der Einnahmenveränderung sortiert werden, was die Mittelwerte vor dem Einfluss von Ausreißern schützt: Die

Tabelle 5-8 Entwicklung der zyklisch bereinigten Staatseinnahmen in 19 Ländern

	Zyklisch bereinigte Staatseinnahmen			Differenz		Rang	
Land	1990	1998	2007	2007–1990	2007–1998	2007–1990	2007–1998
Australien	32,7	35,7	35,0	+2,3	–0,7	14	8
Dänemark	53,3	55,7	55,2	+1,9	–0,5	10	10
Finnland	53,9	54,1	52,5	–1,4	–1,6	5	5
Kanada	42,8	44,0	40,7	–2,1	–3,3	4	3
Neuseeland	46,9	40,9	43,5	–3,4	+2,6	3	16
Schweden	63,3	59,5	55,7	–7,6	–3,8	1	1
Ø Lange Perioden	48,8	48,3	47,1	–1,7	–1,2	6,2	7,2
Großbritannien	38,9	39,2	41,1	+2,2	+1,9	12	14
Island	35,5	41,0	48,1	+12,6	+7,1	19	19
Niederlande	49,7	45,6	45,6	–4,1	0,0	2	11
USA	32,5	34,6	33,7	+1,2	–0,9	9	7
Ø Kurze Perioden	39,2	40,1	42,1	+2,9	+2,0	10,5	12,8
Belgien	45,3	49,0	47,4	+2,1	–1,6	11	5
Deutschland	44,5[a]	45,4	43,5	–1,0	–1,9	6	4
Frankreich	47,2	50,1	49,4	+2,2	–0,7	12	8
Italien	41,1	45,5	46,1	+5,0	+0,6	17	13
Japan	33,0	30,4	32,3	–0,7	+1,9	8	14
Österreich	49,2	51,7	48,3	–0,9	–3,4	7	2
Portugal	33,2	38,0	42,3	+9,1	+4,3	18	18
Schweiz	30,1	33,5	33,8	+3,7	+0,3	15	12
Spanien	36,7	37,4	40,7	+4,0	+3,3	16	17
Ø Defizite	40,0	42,3	42,6	2,6	0,3	12,2	10,3

a Daten für 1992.
Quelle: Eigene Berechnung auf Basis von OECD (2012a).

langen Überschussperioden unterscheiden sich sichtbar von den beiden anderen Gruppen, während zwischen diesen kein systematischer Unterschied feststellbar ist. Damit bestätigt sich noch einmal, dass die relevante Zäsur nicht zwischen Ländern mit Defiziten und Überschüssen, sondern innerhalb der Gruppe der Überschussländer besteht.

Tabelle 5-9 wiederholt diesen Vergleich für die zyklisch bereinigten Staatsausgaben. Generell sind die Veränderungen hier deutlich stärker ausgeprägt als bei den Staatseinnahmen. Während die Staatstätigkeit im Zeitalter permanenter Austerität fast nirgendwo weiter wuchs, kam es aber nur in den langen Überschussperioden zu einem substanziellen Rückbau. In dieser Tabelle zeigt sich zudem ein marginaler Unterschied zwischen den Ländern mit kurzen Überschüssen und den Defizitländern. Denn tatsächlich erhöhten drei der vier Länder mit kurzen Überschüs-

Tabelle 5-9 Entwicklung der zyklisch bereinigten Staatsausgaben in 19 Ländern

	Zyklisch bereinigte Staatsausgaben			Differenz		Rang	
Land	1990	1998	2007	2007–1990	2007–1998	2007–1990	2007–1998
Australien	33,5	33,7	32,3	−1,2	−1,4	11	9
Dänemark	54,3	56,5	51,8	-2,5	-4,7	8	3
Finnland	48,8	52,0	47,8	−1,0	-4,2	12	4
Kanada	47,8	43,4	38,3	-9,5	-5,1	2	2
Neuseeland	48,6	38,8	38,0	−10,6	-0,8	1	12
Schweden	60,7	58,1	52,8	-7,9	-5,3	4	1
Ø Lange Perioden	49,0	47,1	43,5	-5,5	-3,6	6,3	5,2
Großbritannien	39,1	38,7	42,6	+3,5	+3,9	16	17
Island	34,0	38,5	41,0	+7,0	+2,5	18	16
Niederlande	54,8	46,9	45,3	-9,5	−1,6	2	8
USA	35,8	34,0	35,6	-0,2	+1,6	13	15
Ø Kurze Perioden	40,9	39,5	41,1	+0,2	+1,6	12,3	14,0
Belgien	52,7	48,4	47,4	-5,3	−1,0	5	11
Deutschland	45,5[a]	46,3	43,3	-2,2	-3,0	9	6
Frankreich	48,3	51,2	51,1	+2,8	-0,1	15	13
Italien	49,7	46,4	46,4	-3,3	0	6	14
Japan	28,0	31,1	35,8	+7,8	+4,7	19	18
Österreich	50,0	51,6	47,4	-2,6	-4,2	7	4
Portugal	39,0	39,1	44,0	+5,0	+4,9	17	19
Schweiz	30,3	33,6	31,9	+1,6	−1,7	14	7
Spanien	37,6	37,2	35,9	−1,7	−1,3	10	10
Ø Defizite	42,3	42,8	42,6	+0,3	-0,2	11,3	11,3

a Daten für 1992.
Quelle: Eigene Berechnung auf Basis von OECD (2012a).

sen – Island, Großbritannien und die USA – ihre Staatsausgaben nach dem Jahr 1998 spürbar. Das ist ein weiteres Indiz dafür, dass eine Erhöhung der Staatsausgaben im Konflikt mit dem Ziel ausgeglichener Haushalte steht. Bemerkenswert ist in diesem Kontext zudem erneut der Überschuss der Niederlande. Bezogen auf den Gesamtzeitraum von 1990 bis 2007 weisen diese sowohl den zweithöchsten Rückgang der Ausgaben (nach Neuseeland) als auch den zweithöchsten Rückgang der Einnahmen (nach Schweden) auf. In der eigentlichen Überschussepoche, den Jahren 1998 bis 2007, liegen sie dagegen in beiden Maßen nah am Median der 19 Länder. Dieser Befund weist erneut darauf hin, dass die Vorgeschichte des Überschusses zwar eine große Bedeutung für seine Bewahrung hat, sie aber nicht allein erklären kann. Dies ist ein wichtiger Hinweis für die Analyse im sechsten Kapitel, in dem noch einmal auf die Niederlande zurückzukommen sein wird.

5.3 Lange Überschussperioden und die progressive Konsolidierungsthese

Nachdem die bisherige Analyse die systematischen Unterschiede zwischen langen Überschussperioden auf der einen und kurzen Überschüssen sowie Defiziten auf der anderen Seite deutlich gemacht hat, wendet sich die Untersuchung jetzt den langen Perioden zu, und zieht die kurzen Perioden nur noch gelegentlich als *Shadow Cases* heran. Die sechs langen Überschussfälle, also Australien, Dänemark, Finnland, Kanada, Neuseeland und Schweden, liegen zeitlich fast vollständig parallel zueinander, was ihre kausale Homogenität erhöhen sollte. Außer Neuseeland, das seinen ersten Überschuss bereits 1994 auswies, erzielten alle anderen Länder ihren ersten Überschuss zwischen 1997 und 1999. Globale ökonomische und politische Schocks wie die Asienkrise oder der 11. September trafen die Länder also in einem vergleichbaren Stadium der Entwicklung ihres Überschusses.

Für diese sechs langen Überschussperioden wird nun genauer überprüft, ob die von der progressiven Konsolidierungsthese angekündigte Rückkehr zu mehr fiskalpolitischer Handlungsfähigkeit feststellbar ist. Dazu wird zunächst gezeigt, dass diese Länder tatsächlich über wachsenden fiskalischen Handlungsspielraum verfügten. Danach werden die verschiedenen Möglichkeiten einer quantitativen Operationalisierung von Handlungsfähigkeit diskutiert und diese werden dann auf die Fiskalpolitik der sechs Überschussländer angewendet.

5.3.1 Fiskalischer Handlungsspielraum im Überschuss

Voraussetzung für einen Zuwachs an fiskalpolitischer Handlungsfähigkeit ist laut der progressiven Konsolidierungsthese ein Anstieg des fiskalischen Handlungsspielraums. Dieser Spielraum ist oben als Abwesenheit fiskalischer Sachzwänge definiert worden, die von den Finanzmärkten ausgehen oder sich aus den Lasten früherer Zahlungsversprechen ergeben.

Tatsächlich verringern dauerhafte Haushaltsüberschüsse den Druck der Sachzwänge in beiden Dimensionen, sodass die notwendige Voraussetzung für die Gültigkeit der progressiven Konsolidierungsthese erfüllt ist. Der Rückgang der Finanzmarktzwänge zeigt sich in den Ratings für die Fremdwährungsverschuldung der sechs Länder. Bis auf Neuseeland wurden alle Überschussländer in den frühen 2000er-Jahren in die höchste Bonitätsstufe AAA aufgewertet und genossen das höchste Vertrauen der Finanzmärkte (Standard & Poor's 2011). Neuseeland war bereits 1996 auf die zweithöchste Stufe AA+ hochgestuft worden, das AAA blieb dem Land jedoch verwehrt.

Vor allem zeigt sich die Abwesenheit fiskalischer Sachzwänge aber in der Verfügbarkeit von Ressourcen, die noch nicht für früher geleistete Zahlungs-

Tabelle 5-10 Fiskalischer Handlungsspielraum in sechs Überschussländern, in Prozent des BIP

Land	Überschuss seit	Ø Überschuss	Nettoverschuldung t_{-1}	Nettoverschuldung 2007	Nettozinslast t_{-1}	Nettozinslast in 2007
Australien	1998	0,86	21,2	–7,3	1,4	0,0
Dänemark	1999	2,39	35,1	–3,8	2,7	0,4
Finnland	1998	3,48	–7,5	–72,6	1,8	–0,6
Kanada	1997	0,98	68,5	22,4	5,2	0,6
Neuseeland	1994	2,68	50,5	–5,5	3,2	0,1
Schweden	1998	1,23	24,6	–22,4	3,0	0,7
Ø	–	1,94	32,1	–14,9	2,9	0,2

Finnlands Zahlen sind hier nicht direkt mit denen der übrigen Länder zu vergleichen. Sein Rentensystem enthält eine kapitalgedeckte Säule, die über das staatliche Versicherungssystem organisiert wird und jährliche Rücklagen bildet, die in den 1990er-Jahren zeitweilig mehr als 3 Prozent des BIP erreichten. Die OECD rechnet diese Rücklagen dem Budgetsaldo des Gesamtstaats zu, was die extrem hohen Überschüsse erklärt.
Quelle: Eigene Berechnung auf Basis von OECD (2012a).

versprechen verpfändet sind. Wie aus der Diskussion des Überschussbegriffs deutlich geworden ist, signalisiert ein Überschuss allein noch nicht deren dauerhafte Verfügbarkeit, weil er nicht im Wortsinne »ausgegeben« werden kann, ohne dadurch wieder zum Defizit zu werden. Streng genommen besteht die unmittelbar verfügbare Dividende des Schuldenabbaus daher zunächst allein in der gesunkenen Zinslast. Wenn eine erneute Verschlechterung des Haushaltssaldos ausgeschlossen werden soll, kann bei gleichbleibenden Einnahmen daher nur der Rückgang der Ausgabeverpflichtungen als direkter Zuwachs des fiskalischen Handlungsspielraums gelten. Selbst wenn man sich darauf beschränkt, ist der Zugewinn aber erheblich, wie Tabelle 5-10 zeigt. Bis 2007 sank die Zinslast der sechs Überschussländer im Schnitt um 2,7 Prozent des BIP. Hinzu kamen durchschnittliche Überschüsse von fast 2 Prozent des BIP, die zu einem Abbau der Nettoverschuldung und der Akkumulation von Nettovermögen führten, was wiederum auf das Vertrauen der Finanzmärkte zurückwirkte.

5.3.2 Zur Operationalisierung fiskalpolitischer Handlungsfähigkeit

Bonität, Zinslast und Schuldenquote signalisieren also, dass die Überschussländer tatsächlich über fiskalischen Handlungsspielraum verfügten. Um überprüfen zu können, ob damit auch ein Wiederanstieg der fiskalpolitischen Handlungsfähigkeit verbunden war, muss dieses Konzept aber zunächst operationalisiert werden. Dabei orientiert sich die Operationalisierung an der Interpretation von

Handlungsfähigkeit als Gestaltung (im Gegensatz zu Handlungsfähigkeit als Potenzial). Diese bezieht sich auf das tatsächliche Handeln des Staates – das lenkt den Blick auf die Ausgabenseite des Staatshaushalts. Dabei ist offensichtlich nicht jede Form der Staatstätigkeit ein Zeichen staatlicher Handlungsfähigkeit. Eine solche Definition würde zu der tautologischen Behauptung führen, ein handlungsfähiger Staat sei ein Staat, der viele Dinge tue. Außerdem würde sie implizieren, ein Staat mit größerer Staatsquote sei automatisch handlungsfähiger als einer mit kleinerer Staatsquote.

Handlungsfähigkeit als Gestaltung bezieht sich stattdessen auf jene Formen von Staatstätigkeit, die sowohl die Entwicklung der Gesellschaft gestalten als auch von der Politik gestaltet werden können, also zugleich *gestaltend* und *gestaltbar* sind. Im Umkehrschluss bedeutet dies, dass zwei Formen von Staatsausgaben nicht darunter fallen: Ausgaben für frühere Verpflichtungen, weil sie nur sehr begrenzt noch von der Politik beeinflusst werden können, und staatliche Transferleistungen, die zwar möglicherweise das zukünftige Verhalten der Bürger beeinflussen, bei denen die Gestaltung der gesellschaftlichen Entwicklung aber nur ein Nebeneffekt ist. Der hier verwendete Handlungsfähigkeitsbegriff sucht dagegen nach Ausgaben, die explizit auf die Gestaltung der Zukunft gerichtet sind.

Die stark aggregierten Indikatoren für die Staatstätigkeit, die in diesem Kapitel bislang verwendet wurden, bieten daher bestenfalls ein sehr grobes Maß für die Handlungsfähigkeit des Staates. Die folgende statistische Aufarbeitung wird sich deshalb nun auf spezifischere Formen der Staatstätigkeit konzentrieren. Grundsätzlich gibt es dabei zwei Strategien, um ein Maß für die Handlungsfähigkeit im Sinne der progressiven Konsolidierungsthese zu entwickeln. Einerseits kann man von den gesamten Staatsausgaben ausgehen und all jene Staatsausgaben abziehen, die keine Handlungsfähigkeit repräsentieren. Andererseits kann man von null ausgehend alle Staatsausgaben aufsummieren, die für Handlungsfähigkeit stehen. Im Idealfall sollten sich beide Maße entsprechen. Das ist jedoch schon deshalb nicht der Fall, weil die verwendeten Daten schlicht nicht präzise genug zuzuordnen sind. Die Arbeit nutzt darum mehrere, unterschiedlich definierte empirische Indikatoren der Handlungsfähigkeit, die gemeinsam eine bestmögliche Annäherung an das theoretische Konzept liefern sollen.

Besonders attraktiv wäre es, sich den Gestaltungsausgaben über die frei verfügbaren oder diskretionären Staatsausgaben zu nähern (Steuerle 2014; Cordes 1996). Dies sind alle Ausgaben, die nicht durch frühere Verpflichtungen bestimmt sind, sondern über die in jedem Haushaltsjahr neu entschieden werden kann. Ihre Verwendung scheitert aber an Problemen der Datenverfügbarkeit. Die Unterscheidung zwischen *mandatory* und *discretionary spending* ist eine institutionelle Eigenheit des amerikanischen Haushalts, für die es in den meisten anderen Ländern kein Äquivalent gibt. Sie kann zwar näherungsweise reproduziert werden (Streeck/Mertens 2010 für Deutschland), aber nur unter großem Aufwand. Selbst wenn dies auf Länderebene gelänge, wäre die Vergleichbarkeit der Zahlen zudem zweifelhaft.

Eine Annäherung an die diskretionären Ausgaben bieten allerdings die bereits angeführten Nettokernausgaben, deren Veränderung man betrachten kann. Dieses Maß bereinigt die Staatsausgaben um die Sozialausgaben und Zinszahlungen und damit zwei sehr wichtige Formen früherer Verpflichtungen, die nicht darauf abzielen, die gesellschaftliche Entwicklung zu gestalten. Damit sind die Nettokernausgaben ein deutlich spezifischeres Maß der Handlungsfähigkeit als die gesamte Staatstätigkeit. Zugleich enthalten sie jedoch noch immer viele Ausgaben, die reiner Konsum sind. Gleichwohl kann man mit ihnen die Größe des verfügbaren Etats, aus dem Gestaltungsausgaben finanziert werden können, wesentlich präziser abschätzen.

Während die Strategie des Ausschließens von Nichtgestaltungausgaben also recht schnell an Grenzen stößt, kann die Handlungsfähigkeit auch direkt über die zukunftsgerichteten Ausgaben des Staates operationalisiert werden. Dabei kann sich die Operationalisierung vor allem auf zwei theoretische Quellen stützen. Gemäß der ökonomischen »neuen Wachstumstheorie« (Romer 1990; Aghion/Howitt 1990) sind öffentliche Investitionen in »hartes« Kapital wie Infrastruktur und »weiches« Kapital wie Bildung und Forschung eine wichtige Quelle von Wirtschaftswachstum (Aschauer 1989). Daraus ergibt sich, dass hohe Investitionen ein entscheidendes Element einer »progressiven Angebotspolitik« sind (Boix 1997). Ihr klassischer Indikator sind die öffentlichen Bruttoinvestitionen, definiert als »gross fixed capital formation« (Keman 2010; Breunig/Busemeyer 2011). Allerdings wird immer häufiger darauf hingewiesen, dass Sachkapitalinvestitionen in einer wissensbasierten Dienstleistungsökonomie kein angemessenes Maß der staatlichen Gestaltungsausgaben mehr sind. Insbesondere der Aufbau eines vorsorgenden Sozialstaats oder »social investment welfare state« (Esping-Andersen et al. 2002; Morel/Palier/Palme 2012) verlangt Investitionen in Bildung, Familien und aktive Arbeitsmarktpolitik. Streeck und Mertens (2011; siehe auch Nikolai 2012) schlagen daher einen Index für »soft public investment« vor, der aus den Ausgaben für Bildung, Forschung und Entwicklung, Familienpolitik und aktive Arbeitsmarktpolitik zusammengesetzt ist.

Für ein vollständiges Bild der staatlichen Gestaltungsausgaben sollten sowohl die harten als auch die weichen Investitionen berücksichtigt werden. Weil dies zu einer Doppelzählung bestimmter Ausgaben führen würde, kann man die beiden Maße jedoch nicht addieren, (zum Beispiel zählen Schulneubauten zu den Investitionen und den Bildungsausgaben). Es ist daher nicht möglich, einen Index zu bilden und dessen Entwicklung zu betrachten. Stattdessen nimmt die Arbeit mehrere Indikatoren in den Blick und untersucht sie auf gemeinsame Entwicklungen. Wenn verschieden definierte Indikatoren ein ähnliches Bild zeichnen, rechtfertigt dies ein höheres Vertrauen in das Ergebnis, als dies bei einem einzelnen Indikator der Fall wäre. Eine solche Triangulation ist auch deshalb wichtig, weil die Datenqualität keiner der verwendeten abhängigen Variablen über jeden Zweifel erhaben ist. So mussten in fast allen Elementen der weichen Investitionen einzelne Lücken in den Zeitreihen durch lineare Imputation gefüllt werden. Es stärkt daher die Ergebnisse, wenn sie von verschiedenen Indikatoren bestätigt werden.

Unabhängig von der exakten Operationalisierung staatlicher Handlungsfähigkeit sind ausreichende Steuereinnahmen in jedem Fall ihre Voraussetzung. Zugleich ist die Steuerpolitik aber einer der beiden Hauptkonkurrenten um die Verwendung der Überschüsse. Wenn Überschüsse für Steuersenkungen eingesetzt werden, bleibt entsprechend weniger Raum für höhere Investitionen. Darum wird nach der direkten Überprüfung der progressiven Konsolidierungsthese auch die Entwicklung der Staatseinnahmen in knapper Form untersucht. Der andere Konkurrent öffentlicher Investitionen ist der Staatskonsum und dabei vor allem der Sozialstaat. Geld, mit dem Sozialleistungen finanziert werden, steht ebenfalls nicht für Investitionen zur Verfügung. Auch die Entwicklung der Sozialausgaben wird daher zum Ende der folgenden Analyse kurz beleuchtet. Zugleich werden aber weder Steuersenkungen noch höhere Sozialausgaben als Ausdruck staatlicher Handlungsfähigkeit interpretiert. Selbstverständlich sind auch sie zunächst einmal Ausdruck der staatlichen Fähigkeit, fiskalische Ressourcen für politische Ziele zur Verfügung zu stellen. Diesen Zielen fehlt jedoch der gestaltende Anspruch. Vielmehr tritt der Staat die gestalterische Verfügung über diese Ressourcen an die Empfänger der Transfers beziehungsweise die Profiteure der Steuersenkungen ab.

5.3.3 Entwicklung der Staatsausgaben im Überschuss

Im Folgenden gilt es, die Prognosen der progressiven Konsolidierungsthese genauer zu überprüfen. Dazu werden typische Forschungsdesigns der Vergleichenden Politischen Ökonomie reproduziert, wie sie beispielsweise in den Arbeiten von Boix (1997, 1998), Garrett und Mitchell (2001) sowie Swank und Steinmo (2002) verwendet werden. Solche Arbeiten nutzen ein Time-Series-Cross-Section-Design (TSCS), bei dem sie in der Regel den methodischen Vorschlägen von Beck und Katz folgen (Beck/Katz 1995; Beck 2001). Dieses Vorgehen ist zu einer Art Standardverfahren der Vergleichenden Politischen Ökonomie geworden. Zugleich ist es aus verschiedenen Gründen kritisiert worden, wobei sich ein Großteil der Kritik nicht gegen die Methode an sich, sondern an ihre unreflektierte Verwendung in ungeeigneten Kontexten richtet.[10] So bemängeln Wilson und Butler (2007), in vielen Studien fehle eine Auseinandersetzung mit der »critical assumption« der kausalen Homogenität der Untersuchungseinheiten sowie mit der korrekten Spezifikation der Zeitreihendynamik.

Während solch eine Kritik die Methode selbst betrifft, soll hier ein inhaltliches Problem ihrer Anwendung auf den Einfluss von Haushaltsdefiziten und Staatsverschuldung dargelegt werden. Fast alle derartigen Analysen nehmen nämlich keine Fallunterscheidung zwischen Defiziten und Überschüssen vor. Ziel der folgenden Analysen ist daher, die teils explizite, teils implizite Annahme einer kausalen Symmetrie zwischen Defiziten und Überschüssen zurückzuweisen und zu zeigen, dass aus dieser Annahme zu optimistische Prognosen über die Gültigkeit der progressiven Konsolidierungsthese resultieren. Die folgenden Regressionen versuchen also nicht in erster Linie, die bestmögliche Erklärung für die Entwicklung der Staatstätigkeit auszuarbeiten. Es geht ihnen vielmehr darum, ob typische Erklärungen der Staatstätigkeit auch die Entwicklung im Überschuss prognostizieren können.

Tabelle 5-11 zeigt die verschiedenen abhängigen Variablen, die in den folgenden Regressionen verwendet werden, Tabelle 5-12 die dabei eingesetzten erklärenden Variablen. Die wichtigste erklärende Variable ist der Haushaltssaldo. Dagegen wird die Bruttoschuldenquote nicht aufgenommen, weil sie, wie in Abschnitt 4.3 beschrieben, im Überschuss an Aussagekraft verliert.[11] Darüber hinaus wird die von Armingeon et al. (2012) verwendete Klassifikation politischer Parteien in ein binäres Maß der politischen Lager überführt, das die kanadischen Liberalen und die US-Demokraten als progressive Parteien und die christdemokratischen Parteien des europäischen Kontinents als konservative Parteien klassifiziert. Da es nur sechs Überschussländer gibt, muss sich die Überprüfung von Parteieffekten in diesen Ländern auf ein solches, relativ grobes Maß beschränken. Zudem wird wie bei Boix (1997) mittels eines Interaktionsterms überprüft, ob der Haushaltssaldo unter progressiven Regierungen einen anderen Einfluss hat als unter konservativen Regierungen.

Daneben werden als Kontrollvariablen zwei Maße der Globalisierung verwendet, nämlich die Außenhandelsverflechtung, definiert als Summe der Importe und Exporte, und ein Index für den Grad der Kapitalverkehrsfreiheit (zu dessen Konstruktion siehe Chinn/Ito 2008). Schließlich halten die Regressionen vier Variablen aus dem makroökonomischen Datenkranz konstant, nämlich das Wirtschaftswachstum, das Pro-Kopf-Einkommen, die Arbeitslosenquote und

10 Allerdings bestreitet Kittel (2006) in einem provokanten Aufsatz grundsätzlich ihre Anwendbarkeit auf Fragen der Vergleichenden Politischen Ökonomie.

11 Auch das ist eine Form von Asymmetrie zwischen Defiziten und Überschüssen.

Tabelle 5-11 In den Regressionen verwendete abhängige Variablen

Variable	Definition
Nettokern	Gesamtstaatliche Ausgaben abzüglich Sozialausgaben und Zinsen
Harte Investitionen	Gesamtstaatliche Bruttoinvestitionen
Weiche Investitionen	Summe der Ausgaben für Bildung, aktive Arbeitsmarktpolitik, Familienpolitik sowie Forschung und Entwicklung
Einnahmen	Zyklisch bereinigte laufende Staatseinnahmen
Steuern	Steuereinnahmen des Gesamtstaats
Ek&Gw_Steuern	Einnahmen aus Steuern auf Einkommen und Gewinne
Untern_Steuern	Einnahmen aus der Unternehmensteuer
Sozialausgaben	Sozialausgaben

Alle Variablen in Prozent des BIP. Leider weist der Datensatz immer wieder Lücken auf, die aber teilweise durch Hinzuziehen früherer Economic Outlooks geschlossen werden können. Die exakten Quellen dafür zeigt Tabelle A-3 im Anhang. Dennoch bleibt der Datensatz unvollständig, weil beispielsweise Werte für die aktive Arbeitsmarktpolitik erst ab 1985 zur Verfügung stehen. Deshalb erreicht die Zahl der Beobachtungen in keiner Regression das theoretische Maximum von 554 (554=19x30−16, da für Finnland generell erst Daten ab 1991, für Island Daten ab 1985 verwendet werden), sodass das Panel unbalanciert ist.
Quelle: OECD (2012a).

Tabelle 5-12 In den Regressionen verwendete Kontrollvariablen

Variable	Definition
Saldo	Haushaltssaldo in Prozent des BIP
Kabinett_Prog	Kabinettsanteil progressiver Parteien
Saldo*Prog	Interaktion aus Haushaltssaldo und Kabinettsanteil progressiver Parteien
Handel	Außenhandel (Summe aus Importen und Exporten) in Prozent des BIP
Kapitalverkehr	Index für den Grad der Kapitalverkehrsfreiheit
Wachstum	Wachstumsrate des BIP in Prozent
Log (PKE)	BIP pro Kopf in US-Dollar, logarithmiert
Arbeitslosigkeit	Arbeitslosenquote nach OECD-Definition
Realzins	Langfristiger Realzinssatz auf Staatsanleihen in Prozent
Junge	Anteil der Personen unter 25 Jahren an der Gesamtbevölkerung
Senioren	Anteil der Personen über 64 Jahren an der Gesamtbevölkerung

Quelle: OECD (2012a); Armingeon et al. (2012).

den Realzins auf langfristige Staatsanleihen. Bei der Untersuchung der Ausgaben für Bildung und für Familien wird zudem der Anteil der unter 25-Jährigen an der Gesamtbevölkerung konstant gehalten, bei der Untersuchung der Sozialausgaben der Anteil der über 64-Jährigen. All diese Variablen sind typische Kontrollfaktoren in Regressionen zur Erklärung der Staatstätigkeit, sodass sich die folgenden Analysen zunächst auf gut vermessenem Terrain bewegen.

Nettokernausgaben

Die Untersuchung wendet sich zunächst dem breitesten Maß für die Entwicklung fiskalpolitischer Handlungsfähigkeit zu – den Nettokernausgaben. Abbildung 5-4 zeigt die relativen Anteile der Kern- und der Sozialausgaben an den gesamten Nettoausgaben im Zeitverlauf. Wie bereits gezeigt, fielen die Gesamtausgaben im Untersuchungszeitraum um mehr als 6 Prozent des BIP. Davon hatten die Kernausgaben den größeren Teil zu tragen, denn ihr Anteil ging auch in der Überschussperiode weiter zurück und stabilisierte sich erst nach etwa sieben Jahren im Überschuss.

Abbildung 5-4 Entwicklung der Sozial- und der Nettokernausgaben als Anteil der gesamten Nettoausgaben im Durchschnitt der Überschussländer

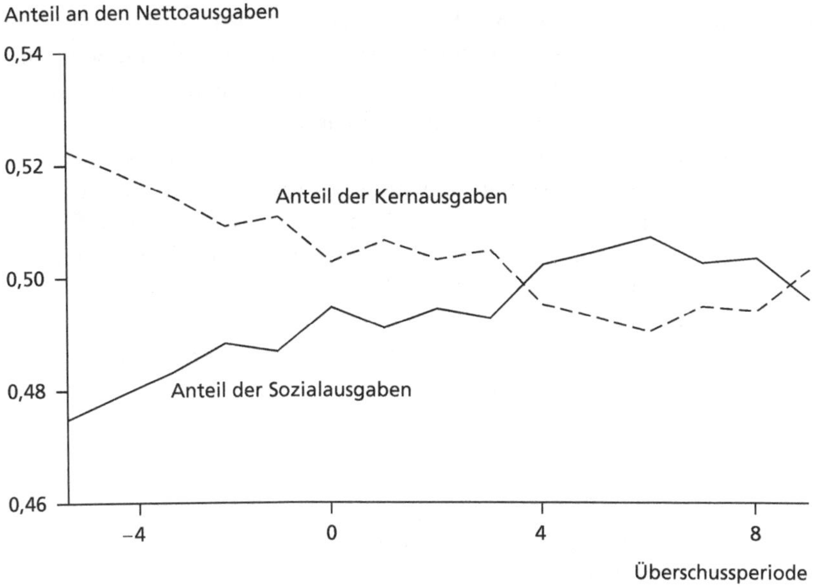

Quelle: OECD (2012a), Mittelwerte ungewichtet.

Die genauere Analyse dieser Diagnose beginnt mit einer Regression, die sich an die bereits zitierten Untersuchungsdesigns der Vergleichenden Politischen Ökonomie anlehnt. Dabei wird im Folgenden anders als in vielen Studien, die sich direkt an Beck und Katz (1995) orientieren, keine Spezifikation in Variablenniveaus, sondern eine Spezifikation in ersten Differenzen, also Veränderungsraten der abhängigen Variablen verwendet.[12] Diese Spezifikation hat den Vorteil, die Frage nach der Verwendung von Überschüssen unmittelbar abzubilden. Ob Überschüsse Länder befähigen, die Ausgaben in bestimmten Politikfeldern zu erhöhen, ist schließlich eine Frage nach deren Veränderungsraten.[13]

Spezifiziert man die gesamte Regression in Veränderungsraten, werden die ersten Differenzen aller Variablen gebildet und somit auch auf der rechten Seite der Gleichung Veränderungsraten statt Niveauvariablen verwendet (so etwa Kittel/Winner 2002). Allerdings ist nicht in jedem Fall davon auszugehen, dass bestimmte Entwicklungen der Staatstätigkeit von Veränderungen statt von den Niveaus der erklärenden Variablen getrieben werden. So lautet die Hypothese für die Hauptvariable der Untersuchung, den Haushaltssaldo, dass das Ausmaß des fiskalischen Drucks und damit das Niveau des Saldos einen Einfluss auf die Staatstätigkeit haben sollte. Ähnliches gilt für die Lagerzugehörigkeit der Regierung und die beiden Globalisierungsindikatoren. Andererseits wirkt sich die Entwicklung der Arbeitslosigkeit unmittelbar auf die Staatstätigkeit aus. Je nach theoretischer Plausibilität werden die Kontrollvariablen daher zum Teil in Niveaus und zum Teil in ersten Differenzen aufgenommen.

Während viele in dieser Tradition stehende Analysen sich auf eine bestimmte politische oder institutionelle Variable wie den Einfluss linker Parteien konzentrieren, steht in dieser Untersuchung die Rolle der Staatsfinanzen im Mittelpunkt. Schlüsselvariable der Regression ist daher der Saldo der Vorperiode. Es ist nötig, die Vorperiode zu verwenden, weil die Nettokernausgaben selbst zu den Subtrahenden bei der Berechnung des Saldos zählen, also ansonsten auf beiden Seiten der Gleichung auftauchen würden. Zudem werden in Übereinstimmung mit Kittel und Obinger (2003: 31) das Niveau und die Veränderungsrate der abhängigen Variable in der Vorperiode aufgenommen, um Leveleffekte und die Persistenz von Wachstumsraten abzubilden. Konkret schätzt die Regression in Spalte 1 von Tabelle 5-13 folgendes Modell:

12 Aus theoretischen Gründen grundsätzlich für eine Spezifikation in Niveaus plädieren Huber und Stephens (2001), aus statistischen Gründen grundsätzlich für eine Spezifikation in Veränderungsraten Kittel und Obinger (2003).

13 Zur Kontrolle der Ergebnisse wurden die Regressionen zudem auch in einer Spezifikation in Niveauvariablen gerechnet, mit qualitativ sehr ähnlichen Resultaten.

Tabelle 5-13 Regressionen für die Veränderung der Nettokernausgaben

	(1) OLS	(2) FE_T	(3) FE_C	(4) FE_CT
Saldo (t_{-1})	0,142***	0,142***	0,174***	0,166***
	(0,022)	(0,023)	(0,035)	(0,034)
Wachstum (t_{-1})	-0,031	-0,031	-0,042	-0,034
	(0,055)	(0,062)	(0,054)	(0,062)
Δ Arbeitslosigkeit	0,402***	0,232**	0,379***	0,193*
	(0,067)	(0,075)	(0,070)	(0,076)
Handel	-0,001	-0,001	-0,029**	-0,043***
	(0,001)	(0,001)	(0,010)	(0,011)
Kapitalverkehr	-0,255**	-0,251*		
	(0,092)	(0,103)		
Log (PKE)	0,227	0,466		
	(0,284)	(0,313)		
Realzins	0,038	0,027	0,019	0,046
	(0,048)	(0,057)	(0,039)	(0,053)
Kabinett_Prog	-0,186	-0,146	-0,081	-0,027
	(0,140)	(0,150)	(0,147)	(0,151)
Saldo*Prog (t_{-1})	0,026	0,031	0,005	0,012
	(0,029)	(0,029)	(0,031)	(0,032)
Δ Nettokern (t_{-1})	-0,285***	-0,300***	-0,242**	-0,247***
	(0,070)	(0,070)	(0,074)	(0,072)
Nettokern (t_{-1})	-0,065***	-0,070***	-0,138**	-0,158**
	(0,018)	(0,019)	(0,051)	(0,061)
Konstante	-0,053	-1,725	7,302***	10,791***
	(-2,949)	(-3,256)	(-1,965)	(-2,259)
N	468	468	472	472
R^2	0,267	0,339	0,334	0,415

Panelkorrigierte Standardfehler in Klammern.
*p<0,05; **p<0,01; ***p<0,001.
Quelle: OECD (2012a); Armingeon et al. (2012).

$$\Delta \text{ Nettokern}_{it} = \alpha + \beta_1 \times \Delta \text{ Nettokern}_{it-1} + \beta_2 \times \text{Nettokern}_{it-1} + \beta_3 \times \text{Saldo}_{it-1} + \beta_4 \times \mathbf{X}_{it} + \varepsilon_{it}$$

Dabei ist $\mathbf{X}_{it}$ der Vektor der Kontrollvariablen. In den weiteren Spalten der Tabelle werden verschiedene Modellspezifikationen durchgespielt. Modell 2 ergänzt fixe Zeiteffekte (α wird zu α_t), Modell 3 fixe Ländereffekte (α wird zu α_i) und Modell 4 verwendet fixe Effekte in beiden Dimensionen (α wird zu α_{it}). In den Spezifikationen mit Länderdummys werden zugleich das Pro-Kopf-Einkommen und der Index der Kapitalverkehrsfreiheit aus der Regression herausgenommen, weil sie sich nur langsam verändern und daher eng mit dem

Länderdummy korrelieren. Alle Modelle weisen panelkorrigierte Standardfehler nach Beck und Katz aus.

Die Ergebnisse aller vier Regressionen ähneln sich sehr. Anders als gelegentlich befürchtet, verändert weder die Hinzunahme von Länder- noch von Periodendummys die Ergebnisse entscheidend (Kittel/Winner 2002). Da es hier nicht um einen Vergleich verschiedener Erklärungen der Staatstätigkeit geht, sind die Koeffizienten der einzelnen Kontrollvariablen für die Überprüfung der progressiven Konsolidierungsthese eher nebensächlich. In Übereinstimmung mit der These, das Zeitalter permanenter Austerität erlaube kaum noch politische Spielräume, zeigen sich keine signifikanten Parteieneffekte, weder unmittelbar noch über die Interaktion mit dem Haushaltssaldo. Auch Pro-Kopf-Einkommen und Realzins haben keinen signifikanten Einfluss auf die Nettokernausgaben, die Arbeitslosigkeit hingegen hat durchaus einen Einfluss. Als instabil erweist sich schließlich der Globalisierungseffekt, der in Spezifikationen ohne Länderdummys über den Kapitalverkehr, in Spezifikationen mit Dummys über den Außenhandel, in beiden Fällen aber negativ wirkt.

Der eigentlich interessante Koeffizient ist aber jener für den Saldo der Vorperiode. Demnach sorgt ein Defizit von 1 Prozent des BIP für einen Rückgang der Nettokernausgaben zwischen 0,14 Prozent und 0,17 Prozent des BIP. Dieser Effekt ist in allen Modellspezifikationen hochsignifikant.[14] Insofern bestätigt sich der Befund der Vergleichenden Politischen Ökonomie: Fiskalischer Stress in Form höherer Defizite führt in der Tat zu einem Rückgang der Staatstätigkeit. Wie der insignifikante Interaktionseffekt zwischen Saldo und Parteizugehörigkeit der Regierung zeigt, gilt das auch unabhängig von der politischen Ausrichtung der Regierung. Die Diagnose, die den Ausgangspunkt der progressiven Konsolidierungsthese bildet, wird damit deutlich unterstützt.

Welche Modellspezifikation wird der Fragestellung der Arbeit und der Art der verwendeten Daten nun am besten gerecht? Gemäß der Argumentation von Plümper, Troeger und Manow (2005) folgt wegen des unterstellten Effekts der Saldenniveaus auf die Veränderungsraten der Staatstätigkeit aus der Entscheidung für eine Spezifikation in ersten Differenzen zugleich eine Entscheidung gegen die Verwendung von Länderdummys: »If the theory predicts an influence of the level of an exogenous variable on changes in the endogenous variable, unit fixed effects *must* not be included« (Plümper/Troeger/Manow 2005: 348). Der Grund dafür ist, dass der fixe Effekt die unabhängigen Variablen um ihren durchschnittlichen Wert innerhalb eines Landes bereinigt. Zwei Länder, bei de-

14 Wenn die Hypothese einer Asymmetrie zwischen Defiziten und Überschüssen stimmt, wird der Effekt des Saldos sogar unterschätzt, weil in die Berechnung auch die Überschussjahre einfließen, in denen der Einfluss des Saldos viel schwächer sein sollte.

nen der Saldo mit derselben Amplitude um ihren Mittelwert schwankt, werden daher identisch abgebildet, selbst wenn der Mittelwert des einen ein Defizit von 2 Prozent, der Mittelwert des anderen aber ein Defizit von 5 Prozent ist. Die Arbeit unterstellt aber gerade einen solchen Leveleffekt, denn es ist genau das Ziel des Kapitels, einen eigenen, zusätzlichen Effekt der Existenz von Überschüssen (einer Niveauvariablen) nachzuweisen. Es ist daher nicht sinnvoll, diesen Effekt in einen Dummy auszulagern.

Dagegen gibt es gute theoretische Gründe für die Verwendung fixer Zeiteffekte, denn wie die Beschreibung zu Beginn des Kapitels gezeigt hat, änderte sich der Umgang mit Haushaltsdefiziten zwischen 1980 und 2009 weltweit fundamental. Es ist deshalb anzunehmen, dass alle Länder einem gemeinsamen Periodeneffekt ausgesetzt sind, wobei insbesondere die 1990er-Jahre als Konsolidierungsjahrzehnt hervorstechen. Solche zeitlich begrenzten Tendenzen können durch fixe Zeiteffekte abgebildet werden. Andererseits unterstellt die Arbeit ja gerade, dass die Überschussländer seit den späten 1990er-Jahren in einem Überschussregime, also in einem anderen fiskalpolitischen Paradigma operierten als zuvor und als die übrigen Länder. Mathematisch lässt sich diese Hypothese ebenfalls als Zeiteffekt abbilden, der aber nur in sechs Ländern ab Mitte der 1990er-Jahre wirksam wird. Verwendet man nun für den gesamten Datensatz fixe Zeiteffekte, dann schlucken diese gewissermaßen einen Teil des eigentlich interessierenden Effekts. Da dieser immerhin sechs von 19 Ländern im Datensatz betrifft, entsteht eine erhebliche Verzerrung: Zur Verdeutlichung sei einmal angenommen, das jährliche Wachstum der Nettokernausgaben falle in den Überschussländern systematisch um 0,19 Prozentpunkte niedriger aus als im Rest des Datensatzes. Berechnet man unter diesen Umständen einen fixen Zeiteffekt für den gesamten Datensatz, beträgt dieser 0,06 und schluckt damit fast ein Drittel des eigentlich interessierenden Effekts. Diesen Nachteil gilt es gegen den Vorteil einer Erfassung der weltweiten Entwicklungstrends abzuwägen. Wegen des beschriebenen »Schluckens« des Überschusseffekts stellt die Spezifikation mit fixen Effekten den härteren Test für die Hypothese einer Asymmetrie zwischen Defiziten und Überschüssen dar. Vor diesem Hintergrund ist Modell 2, das fixe Zeit-, aber keine Ländereffekte verwendet, das plausibelste Modell. Es dient daher als Grundlage für alle weiteren Analysen.

Die bisherigen Analysen haben das übliche Vorgehen der Vergleichenden Politischen Ökonomie reproduziert. Wie diese finden sie für den gesamten Datensatz einen signifikanten Effekt fiskalischen Stresses auf die Entwicklung der Staatstätigkeit: Je höher das Defizit, desto stärker gehen die Nettokernausgaben zurück. Damit haben die bisherigen Analysen aber ebenfalls eine implizite Symmetrieannahme verwendet. Die entscheidende Frage ist nun, ob dieser Zusammenhang zwischen Saldo und Staatstätigkeit auch für Länder mit Haushaltsüberschüssen – also für eine bestimmte Untergruppe des gesamten Datensatzes – gilt, ob die Symmetrieannahme also tatsächlich zulässig ist.

Um diese Frage zu beantworten, werden nun die Residuen der Schätzung untersucht. Qua Konstruktion des Regressionsmodells ist der Mittelwert der Residuen für den gesamten Datensatz null. Das muss aber nicht für alle Subgruppengelten. Es ist durchaus möglich, dass die Regression für einen bestimmten Teil des Datensatzes systematisch zu optimistische oder zu pessimistische Prognosen trifft. Konkret lässt sich fragen, wie gut die Regression die Ausgabenentwicklung in den 68 Überschussjahren prognostiziert oder, spezifischer, ob dabei eine systematische Verzerrung vorliegt. Dabei gilt, dass es desto unwahrscheinlicher wird, eine systematische Verzerrung festzustellen, je besser das verwendete Modell die Daten beschreibt. Ohnehin sollten eigentlich die Spezifikation in Veränderungsraten und die Aufnahme der abhängigen Variable der Vorperiode dafür gesorgt haben, dass keine Autokorrelation in den Residuen mehr vorhanden ist. Tatsächlich bestätigt ein Lagrange-Multiplikator-Test das auch: Die Nullhypothese, dass die Residuen der Vorperiode keinen Effekt auf die aktuellen Residuen haben, kann nicht abgelehnt werden ($p = 0{,}359$). Bezogen auf den gesamten Datensatz sind die Residuen also frei von statistisch feststellbarer Autokorrelation. Dennoch zeigt ein genauerer Blick, dass durchaus noch Systematik in den Residuen für die Überschussjahre vorhanden ist.

Abbildung 5-5 zeigt die tatsächlichen jährlichen Zuwachsraten in den 68 Jahren der langen Überschussperioden im Verhältnis zu den vom favorisierten Regressionsmodell 2 prognostizierten Werten. Die eingezeichnete Diagonale zeigt dabei alle Punkte, in denen sich realisierte und prognostizierte Werte entsprechen. Dabei fällt zweierlei auf. Zum einen liegen die realisierten Werte in den meisten Fällen unter den prognostizierten Werten, im Durchschnitt um erstaunliche 0,38 Prozent ($p = 0{,}000$). Zum anderen ergibt sich daraus häufig sogar eine Vorzeichenverschiebung: In der Mehrzahl der Überschussjahre wird ein Anstieg der Nettokernausgaben vorhergesagt, liegt die Prognose also rechts von der eingezeichneten Vertikalen. Tatsächlich sind die Nettokernausgaben aber in den meisten Jahren gesunken, liegen also unter der eingezeichneten Horizontalen. Zugleich enthält dieses Resultat ein weiteres Indiz für den kategorialen Unterschied zwischen den beiden Überschusstypen: In den 36 Jahren der kurzen Überschussperioden sind die Residuen der Regression nicht signifikant von null verschieden ($p = 0{,}319$).[15]

15 Man könnte alternativ auch die Residuen einer Regression untersuchen, die nur die sechs Überschussländer verwendet. Das entspräche ziemlich genau dem Verfahren, das Strukturbruchtests anwenden. Dagegen spricht neben der geringen Fallzahl jedoch, dass ein solches Modell nicht unterscheiden kann, ob niedrige Staatsausgaben bloß Ausdruck eines weltweiten Trends sind,

Abbildung 5-5 Realisierte und prognostizierte Werte für die Entwicklung der Nettokernausgaben, in Prozent des BIP

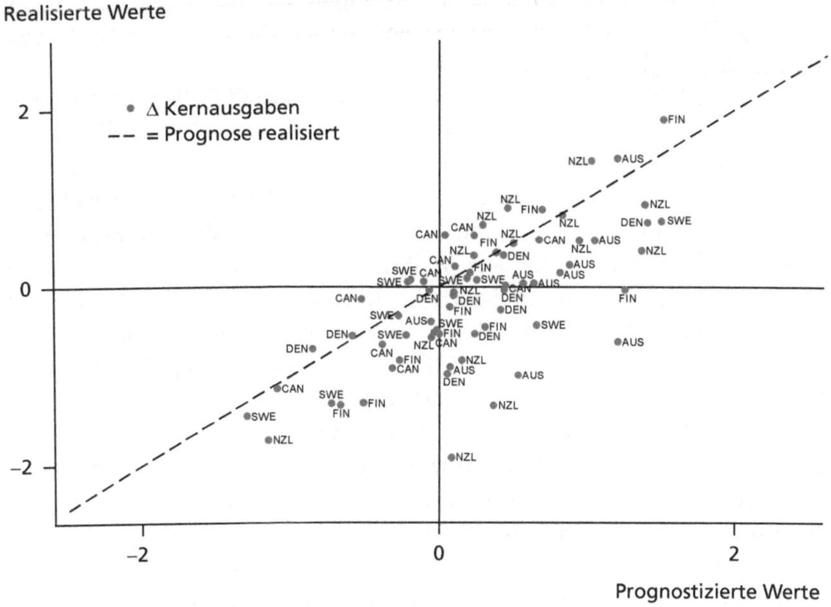

Quelle: OECD (2012a), Mittelwerte ungewichtet.

Aus diesem Ergebnis für die Residuen lässt sich schließen, dass der Einfluss des Budgetsaldos auf die Nettokernausgaben im Überschuss nicht symmetrisch zu seinem Einfluss im Defizit ist. »Nicht symmetrisch« kann allerdings Verschiedenes bedeuten. Erstens wäre möglich, dass Saldoveränderungen in Überschussländern einen anderen (schwächeren) Effekt haben, der Koeffizient für den Saldo also ein anderer ist. Beispielsweise könnte eine Verbesserung des Saldos um 1 Prozentpunkt im Überschuss nur einen Ausgabenanstieg von 0,067 Prozent

oder ob ein eigenständiger Effekt des Überschussregimes existiert. Ebenso könnte man den Prognosefehler auf Basis einer puren Extrapolation aus dem Defizit untersuchen, also nur die Jahre von 1980 bis circa 1996 für die Berechnung der Koeffizienten verwenden. Damit würde jedoch der weltweite Schwenk zu mehr fiskalischer Austerität vollständig dem Effekt des Überschusses zugeschrieben. Die These, dass die Entwicklung der Staatsausgaben sowohl gemessen an der Vorgeschichte in den Überschussländern selbst als auch gemessen an der parallelen Entwicklung in den übrigen Ländern enttäuschend verlief, kann also am besten anhand des vollen Regressionsmodells überprüft werden.

statt 0,167 Prozent des BIP auslösen. Die Regressionsgerade würde dann also gedreht und verliefe flacher. Zweitens könnte der Effekt von Saldoveränderungen derselbe sein, aber auf einem anderen Ausgangsniveau beginnen. Die Steigung der Regressionsgeraden bliebe dieselbe, aber sie verliefe weiter unten. Drittens könnten beide Effekte gemeinsam auftreten.

Um diese Möglichkeiten zu überprüfen, reproduziert Tabelle 5-14 das favorisierte Regressionsmodell und führt einen Dummy für die 68 langen Überschussjahre ein. In Modell 1 wird dieser Dummy dem favorisierten Regressionsmodell hinzugefügt, um die Hypothese einer Verschiebung der Regressionsgeraden zu testen. Ein positiver Koeffizient für den Dummy besagt, dass die Regressionsgerade im Überschuss weiter oben verläuft, während sie bei einem negativen Koeffizienten nach unten verschoben ist. In Modell 2 wird der Dummy mit dem Saldo interagiert, um die Hypothese eines veränderten Steigungsparameters zu testen. Modell 3 testet schließlich beide Varianten zugleich. Während beide Einzelspezifikationen signifikante Effekte ausweisen, zeigt Modell 3, dass eine Verschiebung der Regressionsgeraden die Daten besser beschreibt als eine Drehung. Der Effekt einer Saldoverbesserung um 1 Prozentpunkt ist demnach im Überschuss nicht anders als im Defizit – er startet nur von einem anderen Niveau. Dabei ist die Größe des Effekts durchaus bemerkenswert: Der Koeffizient des Überschussdummys beträgt knapp 0,64 Prozent des BIP. Bei einem Effekt des Saldos von 0,168 Prozent, der wie erwartet noch einmal höher ist als in der Originalregression, weil nun der negative Einfluss der Überschussländer herausgerechnet wird, entspricht der negative Effekt des Überschussregimes also dem Effekt einer Saldodifferenz von fast 4 Prozent des BIP. Mit anderen Worten: Ein Überschussland mit einem Überschuss von 2 Prozent des BIP verhält sich wie ein Defizitland mit einem Defizit von 2 Prozent des BIP.

Tatsächlich ist mit dieser Spezifikation aber nicht nur ein signifikanter Wert für den Überschussdummy verbunden. Auch die Residuen der Regression ändern sich deutlich, wie eine Wiederholung des oben durchgeführten Tests für die Ergebnisse dieser Regression zeigt (nicht abgebildet): Der Mittelwert der Residuen für die 68 Überschussjahre liegt bei Hinzunahme des Überschussdummys nur noch bei -0,083, ein Wert, der statistisch nicht von null zu unterscheiden ist ($p = 0{,}255$). Der Dummy klärt also die systematische Abweichung der Residuen auf. In gewisser Weise ist seine Hinzuziehung dennoch eine unbefriedigende Lösung. Zwar beschreibt die Regression mit Dummy die Daten systematisch besser, der Dummy selbst ist aber völlig atheoretisch und liefert keine Erklärung. Er zeigt an, dass die Überschussländer sich anders verhalten als der Rest des Datensatzes, nicht aber, warum sie das tun. Im Kontext des in Kapitel 3 entfalteten Arguments kann er jedoch als Indikator für die Existenz eines Überschussregimes interpretiert werden. Der Befund einer im Regime nach

Tabelle 5-14 Regression der Nettokernausgaben mit Dummy und Interaktionsterm für den Überschuss

	(1) Verschiebung	(2) Drehung	(3) Beides
Saldo (t_{-1})	0,168***	0,157***	0,168***
	(0,027)	(0,026)	(0,027)
Überschuss	–0,637***		–0,673***
	(0,183)		(0,197)
Saldo*Überschuss		–0,127*	0,021
		(0,053)	(0,044)
Wachstum (t_{-1})	–0,028	–0,031	–0,028
	(0,061)	(0,061)	(0,061)
Δ Arbeitslosigkeit	0,218**	0,222**	0,219**
	(0,071)	(0,072)	(0,071)
Handel	–0,001	–0,001	–0,001
	(0,001)	(0,001)	(0,001)
Kapitalverkehr	–0,259*	–0,247*	–0,260*
	(0,101)	(0,100)	(0,102)
Log (PKE)	0,379	0,371	0,390
	(0,309)	(0,309)	(0,313)
Realzins	0,045	0,034	0,044
	(0,058)	(0,058)	(0,058)
Kabinett_Prog	–0,125	–0,137	–0,125
	(0,142)	(0,145)	(0,142)
Saldo*Prog (t_{-1})	0,045	0,041	0,044
	(0,028)	(0,028)	(0,028)
Δ Nettokern (t_{-1})	–0,295***	–0,294***	–0,295***
	(0,068)	(0,069)	(0,068)
Nettokern (t_{-1})	–0,061**	–0,065**	–0,061**
	(0,021)	(0,020)	(0,020)
Konstante	–0,789	–0,706	–0,907
	(–3,217)	(–3,209)	(–3,264)
N	468	468	468
R^2	0,353	0,343	0,353

Panelkorrigierte Standardfehler in Klammern.
*p<0,05; **p<0,01; ***p<0,001.
Quelle: OECD (2012a); Armingeon et al. (2012).

unten verschobenen Regressionsgeraden bestätigt dann die These, dass Varianz innerhalb des Regimes mit den üblichen Faktoren erklärt werden kann, hier also konkret mit Variation im Saldo (aber im Prinzip auch mit Variation in der Parteiendifferenz oder anderen gängigen Faktoren), dass die Existenz eines Regimes aber einer anderen Begründung bedarf. Dieses Argument weiter auszuführen, bleibt allerdings Kapitel 6 vorbehalten.

Öffentliche Investitionen

Nach dieser ausführlichen Analyse der Nettokernausgaben wendet sich die Untersuchung jetzt den direkteren Maßen für die fiskalpolitische Handlungsfähigkeit zu. Dabei werden die einzelnen Indikatoren nach demselben Muster wie die Nettokernausgaben analysiert. Zuerst wird das präferierte Regressionsmodell mit den jährlichen Veränderungen als abhängiger Variable reproduziert. Danach wird anhand der Residuen überprüft, ob die Symmetrieannahme für diese Variable erfüllt ist. Schließlich wird ein Überschussdummy hinzugefügt und geprüft, ob dieser eine systematische Verzerrung der Residuen beseitigt. Dieses Vorgehen wird nun zunächst auf die harten öffentlichen Investitionen angewendet. Dabei lässt sich in Abbildung 5-6 durchaus ein Wiederanstieg feststellen. Dieser Anstieg genügt allerdings nicht, um die Investitionen wieder auf das Vorkrisenniveau zu erhöhen. Zudem ist er fast vollständig von Neuseeland getrieben, wo sich der Anteil der Investitionen am BIP beinahe verdoppelte. Daneben erhöhte

Abbildung 5-6 Entwicklung der öffentlichen Bruttoinvestitionen im Durchschnitt der Überschussländer

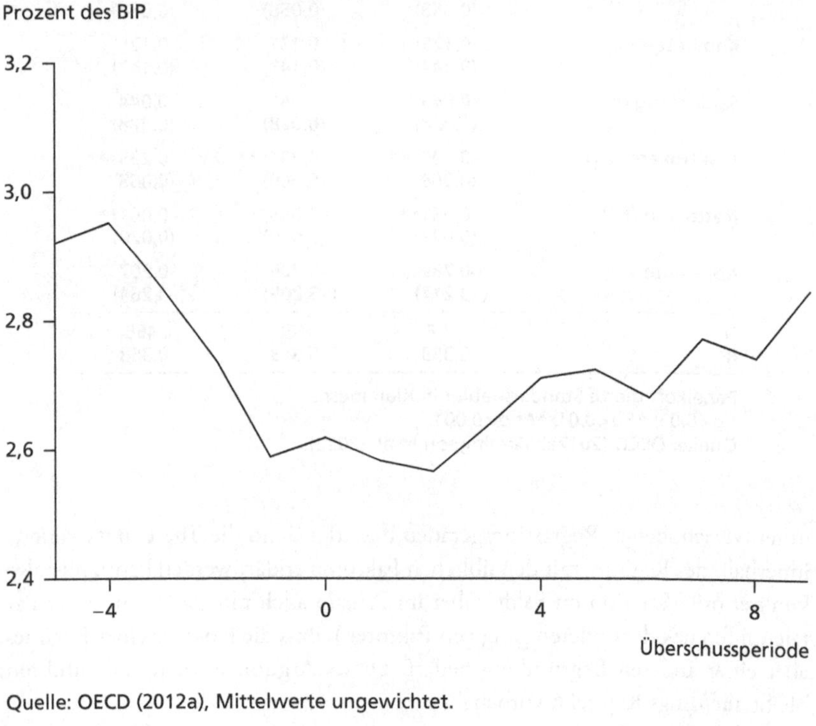

Quelle: OECD (2012a), Mittelwerte ungewichtet.

Tabelle 5-15 Regressionsergebnisse für die Veränderungsrate der harten Investitionen

	(1) Harte Investitionen	(2) Überschussdummy
Saldo (t_{-1})	0,015**	0,016**
	(0,005)	(0,005)
Überschuss		–0,038
		(0,041)
Wachstum (t_{-1})	0,020	0,020
	(0,010)	(0,010)
Δ Arbeitslosigkeit	0,002	0,001
	(0,016)	(0,016)
Handel	–0,001***	–0,001***
	(0,000)	(0,000)
Kapitalverkehr	–0,014	–0,014
	(0,018)	(0,018)
Log (PKE)	–0,014	–0,018
	(0,082)	(0,081)
Realzins	0,021*	0,022*
	(0,010)	(0,011)
Kabinett_Prog	0,034	0,036
	(0,030)	(0,030)
Saldo*Prog (t_{-1})	0,012	0,013
	(0,007)	(0,008)
Δ Harte Investitionen (t_{-1})	0,025	0,026
	(0,073)	(0,073)
Harte Investitionen (t_{-1})	–0,052**	–0,052**
	(0,017)	(0,017)
Konstante	0,476	0,531
	(0,846)	(0,837)
N	495	495
R^2	0,228	0,229
Residuen	–0,029	–0,010
	(0,020)	(0,020)

Panelkorrigierte Standardfehler in Klammern.
*p<0,05; **p<0,01; ***p<0,001.
Quelle: OECD (2012a); Armingeon et al. (2012).

vor allem Kanada seine Investitionen wieder, nachdem sie dort allerdings besonders drastisch gekürzt worden waren.[16]

Spalte 1 von Tabelle 5-15 zeigt die Regressionsergebnisse in der präferierten Modellspezifikation mit fixen Zeiteffekten, Spalte 2 fügt wiederum einen

16 Die Abbildungen A-1 bis A-8 im Anhang schlüsseln die einzelnen Indikatoren der Fiskalpolitik und der Staatstätigkeit grafisch für die sechs Überschussländer auf.

Abbildung 5-7 Realisierte und prognostizierte Werte für die Entwicklung der öffentlichen Investitionen, in Prozent des BIP

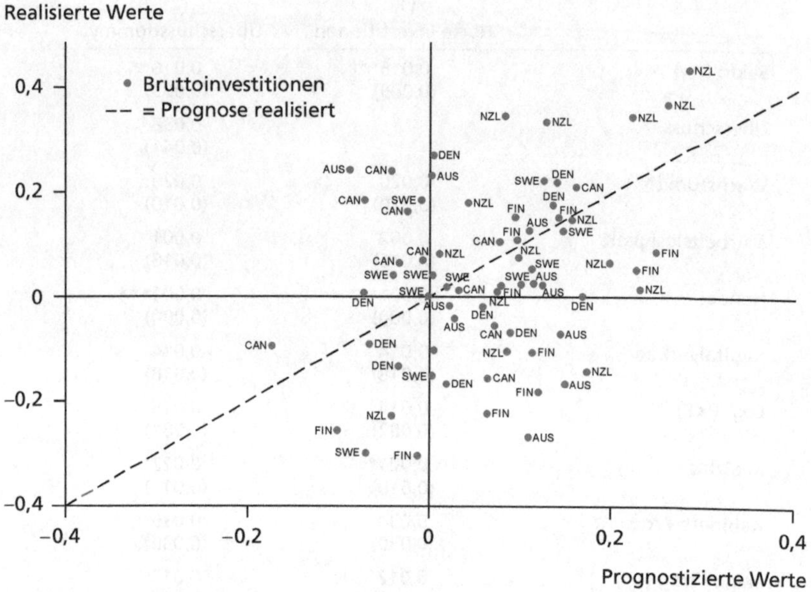

Quelle: OECD (2012a), Mittelwerte ungewichtet.

Überschussdummy hinzu. Dabei zeigt sich erneut ein stabiler und signifikanter Effekt des Saldos. Fiskalischer Stress führt also zu einer spürbaren Reduktion der öffentlichen Investitionen. Konkret reduziert ein Defizit von 1 Prozent des BIP die Investitionen im Folgejahr um 0,015 Prozent beziehungsweise 0,016 Prozent des BIP.

Erneut ist aber nicht der Koeffizient selbst, sondern vor allem seine Übertragbarkeit auf Überschusskonstellationen interessant. Deshalb werden wiederum die Residuen der Regression 1 betrachtet, die im unteren Teil von Tabelle 5-15 abgebildet sind. Diese haben in den 68 Überschussjahren das erwartete negative Vorzeichen, wobei sie die statistische Signifikanz allerdings verfehlen ($p = 0{,}157$). Entsprechend lässt sich in Regression 2 auch kein signifikanter Dummyeffekt feststellen. Die Bruttoinvestitionen steigen im Überschuss zwar langsamer als von der Regression vorhergesagt, dieser Effekt bleibt jedoch insignifikant. Der geringe Wiederanstieg in Abbildung 5-6 ist also nicht zwingend ein Indiz für eine besonders zurückhaltende Investitionspolitik im Überschuss, sondern steht durchaus im Einklang mit dem gesamten Datensatz: In den 1990er- und 2000er-Jahre sanken die öffentlichen Investitionen weltweit. So kürzten die 19

Abbildung 5-8 Öffentlicher Nettokapitalstock in den Überschussländern

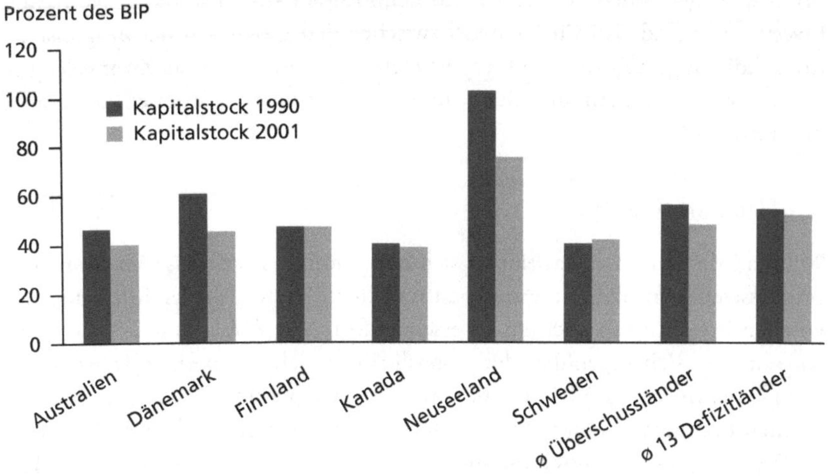

Quelle: Kamps (2006).

Länder im Datensatz ihre Investitionsausgaben zwischen 1996 und 2007 von 2,98 Prozent auf 2,72 Prozent des BIP. Von diesem Trend wichen auch die Überschussländer nicht nach oben ab – allerdings auch nicht nach unten.

Die Residualanalyse lässt aber zugleich die Sonderrolle Neuseelands hervortreten. Abbildung 5-7 zeigt erneut den Vergleich der realisierten und der von der Regression prognostizierten Werte. Dabei zeigen sich fünf klare Ausreißer in den Jahren 1994, 2001, 2003, 2005 und 2008, in denen Neuseeland seine Investitionen deutlich erhöhte. Nimmt man Neuseeland aus der Regression heraus, wird das negative Residuum der dann noch 53 Überschussjahre noch einmal größer, bleibt aber statistisch marginal insignifikant ($p = 0{,}097$).

Diese außergewöhnlichen Werte Neuseelands erklären sich überwiegend aus dem enorm hohen Bedarf an Ersatzinvestitionen. Neuseeland hatte traditionell den größten öffentlichen Kapitalstock der gesamten OECD und entsprechend hohe Abschreibungen in Rechnung zu stellen. Vor diesem Hintergrund schätzt Kamps (2006), dass der Nettokapitalstock des neuseeländischen Staates trotz dieser Erhöhung der Bruttoinvestitionen zwischen 1990 und 2001 von 102 Prozent auf 75 Prozent des BIP zurückging. Insgesamt findet Kamps in seiner Untersuchung für kein einziges Überschussland ein sichtbares Anwachsen des Kapitalstocks zwischen 1990 und 2001 (Abbildung 5-8, weiter reichen seine Daten leider nicht). Der Grund, warum trotz eines Wiederanstiegs der Bruttoinvestitionen kein sichtbarer Anstieg des Kapitalstocks feststellbar ist, liegt im

Verhalten der Nettoinvestitionen und damit letztlich im Verzehr des existierenden Kapitalstocks. Da dieser schneller verbraucht wurde, als die Bruttoinvestitionen stiegen, blieb der Staat netto dennoch auf dem Rückzug. Die harten Investitionen sind also ein Grenzfall zwischen den Prognosen der progressiven Konsolidierungsthese und der hier vertretenen Asymmetriethese. Zwar gelang es den Überschussländern, den Rückbau der Investitionen zu stoppen, nicht aber ihn umzukehren.

Weiche Investitionen

Während die harten Investitionen sich also zumindest teilweise im Sinne der progressiven Konsolidierungsthese entwickelten, setzte sich der Rückgang der weichen Investitionen auch im Überschuss fort. Wie Abbildung 5-9 zeigt, verlangsamte er sich gegenüber der Konsolidierung, aber von einer Trendwende kann keine Rede sein. Vielmehr begannen die weichen Investitionen nach einer leichten Erholung in den ersten Überschussjahren wieder deutlich zu sinken.

Wie die genauere Aufschlüsselung in Abbildung 5-10 zeigt, ging dieser Rückgang vor allem auf die aktive Arbeitsmarkt- und – überraschenderweise – auf die Familienpolitik zurück. Dagegen bewegten sich der Bildungsbereich und die Forschungsausgaben nach dem Ende der Konsolidierung in einem Seitwärtstrend.

Der fortgesetzte Abwärtstrend der weichen Investitionen scheint die progressive Konsolidierungsthese bereits hinreichend deutlich zurückzuweisen. Allerdings könnten die verschiedenen Ausgabenkategorien potenziell besonders starken Nachfrageeffekten ausgesetzt sein. Die sinkende Geburtenzahl dürfte im Zeitablauf sowohl den Bedarf an Bildungseinrichtungen als auch an familienpolitischen Maßnahmen reduzieren. Ein fallendes Ausgabenvolumen könnte daher durchaus mit steigenden Pro-Kopf-Ausgaben verbunden sein. Ähnliches gilt für die aktive Arbeitsmarktpolitik, wo ein Rückgang angesichts der im Überschuss sinkenden Arbeitslosenzahlen nur folgerichtig erscheint. Deshalb müssen diese Nachfrageeffekte in den Regressionsanalysen berücksichtigt werden. Auch für die weichen Investitionen werden daher die bereits bekannten Analyseschritte wiederholt. Tabelle 5-16 zeigt die Regressionsergebnisse für die gesamten weichen Investitionen in den Spezifikationen mit und ohne Überschussdummy. Dabei wird durch die Variable »Junge«, definiert als der Anteil der unter 25-Jährigen an der Gesamtbevölkerung, der Nachfrageeffekt bei Bildungs- und Familienausgaben konstant gehalten.

Auf Basis von Regression 1 zeigt Abbildung 5-11 den inzwischen bekannten Zusammenhang zwischen realisierten und prognostizierten Werten. Dabei liegt der größere Teil der Punktewolke sichtbar unterhalb der Geraden, auf der sich realisierte und prognostizierte Werte entsprechen. Zugleich zeigt sich erneut die

Abbildung 5-9 Entwicklung des Index der weichen Investitionen im Durchschnitt der Überschussländer

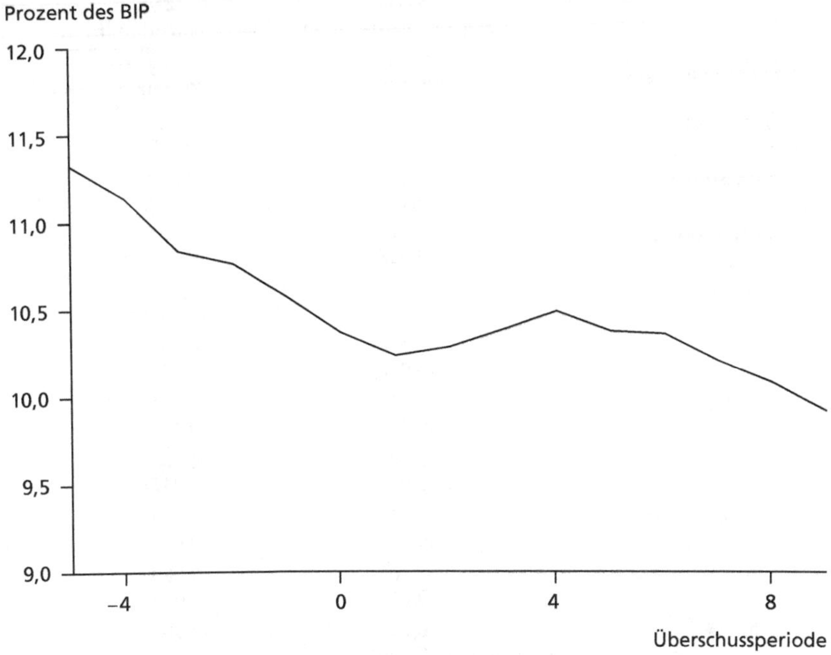

Quelle: OECD (2012a), Mittelwerte ungewichtet.

Abbildung 5-10 Entwicklung der Bildungsausgaben sowie der weichen Investitionen in Forschung, Familien- und Arbeitsmarktpolitik im Durchschnitt der Überschussländer

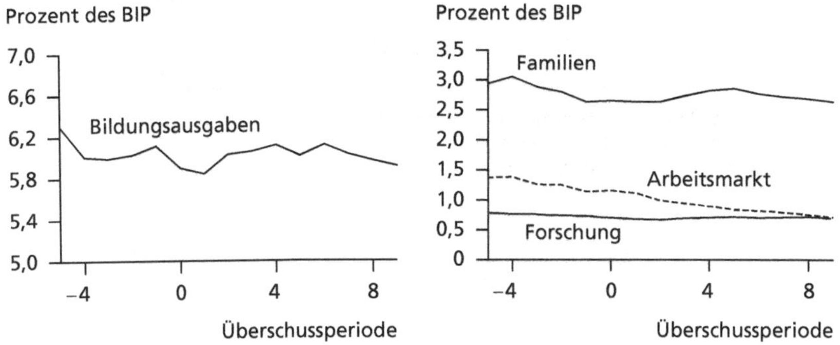

Quelle: OECD (2012a), Mittelwerte ungewichtet.

Tabelle 5-16 Regressionsergebnisse für die Veränderungsrate der weichen Investitionen

	(1) Weiche Investitionen	(2) Überschussdummy
Saldo (t_{-1})	0,036***	0,043***
	(0,009)	(0,009)
Überschuss		–0,109
		(0,056)
Wachstum (t_{-1})	–0,012	–0,010
	(0,016)	(0,016)
Δ Arbeitslosigkeit	0,027	0,027
	(0,026)	(0,026)
Handel	0,000	0,000
	(0,001)	(0,001)
Kapitalverkehr	–0,000	–0,005
	(0,026)	(0,027)
Log (PKE)	–0,130	–0,121
	(0,143)	(0,143)
Realzins	–0,007	0,000
	(0,016)	(0,017)
Kabinett_Prog	0,019	0,014
	(0,058)	(0,057)
Saldo*Prog (t_{-1})	–0,002	0,000
	(0,013)	(0,013)
Δ Junge	–0,023	–0,061
	(0,144)	(0,147)
Δ Weiche Investitionen (t_{-1})	0,028	0,017
	(0,061)	(0,060)
Harte Investitionen (t_{-1})	–0,040***	–0,036***
	(0,011)	(0,011)
Konstante	1,721	1,574
	(–1,506)	(–1,510)
N	359	359
R^2	0,388	0,393
Residuen	–0,079*	–0,043
	0,039	0,040

Panelkorrigierte Standardfehler in Klammern.
*p<0,05; **p<0,01; ***p<0,001.
Quelle: OECD (2012a); Armingeon et al. (2012).

Abbildung 5-11 Realisierte und prognostizierte Werte für die Entwicklung der weichen Investitionen, in Prozent des BIP

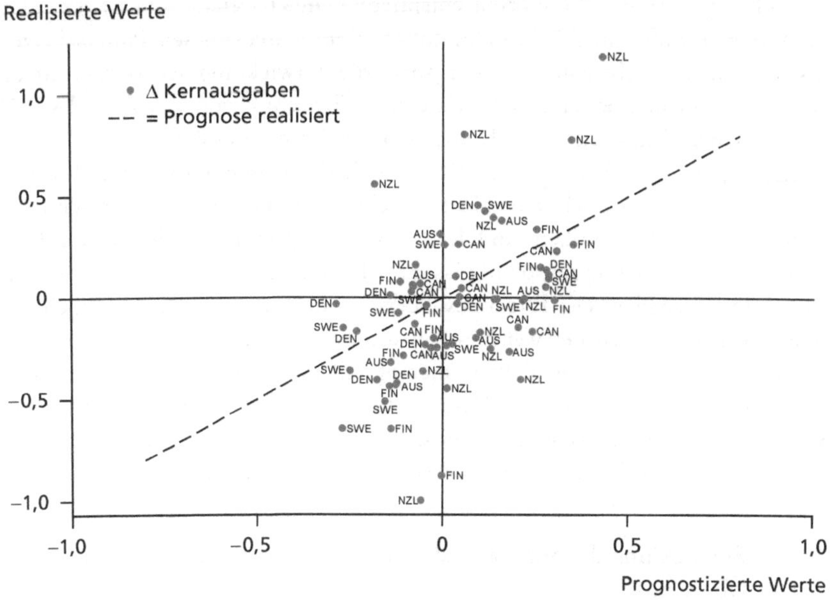

Quelle: OECD (2012a), Mittelwerte ungewichtet.

Sonderstellung Neuseelands, die in diesem Fall die Jahre 1996, 1997, 2000 und 2008 betrifft.[17]

Auf Basis dieser Daten wird erneut geprüft, ob die Regression einen systematischen Prognosefehler für die Überschussjahre erzeugt. Tatsächlich erweist sich die Fehlschätzung als auf einem 5-Prozent-Niveau signifikant: Im Mittel wachsen die weichen Investitionen im Überschuss pro Jahr um 0,08 Prozent des BIP langsamer als von der Symmetrieannahme unterstellt (p = 0,049). Dagegen bleibt der Dummykoeffizient in Spalte 2 von Tabelle 5-16 marginal insignifikant (p = 0,053). Zugleich sind die Residuen der Standardspezifikation nach Hinzufügung des Dummys nicht mehr von null zu unterscheiden (p = 0,278).

17 Die regelmäßigen Ausreißer Neuseelands legen die Frage nahe, ob es sich dabei schlicht um ein Problem der verwendeten Daten handelt. Die Analyse im sechsten Kapitel wird jedoch zeigen, dass in Neuseeland tatsächlich ein politischer Schwenk hin zu einer Erhöhung der Investitionen vollzogen wurde.

Aggregiert entsprechen die weichen Investitionen also eher der Regimethese als der progressiven Konsolidierungsthese. Der Effekt des Regimedummys in Höhe von knapp 0,11 Prozent entspricht ziemlich genau dem Effekt einer Saldoverbesserung um 2,5 Prozentpunkte. Nimmt man diesen Punktschätzer also einmal als gegeben an, dann entspricht die Entwicklung der weichen Investitionen in einem Überschussland mit einem Überschuss von 1 Prozent des BIP jener in einem Land mit einem Defizit von 1,5 Prozent des BIP.

Zerlegt man die weichen Investitionen schließlich noch statistisch in ihre vier Elemente, dann zeigt sich, dass dieses Ergebnis vor allem von den Forschungsausgaben sowie der Familien- und der Arbeitsmarktpolitik getrieben wird (nicht abgebildet). In der Bildungspolitik lassen sich dagegen keine signifikanten Fehlprognosen feststellen. Der Effekt des Überschussregimes zeigt sich also nicht in allen Einzelelementen der weichen Investitionen, wohl aber in ihrer Summe. Dort summieren sich vier nicht immer signifikante, aber stets negative Effekte dann zu einem signifikanten Gesamteffekt auf. Wie die Nettokernausgaben wachsen also auch die weichen Investitionen im Überschuss weniger stark, als eine symmetrische Umkehrung des Zusammenhangs im Defizit erwarten ließe.

5.3.4 Entwicklung der Sozialausgaben und der Staatseinnahmen im Überschuss

Die bisherigen Analysen haben versucht, »Handlungsfähigkeit als Gestaltung« im Sinne der progressiven Konsolidierungsthese zu operationalisieren und zu analysieren. Unter den Bedingungen permanenter Austerität hat Fiskalpolitik aber den Charakter eines Nullsummenspiels, in dem der Ressourcengewinn des einen Politikfelds der Ressourcenverlust eines anderen Politikfelds ist. Das lenkt den Blick auf die beiden Konkurrenten um die Verwendung der Überschüsse, nämlich die Sozialausgaben und die Steuereinnahmen. Auch bei diesen stellt sich die Frage, welche Rolle die Staatsfinanzen für ihre Entwicklung haben und ob diese Rolle zwischen Defizit und Überschuss symmetrisch ist. Mit anderen Worten: Wenn die Investitionen kaum vom Überschuss profitieren, welcher Teil des Staatshaushalts profitiert dann?

Verglichen mit den Nettokernausgaben erweisen sich die Sozialausgaben grafisch zunächst einmal als relativ stabil, nachdem sie in der vorausgehenden Konsolidierung stark gesunken sind (Abbildung 5-12). Allerdings sollten diese Zahlen durch zwei gegenläufige Nachfrageeffekte beeinflusst sein, nämlich durch abnehmende Arbeitslosigkeit und die zunehmende Alterung der Gesellschaft. Spalte 1 in Tabelle 5-17 fügt dem bekannten Regressionsmodell daher eine Variable »Senioren« hinzu, die den Anteil der über 64-Jährigen an der Gesamtbevölkerung abbildet und diese automatischen Nachfrageeffekte zusammen

Abbildung 5-12 Entwicklung der Sozialausgaben in sechs Überschussländern

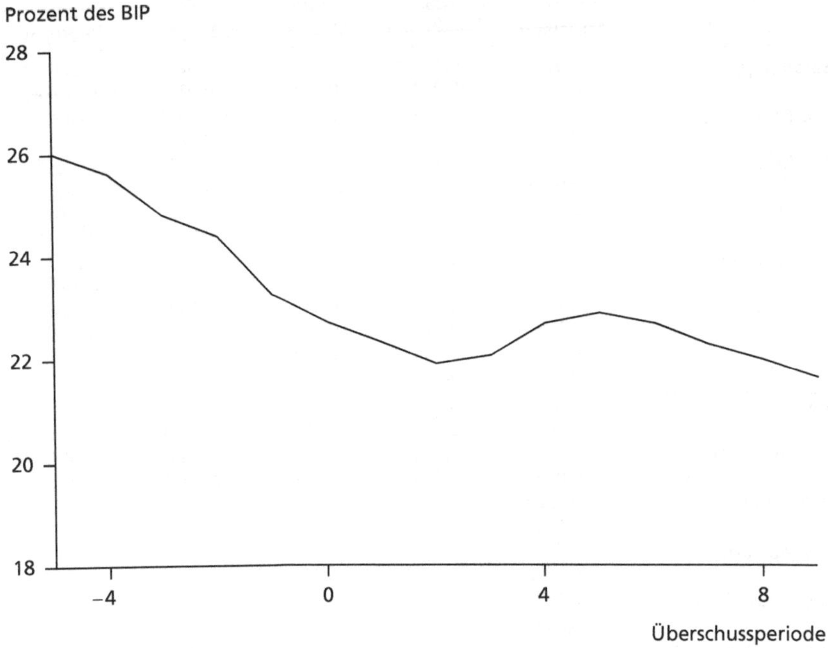

Quelle: OECD (2012a), Mittelwerte ungewichtet.

mit der Arbeitslosenquote kontrolliert. Die Regression ermittelt den bereits bekannten signifikanten Effekt des Saldos: Pro Prozentpunkt des Saldos verändern sich die Sozialausgaben um 0,2 Prozent des BIP. Defizite scheinen also nicht nur Einsparmaßnahmen bei den Kernausgaben und den Investitionen, sondern auch bei den Sozialausgaben auszulösen. Wenig überraschend wachsen die Sozialausgaben zudem mit der Arbeitslosenquote und dem Bevölkerungsanteil der Senioren.

Die Überprüfung der Residuen zeigt, dass die zusätzlichen Spielräume durch den Überschuss nur sehr begrenzt für eine Wiedererhöhung der Sozialausgaben eingesetzt wurden (Tabelle 5-18, Zeile 1). Die Annahme einer Symmetrie zwischen Defiziten und Überschüssen kann hier auf einem sehr weichen 10-Prozent-Niveau zurückgewiesen werden. Zugleich ist die Differenz in absoluten Werten aber nicht übermäßig hoch: Die Sozialausgaben wachsen um 0,11 Prozent des BIP langsamer als von der Symmetrieannahme prognostiziert. Bei den

Tabelle 5-17 Regression für die Veränderungsrate der Sozialausgaben und der Staatseinnahmen

	(1) Sozialausg	(2) Einnahmen	(3) Steuern	(4) Ek&Gew_St	(5) Untern_St
Saldo (t_{-1})	0,020*	–0,056***	–0,050**	–0,025	–0,024**
	(0,009)	(0,017)	(0,018)	(0,014)	(0,008)
Wachstum (t_{-1})	0,013	0,079*	0,099**	0,080***	0,045***
	(0,017)	(0,034)	(0,034)	(0,021)	(0,013)
Δ Arbeitslosigkeit	0,232***	–0,190**	–0,160**	–0,109**	–0,085**
	(0,031)	(0,059)	(0,059)	(0,041)	(0,027)
Handel	–0,001	–0,000	0,000	0,000	–0,000
	(0,001)	(0,001)	(0,001)	(0,001)	(0,001)
Kapitalverkehr	–0,009	–0,112	–0,028	–0,047	0,013
	(0,034)	(0,060)	(0,060)	(0,032)	(0,026)
Log (PKE)	–0,162	0,143	–0,049	0,130	–0,208
	(0,129)	(0,271)	(0,237)	(0,211)	(0,108)
Realzins	–0,019	0,059	0,018	0,037	0,005
	(0,017)	(0,032)	(0,032)	(0,020)	(0,013)
Kabinett_Prog	0,048	–0,019	–0,023	–0,020	0,017
	(0,063)	(0,109)	(0,115)	(0,094)	(0,053)
Saldo*Prog (t_{-1})	0,006	–0,015	–0,044	–0,039	0,001
	(0,015)	(0,026)	(0,027)	(0,024)	(0,013)
Δ Senioren	0,280*				
	(0,125)				
Δ Sozialausg (t_{-1})	0,207***				
	(0,047)				
Sozialausg (t_{-1})	–0,012*				
	(0,006)				
Δ Einnahmen (t_{-1})		0,059			
		(0,050)			
Einnahmen (t_{-1})		–0,009			
		(0,006)			
Δ Steuern (t_{-1})			0,104		
			(0,054)		
Steuern (t_{-1})			–0,005		
			(0,008)		
Δ Ek&Gew_St (t_{-1})				0,042	
				(0,061)	
Ek&Gew_St (t_{-1})				–0,006	
				(0,009)	
Δ Untern_St (t_{-1})					–0,101
					(0,074)
Untern_St (t_{-1})					–0,077***
					(0,021)
Konstante	2,821*	–1,836	–0,235	–1,924	1,990
	(–1,407)	(–2,870)	(–2,502)	(–2,133)	(–1,025)
N	484	485	501	501	492
R^2	0,585	0,316	0,263	0,286	0,396

Panelkorrigierte Standardfehler in Klammern. * p<0,05; ** p<0,01; *** p<0,001.
Quelle: OECD (2012a); Armingeon et al. (2012).

Abbildung 5-13 Entwicklung der Generosität des Wohlfahrtsstaats, 1990–2009

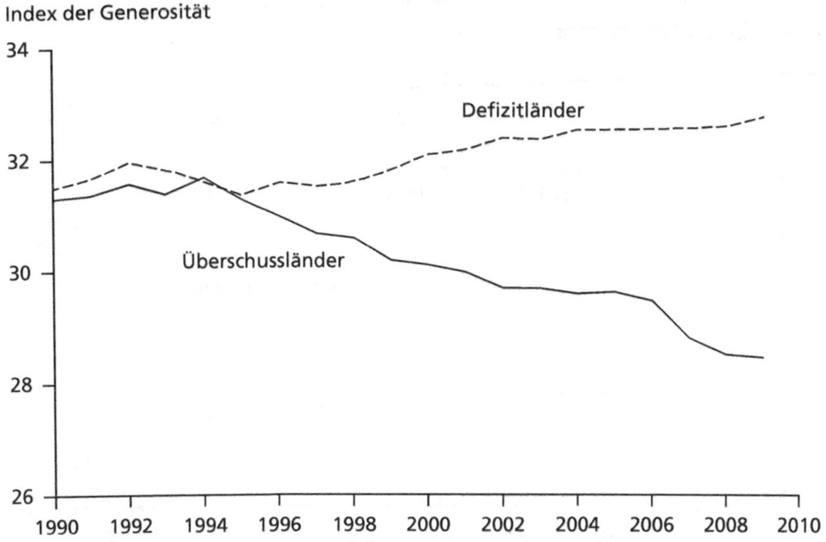

Quelle: Scruggs/Jahn/Kuitto (2014).

Nettokernausgaben, die einen ähnlich hohen Anteil an den Staatsausgaben haben, war dieses durchschnittliche Residuum mehr als dreimal so groß.

Allerdings sind die Sozialausgaben besonders anfällig für die »Esping-Andersen-Kritik«, der Staat gebe nicht um des Geldausgebens willen Geld aus, weshalb Aggregatzahlen die Entwicklung eines Wohlfahrtsstaats nur unzureichend erfassten. Vor diesem Hintergrund hat Lyle Scruggs an der Universität von Connecticut einen Datensatz entwickelt, der versucht, die Generosität des Wohlfahrtsstaats direkt zu messen (Scruggs/Jahn/Kuitto 2014; Allan/Scruggs 2004). Sein Generositätsindex basiert auf den Lohnersatzraten für Arbeitslose, Rentner und Kranke. Er bestätigt den Eindruck, den die aggregierten Ausgabendaten vermitteln. Wie Abbildung 5-13 zeigt, ist der Generositätsindex in den Überschussländern zwischen 1995 und 2010 deutlich gesunken, während er in den Defizitländern (ohne Island, Portugal und Spanien) sogar leicht anstieg. Während die Generosität in den angelsächsischen Ländern auf niedrigem Niveau stabil blieb, ging sie in den nordischen Ländern, allen voran in Schweden, deutlich zurück.

Wenn die zusätzlichen Ressourcen im Überschuss also weder für Investitionen noch für Sozialausgaben eingesetzt worden sind, legt dies den Schluss nahe,

Abbildung 5-14 Entwicklung des durchschnittlichen *tax wedge* für kinderlose Ledige mit einem Einkommen von 100 beziehungsweise 167 Prozent des Durchschnittseinkommens

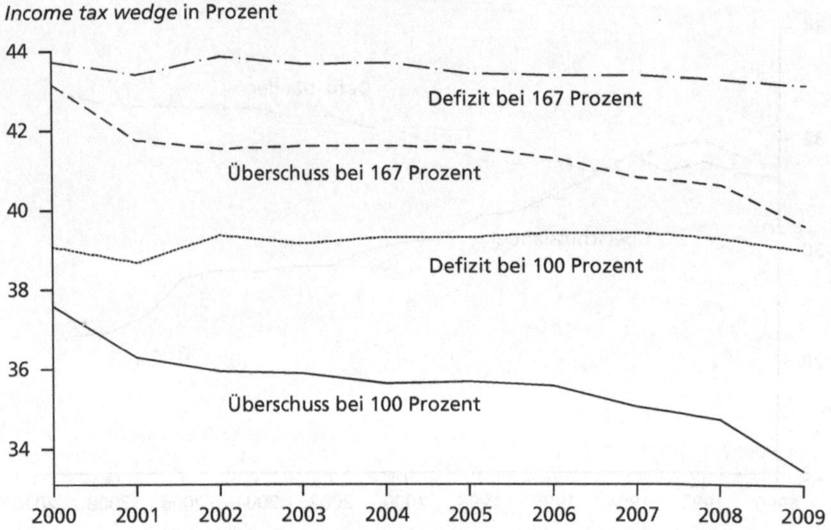

Quelle: OECD Taxing Wages Database (OECD 2013).

dass stattdessen Steuern gesenkt wurden. Dies bestätigt sich beim Blick auf die Entwicklung der Staatseinnahmen. Alle untersuchten Länder nahmen die Überschüsse zum Anlass für zum Teil umfangreiche Steuersenkungen. Um diesen Befund abzusichern, wird auf das bewährte Prinzip der Kombination verschiedener Indikatoren zurückgegriffen. Einen ersten Überblick über die Entwicklung der Lohnsteuersätze erlaubt die OECD-Datenbank »Taxing Wages«. Dazu zeigt Abbildung 5-14 den »average tax wedge«, der die Differenz zwischen dem Brutto- und dem Nettoeinkommen eines Lohnbeziehers anzeigt. Dieser »Keil« wird für kinderlose Ledige mit einem Einkommen von 100 Prozent sowie von 167 Prozent des Durchschnittseinkommens ausgewiesen (zu den Details der Berechnung siehe OECD 2014). Dabei zeigt sich in den Überschussländern ein deutlicher Rückgang der Steuersätze, die zwischen 2000 und 2009 um etwa 4 Prozentpunkte sanken. Dagegen blieben die Steuersätze in den Defizitländern weitgehend unverändert.

Sinkende Steuersätze allein müssen aber noch keinen Rückgang der Steuereinnahmen bedeuten, weil sie potenziell durch eine Verbreiterung der Steuerbasis kompensiert werden könnten. Die Regressionen 2 bis 5 in Tabelle 5-17 untersu-

Tabelle 5-18 Residuen und Dummyvariable in den Regressionen der Sozialausgaben und der Staatseinnahmen

Indikator	Residuen	p-Wert	Dummy	p-Wert
Sozialausgaben	–0,110	0,090	–0,125	0,080
Zyklisch bereinigte Einnahmen	–0,035	0,727	–0,101	0,423
Gesamte Steuereinnahmen	–0,055	0,538	–0,104	0,450
Steuern auf Einkommen und Gewinn	–0,036	0,700	–0,157	0,325
Unternehmensteuern	0,095	0,104	0,159	0,106

Quelle: OECD (2012a); Armingeon et al. (2012).

chen daher das Steueraufkommen – und zwar konkret die zyklisch bereinigten laufenden Staatseinnahmen, die gesamten Steuereinnahmen, die Einnahmen aus Steuern auf Einkommen und Gewinne und aus der Unternehmensteuer. Dabei zeigt sich in allen vier Maßzahlen der erwartete negative Zusammenhang mit dem Saldo. Fiskalischer Stress führt also offenbar nicht nur zu einer Senkung der Staatsausgaben, sondern auch zu einer Erhöhung der Staatseinnahmen. Im Gegensatz zur Ausgabenseite werden die Einnahmen im Überschuss jedoch in gleicher Weise wieder verringert. Das zeigen zunächst die gesamten, zyklisch bereinigten Staatseinnahmen, deren Rückgang bereits im Vergleich mit den kurzen Perioden sichtbar geworden ist. Wie die statistische Analyse nun deutlich macht, stimmt dieser Rückgang fast vollkommen mit einer Prognose auf Basis der Symmetrieannahme überein. Das zeigt sich bei der Analyse der Residuen in Tabelle 5-18. Tatsächlich sind diese nicht signifikant von null zu unterscheiden, die Analyse auf Basis des gesamten Datensatzes beschreibt die Entwicklung im Überschuss also nicht schlechter als im Defizit. Dieser Befund wird von zwei weiteren Indikatoren bestätigt, nämlich den gesamten Steuereinnahmen (Zeile 3) und den Einnahmen aus Steuern auf Einkommen und Gewinne (Zeile 4). Beide zeigen einen ebenfalls signifikanten Zusammenhang mit dem Budgetsaldo der Vorperiode und in beiden Fällen besteht kein signifikanter Unterschied zwischen dem Zusammenhang im gesamten Datensatz und innerhalb der Gruppe der Überschussländer. Folgerichtig erreicht der hinzugefügte Überschussdummy in keiner der drei Variablen Signifikanz. Die durchgehend negativen Vorzeichen weisen aber darauf hin, dass die Überschussländer ihre Steuern – wenn überhaupt – stärker senken, als von der Regression erwartet, auf keinen Fall aber weniger stark.

Von diesem Muster weicht allenfalls die Entwicklung der Unternehmensteuern marginal ab, die nach üblichen Globalisierungsargumenten eigentlich besonders stark sinken sollten, Signifikanz hier aber nur knapp verfehlen (Genschel/Schwarz 2011). Der Grund dafür ist der Rohstoffboom der Jahre nach

2004, der die Unternehmensteuern in einigen Überschussländern sehr stark steigen ließ. So erhöhten sich die Einnahmen aus dieser Steuerquelle trotz paralleler Tarifsenkungen zwischen 2002 und 2006 in Australien von 4,9 Prozent auf 6,4 Prozent des BIP, in Kanada von 2,9 Prozent auf 3,8 Prozent des BIP und in Neuseeland von 4,2 Prozent auf 5,6 Prozent des BIP.

Fasst man die Befunde für die Staatseinnahmen mit den zuvor geschilderten Ergebnissen für die Staatsausgaben zusammen, tritt noch einmal besonders deutlich hervor, wie sehr die Überschüsse der sechs langen Perioden ausgabenseitige Überschüsse sind. Sie entstehen nicht nur durch besonders starke Ausgabenkürzungen in der Konsolidierung, sie werden auch durch besondere Ausgabenzurückhaltung im Überschuss bewahrt. Dagegen bleibt die Einnahmenseite von den Konsolidierungsanstrengungen weitgehend verschont, profitiert aber vollumfänglich von den Überschüssen. Dieses Ergebnis bestätigen auch verschiedene Robustheitstests mit anderen Regressionsspezifikationen, die allenfalls die Signifikanzniveaus verändern, nie aber den substanziellen Befund.

Dass es einen Unterschied in der Entwicklung der Staatstätigkeit zwischen Überschuss- und Defizitländern gibt, ist dabei nicht überraschend, sondern beinahe tautologisch wahr: Offenbar muss sich mindestens eine der beiden Seiten des Budgets im Überschuss anders verhalten als in den Defizitländern, denn schließlich wären dieselben Defizite zu erwarten, wenn beide Seiten eine Kopie der Fiskalpolitik dieser Länder wären. Dass dieser Unterschied aber allein auf der Ausgabenseite entsteht, macht das Überschussregime gleichzeitig zu einem Staatsrückbauregime.

Die Senkung der Staatseinnahmen im Überschuss hat dabei einen doppelten Effekt auf die Staatsausgabenentwicklung und damit auf die Gültigkeit der progressiven Konsolidierungsthese: Ihr direkter Effekt entsteht in der Periode der Steuersenkung selbst, weil jeder Überschuss, der in Steuersenkungen fließt, nicht gleichzeitig für Investitionen verwendet werden kann. Wegen dieser direkten Konkurrenz der beiden Politikziele verhindert ein Sinken der Staatseinnahmen gleichzeitig auch einen Anstieg der Staatsausgaben. Mittelfristig dürfte aber der indirekte Effekt fast wichtiger sein. Die Steuersenkungen sorgen nämlich dafür, dass trotz der Überschüsse ein permanenter Druck auf der Ausgabenseite erhalten bleibt. Das Bild des Schraubstocks, in den die gestaltenden Staatsausgaben im Zeitalter permanenter Austerität geraten sind, ist hier durchaus passend: Demnach drücken die fixen Staatsausgaben von unten und die sinkenden Steuereinnahmen von oben gegen den fiskalischen Handlungsspielraum. Überschüsse schaffen in diesem Bild zunächst neuen Spielraum, weil sie die fixen Staatsausgaben und damit die untere Backe des Schraubstocks zurückschieben (vor allem über ein Absenken der Zinslast). Dieser Spielraum geht aber gleich wieder verloren, wenn die obere Backe, also die Steuereinnahmen, gewissermaßen »nachrutscht«. Wenn die Zinslast um 2 Prozentpunkte sinkt, die Steuereinnahmen aber auch, hat sich am fiskalischen Spielraum für gestaltende Investitionen nichts verändert. Solange Steuererhöhungen ausgeschlossen sind, neuer Spielraum also nur durch Kürzungen auf der Ausgabenseite gewonnen werden kann, ist damit aber zugleich der Boden für die nächste Konsolidierungsrunde unter progressiven Vorzeichen bereitet.

5.4 Zwischenergebnis: Von Asymmetrie zum Überschussregime

In den Ländern, in denen Haushaltsüberschüsse dauerhaft bewahrt worden sind, hat ein Strukturbruch stattgefunden. Deshalb unterscheidet sich die Fiskalpolitik in diesen Ländern sowohl grundlegend von jener in den übrigen Ländern als auch von der ihrer eigenen Vorgeschichte. Insbesondere besteht zwischen der Fiskalpolitik im Defizit und der Fiskalpolitik im Überschuss keine Symmetrie.

Die Folgen der stattdessen herrschenden Asymmetrie stehen im Widerspruch zu den Prognosen der progressiven Konsolidierungsthese. Die Fiskalpolitik der Überschussländer ist progressiven Politikzielen kaum nähergekommen, sondern hat sich in der Tendenz sogar weiter von ihnen wegbewegt. Eine Trendumkehrung, wie sie von der progressiven Konsolidierungsthese vorhergesagt wird, ist in keinem Land zu beobachten. Zwar haben die Länder mit dauerhaften Überschüssen fiskalischen Handlungsspielraum gewonnen, sie konnten ihn jedoch nicht in fiskalpolitische Handlungsfähigkeit im Sinne der progressiven Konsolidierungsthese umsetzen. Dieser Befund wird besonders deutlich, wenn man die verschiedenen untersuchten Indikatoren staatlicher Handlungsfähigkeit gemeinsam betrachtet. Denn jede einzelne Maßzahl kann konzeptionell oder statistisch beanstandet werden. So kann man gegen die weichen Investitionen einwenden, dass sie großenteils aus feststehenden und nicht gestaltbaren Ausgaben wie Lehrergehältern bestehen, während die harten Investitionen konventionelle Signifikanzniveaus verfehlen. Weil aber alle verwendeten Indikatoren – sowohl auf der Ausgaben- als auch auf der Einnahmenseite – in dieselbe Richtung weisen, fällt das Gesamturteil dennoch eindeutig aus: Es profitierten die Bereiche staatlichen Handelns, die in der Konsolidierung die größten Einschnitte hinnehmen mussten, am wenigsten von den neuen Spielräumen, während jene Bereiche, die am wenigsten zur Konsolidierung beitrugen, am stärksten an den Überschüssen partizipierten. Auf einen Nenner gebracht: Die Überschüsse wurden auf der Ausgabenseite erzeugt und auf der Einnahmenseite verwendet.

Dieser Befund ist zunächst eine reine Beschreibung des Strukturbruchs und seiner Auswirkungen. Die im sechsten Kapitel folgende Analyse wird diesen Strukturbruch als Regimewechsel interpretieren. Sie wird zeigen, dass die ausgabenseitige Entstehung und die einnahmenseitige Verwendung der Überschüsse in einer engen Beziehung zueinander stehen, weil die Entstehung mit einer Neukonfiguration der fiskalpolitischen Interessen, Ideen und Institutionen verbunden ist, die die Entscheidung über die Überschussverwendung in einer bestimmten Weise vorstrukturiert.

Kapitel 6
Herausbildung und Institutionalisierung eines Überschussregimes

Wie das vorhergehende Kapitel gezeigt hat, unterschieden sich die fiskalpolitischen Entscheidungen in den sechs Überschussländern deutlich von dem, was eine symmetrische Umkehrung der Trends aus Defizitzeiten hätte erwarten lassen. Die Staatsausgaben und insbesondere die weichen Investitionen blieben spürbar hinter den Hoffnungen progressiver Haushaltskonsolidierer zurück. Das vorliegende Kapitel soll diesen Befund eingehend diskutieren. Es gilt zu erkunden, warum diese Länder ihre Überschüsse in einer Weise verwendeten, die im Widerspruch zum erklärten Ziel steht, staatliche Handlungsfähigkeit wiederzugewinnen. Da die Arbeit argumentiert, die Verwendung von Überschüssen sei nicht ohne ihre Entstehung zu verstehen, ist es dabei nötig, bis zu den Wurzeln der Überschüsse in den Krisen der 1980er- und frühen 1990er-Jahre zurückzugehen.

Dabei sieht sich die Darstellung in der Tradition einer von Schumpeter inspirierten Fiskalsoziologie, die Fiskalpolitik nicht isoliert betrachtet, sondern sie als Ausdruck des Verhältnisses von Staat und Wirtschaft versteht. Nachdem sich das fünfte Kapitel auf rein fiskalische Indikatoren wie Steuereinnahmen und Staatsausgaben konzentriert hat, wird die Perspektive hier geweitet, um verschiedene Interessen, Ideen und Institutionen in den Blick nehmen zu können, die dieses Verhältnis prägen. Dabei wird gezeigt, wie das Verhältnis von Staat und Wirtschaft auf allen drei Ebenen neu konzeptualisiert wurde und wie dieser Wandel die Ausgestaltung der Fiskalpolitik prägte.

Die Darstellung gliedert sich in fünf chronologische Phasen der fiskalpolitischen Entwicklung nach 1980, die sich in allen sechs Fällen identifizieren lassen. Anhand dieser fünf Phasen lässt sich ein idealtypischer Verlauf der Entfaltung und Institutionalisierung eines Überschussregimes herausarbeiten. Zwar weicht jeder einzelne Fall von diesem Idealtyp auf jeder einzelnen Stufe mehr oder minder stark ab. Dennoch verspricht diese synchrone Vorgehensweise einen größeren analytischen Hebel als ein diachroner Ansatz, der die Fälle jeweils einzeln diskutiert. Dieser kann zwar den Idiosynkrasien des jeweiligen Einzelfalls leichter gerecht werden, gleichzeitig erschwert er es aber, vergleichend theoretische Schlüsse zu ziehen.

Folgende fünf Phasen oder »temporal brackets« (Langley 1999) werden diskutiert:

1. eine tiefe fiskalische und makroökonomische Krise, die das herrschende Verständnis von Fiskalpolitik grundlegend erschütterte;
2. die darauf folgende Konsolidierungsperiode, in der das Verhältnis von Staat und Wirtschaft neu justiert wurde;
3. die Entstehung von Überschüssen sowie ihre politische und institutionelle Einbettung;
4. die Reaktion der Fiskalpolitik auf negative makroökonomische Schocks, durch die sich ein Überschussregime endgültig etablierte;
5. die Fiskalpolitik vor der Weltfinanzkrise, als das Überschussregime sich voll entfaltete.

Diese fünf Phasen bilden die Schlüsselmomente der Fiskalpolitik in den Überschussländern seit 1980. Dabei besteht zwischen den einzelnen Phasen eine sachlogische, aber keine exakte chronologische Parallelität. Beispielsweise ist die Asienkrise der Jahre 1997 und 1998 der relevante makroökonomische Schock für die pazifischen Länder Australien und Neuseeland, während es für die nordatlantischen Staaten die Rezession der Jahre 2001 und 2002 ist. In beiden Ländergruppen stellte der jeweilige externe Schock aber die erreichten Überschüsse infrage und in allen sechs Ländern fiel die Krisenreaktion sehr ähnlich aus.

Diese Schlüsselphasen bilden nicht nur eine empirische Beschreibung, sondern versuchen, den gemeinsamen Kern einer empirisch diversen Entwicklung herauszudestillieren. Die Reihenfolge der Darstellung weicht darum teilweise von der exakten chronologischen Reihenfolge ab – so können theoretisch relevante Gemeinsamkeiten herausgearbeitet werden. Beispielsweise werden die Steuerreformen der Überschusszeit in der fünften Phase abgehandelt, obwohl selbstverständlich auch in den anderen vier Phasen steuerpolitische Entscheidungen getroffen wurden. Es erleichtert aber die Identifikation der steuerpolitischen Dimension des Überschussregimes, wenn die gesamte Steuerpolitik in einem Unterkapitel gemeinsam beleuchtet wird.

Zudem kann nicht allen sechs Ländern in allen fünf Phasen dieselbe Aufmerksamkeit gewidmet werden. Die Darstellung muss hier eine Auswahl aus der Vielzahl empirischer Ereignisse treffen. Deshalb präsentiert sie zwar die wichtigsten Grundtatsachen für alle sechs Länder, um die allgemeine Anwendbarkeit des Phasenmodells zu zeigen. Die ausführliche Darstellung von Schlüsselelementen konzentriert sich aber immer auf einzelne Länder. Um die Darstellung überschaubar zu halten, werden die beiden pazifischen Länder Australien und Neuseeland daher oft gemeinsam präsentiert, ebenso wie die drei nordischen Länder Dänemark, Finnland und Schweden.[1]

Bevor jedoch die fünf gemeinsamen Elemente der Überschusssequenz herausgearbeitet werden können, werden die institutionellen und ökonomischen Kontextbedingungen in den sechs Überschussländern noch einmal ausführlicher beschrieben. Dabei wird begründet, warum sich die Analyse stärker auf die überraschenden Gemeinsamkeiten als auf die individuellen Unterschiede der sechs Fälle konzentriert und warum diese Gemeinsamkeiten einer politischen Erklärung bedürfen.

6.1 Institutionelle und ökonomische Voraussetzungen der Überschüsse

Wie im zweiten Kapitel gezeigt, gibt es viele mögliche Erklärungen für fiskalpolitische Performanz und damit auch für die Entstehung und Verwendung von Haushaltsüberschüssen. Public-Choice-Ansätze erklären Staatsverschuldung mit den unerwünschten Nebeneffekten demokratischer Prozesse und sehen die Ursachen für fiskalpolitische Ergebnisse in institutionellen Faktoren wie dem Fragmentierungsgrad des politischen Systems. Klassische politikwissenschaftliche Erklärungen ergänzen dazu die Rolle genuin politischer Faktoren wie der Dominanz einer bestimmten Regierungspartei. Die Vergleichende Politische Ökonomie interpretiert Fiskalpolitik als Baustein eines Wohlfahrts- oder Produktionsregimes. Aus ökonomischer Sicht ist zudem die Rolle ökonomischer Institutionen wie des monetären Regimes und der automatischen Stabilisatoren zu bedenken.

Betrachtet man die sechs Überschussländer aus der Perspektive dieser Ansätze, bilden sie eine ausgesprochen heterogene Gruppe. Konkret zerfallen sie in zwei Blöcke, deren ersten die drei nordischen Länder bilden. Alle drei Länder sind Konsensdemokratien mit historisch stark fragmentierten Parteiensystemen, die in Schweden, in geringerem Maße in Dänemark und kaum in Finnland über lange Zeit von einer sozialdemokratischen Partei dominiert wurden. Dänemark und Schweden haben zudem eine lange Tradition von Min-

1 Diese Zusammenfassungen sind in der Literatur weit verbreitet. Gemeinsame Studien zu Australien und Neuseeland sind beispielsweise Castles (1985) und Hazledine und Quiggin (2006); zu Schweden und Finnland Timonen (2003) und Lindgren (2011), zu Schweden und Dänemark Benner und Vad (2000) sowie Green-Pedersen und Lindbom (2005), zu allen nordischen Ländern gemeinsam Kiander (2004) und Kananen (2012).

derheitsregierungen, während Finnland regelmäßig von sogenannten *oversized coalitions* regiert wird, in denen mehr Parteien vertreten sind als für die Mehrheitsbildung nötig (Nannestad 2009; Jahn 2009; Auffermann 2009). In allen drei Ländern wurden die Überschüsse von sozialdemokratischen Regierungen herbeigeführt, die im Überschuss von konservativen Nachfolgern abgelöst wurden. Alle drei Länder sind sozialdemokratische Wohlfahrtsstaaten und koordinierte Marktwirtschaften, wobei Finnland wegen der beschriebenen Lage zwischen den Blöcken lange einen Sonderweg ging. In Wagschals Steuerstaatstypologie bilden sie das »sozialdemokratisch-skandinavische Cluster« (Wagschal 2001: 136). Sie alle haben weit ausgebaute Wohlfahrtsstaaten mit starken automatischen Stabilisatoren. Während Finnland allerdings der Eurozone beigetreten ist, haben Dänemark und Schweden ihre Währungen behalten. Dabei ist die dänische Krone jedoch bereits seit 1982 an die Deutsche Mark und später den Euro gekoppelt, während die schwedische Krone seit 1992 frei schwankt.

Dagegen unterscheiden sich die drei angelsächsischen Länder in nahezu all diesen Dimensionen von den nordischen. Australien und Neuseeland verfügten lange über beinahe prototypische Zweiparteiensysteme, ehe das neuseeländische Parteiensystem nach der Wahlrechtsreform von 1996 stärker fragmentierte. Seitdem wird Neuseeland regelmäßig von Koalitionen oder Minderheitsregierungen geführt. Kanadas Parteiensystem hat sich in jüngerer Zeit von einem Zweieinhalb- zu einem Mehrparteiensystem gewandelt, es wird aber auch dort nach Mehrheitswahlrecht gewählt (Brede/Schultze 2008). Australien und Kanada sind außerdem Föderalstaaten. Während der kanadische Überschuss von der traditionell progressiven liberalen Partei herbeigeführt wurde, waren in Australien und Neuseeland konservative Regierungen für die Erzielung der ersten Überschüsse verantwortlich. Alle drei Länder sind liberale Wohlfahrtsstaaten und liberale Marktwirtschaften und gehören in Wagschals Steuerstaatstypologie der »liberal-konservativen Familie« an (Wagschal 2001: 136). Zudem verfügen sie, verglichen mit den nordischen Ländern, nur über schwach ausgeprägte automatische Stabilisatoren und ihre Währungen schwanken frei.

Diese Beschreibung könnte die Interpretation nahelegen, es gebe zwei Entwicklungswege dauerhafter Überschüsse, nämlich einen nordischen und einen angelsächsischen Pfad. Das analytische Potenzial dieser Lesart ist vor dem Hintergrund der Ergebnisse des fünften Kapitels jedoch begrenzt, hat dieses doch betont, wie ähnlich die fiskalpolitische Entwicklung in allen sechs Überschussländern verlief. So hat der Vergleich kurzer und langer Überschussperioden gezeigt, dass die Ähnlichkeiten der Überschussentstehung und Überschussverwendung innerhalb der langen Perioden viel größer sind als etwa zwischen Australien und Großbritannien oder zwischen Kanada und den USA, obwohl sie alle der angelsächsischen Ländergruppe angehören. Damit ist keineswegs gesagt, dass Faktoren wie Wohlfahrtsstaatsregime, Parteiendifferenzen oder die Anzahl der Vetospieler im Überschussregime keinen Effekt haben. Selbstverständlich machen sich die Eigenheiten der einzelnen Länder immer wieder bemerkbar und selbstverständlich ist Australien auch in der Überschusspolitik Neuseeland noch ähnlicher als Kanada oder Schweden. Solche Faktoren wirken also innerhalb des Überschussregimes weiter, können aber seine Herausbildung nicht erklären.

6.1.1 Verworfene Erklärungen: Fiskalische Kultur und ökonomische Notwendigkeit

Statt der Unterschiede stehen hier deshalb die Gemeinsamkeiten der langen Überschussperioden im Zentrum. Solche Gemeinsamkeiten können auf verschiedene Weise erklärt werden. Besonders populär sind dabei kulturalistische und ökonomisch-funktionalistische Ansätze. So würde ein kulturalistisches Argument unterstellen, die Überschussländer hätten eine besonders konservative fiskalische Kultur, legten also seit jeher besonders großen Wert auf die Vermeidung von Defiziten. Eine ökonomisch-funktionalistische Erklärung würde postulieren, für die Überschussländer sei es ökonomisch besonders notwendig, ihren Schuldenstand zu reduzieren, ob sie wollen oder nicht.

Die kulturalistische Argumentation überzeugt aus zwei Gründen nicht. Einerseits hätte eine Kultur fiskalischer Stabilität in diesen Ländern schon immer, allenfalls von extern ausgelösten Krisen unterbrochen, zu ausgeglichenen Haushalten führen müssen. Dies ist jedoch in keinem der untersuchten Staaten der Fall: Wie sogleich ausführlich gezeigt wird, entstanden die Überschüsse erst nach der Überwindung einer tiefen fiskalischen Krise und in expliziter Abgrenzung zu dieser. Diese Krise war aber zu einem erheblichen Teil die Konsequenz einer expansiven Reaktion auf die makroökonomischen Schocks der 1970er- und frühen 1980er-Jahre, als man dem Ziel der Vollbeschäftigung klaren Vorrang vor ausgeglichenen Haushalten einräumte. Zudem steht das kulturalistische Argument in latenter Spannung zur Entwicklung anderer Verschuldungsformen. Die Gesamtverschuldung aller Wirtschaftssektoren ist seit den 1970er-Jahren in allen OECD-Ländern rasant gestiegen, auch in den Überschussländern (Streeck 2011; Mertens 2015). Der sinkenden Staatsverschuldung steht dort also eine schneller wachsende Privatverschuldung gegenüber. Australien, Dänemark, Neuseeland und Schweden zählen zu den Ländern, in denen die Privatverschuldung in den Jahren vor der Krise von 2008 am schnellsten wuchs. Das kulturalistische Argument muss also eine seltsame Schizophrenie der Bürger unterstellen, die einerseits eine tief verankerte Abneigung gegen staatliche Schulden hegen, sich zugleich aber freudig in private Kredite stürzen.

Auf der Seite ökonomisch-funktionalistischer Argumente sind im Wesentlichen drei Gründe für die Ähnlichkeit der sechs Überschussländer denkbar, nämlich eine besonders geringe Schuldentragfähigkeit, ein besonders starker Druck des demografischen Wandels sowie eine besonders große außenwirtschaftliche Anfälligkeit. Der erste Aspekt ist Gegenstand einer breiten Literatur zu »debt sustainability« (Tanner 2013). Es wäre vorstellbar, dass die Überschussländer besonders niedrige Schuldenquoten benötigen, um sich vor Schocks zu schützen, die ihre Schuldenlast über die Tragfähigkeit hinaus ansteigen lassen würden. Empirische Arbeiten zeigen jedoch das Gegenteil: So gehören alle sechs Überschussländer in einer 23 Länder umfassenden Studie von Ostry et al. (2010) zur Gruppe der zehn Länder mit dem größten Spielraum zwischen dem aktuellen Verschuldungsniveau und der historisch identifizierbaren Tragfähigkeitsgrenze (Ostry et al. 2010: 6). Und als die Europäische Union 2006 die fiskalischen Risiken ihrer Mitglieder bewertete, gehörten Dänemark, Finnland und Schweden mit Österreich zu den vier Mitgliedern der EU-15 in der Kategorie »low risks to fiscal sustainability« (European Commission 2006: 66). Je länger der Überschuss andauerte, desto mehr verlor dieses Argument also seine Gültigkeit.

Eine Erklärung durch den demografischen Wandel würde voraussetzen, dass die Gesellschaften der Überschussländer besonders stark altern und daher ein besonders ungünstiges Altersprofil des Sozialstaats entwickeln. Im internationalen Vergleich müssten diese Länder demnach heute besonders große Rücklagen bilden, um die kommenden Lasten des demografischen Wandels aufzufangen. Tatsächlich betonen Regierungen auch regelmäßig den engen Zusammenhang zwischen ihrer Überschusspolitik und der Alterung der Gesellschaft (Dänisches Finanzministerium 2002: 29; Finnisches Finanzministerium 2001: 2). Laut der OECD-Studie »Pensions at a Glance« (OECD 2011b) haben die Überschussländer jedoch keineswegs höhere Lasten des demografischen Wandels zu erwarten als die übrigen OECD-Länder. Vielmehr gehören laut einer Studie von 2012, die explizit auf Pensions- und Gesundheitskosten abstellt, Dänemark, Schweden und Australien zu den Ländern mit der kleinsten bis 2050 zu schließenden Finanzierungslücke, während Kanada und Finnland Mittelfeldplätze einnehmen (Merola/Sutherland 2012). Nur Neuseeland liegt hier in der Spitzengruppe. Während der demografische Wandel also überall zusätzliche Lasten für den Staat erzeugt, fallen diese in den Überschussländern im Durchschnitt sogar geringer aus als in der übrigen OECD-Welt. Diese Argumentation impliziert nicht, die Fiskalpolitik der Überschussländer sei unangemessen vorsichtig. Möglicherweise agiert die Fiskalpolitik in den anderen OECD-Ländern schlicht unangemessen unvorsichtig. Auch dann wäre aber zu erklären, warum einige Länder ihre Fiskalpolitik an funktionalen Notwendigkeiten ausrichten, andere jedoch nicht.

6.1.2 Der Kontext: Kleine offene Volkswirtschaften

Verglichen mit diesen beiden Erklärungen ist der Verweis auf die außenwirtschaftliche Anfälligkeit deutlich relevanter, weil alle sechs Länder kleine offene Volkswirtschaften sind.[2] Kann die hier entwickelte Argumentation überhaupt auf größere Länder übertragen werden? Oder entsteht ein Überschussregime möglicherweise nur unter den besonderen Bedingungen kleiner offener Volkswirtschaften?

In der Fiskalpolitik zeichnen sich solche Volkswirtschaften vor allem dadurch aus, nur sehr begrenzt über die traditionellen konjunkturpolitischen Instrumente zu verfügen, weil ein großer Teil jedes fiskalischen Impulses durch eine Erhöhung der Importquote aus dem Land fließt. Aus diesem Grund sollte ihnen eine Konsolidierung umso leichter fallen, weil ein Rückgang der Staatsausgaben weniger starke Effekte auf die nationale Wirtschaft hat (Buti/Pench 2004). Demgegenüber bleibt die Konjunkturpolitik in großen offenen Volkswirtschaften trotz internationaler Kapital- und Güterströme wirksam, was Konsolidierungen zugleich erschwert. Dennoch verzichten auch kleine offene Volkswirtschaften nicht vollständig auf den Einsatz der Fiskalpolitik, um steuernd in das Wirtschaftsgeschehen einzugreifen. So wurde in Australien und Neuseeland immer wieder argumentiert, die Überschüsse dienten dazu, die nationale Ersparnis zu erhöhen und somit das Leistungsbilanzdefizit zu reduzieren, was allerdings wenig erfolgreich war (Gruen/Sayegh 2005).

Mit zunehmender Globalisierung hat sich zudem ein Wettbewerb der Staaten um Investoren und gut ausgebildete Arbeitskräfte entwickelt. Dieser Wettbewerb ist aus Sicht der kleinen Länder oft auf einen großen Nachbarn bezogen: in Kanada auf die USA, in Neuseeland auf Australien, in den nordischen Ländern auf Deutschland oder Großbritannien. Gerade in englischsprachigen Ländern ist die Angst vor einem Braindrain, vor allem in die USA, besonders groß. Zugleich sollten kleine Länder aber vom Steuerwettbewerb besonders profitieren, weil sie durch Steuersenkungen relativ starke Anziehungseffekte (verglichen zu ihrer Steuerbasis) entfalten können, während die damit verbundenen Kosten wegen der kleineren Steuerbasis geringer sind als in größeren Ländern. Das Verhältnis von attrahierter Steuerbasis zu verlorenem Steueraufkommen ist daher ungleich günstiger (Genschel/Schwarz 2011).

Dieser Wettbewerb zwischen Staaten löst aber auch eine Kräfteverschiebung innerhalb der Staaten aus: Die Interessen der Exportsektoren gewinnen politisch an Gewicht, während Industrien, die nur für den Binnenmarkt produzieren, an

2 Dies gilt auch für das G7-Land Kanada, das innerhalb der G7 die zweitstärksten Handelsverflechtungen – nach Deutschland – aufweist, aber eine viel kleinere Volkswirtschaft ist.

Einfluss verlieren. Zugleich werden die Interessenunterschiede zwischen diesen beiden Gruppen größer – das eröffnet die Möglichkeit einer politisch schlagkräftigen klassenübergreifenden Koalition zwischen Arbeitnehmern und Arbeitgebern in den Exportsektoren (Schwartz 1994).

Obwohl – oder weil – sie besonders stark von der Globalisierung profitieren, sind kleine offene Volkswirtschaften den von ihr ausgelösten Verwerfungen auch deutlich stärker ausgesetzt als ihre größeren Nachbarn (Stiglitz 1998; siehe auch Berkmen 2007). Um die Risiken der Weltmarktöffnung zu kompensieren, hatte der Staat in diesen Ländern eine besonders starke Rolle in der Wirtschaft übernommen (Cameron 1978; Katzenstein 1985; Garrett 1998; Rodrik 1998). Er war deshalb bereit, nötigenfalls Schulden aufzunehmen, um dieser Aufgabe gerecht werden zu können. Die Geschichte der Überschüsse ist insofern die Geschichte eines Bruchs mit diesem überkommenen fiskalpolitischen Paradigma. Zugleich zeigen Fälle wie Belgien, Österreich oder die Niederlande aber, dass dieser Bruch nicht in allen kleinen offenen Volkswirtschaften in derselben Weise erfolgte. Zwar konsolidierten auch diese Länder in den 1990er-Jahren ihre Haushalte und reduzierten die Rolle des Staates in der Wirtschaft. Sie legten dabei jedoch keinen vergleichbaren Wert auf ausgeglichene Haushalte und es bildete sich kein Überschussregime heraus. Offenbar sind die ökonomischen Voraussetzungen kleiner offener Volkswirtschaften allein also keine hinreichende Bedingung für die Bewahrung dauerhafter Überschüsse.

Ob sie eine notwendige Bedingung sind, ob ein dauerhafter Überschuss also nur in diesem Kontext politisch Fuß fassen kann, ist schwerer zu beurteilen. Allerdings kann man ohnehin argumentieren, dass es mit Ausnahme der USA und eventuell Japans überhaupt nur noch kleine offene Volkswirtschaften gibt. Australien und Kanada waren Mitte der 1990er-Jahre, als ihre Überschusspolitik begann, weit weniger in internationale Güter- und Kapitalströme integriert, als es Deutschland, Frankreich oder Großbritannien heute sind. In jedem Fall wird die Arbeit im Folgenden immer wieder auf den Einfluss internationaler ökonomischer Verflechtungen hinweisen. So spielte die wachsende ökonomische und politische Bedeutung der Exportsektoren insbesondere im Kontext der Steuersenkungspolitik der 2000er-Jahre eine wichtige Rolle. Insgesamt gelangt die Diskussion zu dem Schluss, dass die Globalisierung ein wichtiger ermöglichender Faktor für Überschüsse war, sie aber die fiskalpolitischen Entscheidungen der untersuchten Länder nicht allein erklären kann. Zunächst wendet sich die Untersuchung nun der Vorgeschichte der Überschüsse zu, bei der die Eigenheiten kleiner offener Volkswirtschaften bereits eine wichtige Rolle spielten.

6.2 Die Fiskalkrise der 1980er- und frühen 1990er-Jahre

Am Anfang war die Ölkrise. Die Wurzeln der Überschusspolitik reichen zurück bis zu jener Zäsur der 1970er-Jahre, als der Nachkriegsboom zu Ende ging und sich die Rahmenbedingungen der Fiskalpolitik fundamental und dauerhaft veränderten. Damals setzte die wirtschaftspolitische Reaktion auf diese Verwerfungen in den sechs hier untersuchten Ländern einen Prozess in Gang, der in den späten 1980er- und frühen 1990er-Jahren in einer schweren Fiskalkrise gipfelte, die wiederum jene tief greifende Konsolidierung erzwang, aus der sich in den späten 1990er-Jahren schließlich dauerhafte Überschüsse entwickelten.

Ausgangspunkt dieses Prozesses war, dass sich die hier untersuchten Länder nach wie vor dem in der Nachkriegszeit gegebenen Vollbeschäftigungsversprechen verpflichtet sahen, als die Arbeitslosenzahlen in den Jahren nach 1973 zu steigen begannen. Entsprechend reagierten sie darauf mit expansiver Fiskalpolitik und groß angelegten staatlichen Investitionsprogrammen. In ihrem interventionistischen Verständnis der Rolle des Staates unterschied sich die konservative Regierung Muldoon in Neuseeland dabei nicht wesentlich von der liberalen Regierung Trudeau in Kanada oder der sozialdemokratischen Regierung Jørgensen in Dänemark. Diese Programme brachten jedoch nicht den erhofften Erfolg, führten aber gleichzeitig zu einer zunehmenden Erschöpfung der fiskalischen Kapazitäten des Staates. Diese wuchs sich in den 1980er- oder spätestens den frühen 1990er-Jahren zu einer veritablen Fiskalkrise aus. Dabei handelte es sich aber nicht um eine reine Krise der Staatsfinanzen, sondern um eine Vielzahl miteinander verbundener ökonomischer Schwierigkeiten. Die Fiskalkrise ging regelmäßig einher mit hoher Arbeitslosigkeit, wachsender Auslandsverschuldung, einer deutlichen Währungsabwertung, großem Misstrauen der Finanzmärkte und daraus folgend einem sprunghaften Anstieg des Zinsniveaus. Darum konnten sich aber auch die Ansätze zur Krisenbekämpfung nicht auf eine fiskalisch-technische Korrektur beschränken, sondern erfassten das gesamte Verhältnis von Staat und Wirtschaft. Ohne diese Krise sind die folgenden Konsolidierungsanstrengungen daher ebenso wenig zu verstehen wie der spätere Wille, einen Überschuss auch dauerhaft zu bewahren. Deshalb werden im Folgenden zunächst der ökonomische Hintergrund dieser Krise, danach ihre konkrete fiskalische Dimension und schließlich die politischen und psychologischen Aspekte der Krise betrachtet.

6.2.1 Die ökonomische Krise als Hintergrund der Fiskalkrise

Weil die kleinen offenen Volkswirtschaften in der Nachkriegszeit besonders große Aufgaben in der Wirtschaft übernommen hatten, stellten die makroökonomischen Schocks der 1970er- und frühen 1980er-Jahre sie auch vor besonders große Herausforderungen. In den Worten von Schwartz (1994) waren sie in dieser Zeit »Small States in Big Trouble«. Dabei unterscheiden sich die einzelnen Überschussländer selbstverständlich in den Details des Krisenverlaufs. In einigen Ländern, besonders in Kanada, standen die Staatsfinanzen im Mittelpunkt der Krise, in anderen, vor allem in Australien, spielten sie eine geringere Rolle und wurden von anderen Aspekten überlagert. Einen Sonderfall bildet zudem Finnland, das erst in den 1990er-Jahren von einer umso heftigeren Krise erfasst wurde. Allen Krisen gemeinsam ist aber, dass sie als Scheitern eines alten wirtschafts- und fiskalpolitischen Paradigmas interpretiert werden konnten und deshalb einen wirtschaftspolitischen Kurswechsel auslösten, der auch, aber nicht nur die Fiskalpolitik erfasste.

Dieser umfassende Charakter der Krise, in dem die Staatsfinanzen zunächst nur eine Nebenrolle spielten, zeigt sich speziell an den Beispielen Australiens und Neuseelands. Dabei wirkten Australiens Probleme in mehrfacher Hinsicht wie die mildere Version der Turbulenzen im kleineren Nachbarland. Neuseeland erlebte nämlich die vielleicht stärksten Verwerfungen aller OECD-Länder und brach nach übereinstimmendem Urteil vieler Beobachter am deutlichsten mit dem in die Krise geratenen Wirtschaftsmodell (Massey 1995: 105; Schwartz 2000: 88).

Auch wenn die Antipodenstaaten in Produktionsregime- oder Wohlfahrtsstaatstypologien gemeinhin zur liberalen Welt gezählt werden, hatten sie sich bis in die 1980er-Jahre hinein politisch auf das Vollbeschäftigungsziel verpflichtet (zu den Eigentümlichkeiten ihrer *wage earners welfare states* vgl. Castles 1985). Das Wirtschaftsmodell beider Länder basierte auf einer Kombination von Rohstoffexporten und abgeschotteten import-substituierenden Industrien, die vielen Menschen Beschäftigung boten, im internationalen Vergleich aber hochgradig ineffizient waren. Dieses Modell geriet bereits in den 1970er-Jahren in schwere Turbulenzen (Schwartz 2000: 83). Vor diesem Hintergrund setzte die konservative neuseeländische Regierung von Robert Muldoon unter dem Titel »Think Big« auf massive staatlich gelenkte Investitionsprojekte, insbesondere im Energiesektor und in der chemischen Industrie (Russell 1996: 31ff.). Diese Politik ging mit einem drastischen Anstieg der Staatsverschuldung, vor allem aber der Auslandsverschuldung einher. Das Leistungsbilanzdefizit lag im Durchschnitt der Jahre 1980 bis 1984 bei 6 Prozent des BIP (Massey 1995: 53). Als Muldoon überraschend (Starke 2008: 74) eine Neuwahl ankündigte, löste dies 1984 schließlich massive Spekulationen gegen den neuseeländischen Dollar aus, die die neuseeländische Zentralbank sogar zwangen, dessen Konvertibilität zeitweise aufzuheben (Starke 2008: 75). Muldoon verlor die Wahl schließlich eindeutig.

Die neu gewählte Labour-Regierung unter Premierminister David Lange und Finanzminister Roger Douglas kam also auf dem Höhepunkt einer ökonomischen Krise ins Amt und startete das wohl umfassendste je von einem OECD-Land unternommene Reformprogramm, das als »Rogernomics« bekannt wurde (für eine umfangreiche Darstellung vgl. Massey 1995; Russell 1996; sehr kritisch Kelsey 1997). Bereits drei Tage nach ihrem Wahlsieg setzte sie eine Abwertung des neuseeländischen Dollars um 20 Prozent durch (Schwartz 2000: 93). Danach liberalisierte sie die Finanzmärkte, hob Preis- und Zinskontrollen auf, gab den Wechselkurs des neuseeländischen Dollars frei, schaffte Handelsbeschränkungen und Subventionen ab, schuf eine der unabhängigsten Zentralbanken der Welt, halbierte den Spitzensteuersatz von 66 Prozent auf 33 Prozent und privatisierte große Teile des Staatsbesitzes. Der Economist befand, der Umfang der Privatisierungen sei »limited mainly by what the market will absorb in one year« (The Economist 1988). Diese radikalen Reformen sollten die langfristige Wettbewerbsfähigkeit Neuseelands erhöhen, waren kurzfristig aber mit enormen ökonomischen Kosten verbunden. So stieg die Arbeitslosenquote, die in Neuseeland stets unter 4 Prozent gelegen hatte, bis 1991 auf über 10 Prozent. Außerdem bildete sich in der zweiten Hälfte der 1980er-Jahre eine kreditgetriebene Aktien- und Immobilienblase, insbesondere in Auckland. Diese platzte 1987 und stürzte das Land in eine erneute, lang andauernde Rezession. Das Bruttoinlandsprodukt erreichte erst 1993 wieder sein Vorkrisenniveau. Ob die Reformen zumindest langfristig ihre ökonomischen Ziele erreichten, ist umstritten (sehr skeptisch Dalziel 2002; ebenso Hazledine/Quiggin 2006; sehr positiv Buiter 2006).

Das in Neuseeland 1984 so fatale Zusammenwirken von hoher Auslandsverschuldung und Wechselkursturbulenzen spielte auch in Australien eine Schlüsselrolle. Das australische Leistungsbilanzdefizit lag in den 1980er-Jahren permanent zwischen 3 und 6 Prozent des BIP und ließ Australien zu einer der am stärksten im Ausland verschuldeten Nationen der OECD werden. Entsprechend war das Land noch im Zuge der Pesokrise des Jahres 1994 der neben Kanada meistgenannte Kandidat für die Frage, auf welche entwickelte Volkswirtschaft die Krise als Nächstes übergreifen könnte (The Economist 1995). In den Jahren 1986 und 1987 verlor der australische Dollar außerdem 40 Prozent seines Außenwerts gegenüber den Währungen der Handelspartner (Gruen/Sayegh 2005: 619). Zwar wuchs die australische Wirtschaft in dieser Zeit kräftig und die Regierung legte 1988 sogar ein ausgeglichenes Budget vor, aber das Wachstum wurde zum makroökonomischen Problem, weil es das Leistungsbilanzdefizit und die Inflationsrate in die Höhe trieb. Diese Überhitzung zeigte sich auch in einer Immobilienblase, deren Platzen schließlich zu einer Bankenkrise im Jahr 1989 beitrug (ebd.: 621). Die australische Notenbank reagierte auf diese Kombination aus Inflation und Wechselkursverfall mit einer extrem restriktiven Geldpolitik. Die Zinssätze stiegen zum Ende der 1980er-Jahre zeitweilig auf über 18 Prozent – mit allen damit verbundenen Konsequenzen (Brown 1991).

Während chronische und akute Probleme in den pazifischen Ländern also Hand in Hand gingen, kann in den drei nordischen Ländern stärker zwischen diesen beiden Dimensionen unterschieden werden. In den 1980er-Jahren litten Schweden und vor allem Dänemark unter chronischen Problemen, während es in den Jahren 1990 bis 1993 in Schweden und Finnland zu einer höchst akuten Banken-, Wirtschafts- und Fiskalkrise kam.

Sowohl Dänemark als auch Schweden reagierten, wie in dem Vollbeschäftigungsziel verpflichteten sozialdemokratischen Wohlfahrtsstaaten zu erwarten, mit expansiver Fiskalpolitik und hohen Defiziten auf die Schocks der 1970er-Jahre. Diese mit immer geringerem Erfolg betriebenen Versuche, die Folgen der Ölkrise durch kurzfristige keynesianische Stabilisierungspolitik zu bekämpfen, führten in Dänemark zu noch größeren Schwierigkeiten als in Schweden (Goul Andersen 2011a: 95). Das Land erlebte eine Art Dauerkrise seines politökonomischen Modells, die sich 1982 zuspitzte (Nannestad/Green-Pedersen 2008: 34). In diesem Jahr lag das dänische Haushaltsdefizit bei 11 und das Außenhandelsdefizit bei mehr als 4 Prozent des BIP; die Arbeitslosenquote stieg auf über 9 und die Inflationsrate auf über 10 Prozent. Dänemark stand in den Worten des früheren Finanzministers Knud Heinesen »am Rande des Abgrunds« (Zohlnhöfer 2009: 227). Vor diesem Hintergrund bestanden die ersten Maßnahmen der neu gewählten Regierung unter Poul Schlüter, dem ersten konservativen Premier der Nachkriegszeit, darin, eine (bis heute bestehende) Kopplung der dänischen Krone an die Deutsche Mark (danach den Euro) und ein fiskalisches Konsolidierungsprogramm durchzusetzen.

Tatsächlich wuchs die dänische Wirtschaft daraufhin kräftig (Nannestad/Green-Pedersen 2008: 49). Diese von einem deutlichen Anstieg des Binnenkonsums getragene Erholung war einer der Anlässe für die Entstehung der Theorie expansiver Konsolidierungen (Giavazzi/Pagano 1990; revisionistisch Perotti 2011), die den beobachteten Boom der Binnennachfrage kausal auf die vertrauenserzeugenden Effekte der Sparmaßnahmen zurückführte. Dem Aufschwung fehlte jedoch eine nachhaltige Grundlage (Goul Andersen 2011a: 103). Ähnlich wie die parallele Erholung in Schweden wurde er von niedrigen Zinsen, einer unterbewerteten Währung und den Wohlstandseffekten wachsender Haus- und Vermögenspreise getrieben, denen aber kein entsprechendes Wachstum des Produktionspotenzials gegenüberstand. Entsprechend führte er zu stetig zunehmenden Leistungsbilanzdefiziten, die in Schweden nur 2 Prozent, in Dänemark aber bis zu 6 Prozent des BIP erreichten (Benner/Vad 2000: 438). Als die dänische Regierung 1986 unter der Bezeichnung »Kartoffelkur« Maßnahmen ergriff, um den Nachfrageboom zu drosseln, kollabierte dieser (Nannestad/Green-Pedersen 2008: 45). Als Ergebnis dieser Bemühungen, die Überhitzung der Wirtschaft zu stoppen, erzielte Dänemark von 1986 bis 1989 sogar Haushaltsüberschüsse, wie auch Schweden von 1987 bis 1990.[3] Diese Politik mündete jedoch in eine anhaltende Phase wirtschaftlicher Stagnation zwischen 1987 und 1993. Zwar sank die Inflation und das Außenhandelsdefizit verschwand, aber die dänische Wirtschaft stagnierte und die Arbeitslosenquote erhöhte sich bis 1993 auf fast 12 Prozent. Das Haushaltsdefizit stieg wieder auf über 3 Prozent – eine Verschlechterung von mehr als 6 Prozentpunkten gegenüber dem Jahr 1989 – und die Schuldenquote kulminierte 1993 schließlich bei 92 Prozent. Dazu trug bei, dass die Regierung angesichts des Wachstumseinbruchs wieder auf expansive Fiskalpolitik umschaltete und eine Reihe der in den Vorjahren erfolgten Kürzungen zurücknahm (Nannestad/Green-Pedersen 2008: 51).

Die gemeinsame Boomphase Schwedens und Dänemarks in der Mitte der 1980er-Jahre ist also als Element eines länger als ein Jahrzehnt dauernden Krisenzyklus zu interpretieren. Sie beruhte nicht auf einem neuen, erfolgreichen Wirtschaftsmodell, sondern war Bestandteil einer Transformation des alten Modells. Während Dänemark aber in den frühen 1990er-Jahren weiter unter chronischer Anämie litt, kam es in Schweden, ebenso wie in Finnland, zu einer dramatischen Zuspitzung. Verantwortlich dafür war die Bankenkrise der Jahre 1991 und 1992, die aber in vieler Hinsicht eine Fortsetzung und Folge der Krise der 1980er-Jahre war (Mehrtens 2013: 113). In Finnland kam zudem der mit der Auflösung der Sowjetunion verbundene Einbruch des Außenhandels hinzu (eine knappe, aber stringente Darstellung der Krise bieten Honkapohja/Koskela 1999; ausführlicher Honkapohja et al. 2006).

Beide Länder hatten während des Nachfragebooms der 1980er-Jahre ihren Bankensektor umfassend dereguliert, was unter den Bedingungen fester Wechselkurse zu massiven Kapitalzuflüssen aus dem Ausland führte. In beiden Ländern trug diese Deregulierung zur Bildung einer Immobilienblase bei, zwischen 1985 und 1991 verdoppelten sich die Hauspreise. Zudem stieg die allgemeine Inflationsrate in Schweden auf 10 Prozent (Benner/Vad 2000: 420). Als die Immobilienblase platzte, gerieten dann nicht nur die Banken in Schieflage, sondern auch der Binnenkonsum brach ein, was zu einer tiefen Rezession und einem massiven Rückgang der Steuereinnahmen führte (Erixon 2011: 270). Das finnische Bruttoinlandsprodukt sank zwischen 1991 und 1993 um mehr als 10 Prozent, bis 2009 war das die schwerste Rezession in der Geschichte der OECD. Zugleich explodierten die Sozialausgaben, insbesondere weil die Arbeitslosigkeit sich ausbreitete: In Schweden verfünffachte sich die Quote in nur drei Jahren

3 Wie sehr sich diese Überschüsse der Überhitzung verdankten, zeigt sich daran, dass die OECD die Abweichung des dänischen BIP von seinem Trend für das Jahr 1986 auf atemberaubende 15 Prozent schätzt, was vor allem auf die enorme Volatilität der Wirtschaft hinweist, die eine saubere Berechnung des Produktionspotenzials fast unmöglich macht.

von 2 auf 11 Prozent (Mehrtens 2013: 118) und in Finnland stieg sie sogar auf 18 Prozent. Die Beschäftigungsquote, ein noch besserer Problemindikator in den universellen nordischen Wohlfahrtsstaaten, die auf einer möglichst hohen Erwerbsbeteiligung basieren, sank in Schweden von 83 Prozent auf 71 Prozent und in Finnland von 75 Prozent auf 61 Prozent (Timonen 2003: 87). Zudem war die Krise in beiden Ländern mit erheblichen Verwerfungen an den Finanz- und Währungsmärkten verbunden, sodass man sogar über eine bevorstehende IWF-Intervention spekulierte (Henriksson 2007: 5). Bereits im November 1991 hatte die finnische Mark um 12 Prozent abgewertet werden müssen, im September 1992 musste ihr Wechselkurs dann vollkommen freigegeben werden. Auch Schweden musste im Herbst 1992 seine Festwechselkurspolitik aufgeben und die Krone freigeben, nachdem sie im Rahmen der Krise des Europäischen Währungssystems unter den Druck von Währungsspekulation geraten war. Um den Wechselkurs zu verteidigen, erhöhte die Reichsbank den Übernachtzins zeitweise – und letztlich vergeblich – auf 500 Prozent (Mehrtens 2013: 129). Die Abwertung der Krone um 15 Prozent war also eine schwere wirtschaftspolitische Niederlage. Zugleich legte die Abwertung aber in beiden Ländern den Grundstein für die wirtschaftliche Erholung, indem sie ihre Wettbewerbsfähigkeit deutlich erhöhte (Honkapohja/Koskela 1999: 406; Kiander 2003: 15).

Am engsten mit der Entwicklung der Staatsfinanzen verknüpft war schließlich die kanadische Krisenerfahrung. Dort hatte die Regierung Trudeau mit einer expansiven und interventionistischen Fiskalpolitik und einer »New Energy Policy« auf die ökonomischen Verwerfungen der 1970er-Jahre reagiert. Als 1984 die konservative Regierung Mulroney an die Macht kam, lag das kanadische Defizit bei 8 und die Schuldenquote bereits bei 62 Prozent des BIP. Die neue Regierung verschrieb sich einer Bekämpfung der Defizite und setzte auch umstrittene Maßnahmen durch, insbesondere die Einführung der extrem unpopulären Goods and Services Tax (GST) von 7 Prozent im Jahr 1991 (Bourgon 2009: 12). Dennoch erzielte sie nur geringe Fortschritte bei der Haushaltssanierung. Verantwortlich dafür war unter anderem die Hochzinspolitik der kanadischen Notenbank, die letztlich erfolgreich die Inflation bekämpfte, für Kanada aber auch ein Jahrzehnt hoher Zinsen mit sich brachte (Debelle 1996). Dennoch fiel der kanadische Dollar in den frühen 1990er-Jahren binnen zwei Jahren gegenüber dem US-Dollar um mehr als 20 Prozent. Die Angst vor einem weiteren Verfall veranlasste die Nationalbank zu einer erneuten Erhöhung der Leitzinsen, was die Refinanzierungskosten weiter steigen ließ, sodass die Regierung schließlich fast 36 Cent von jedem eingenommenen Dollar für den Schuldendienst aufwenden musste (Lewis 1999: 151). Im kanadischen Föderalstaat kam in den 1990er-Jahren außerdem eine Krise der Provinzen hinzu, deren kumuliertes Defizit im Jahr 1993 immerhin 3,7 Prozent des BIP betrug. Ihre Lage wurde dadurch verschärft,

Tabelle 6-1 Makroökonomische Krisenindikatoren in den sechs Überschussländern, in Prozent

	Australien	Dänemark	Finnland	Kanada	Neuseeland	Schweden
Wachstum	Rezession 1990–91	Rezession 1989–93	Rezession 1990–93	Rezession 1990–91	Rezession 1990–91	Rezession 1990–93
Arbeitslosigkeit	11 (1992)	10 (1993)	18 (1994)	12 (1993)	11 (1991)	11 (1994)
Inflation	7 (1990)	5 (1989)	6 (1990)	6 (1991)	15 (1985)	10 (1990)
Währung	Fällt 1986/87 um 40%	Abwertung um 15% 1979–82	Erzwungene Freigabe der Mark	»Peso des Nordens«	Abwertung um 20% 1984	Erzwungene Freigabe der Krone
Leistungsbilanz (in Prozent des BIP)	–6 (1989)	–6 (1986)	–5 (1991)	–4 (1994)	–9 (1984)	–3 (1992)
Zinssatz[a]	13 (1990)	21 (1982)	13 (1990)	11 (1990)	18 (1985)	13 (1990)

a Auf langfristige Staatsanleihen.

dass der Bund im Versuch, seinen eigenen Haushalt zu sanieren, Zuschüsse an die Provinzen kürzte (Sancak/Liu/Nakata 2011: 22). Vor diesem Hintergrund blieben Verteilungskonflikte zwischen Bund und Provinzen ein ständiger Begleiter der späteren Konsolidierungs- und Überschusspolitik.

Tabelle 6-1 zeigt noch einmal die verschiedenen makroökonomischen Krisenindikatoren in den sechs untersuchten Ländern. Sie bildeten den Rahmen für die Zuspitzung der Krise in der spezifischen Form einer Fiskalkrise, denn diese makroökonomischen Verwerfungen konnten nicht ohne Auswirkungen auf die Staatsfinanzen bleiben.

6.2.2 Die Fiskalkrise als Krise der Staatsfinanzen

Nachdem die bisherige Darstellung das Ausmaß der makroökonomischen Probleme veranschaulicht hat, wird der Blick nun enger auf ihre fiskalische Dimension gerichtet, die in der OECD-Welt vor 2008 ihresgleichen suchte. Die Einzigartigkeit der Fiskalkrisen kann anhand verschiedener Indikatoren verdeutlicht werden. Tabelle 6-2 zeigt mit Defizit, Schuldenquote und Zinslast zunächst die gängigsten Maßzahlen zur Beurteilung der fiskalischen Situation. Um Krisen zu ermitteln, sind diese aber nur bedingt geeignet, wie die auf den ersten Blick nicht besonders dramatischen australischen Zahlen zeigen. Dagegen müsste man Japan anhand solcher Indikatoren eine seit 15 oder 20 Jahren anhaltende Schuldenkrise unterstellen. Offenbar kommt es dort aber nicht zu der dem Kri-

Tabelle 6-2 Fiskalische Krisenindikatoren in den sechs Überschussländern, in Prozent des BIP

	Australien	Dänemark	Finnland	Kanada	Neuseeland	Schweden
Defizit	6,2 (1992)	11,0 (1982)	8,3 (1993)	9,1 (1992)	8,4 (1984)	11,2 (1993)
Bruttoschuldenquote	41 (1995)	92 (1993)	66 (1996)	102 (1996)	72 (1985)	84 (1996)
Nettozinslast des Staates	2,1 (1992)	6,2 (1985)	1,8 (1997)	5,6 (1995)	5,9 (1987)	3,0 (1997)

senbegriff inhärenten Zuspitzung. Die Finanzmärkte sind weiterhin bereit, die Schulden des Landes zu niedrigen Zinssätzen zu refinanzieren.

Genau diese Reaktion der Finanzmärkte ist daher besser geeignet, um die Krisenzuspitzung in den späteren Überschussländern zu erfassen. Einen Anhaltspunkt bietet das Urteil der großen internationalen Ratingagenturen. Wie Tabelle 6-3 zeigt, wurden alle sechs späteren Überschussländer in dieser Zeit von Standard & Poor's mindestens einmal abgewertet, Neuseeland sogar insgesamt dreimal (der Befund für Moody's sieht ähnlich aus).

Bemerkenswert ist diese Übereinstimmung aller sechs späteren Überschussländer aus zwei Gründen. Zum einen waren sie die einzigen Länder mit solchen Ratingereignissen: Kein anderes der achtzehn Länder, für die Standard & Poor's bereits seit 1980 Einstufungen vornahm, erlebte vor dem Jahr 2001 (Japan) eine Abwertung. Zum anderen erhielten alle sechs Länder zu Beginn der 1980er-

Tabelle 6-3 Rating-Ereignisse in Überschussländern

Land	Rating-Ereignis nach Standard & Poor's
Australien	02.12.1986: Abwertung von AAA auf AA+ 24.10.1989: Abwertung von AA+ auf AA (neg.)
Dänemark	06.01.1983: Abwertung von AAA auf AA+ 07.03.1985: Abwertung von AA+ auf AA
Finnland	03.03.1992: Abwertung von AAA auf AA+ 11.03.1993: Abwertung von AA+ auf AA–
Kanada	14.10.1992: Abwertung von AAA auf AA+
Neuseeland	29.04.1983: Abwertung von AAA auf AA+ 02.11.1986: Abwertung von AA+ auf AA 22.01.1991: Abwertung von AA auf AA–
Schweden	22.03.1993: Abwertung von AAA auf AA+

Quelle: Standard & Poor's (2011).

Tabelle 6-4 Fiskalkrisen in 19 OECD-Ländern

Krisenstatus nach Baldacci et al.	Länder
Fiskalkrise nach 1980	Australien (1986–1987; 1989) Dänemark (1982) Finnland (1990; 1992) Kanada (1990) Neuseeland (1985–1987) Schweden (1990) Portugal (IWF-Anpassungsprogramm 1983–1985)
Fiskalkrise in den 1970er-Jahren, aber nicht nach 1980	Deutschland, Frankreich, Großbritannien, Island, Italien, Japan
Keine Fiskalkrise zwischen 1970 und 2008	Belgien, Niederlande, Österreich, Schweiz, Spanien, USA

Quelle: Baldacci et al. (2011).

Jahre ein AAA-Rating, was für einige notorisch hoch verschuldete Staaten wie Belgien und Italien nicht der Fall war. Die Überschussländer gehörten also ursprünglich nicht zu den fiskalpolitischen Problemfällen, sondern genossen das volle Vertrauen der Märkte, ehe sie dieses krisenbedingt verloren.

Ein gewichtiger Nachteil der Urteile großer Ratingagenturen besteht darin, notorisch intransparent zu sein. Sie werden aber von anderen Verfahren bestätigt. So bietet der von den Krisenländern zu zahlende Zinssatz einen direkteren Zugriff auf das Urteil der Finanzmärkte. Diesen Weg wählen Baldacci und seine Koautoren, die eine Fiskalkrise als »period of extreme government funding difficulties« definieren (Baldacci et al. 2011: 7). Diese liegen vor, wenn der Aufschlag des von einem Land zu zahlenden Zinssatzes gegenüber dem Referenzzins auf amerikanische Staatsanleihen um mehr als zwei Standardabweichungen von seinem langjährigen Mittel abweicht oder wenn es zu einer IWF-Intervention kommt. Auf diese Weise identifizieren sie in sieben der neunzehn hier untersuchten Länder eine Fiskalkrise zwischen 1980 und 1995, nämlich in allen sechs Überschussländern sowie in Portugal (Tabelle 6-4). Dabei wird die Krise in allen Überschussländern über den Zinssatz identifiziert, während in Portugal der IWF intervenierte. Verschiedene Länder erlebten dagegen eine Fiskalkrise in den 1970er-Jahren, allerdings im Kontext viel höherer Inflationsraten, sodass die Schuldendynamik eine ganz andere war als in den späten 1980er-Jahren.

Eine enge Verbindung besteht schließlich zwischen Fiskalkrisen und Bankenkrisen, weil Letztere den Staat oft zu Rettungsmaßnahmen zwingen, die ihn schließlich selbst in finanzielle Schwierigkeiten stürzen (Schularick 2012; Reinhart/Rogoff 2010a). So identifizieren Reinhart und Rogoff (2011) in einer empirischen Studie zwischen 1980 und 2007 in zwölf der neunzehn untersuchten

Länder eine solche Krise, darunter in allen sechs Überschussländern. Insbesondere in Schweden und Finnland war die Fiskalkrise der 1990er-Jahre unmittelbar mit einer schweren Bankenkrise verknüpft.

Fasst man zusammen, so zeigen die herangezogenen Indikatoren Krisen in Australien, Dänemark, Finnland, Kanada, Neuseeland und Schweden an. Alle sechs Länder verloren das Vertrauen der Ratingagenturen, mussten einen besonders starken Zinsanstieg verkraften und waren mit einer Bankenkrise konfrontiert. Vor allem aber waren diese Krisen tatsächlich eine Besonderheit dieser Länder, die sie vom Rest der OECD unterschieden. Die Länder, denen es nach 1995 fiskalisch besonders gut ging, hatten vor 1995 besonders große fiskalische Probleme. Auffällig ist zudem, dass die Niederlande, die bekanntlich den Überschussländern von allen anderen Staaten am ähnlichsten sind, in keinem der untersuchten Indikatoren Krisensymptome aufweisen. Zwar litten auch sie in dieser Zeit unter schweren makroökonomischen Problemen (Green-Pedersen 2002; Seils 2004; Zohlnhöfer 2009), offenbar wirkten sich diese aber nicht in gleicher Weise auf das Vertrauen der Finanzmärkte aus.

Die Tatsache, dass sich in allen späteren Überschussländern Fiskalkrisen identifizieren lassen, impliziert allerdings noch keinen zwangsläufigen Zusammenhang mit der späteren Überschusspolitik. Dieser besteht vor allem über die politischen und psychologischen Elemente der Krise. Sie helfen auch zu verstehen, warum die Krise nicht nur die fiskalische, sondern auch die politische Handlungsfähigkeit des Staates bedrohte.

6.2.3 Die Fiskalkrise als politische Krise

Diese Weitung der Perspektive über die engen makroökonomischen Indikatoren hinaus macht deutlich, warum sich die Krise zu einer grundsätzlicheren Krise der Rolle des Staates auswuchs. So kam es parallel zur ökonomischen Krise in vielen Ländern auch zu politischen Turbulenzen: So verschwanden etwa alte Parteien, es entstanden neue Parteien oder es gab eine Phase instabiler Mehrheitsverhältnisse mit schnell wechselnden Regierungen. Neuseeland beschloss sogar eine der seltenen Grundsatzreformen des Wahlsystems und in Kanada stand zeitweilig der Fortbestand der Föderation infrage.

Ein charakteristisches Merkmal der politischen Auswirkungen ist das Auftreten sogenannter Erdrutschwahlen. Solche Wahlen hatte es bereits 1970 in Finnland und 1973 in Dänemark gegeben (Arter 2012: 827), im hier untersuchten Zeitraum erschütterten sie 1991 das bestehende Parteiensystem in Schweden und 1993 in Kanada. Nur in Australien spielt sich der Parteienwettbewerb noch immer weitgehend in den Bahnen des etablierten Zweiparteiensystems ab, auch wenn der Anteil der beiden großen Parteien an den Erstpräferenzen im Rahmen des australischen *Single-transferable-Vote*-Wahlrechts (STV) zuletzt auf etwa 80 Prozent gefallen ist.

Schweden war nach dem Zweiten Weltkrieg in 40 von 46 Jahren von sozialdemokratischen Ministerpräsidenten regiert worden. 1991 erzielte die sozialdemokratische Partei dann jedoch ihr schwächstes Ergebnis seit 1928 und musste, erst zum zweiten Mal in der Nachkriegsgeschichte, auf die Oppositionsbänke wechseln. Vor allem aber konnten die »übrigen Parteien« innerhalb des traditionellen schwedischen Fünfparteiensystems ihren Stimmanteil auf 18,4 Prozent mehr als verdoppeln (Arter 2012: 835). Damit zogen erstmals Fraktionen der Christdemokraten und insbesondere der rechtspopulistischen Neuen Demokraten, die ihre Ablehnung von Immigration mit der Forderung nach Steuersenkungen verbanden, in den Reichstag ein.

Während das Parteienspektrum in Schweden also einfach größer wurde, kam in der kanadischen Erdrutschwahl des Jahres 1993 der Zerfall einer der beiden dominierenden Parteien hinzu. Die regierenden Progressive Conservatives stürzten von 43 Prozent auf 16 Prozent der Stimmen ab. Damit verloren sie im kanadischen Westminstersystem nicht nur ihre absolute Mehrheit von 169 Sitzen, sondern konnten im neuen Parlament nur noch zwei Abgeordnete stellen. Von dieser Niederlage sollte sich die Partei nie wieder erholen. Die absolute Mehrheit der Sitze gewann die liberale Partei unter Jean Chrétien und Finanzminister Paul Martin. Die Wahl stellte auch deshalb einen Einschnitt dar, weil Kanada über Jahrzehnte ein stabiles Zweieinhalbparteiensystem mit den New Democrats als kleiner dritter Partei hatte. 1993 zogen erstmals fünf Parteien ins Parlament ein, wobei die beiden Parlamentsneulinge, nämlich der separatistische Bloc Québécois und die neoliberale Reform Party, die vor allem im Westen des Landes gewählt wurde, gleich die größten Oppositionsfraktionen bildeten (Brede/Schultze 2008). Außerdem gehörte die verfassungspolitische Krise des Québec-Referendums im Jahr 1995 zum Kontext der fiskalischen Krise.[4] Dabei beeinflussten sich die beiden Krisen gegenseitig: Der Verfall des fiskalischen Handlungsspielraums begrenzte den politischen Spielraum der Regierung in Ottawa, dem Québecer Separatismus durch finanzielle Zugeständnisse die Spitze zu nehmen (Weaver 1992: 33). Zugleich verschärfte die Unsicherheit über den Ausgang des Referendums die Schwierigkeiten Kanadas an den internationalen Finanzmärkten. Am 30. Oktober 1995 sprach sich schließlich eine hauchdünne Mehrheit von 50,58 Prozent der Québécois für den Verbleib bei Kanada aus.

In Neuseeland kam es zu keiner Erdrutschwahl, aber zu einer noch tiefer greifenden Veränderung des politischen Systems, die eng mit der Krise und den

4 Zuvor waren im Kontext dieses Konflikts bereits zwei Versuche einer Verfassungsreform gescheitert (Brede/Schultze 2008: 320).

dadurch ausgelösten Reformen zusammenhängt. Frustriert von der jahrelangen Reformpolitik und der mangelnden Responsivität der beiden großen Parteien, stimmte eine Mehrheit der Neuseeländer 1993 dafür, das etablierte Mehrheitswahlrecht durch ein Verhältniswahlrecht nach deutschem Vorbild zu ersetzen, mit dem nun seit 1996 gewählt wird (Vowles et al. 1995, 1998). Zwar blieben National und Labour die dominierenden Kräfte des Parteiensystems, sie sind seit 1996 aber stets auf Koalitionspartner oder die Tolerierung durch kleinere Parteien angewiesen. Dies ist eine direkte Folge der Wahlrechtsreform: Von ihr profitierten vor allem verschiedene Splitterparteien. Bereits 1984 hatte die dezidiert neoliberale New Zealand Party, die bei dieser Wahl einmalig in Erscheinung trat, immerhin 12 Prozent der Stimmen errungen. Das hatte aber damals nicht für einen Einzug in das Parlament gereicht. Mit dem neuen Wahlrecht erhielten solche Parteien nun bessere Aussichten.

Zu den fundamentalen politischen Einschnitten dieser Zeit zählen schließlich auch der EU-Beitritt Finnlands und Schwedens und die Gründung des nordamerikanischen Freihandelsabkommens NAFTA. Alle drei Vorhaben waren politisch hart umkämpft: In Kanada dominierte das Freihandelsabkommen die Wahl des Jahres 1988 und in den beiden skandinavischen Ländern fanden 1994 Referenden statt. Dabei stimmten 56,9 Prozent der Finnen und 52,3 Prozent der Schweden für den Beitritt zur Europäischen Union. Finnland führte schließlich auch den Euro ein, während eine Mehrheit der Schweden, wie 2000 bereits die Dänen, einen solchen Schritt in einem weiteren Referendum im Jahr 2003 ablehnte.

6.2.4 Die Fiskalkrise als psychologische Krise

Die skizzierten Wahlergebnisse deuten bereits an, dass sich die Krise der späteren Überschussländer nicht auf harte ökonomische Tatsachen beschränkte, sondern auch eine Krise in den Köpfen auslöste. Für viele Beobachter, und auch für die Bevölkerung, schien sie das bisherige wirtschaftspolitische Modell ihres Landes grundsätzlich infrage zu stellen. Dies galt vor allem für die sozialdemokratischen Wohlfahrtsstaaten Skandinaviens, über die in dieser Zeit eine Vielzahl akademischer und politischer Niedergangsdiagnosen veröffentlicht wurde (Olsen 1996; Sander/Austin 1996; Lindbeck 1997).

Die Kalamitäten lösten also ein erhebliches Krisenbewusstsein in der Bevölkerung aus (zu Dänemark Benner/Vad 2000: 438; Nannestad/Green-Pedersen 2008: 53; Christiansen 2008: 152). Das nordische Modell schien endgültig an seine Grenzen zu stoßen. So zitiert Wenzelburger den schwedischen Finanzminister und späteren Ministerpräsidenten Göran Persson: »[T]here was an awareness among ordinary people that we really had a problem. There was a crisisawareness« (Wenzelburger 2010b: 184). Sein Nachfolger Erik Åsbrink äußerte sich beinahe wortgleich: »[P]sychologically, there was an awareness of the crisis and people were prepared to accept some rather drastic measures« (ebd.; siehe auch Calmfors 2012: 18). Dieses Krisenbewusstsein herrschte nicht nur in nordischen Ländern, sondern auch in einem Staat wie Kanada:

> The deficit became a symbol of the inability of the Canadian state to manage itself. Just as Canadians felt out of control of their economic lives, so too did the state appear out of control, and as such, Canada in aggregate did not seem to control its own destiny. (Lewis 1999: 348)

Teilweise schürte die Opposition das Krisengefühl bewusst, um sich einen politischen Vorteil zu verschaffen. So ließen die australischen Konservativen im Wahlkampf des Jahres 1996 einen »Debt Truck« durch das Land touren, der ein Schild mit der Höhe der australischen Auslandsverschuldung trug. Sie erzielten damit nach Ansicht einiger Beobachter »the best value for money an Australian political party ever received for a publicity stunt« (Errington/van Onselen 2007: 231).

Dieses Krisenbewusstsein wurde unterstrichen durch verschiedene, die Krise besonders plastisch veranschaulichende Ereignisse. Dazu gehörten die Abwertungen durch die großen Ratingagenturen, die einem Verdikt der internationalen Finanzmärkte gleichkamen, ebenso wie die erzwungenen Währungsabwertungen in Neuseeland, Finnland und Schweden. Ihr dramatischstes, fast surreales Beispiel ist aber wohl der 500-Prozent-Übernachtzinssatz der schwedischen Notenbank im September 1992.

Daneben erlebte fast jedes Land seinen rhetorischen Krisenmoment, der die dramatische Lage in einem wirkmächtigen Bild zusammenfasste und sich in das kollektive Gedächtnis der Nation einbrannte. In Australien hat Paul Keatings Zitat, das Land drohe zu einer »banana republic« zu werden, ebenso sprichwörtlichen Charakter in Politik (IMF AUS 2005: 5), Medien (Gittins 2000; Burrell 2007) und Wissenschaft (Schwartz 1994: 536) erlangt, wie in Neuseeland der Ausspruch von Premierminister David Lange, die Wirtschaft der Insel gleiche einem »polish shipyard« (Goldfinch/Malpass 2007). Auch das Orakel von Singapurs Premierminister Lee Kuan Yew, Australien riskiere der »white trash of Asia« zu werden (Howard 2010: 656), passt in diese Reihe. Und in Kanada wird noch heute immer wieder die ätzende Diagnose des Wall Street Journal zitiert, das das Land unter dem Titel »Bankrupt Canada?« als »honorary member of the third world« und den kanadischen Dollar als »basket-case currency«, sowie im Zuge der Pesokrise von 1994 als »Northern Peso« bezeichnete (Courchene 2002: 23; Lilico/Holmes/Sameen 2009: 79; Babad 2012).

Das Krisenbewusstsein ergriff aber nicht nur weite Teile der Bevölkerung, sondern auch ökonomische und politische Fachbeobachter. So prophezeite Pierre

Fortin in seiner Antrittsrede als Präsident der Canadian Economic Association im Juni 1996: »The last decade of this century will arguably be remembered as the decade of The Great Canadian Slump« (Fortin 1996: 761). Vor allem aber erfasste das Krisengefühl die politischen Entscheidungsträger. So hält Steinmo für Schweden fest:

> The crisis was both economic/fiscal and a crisis of confidence. Whereas in the past these elites believed they could manage their economy quite effectively, now they were increasingly convinced that such management was no longer possible. (Steinmo 2002: 848)

Auch die politischen Entscheider erlebten dramatische Momente, die zwar nicht immer im selben Maße die Aufmerksamkeit der Öffentlichkeit erregten, aber ähnlich einschneidend waren wie die Zins- und Währungsturbulenzen. Ein typisches Beispiel dafür ist die Angst, die bestehende Verschuldung nicht refinanzieren zu können, die für Kanada im Herbst 1994 zeitweilig zu einer realen Gefahr wurde, als eine Auktion kanadischer Staatsanleihen beinahe scheiterte (Palmer/Egan 2011). Nach diesem Erlebnis schickte die kanadische Regierung in den Folgejahren ihre wichtigsten Minister an den Tagen der Budgetpräsentation in die Finanzzentren der Welt, um dort für Vertrauen in ihren fiskalpolitischen Kurs zu werben (Martin 2008). Und Göran Persson, der als schwedischer Finanzminister eine ganz ähnliche Erfahrung gemacht hatte, fasste den festen Vorsatz, nie wieder solle ein schwedischer Finanzminister als Bittsteller vor den Finanzmarktanalysten der Wall Street erscheinen müssen: »I do not want the next finance minister to have to go to New York, Washington and London, and to explain to grinning 25-year-old stockbrokers how the Swedish welfare system is structured« (zitiert nach Timonen 2003: 45). Sein beinahe sprichwörtlich gewordener Satz: »Wer Schulden hat, ist nicht frei«, ist ganz wesentlich von diesen Erfahrungen geprägt.

6.2.5 Ideen im Überschussregime

Wie der Vergleich der Krisenerfahrungen zeigt, waren also alle sechs Überschussländer mit Schwierigkeiten konfrontiert, die weit über die reine Fiskalpolitik hinausgingen und das gesamte bestehende wirtschaftspolitische Modell infrage stellten. So waren hohe Defizite, eine hohe Verschuldung und hohe Refinanzierungskosten des Staates stets nur ein Teil der Krise. Überall hatten die Krisen ihre Ursprünge zunächst in grundlegenden makroökonomischen Problemen und entwickelten sich von dort zu Fiskalkrisen. Darum löste die jeweilige Krise aber auch eine Reaktion aus, die über technisch-fiskalische Korrekturen hinausging und den Charakter eines wirtschaftspolitischen Paradigmenwechsels hatte (so zu Kanada Lewis 1999; zu Schweden Mehrtens 2013: 121).

Dass Krisen eine entscheidende Rolle bei der Erklärung umfassender wirtschafts- und fiskalpolitischer Reformen spielen können, ist ein etabliertes Resultat sowohl der theoretischen als auch der empirischen Literatur (Drazen/Grilli 1993; Rodrik 1996; Drazen/Easterly 2001). Die Überschussländer bestätigen dieses Ergebnis in klarer Form. In allen sechs Ländern setzte die Krise Blame Avoidance als handlungsleitende Politiklogik zeitweilig außer Kraft. Die Krise hatte als »powerful symbol« den Charakter eines Focusing Events (Kingdon [1984]2011: 95), das die politische Aufmerksamkeit schlagartig auf die Staatsfinanzen lenkte. Es verankerte die Dringlichkeit des Schuldenproblems in den Köpfen von Bürgern und Politikern und löste eine Reformwilligkeit aus, auf die sich die Politik in der folgenden Konsolidierung stützen konnte.

Entsprechend zeigen Umfragen aus dieser Zeit, wie die Staatsfinanzen an die Spitze der Liste der wichtigsten politischen Probleme rückten, verbunden mit einer hohen Bereitschaft der Bevölkerung, auch tiefe Einschnitte zu akzeptieren (so zu Kanada Maslove/Moore 1997: 32; Bourgon 2009: 12). So konnten die Regierungen Einschnitte durchsetzen, die sonst kaum denkbar gewesen wären (zu Dänemark Goul Andersen 2011a: 101; Obinger et al. 2010a: 95; zu Finnland Benner 2003: 137).

Wie das nächste Unterkapitel genauer zeigen wird, reagierten alle sechs Länder auf die Krise mit einem Kurswechsel, der das herrschende fiskalpolitische Paradigma und das Verständnis der Rolle des Staates ganz allgemein erschütterte. Allerdings war dieser direkte Kriseneffekt, der einen fiskalpolitischen Kurswechsel geradezu erzwang, nur der erste Schritt eines mehrstufigen Prozesses. Wichtiger noch waren die mittel- bis langfristigen Effekte der Krise. So spielte die Krisenerfahrung in der Fiskalpolitik auch weiterhin eine wichtige Rolle, nachdem die eigentliche Krise überwunden war. Es wird sich im Folgenden immer wieder zeigen, wie die Erinnerung an die Krise und vor allem die dominante Interpretation der Krisenursachen die Bewahrung von und den Umgang mit Haushaltsüberschüssen prägten.

Einmal vorgenommene politische Kurswechsel auch beizubehalten, ist nämlich keineswegs selbstverständlich. Viele Theorien der Fiskalpolitik nehmen an, nach einigen Jahren der Konsolidierung werde es bei Politik und Bevölkerung zu »consolidation fatigue« (von Hagen/Hallett/Strauch 2002: 517) kommen, die Konsolidierungserfolge würden wieder hinterfragt. Noch grundsätzlicher zeigt Eric Patashnik (2008) in einem eindrucksvollen Buch, dass selbst fundamentale Reformen oftmals nicht von Dauer sind, sei es, weil sie explizit zurückgenommen werden (»reversal«), sei es, weil sie durch viele kleine Änderungen erodieren (»erosion«). Dies gilt für Reformen der Fiskalpolitik ganz besonders. Anders als bei einer Reform des Renten- oder Gesundheitssystems muss bei ihnen nämlich nicht nur eine Umkehrung verhindert werden, sondern sie müssen jedes Jahr aktiv bestätigt werden. Mit jedem Haushalt steht die fiskalische Disziplin wieder neu zur Debatte.

Wie leicht es gerade in der Fiskalpolitik zu Reformerosion kommen kann, zeigt sich besonders am Vergleich mit Ländern, in denen fiskalische Reformen vor allem eine Antwort auf politischen Druck von außen statt auf internen Handlungsdruck waren. Eine Reihe europäischer Länder wie Belgien, Frankreich, Italien oder Portugal – und auch Griechenland – nahmen in den 1990er-Jahren ebenfalls massive Haushaltskonsolidierungen vor, um die im Vertrag von Maastricht gesetzten Konvergenzkriterien für die Aufnahme in die Eurozone zu erfüllen. In all diesen Ländern ließen die Konsolidierungsanstrengungen nach der erfolgreichen Aufnahme jedoch merklich nach. Demgegenüber war die Krise in den Überschussländern eine Critical Juncture, die den Übergang zwischen zwei fiskalischen Regimen markierte. Die in der Krise getroffenen Weichenstellungen prägten die Fiskalpolitik auch lange darüber hinaus. Dabei entfalteten sie ihren Effekt über die Kanäle der Institutionen, der Interessen und der Ideen. Auf der Ebene der Institutionen war die Krise der Auslöser für eine umfassende Reorganisation des Budgetprozesses, die in Abschnitt 6.4 genauer besprochen wird. Auf der Ebene der Interessen löste sie einen Allparteienkonsens über die Notwendigkeit ausgeglichener Haushalte aus und schwächte den Einfluss eines aktivistischen Staatsverständnisses. An dieser Stelle soll aber vor allem ihr Effekt auf die Ideen betont werden: Die Krise und die von ihr ausgelösten Reformen veränderten nämlich das Verhältnis der Bürger zum Staat grundlegend. So urteilte der neuseeländische Politikwissenschaftler Barry Gustafsson über die Reformen in seinem Land:

> It's a revolution in the whole political culture and the value system of New Zealand. […] It wasn't just an economic revolution, or a governmental revolution or a political process revolution. It was a revolution also in terms of values and community. (zitiert in Russell 1996: 249)

Dieser Effekt betrifft vor allem die herrschende Vorstellung von der angemessenen Rolle des Staates in der Wirtschaft. Dabei signalisierte die Krise das Scheitern eines keynesianisch-interventionistischen Politikmodells, das die Folgen der Ölkrise nicht zu bewältigen vermochte und sein eigenes Vollbeschäftigungsversprechen nicht einlösen konnte. Sie bewirkte dabei keineswegs eine enthusiastische Unterstützung für ein konkretes Programm des Staatsumbaus, löste aber eine grundlegende Skepsis gegenüber interventionistischen Lösungsvorschlägen aus. Insbesondere stellte die Krise die Verpflichtung des Staates auf das Ziel der Vollbeschäftigung und die daraus folgende Unterordnung anderer wirtschaftspolitischer Ziele dauerhaft infrage. Die Rückkehr eines aktivistischen Staatsverständnisses nach erfolgreicher Überwindung der Krise war angesichts dessen von vornherein unwahrscheinlich. Lewis diagnostizierte diesen Effekt ganz explizit für den kanadischen Fall:

> [E]xperiencing deep economic insecurity, people felt their economic situations to be precarious; people conceptualized the state, and particularly its welfare functions, as the problem; and people supported parties that promised to restore control over their economic lives by eliminating the deficit and retrenching the state. (Lewis 2003: 145)

Das kriselnde Vertrauen der Bürger in die Handlungsfähigkeit des Staates nahmen auch die handelnden Akteure wahr. So erklärte Göran Persson den bei der Tagung der amerikanischen Notenbank in Jackson Hole versammelten Spitzenökonomen 1996:

> Last year the Swedish economy followed a very dangerous road with public finances out of control, high unemployment, and an increasing mistrust among the public about the ability of democratic institutions to deal with the problems. It is not an exaggeration to say that the rapid increase in the public debt challenged the whole idea of democracy. Since the government had to borrow money from the capital markets, power was shifted from the elected representatives to the owners of capital. This is a very strong political message. (Persson 1996: 9)

Tatsächlich konnten die folgenden Konsolidierungen zwar die Macht der Kapitalmärkte wieder reduzieren, das einmal verlorene Vertrauen in die Fähigkeiten des Staates aber nicht vollständig zurückgewinnen. Stattdessen wurden Topoi wie »Wir wissen, wohin das führt« und »Das darf nie wieder geschehen« zu Leitmotiven der Überschussrhetorik. Im Bereich der Ideen liegt der wichtigste Langfristeffekt der Krise somit in der Tabuisierung von Haushaltsdefiziten als Ausdruck größtmöglicher politischer Verantwortungslosigkeit. So verkündete ein Kommentar der Toronto Globe and Mail im Herbst 1995: »Like the Germans after hyper-inflation, we must learn from our brush with hyper-indebtedness. We must make sure it never happens again« (Coyne 1995).

Wie lange es dauerte, bis die Narben der Krise verheilten, zeigt das Beispiel der Zinssätze in Australien. Deren krisenbedingter Anstieg auf bis zu 18 Prozent brannte sich auch deshalb in das kollektive Gedächtnis ein, weil viele Australier die hohen Realzinsen erstmals persönlich spürten. Nach der Deregulierung der Hypothekenzinsen im Jahr 1989 wirkten sich Zinserhöhungen nämlich unmittelbar auf die Finanzierungskosten australischer Hausbesitzer aus (McFarlane 2006). Die Höhe der Zinsen blieb in den folgenden zwei Jahrzehnten ein dominierendes wirtschaftspolitisches Thema und wurde in Wahlkämpfen immer wieder thematisiert, selbst als die Zinsen bereits seit vielen Jahren wieder ein normales Niveau erreicht hatten. So bezeichneten noch 2007 erstaunliche 49 Prozent der Australier die Zinssätze als »very important issue« (Newspoll 2007).[5] Der-

5 Ein ganz ähnlicher Befund für Finnland lautet, dass Finnen, die 1990 in von der Krise besonders schwer betroffenen Regionen und Sektoren tätig waren, noch heute signifikant risikoaverser investieren als ihre Altersgenossen aus weniger stark betroffenen Regionen (Knüpfer/Rantapuska/Savimäki 2014).

artige Langfristeffekte der Krise sind für den Umgang mit Überschüssen höchst bedeutsam. Voraussetzung sind allerdings die von der Krise ausgelösten Kurzfristeffekte. Dazu zählen insbesondere tief greifende Haushaltskonsolidierungen.

6.3 Die Konsolidierung der 1990er-Jahre

Wie das fünfte Kapitel gezeigt hat, gab es in den 1990er-Jahren nicht nur in den Überschussländern, sondern in der gesamten OECD umfassende Konsolidierungsanstrengungen. Die Besonderheit der Überschussländer liegt also darin, die Konsolidierungspolitik auch über das Jahr 2000 hinaus beibehalten zu haben. Wie schon die Krise wird die Konsolidierungsepoche deshalb vor allem im Zusammenhang mit dem folgenden Überschuss analysiert, also von ihren Folgen und nicht von ihren Ursachen her verstanden. Das Zusammenspiel von tiefer Krise und scharfer Konsolidierung veränderte nachhaltig die Interessenlage in Bezug auf die Rolle des Staates in der Wirtschaft, die später auch die Überschusspolitik prägte.

6.3.1 »Landmark budgets« und Konsolidierung auf der Ausgabenseite

Wie bereits die quantitative Aufarbeitung gezeigt hat, teilen alle sechs Konsolidierungen ihre starke Betonung der Ausgabenseite. Dieser ausgabenseitige Charakter markiert nicht nur einen Unterschied zu anderen zeitgenössischen Konsolidierungen, sondern auch zu früheren Konsolidierungsanstrengungen in denselben Ländern. Diese hatten stets – ob nun erfolgreich oder nicht – wesentlich stärker auf der Einnahmenseite angesetzt. So war die Einführung einer allgemeinen Umsatzsteuer ein Kernstück der letztlich erfolglosen Konsolidierungsbemühungen der 1980er-Jahre in Kanada und Neuseeland. Und die massive Verbesserung der Haushaltssituation in Schweden und Dänemark in der zweiten Hälfte dieses Jahrzehnts war vor allem sprudelnden Steuereinnahmen durch einen Boom der Binnennachfrage zu verdanken.

Dagegen stellten die Konsolidierungsregierungen der 1990er-Jahre von vornherein klar, es sei allenfalls an symbolische Steuererhöhungen zu denken. Zwar trug die ab Mitte der 1990er-Jahre einsetzende Erholung der Wirtschaft durchaus zum Konsolidierungserfolg bei, indem sie die Steuereinnahmen kräftig steigen ließ, insbesondere in den krisengeschüttelten nordischen Ländern, die dank Firmen wie Nokia und Ericsson von ihrem Umbau zu Hightech-Standorten profitierten (Honkapohja et al. 2006; Perotti 2011). Die diskretionären Politikmaßnahmen konzentrierten sich aber auf Einsparungen auf der Ausgabenseite. Diesen Befund der Aggregatdaten bestätigt auch die maßnahmenbasierte Analyse von Devries et al. (2011) für Australien, Finnland, Kanada und Schweden. Neuseeland ist nicht Teil ihres Datensatzes und Dänemark kann nicht klassifiziert werden, weil sie dort zwar eine massive ausgabenseitige Konsolidierung zwischen 1983 und 1985, in den 1990er-Jahren aber überhaupt nur 1995 eine zudem sehr kleine Konsolidierung identifizieren.

Die Konsolidierungen erfolgten aber nicht nur ausgabenseitig, sondern vor allem auch in Form einer Konsolidierung auf einen Schlag. Ob eine solche Konsolidierung (»front-loaded«) einem gestreckten Konsolidierungsprogramm (»back-loaded«) vorzuziehen sei, ist Gegenstand einer langjährigen Debatte in der Finanzwissenschaft (Romer 2012). In den Überschussländern wurde diese Frage einhellig im Sinne einmaliger, umfassender Sparprogramme beantwortet. Zwar zog sich ihre Umsetzung zum Teil über mehrere Jahre hin, auf den Weg gebracht wurden die wichtigsten Maßnahmen aber in einem einzigen, epochemachenden Budget, in dem die vorausgehende Krise noch einmal symbolisch kulminierte.

Das vielleicht extremste Beispiel dafür bietet einmal mehr Neuseeland mit dem ersten Haushaltsplan der konservativen Finanzministerin Ruth Richardson für das Jahr 1991, das von seinen Befürworten als »Mother of all Budgets« gefeiert und von seinen Gegnern als »Ruthanasia« beschimpft wurde (Russell 1996; Starke 2008). In Übereinstimmung mit Richardsons Präferenz für einen schlanken Staat enthielt das Budget massive Kürzungen bei den Sozialleistungen, Pensionen, Gesundheitsausgaben und der Bildung (Massey 1995: 98). Einzelne Transferleistungen des Staates wurden um bis zu 25 Prozent gekürzt (Starke 2008: 95). Damit gelang es, die Staatsausgabenquote, die bei Richardsons Amtsantritt im Jahr 1990 noch bei fast 53 Prozent des BIP gelegen hatte, in nur vier Jahren auf 43 Prozent zu senken. Zudem stoppte Richardson auch den Anstieg der Sozialausgaben, unter anderem durch die schrittweise Erhöhung des Renteneintrittsalters (ebd.: 99). Die Finanzministerin selbst wurde durch diesen Haushaltsplan denkbar unpopulär und daher nach der Wahl 1993 durch einen weniger radikalen Nachfolger ersetzt. Die Maßnahmen ihres Budgets aber blieben unangetastet.

Nicht nur in der Krise, sondern auch in der Konsolidierung war Australiens Politik weniger einschneidend als die Politik Neuseelands. In Canberra lag die Bekämpfung des Defizits zunächst bei der seit 1983 amtierenden Labor-Regierung, die wirtschaftspolitisch ebenfalls auf liberalisierende Reformen setzte, bei denen sie allerdings weniger radikal vorging (Brennan/Pincus 2002: 78). Diese Regierung wurde 1996 von einer konservativen Regierung unter John Howard abgelöst, in der dann Peter Costello Finanzminister war. Im Wahlkampf dieses Jahres hatte Labor-Premier Paul Keating bis zuletzt behauptet, das Budget sei strukturell ausgeglichen. Dies galt jedoch bereits vor der Wahl als unseriös. Die neue Regierung eröffnete bald nach Amtsantritt, tatsächlich liege das Defizit bei 8 Milliarden Dollar. Statt Wahlversprechen einzulösen, müsse man nun zunächst das überraschende Haushaltsloch stopfen. In seinem ersten Budget legte Costello dann gleich die Grundlage für alle folgenden Überschüsse. Verglichen mit den Einschnitten in Neuseeland, waren die darin enthaltenen Sparanstrengungen eher gering, aber dennoch handelte es sich um das restriktivste Budget der jüngeren australischen Geschichte. Costello kürzte die Staatsausgaben bis 1998 um insgesamt 2 Prozent des BIP (OECD AUS 1997: 58). Daneben setzte die Regierung auf Privatisierungserlöse und verkündete, binnen 16 Monaten insgesamt 13 Milliarden Dollar durch den Verkauf von Staatseigentum erzielen zu wollen (Aulich 2010). Diese Einnahmen sollten, wie auch die Erlöse aus dem Börsengang des Telekommunikationsriesen Telstra, in den Schuldenabbau gesteckt werden.

Das neben dem neuseeländischen Haushaltsplan wohl einschneidendste Budget war das kanadische »landmark budget« des Jahres 1995 (Courchene 2002: 23). Zuvor war Paul Martins erstes Budget im Jahr 1994 allgemein mit Enttäuschung aufgenommen worden. Zwar sah es eine Reduktion der Neuverschuldung vor, Beobachter hatten jedoch deutlich größere Einsparungen erwartet und kritisierten, es sei »far too timid in its attack on the deficit« (MacKinnon 2003: 209; siehe auch Savoie 1999: 173; Courchene 2002: 19). Demgegenüber enthielt das Budget von 1995 massive Kürzungen, insbesondere bei den Transfers an die Provinzen, die in einen pauschalen Canada Health and Social Transfer (CHST) umgewandelt wurden, und bei der öffentlichen Verwaltung. Das Ausmaß dieser Kürzungen war gewaltig: So sollte das nominelle *program spending* des Zentralstaats, also die nicht für Zinszahlungen aufgewendeten Staatsausgaben, von 120 Milliarden Dollar im Jahr 1993/1994 auf 106 Milliarden Dollar im Jahr 1997/1998 reduziert werden (Department of Finance Canada 1996). Tatsächlich erreicht wurde ein Rückgang auf 108,8 Milliarden, was in realen Dollar einer Reduktion um fast ein Viertel entsprach (Department of Finance Canada 1999). Als Anteil am BIP fiel das *program spending* auf das niedrigste Niveau seit 1950 (Bourgon 2009: 19).

Während die liberale Regierung in Kanada das große Konsolidierungspaket erst mit ihrem zweiten Budget auf den Weg brachte, legten die 1994 an die Regierung zurückgekehrten Sozialdemokraten in Schweden bereits bei Amtsantritt umfassende Sparpläne vor (Persson 1996). Zuvor war das Land in der schwersten Phase der Krise von einer konservativen Minderheitsregierung geführt worden, die bereits mehrere Sparpakete verabschiedet hatte. Dabei wurden die wichtigsten Maßnahmen schon mit Unterstützung der Sozialdemokraten beschlossen (Mehrtens 2013). Diese führten den Wahlkampf 1994 bereits im

Gefühl eines sicheren Sieges und kündigten kräftige Einsparungen an (Wenzelburger 2010b: 271). Entsprechend konnten sie nach dem Wahlsieg ein explizites Mandat für ein Konsolidierungsprogramm reklamieren, wenngleich diese Taktik sie wohl die absolute Mehrheit gekostet hatte (ebd.: 175). In seinem ersten Budget setzte Persson dann drei explizite Etappenziele für die Konsolidierung: eine Stabilisierung der Schuldenquote bis 1996, eine Reduktion des Defizits auf unter 3 Prozent bis 1997 und einen ausgeglichenen Haushalt im Jahr 1998 (Henriksson 2007: 16).

Nachdem bereits die Krise in Finnland sehr ähnlich verlief, waren auch die großen Konturen der Krisenbewältigung vergleichbar. Im Frühjahr 1995 kam eine neue, große Teile des politischen Spektrums umfassende »Regenbogenkoalition« unter dem sozialdemokratischen Ministerpräsidenten Paavo Lipponen ins Amt, die von Anfang an ein klares Konsolidierungsprogramm formulierte (Honkapohja et al. 2006: 50). Bereits die Vorgängerregierung hatte ein umfangreiches Sparprogramm beschlossen, dem die Regierung Lipponen noch einmal strukturelle Ausgabenkürzungen um 22 Milliarden Mark hinzufügte (Finnisches Finanzministerium 1998: 2). Damit beliefen sich die Gesamtkürzungen über die Legislaturperiode auf 57 Milliarden Mark pro Jahr, etwa 10 Prozent des BIP des Jahres 1996 (ebd.: 3). Der Schwerpunkt der Kürzungen lag dabei auf den Transfers an die Gemeinden und privaten Haushalte.

Eine Ausnahme von diesem Muster ausgabenseitiger Konsolidierungen auf einen Schlag zeigt sich in Dänemark. Ohnehin waren fiskalische Maßnahmen dort in den 1990er-Jahren eher ein Randaspekt der politischen Krisenbewältigung.[6] Vielmehr liegt der Schlüssel zum Verständnis des dänischen Überschusses in den Arbeitsmarktreformen der frühen 1990er-Jahre (OECD DNK 2008: 56). Anders als in den anderen nordischen Ländern gelang es, die Arbeitslosigkeit, die in der Rezession auf 10 Prozent gestiegen war, schnell wieder auf das Vorkrisenniveau von unter 5 Prozent zu senken. Dabei sticht insbesondere die Reform von 1994 hervor. Hatte das Ziel der Arbeitslosenversicherung bis dahin vor allem darin bestanden, den Einkommensverlust von Arbeitslosen auszugleichen, wurde nun das Ziel der Reintegration in den Arbeitsmarkt betont. Der Begriff der »Aktivierung« stand dementsprechend im Zentrum der Reformen (Obinger et al. 2010a: 104; Benner/Vad 2000: 450). Zugleich wurde die maximale Bezugsdauer des Arbeitslosengeldes mehrfach gekürzt. Ein fiskalpolitisch hochrelevanter und bewusst angestrebter Nebeneffekt dieser Veränderungen auf dem Arbeitsmarkt waren enorme Einsparungen bei der Arbeitslosenversicherung, die zur Konsolidierung der öffentlichen Finanzen beitrugen. Eine Studie des dänischen Finanzministeriums schätzt, die sinkende Arbeitslosigkeit habe

6 Das erklärt auch, warum Devries et al. (2011) nur 1995 Konsolidierungsmaßnahmen finden.

zwischen 1995 und 2000 für eine Verbesserung des Budgetsaldos um 2 Prozent des BIP gesorgt (Gaard/Kieler 2005: 9). In der eigentlichen Fiskalpolitik setzte die 1993 gewählte sozialdemokratische Regierung dagegen zunächst einen expansiven Impuls. Zur Überwindung der anhaltenden Wachstumsschwäche und der erneuten Rezession des Jahres 1993 versuchte sie einen fiskalischen »Kick-Start« für die Wirtschaft (Christiansen 2008: 158). Dazu senkte sie die Einkommensteuer kräftig, wobei sie den Einnahmenverlust in den Folgejahren auszugleichen versuchte, indem sie die Steuerbasis verbreiterte und »grüne« Steuern erhöhte (Obinger et al. 2010a: 103). Als die Wirtschaft ab 1994 wieder zu wachsen begann, begleitete die Regierung diesen Aufschwung dann allerdings mit einer straffen Fiskalpolitik – auch weil sie die Erfahrung der 1980er-Jahre noch vor Augen hatte. Sowohl 1997 als auch im »Pfingstpaket« von 1998 erhöhte sie die Steuern auf Energie und Verkehr, um einer erneuten Überhitzung der Wirtschaft vorzubeugen. Außerdem hob sie das Vorruhestandsalter an, obwohl sie einen solchen Schritt im Wahlkampf des Jahres 1997 noch explizit ausgeschlossen hatte (eine exzellente Übersicht über die einzelnen Maßnahmen bietet Nannestad/Green-Pedersen 2008: 72–74). Diese Kombination aus starkem Wachstum und kontraktiver Fiskalpolitik führte 1999 schließlich zu einem ersten Haushaltsüberschuss. Bereits zuvor waren die Erlöse aus dem Verkauf der Staatsbeteiligung an Tele Danmark im Oktober 1997 zum Schuldenabbau verwendet worden.

6.3.2 Konsolidierungen und die Neuerfindung des Regierens

Angesichts des umfassenden Charakters der Krise, die in allen sechs Ländern weit über die reine Haushaltspolitik hinausging, beschränkten sich auch die ökonomischen Reformen fast zwangsläufig nicht auf eine rein technische Korrektur der Haushaltszahlen. Überall gehörten Deregulierung und Liberalisierung zuvor regulierter Wirtschaftszweige zu den Bewältigungsmaßnahmen. In der Folge gehören Dänemark, Finnland und Schweden heute gemeinsam mit den angelsächsischen Ländern zu den am stärksten deregulierten Ökonomien der OECD (Erixon 2011: 274). Der dänische Fokus auf Arbeitsmarktreformen ist insofern Ausdruck einer graduell unterschiedlichen Prioritätensetzung und keines fundamental anderen Ansatzes.

Hinzu kam, dass der Fokus der Konsolidierungsmaßnahmen auf die Ausgabenseite des Budgets naturgemäß einen Rückzug des Staates aus Aufgabenfeldern implizierte, in denen er noch in den 1980er-Jahren umfassend tätig gewesen war. Und selbst wo es unterstützende Konsolidierungsbemühungen auf der Einnahmenseite gab, waren diese oft mit einem Rückzug des Staates verbunden, etwa im Rahmen der Privatisierungswellen in Australien und Neuseeland, die nicht nur Geld in die Staatskasse spülten, sondern auch ein dauerhaft schlankeres Aufgabenprofil des Staates in Aussicht stellten: »[M]uch of the privatizing activity has been about re-examining what government should do and pay for, what it should pay for but not do, and what it should neither do nor pay for« (Aulich 2010: 91).

Die Kombination aus Konsolidierung, Deregulierung und Liberalisierung warf daher in allen Ländern die Frage nach der angemessenen Rolle des Staates in der Wirtschaft auf. Dabei gilt auch für den Trend zu Deregulierung und Liberalisierung, dass er kein Alleinstellungsmerkmal der Überschussländer war. Alle entwickelten Volkswirtschaften bewegten sich in dieser Zeit in diese Richtung. In Verbindung mit der tiefen Konsolidierung gewannen diese Maßnahmen in den Überschussländern aber eine besondere Wucht. Ihre Regierungen befanden einhellig, die Rolle des Staates in der Wirtschaft sei zu groß und unternahmen besonders entschiedene Schritte, sie zu reduzieren. Der Rückbau des Staates erfolgte dabei allerdings – außer in Neuseeland – nirgendwo in der bewussten Absicht, das alte System zu zerbrechen. Vielmehr sollte es, in Übereinstimmung mit dem progressiven Konsolidierungsansatz, durch die Konsolidierung in reduzierter Form bewahrt werden (Timonen 2003: 7, 44).[7] Deshalb war es gerade progressiven Politikern auch eminent wichtig, den progressiven Charakter der Konsolidierungen zu betonen. Ziel sei nicht, den Staat zurückzubauen, sondern ihn so umzugestalten, dass er die verbliebenen Aufgaben besser erfüllen kann (Lindgren 2011: 66). So argumentierten Göran Persson und sein finnischer Amtskollege Paavo Lipponen fast wortgleich, ein Abbau der Defizite verspreche größere Handlungsfreiheit und Unabhängigkeit (Timonen 2003: 45, 60). Ein Musterbeispiel dieser progressiven Konsolidierungsrhetorik bietet eine Rede Paul Martins vor der Handelskammer von Ottawa im Juni 1995:

> The fact is chronic deficits threaten to put the social conscience of government out of business. If we are to keep that from happening – and we *must* – we simply have to put the deficit behind us – and we *will*. […] If Jean Chretien's government is fighting the deficit with a determination previous governments have never shown, it is because as Liberals, we believe in government. […] Our agenda includes the elimination of the deficit. It does not include the elimination of government. Let there be no doubt. Strong, activist government in the future must be very different than what it was in the past. We must provide a government with the wisdom to do that which only it can do best, leaving the rest for those who can do better. (Martin 1995)

7 Dies trägt dazu bei, dass in Einzelfallstudien zu diesen Ländern noch heute umfangreiche Debatten darüber geführt werden, ob die Reformen der 1990er-Jahre eher als graduelle Neujustierung oder grundstürzender Umbau zu begreifen sind. Im Kontext der Überschussverwendung ist diese Frage dagegen weniger entscheidend, weil es vor allem darum geht, was nach den Reformen passierte.

In enger Verbindung zu dieser progressiven Konsolidierungsrhetorik stand das politische Ziel einer »Neuerfindung des Regierens«, das von fast allen Konsolidierungsregierungen propagiert wurde. Ohnehin wurde eine Neustrukturierung des öffentlichen Sektors auf der Welle des »New Public Management« bereits seit den 1980er-Jahren verfolgt, und zwar gerade von den späteren Überschussländern. So gehörten Schweden, Kanada, Australien und Neuseeland zur Gruppe der Länder, die solche Reformen am stärksten vorantrieben (Hood 1995: 98ff.). Im Zuge der Konsolidierung gingen die Maßnahmen dann noch deutlich über eine Neuorganisation der öffentlichen Verwaltung hinaus.

Das wichtigste Beispiel dafür ist Kanada, wo die Regierung als Kernstück des Reformprogramms einen sogenannten Program Review durchführte. Unter dem Slogan »Re-inventing Government« strebte sie darin eine grundlegende inhaltliche Reform der Regierungsarbeit an. Dafür wurde sogar das Amt eines »Ministers für die Erneuerung des öffentlichen Sektors« geschaffen. Der Review prüfte für alle Politikbereiche, ob die Aktivitäten der jeweiligen Ministerien noch im öffentlichen Interesse sind und einer Beteiligung der Zentralregierung bedürfen (Wenzelburger 2010b: 240). Der Program Review umfasste darum auch eine Neuordnung der Finanzbeziehungen zwischen Ottawa und den Provinzen. Im Laufe des Review-Prozesses trat die inhaltliche Neuausrichtung aber stärker hinter die Funktion der Budgetkonsolidierung zurück, bot er doch die Gelegenheit zu umfangreichen Kürzungen. Einige Autoren interpretieren den Program Review daher vor allem als rhetorischen Begleitschutz für die Sparmaßnahmen (so Paquet/Shepherd 1996; Lewis 2003), während andere in ihm einen ernst gemeinten Versuch einer Modernisierung des Staates sehen (Kroeger 1996).

Die Vorstellung, der Staat habe in Zukunft weniger und andere Aufgaben zu erfüllen, fand sich aber keineswegs nur in Kanada. Mit bescheideneren Mitteln mehr erreichen – »doing more with less« – war vielmehr in allen Ländern das Leitmotto der Umbaumaßnahmen, wobei der Fokus eindeutig auf dem »less« lag. So bestand eine Gemeinsamkeit aller sechs Konsolidierungen darin, dass die Zentralregierungen einen Teil der Konsolidierungslasten auf die unteren Ebenen des Staates überwälzten. Das galt für das Verhältnis von Zentral- und Gliedstaaten in Kanada und Australien ebenso wie für das Verhältnis zu den Kommunen in den nordischen Ländern (Timonen 2003: 113ff.; Schwartz 2001: 147ff.; zu subnationalen Konsolidierungen allgemein Darby/Muscatelli/Roy 2004). Das ist deshalb besonders bedeutsam, weil diese unteren Regierungsebenen einen Großteil der öffentlichen Dienstleistungen bereitstellen. Die Konsolidierungsbemühungen des Zentralstaats wirkten sich daher direkt auf die Wahrnehmung öffentlicher Dienstleistungen durch die Bürger aus.

6.3.3 Konsolidierungen im Parteienwettbewerb

Angesichts der fundamentalen Krisenerfahrung war die Konsolidierung oftmals ein die politischen Lager verbindendes Projekt, sei es, weil die Regierung im Parlament auf die Zusammenarbeit mit der Opposition angewiesen war (so in Schweden und Dänemark), weil die Regierungen während des Konsolidierungsprozesses wechselten (in Schweden, Finnland und Neuseeland), oder weil die zentralstaatliche Konsolidierung auf den anderen Ebenen des Staates von den dort regierenden Parteien repliziert wurde (in Kanada und Australien). Beispielsweise beschlossen die bürgerliche Regierung und die sozialdemokratische Opposition in Schweden 1992 zunächst ein gemeinsames Sparpaket, ab 1994 stützte sich die sozialdemokratische Minderheitsregierung dann zunächst auf die Linkspartei, danach auf die agrarische Zentrumspartei. In Neuseeland trat Labour auch nach der Wahlniederlage 1990 weiter für den Reformkurs ein und übernahm, obwohl die kleinere Fraktion, im Parlament sogar das Amt des nicht stimmberechtigten Speakers, um die Ein-Sitz-Mehrheit der Konservativen zu stärken (Massey 1995: 76). In Kanada betrieben die Liberalen die Haushaltssanierung auf Bundesebene, während die drei Oppositionsparteien Konsolidierungsprogramme in den Bundesstaaten voranbrachten – in Ontario die Progressive Conservatives, in Alberta die Reform Party und in Saskatchewan die New Democratic Party (NDP; MacKinnon 2003).

Die Bereitschaft der einzelnen Parteien, sich auf einen solchen Allparteienkonsens über Konsolidierungen einzulassen, hatte verschiedene Gründe. Zum Teil handelte es sich schlicht um pure Notwendigkeit. So war die im Herbst 1993 neu gewählte liberale Regierung Kanadas im Wahlkampf keineswegs als Konsolidiererin, sondern mit dem Ziel, die Arbeitslosigkeit zu bekämpfen, angetreten (McQuaig 1995: 51). Sie musste Haushaltskonsolidierung aber notgedrungen zum großen Thema ihrer ersten Amtszeit machen und teure Wahlversprechen, insbesondere die Abschaffung der unpopulären GST, entsprechend schnell wieder kassieren. Neben solche tatsächlichen Sachzwänge traten aber auch ideologische Präferenzen und taktische Überlegungen im Parteienwettbewerb. So haben konservative und wirtschaftsliberale Parteien ohnehin stets eine Affinität zum Rückbau staatlicher Ausgabenprogramme. Ihnen boten Konsolidierungen die Gelegenheit, das inhaltlich Gewollte mit dem politisch Opportunen zu verbinden. Im Regierungsamt konnten sie dies allerdings nur in Australien und Neuseeland umsetzen. Dabei profitierten sie in beiden Ländern davon, dass die linke Opposition ihren Kurs kaum glaubwürdig kritisieren konnte – in Neuseeland, weil sie ihn selbst in Gang gesetzt hatte, in Australien, weil sie unter dem ökonomischen Glaubwürdigkeitsverlust der letzten Keating-Jahre litt (Battin 2002; Starke 2008: 93). Beide Oppositionsparteien sahen sich daher gezwungen, ihre über jeden Zweifel erhabene budgetpolitische Seriosität zu demonstrieren.

Dieses strategische Problem teilten sie mit progressiven Parteien in Regierungsverantwortung, wo immer diese für das Scheitern des alten fiskalpolitischen Paradigmas verantwortlich gemacht werden konnten. So stand die sozialdemokratische Regierung Dänemarks ab 1993 durch das Desaster von 1982 unter dem Druck, ihr fiskalisches Verantwortungsbewusstsein beweisen zu müssen (Christiansen 2008: 157; siehe auch Zohlnhöfer 2009: 274). Hinzu kam, dass die wichtigste Oppositionspartei in der Regel noch schnellere, noch tiefer gehende und noch stärker auf die Ausgabenseite konzentrierte Maßnahmen forderte. Das gilt vor allem für die kanadische Reform Party. Die Regierung sah sich also weniger dem Vorwurf übertriebener Sparsamkeit ausgesetzt (der wurde vor allem in den eigenen Reihen erhoben). Vielmehr verlangte die Opposition noch härtere Einschnitte.

Aber sogar Regierungen, die relativ frei von solchen strategischen Überlegungen agieren konnten, litten unter dem grundsätzlichen Problem, nicht über eine glaubwürdige wirtschaftspolitische Alternative zu verfügen, die sie dem konservativen Reformprogramm hätten entgegensetzen können (Lewis 2003: 166). Das alte Interventionsmodell war nachhaltig diskreditiert. Noch in den 1980er-Jahren hatten die schwedischen Sozialdemokraten versucht, mit einer »Politik des dritten Weges« eine neue, klassischen progressiven Zielen verpflichtete Antwort auf die wirtschaftlichen Schwierigkeiten zu finden (Mehrtens 2013: 87ff.). Das Scheitern dieses Versuchs ließ ihnen zehn Jahre später wenig andere Optionen, als auf den Konsolidierungskurs einzuschwenken, der sich als Allparteienkonsens etablierte:

> All left-wing, centre and right-wing parties that participated in the Finnish and Swedish governments between 1991 and 1998 considered low inflation and reduction of the budget deficit the most important goals of economic policy. (Timonen 2003: 45)

Die Bereitschaft fast aller Parteien, fundamentale Umbaumaßnahmen zumindest prinzipiell mitzutragen, wäre allerdings ohne eine entsprechende Reformbereitschaft auf Wählerseite nicht denkbar gewesen. Wegen der Diskreditierung des bisherigen Modells in der Krise versprach ein Festhalten an diesem alten Modell nur geringe Resonanz an der Wahlurne. Wie groß die Unzufriedenheit mit dem Status quo und die Bereitschaft zu massiven Konsolidierungsanstrengungen in der Bevölkerung war, zeigte sich etwa in Kanada an der Wahl expliziter Austeritätsregierungen in Ontario und Alberta. Besonders die Wahl von Mike Harris im Juni 1995 zum Premierminister von Ontario, Kanadas bei Weitem bevölkerungsreichster Provinz, steht dafür. Harris hatte unter dem Titel einer »Common Sense Revolution« nicht weniger als eine Steuersenkung um 30 Prozent bei einem gleichzeitigen Ausgleich des zu diesem Zeitpunkt tief in roten Zahlen steckenden Provinzhaushalts versprochen. Dabei hatte er die dafür nötigen Kürzungen keineswegs versteckt, sondern offensiv propagiert, dieses Ziel sei nur durch einen systematischen Rückbau der Staatstätigkeit zu erreichen (Wootten 2006).

Bei den Wählern seiner Regierung stießen auch die Einschnitte der Bundesregierung auf überwiegende Zustimmung. Laut einer kurz nach seiner Vorstellung durchgeführten Umfrage bewerteten 69 Prozent der Kanadier den Haushalt des Jahres 1995 positiv (Cook 1995). In der Literatur wird die positive Aufnahme dieses Austeritätsbudgets vor allem auf die brillante politische Kommunikation von Finanzminister Paul Martin zurückgeführt (so etwa Sancak/Liu/Nakata 2011; Herle 2010). Angesichts der parteiunabhängig parallelen Entwicklungen in den Provinzen sollte man diese Interpretation jedoch nicht überstrapazieren. Sparprogramme konnten sich auf eine allgemeine Zustimmung stützen, die durch die Krisenerfahrung entstanden war. Diese Zustimmung zeigte sich auch in Australien, wo sich in einer Newspoll-Umfrage 59 Prozent der Befragten angaben, Peter Costellos erstes Budget werde sich positiv auf die Wirtschaft auswirken, der höchste Wert seit 1987 (Newspoll 1996).

Eine wichtige Konsequenz von Krise und Konsolidierung war zudem, dass fast überall Regierungen amtierten, die ihre Amtszeit maßgeblich über die Haushaltssanierung und ihre Erfolge definierten. In Schweden und Finnland waren die sozialdemokratischen Regierungen explizit als Konsolidierer gewählt worden, in Kanada, Australien und Neuseeland wurde die Konsolidierung rasch zum wichtigsten Projekt der Regierung. Der Erfolg der Sparmaßnahmen wurde somit zum Maßstab für die Qualität der Regierungsarbeit. Das sollte den Umgang dieser Regierungen mit den sich entwickelnden Überschüssen maßgeblich prägen. Dies betraf nicht nur die regierenden Parteien, sondern auch die handelnden Personen: In Schweden und Kanada rückten die für die Konsolidierung verantwortlichen Finanzminister Göran Persson und Paul Martin sogar zum Regierungschef auf, während dies dem ewigen Kronprinzen Peter Costello in Australien nur wegen der fehlenden Rückzugsbereitschaft John Howards verwehrt blieb.[8]

8 Wie sehr die Karriere dieser Akteure durch die Konsolidierung geprägt wurde, zeigt sich in großen politischen Entscheidungen ebenso wie in kleinen Details: So wählte Paul Martin noch für seine 2008 erschienene Autobiografie den Titel *Come Hell or High Water* und zitierte damit eine Rede, die er 1994 vor dem Haushaltsausschuss des kanadischen Parlaments gehalten hatte, um die gesteckten Konsolidierungsziele zu bekräftigen.

6.3.4 Interessen im Überschussregime

Dank der massiven ausgabenseitigen Konsolidierungsanstrengungen der 1990er-Jahre gelang es allen sechs Ländern, ihre akute Fiskalkrise zu überwinden und ihre Haushalte zu sanieren. Im Sinne ihres unmittelbaren Ziels waren die Konsolidierungen also sehr erfolgreich. Für die Fragestellung dieser Arbeit von Bedeutung ist aber vor allem die von ihnen ausgelöste Veränderung der wirtschafts- und fiskalpolitischen Interessenkonstellation, die hauptsächlich über zwei Kanäle wirkte: Zum einen schwächte die Konsolidierung die Interessengruppen, die traditionell für einen starken, aktivistischen Staat eintraten. Zum anderen löste sie eine strategische Neukonfiguration des Parteienwettbewerbs aus.

Eine der wichtigsten Interessengruppen, die für einen starken Staat eintritt, sind naturgemäß die Beschäftigten des öffentlichen Dienstes. Wie groß ihre Bedeutung ist, macht bereits der Anteil der öffentlich Bediensteten an den gesamten Beschäftigten deutlich. Dieser lag in den 1980er-Jahren in Schweden und Dänemark bei über 30 Prozent, in Neuseeland bei 25 Prozent und in Australien immerhin noch bei 17 Prozent (Schwartz 1994: 532). Zudem sind Staatsbedienstete auch eine wichtige Quelle für eine starke Gewerkschaftsbewegung, weil der gewerkschaftliche Organisationsgrad im öffentlichen Dienst in den meisten Ländern wesentlich höher ist als in der Privatwirtschaft (Visser 2006). Gerade der öffentliche Dienst gehörte aber zu den Hauptbetroffenen der Kürzungs- und Umbaumaßnahmen. So strich der kanadische Bundesstaat im Zuge der Konsolidierung 45.000 Stellen, was 14 Prozent seiner gesamten Bediensteten entsprach (Sancak/Liu/Nakata 2011: 18). Das viel kleinere Schweden baute sogar 50.000 Stellen ab (Timonen 2003: 7). Insgesamt sank die Zahl der Beschäftigten in den öffentlichen Dienstleistungssektoren Schwedens zwischen 1990 und 1998 von 1,4 Millionen auf unter 1,1 Millionen (Mehrtens 2013: 150). Außerdem wurden laut Statistiken der Internationalen Arbeitsorganisation ILO im gesamten öffentlichen Sektor Kanadas zwischen 1990 und 2000 über 200.000 Stellen abgebaut, in Australien im selben Zeitraum sogar fast 300.000 Stellen und in Finnland und Neuseeland jeweils etwa 80.000 Stellen, wobei diese Arbeitsplätze zum Teil nicht gestrichen, sondern privatisiert wurden (ILO 2013). Zudem wurde der öffentliche Dienst nicht nur verkleinert, sondern auch reorganisiert: Auch seine Neustrukturierung entlang der Prinzipien des New Public Management – »Markets, Managers, Measurement« (Ferlie et al. 1996) – trug dazu bei, die Verhandlungsmacht der Staatsbediensteten zu reduzieren (Schwartz 1994: 546). Das hatte den direkten Effekt, den Lohndruck im öffentlichen Sektor zu reduzieren und somit den Staatshaushalt zu entlasten, vor allem aber den indirekten Effekt, einen der potenziell wichtigsten Unterstützer einer Wiedererhöhung der Staatstätigkeit zu schwächen. Dieser Effekt wurde noch durch eine zunehmende

Heterogenität der Interessen innerhalb der Gewerkschaftsbewegung verstärkt, in der etwa in Schweden Arbeiter und Angestellte immer seltener am selben Strang zogen (Thelen 2014: 176).

Noch wichtiger als die Schwächung der Gruppen, die staatliche Dienstleistungen bereitstellen, dürfte aber die Neuorientierung ihrer Adressaten gewesen sein. Diese hängt eng mit den Maßnahmen zur »Neuerfindung des Regierens« zusammen, insbesondere wo diese eine politische Verbindung mit dem Ziel größerer Wahlfreiheit eingingen. Dies war vor allem unter konservativen Regierungen der Fall. Beispielsweise hatte die bürgerliche Regierung unter Carl Bildt (1991–1994) in Schweden eine »Revolution der Wahlfreiheit« ausgerufen (Blomqvist 2004). Die australischen Konservativen verwendeten fast dieselbe Terminologie und John Howard verkündete 1995 noch als Oppositionsführer: »The next great responsibility of government is to expand and enhance freedom of individual choice« (Howard 1995; siehe auch Maiden 2006; Aulich 2010: 91).

Insgesamt lassen sich länderübergreifend zwei Formen der Beförderung größerer Wahlfreiheit bei den staatlichen Dienstleistungen identifizieren. Die eine Variante besteht in echtem Retrenchment, also dem Rückzug des Staates aus der Finanzierung dieser Angebote. In diesem Fall ist »Wahlfreiheit« nicht viel mehr als ein rhetorisches Feigenblatt dafür, die Nutzer bislang kostenloser Dienstleistungen nun für diese zahlen zu lassen. Solche Kürzungen entlasten den Staatshaushalt direkt und sind insofern eng mit den Konsolidierungsanstrengungen verbunden. Die andere Variante besteht dagegen in einer Privatisierung der Bereitstellung, sodass der Staat zwar weiter die Kosten einer Dienstleistung trägt, diese aber nicht mehr selbst produziert. Auch diese Privatisierung der Bereitstellung wurde oftmals mit der Hoffnung verknüpft, private Anbieter seien effizienter und deshalb auch günstiger (Argy 2003; Aulich 2010).

Besonders sichtbar sind Veränderungen des zweiten Typs in Schweden, das lange als Inbegriff eines sozialdemokratischen *service state* galt (Huber/Stephens 2000). In Sektoren wie Pflege, Bildung, Kinderbetreuung und Gesundheitsversorgung ist die Rolle privater Anbieter heute um ein Vielfaches größer als noch vor 20 Jahren. Mittlerweile besuchen in Schweden mehr Kinder eine Privatschule als in Deutschland oder den USA, nachdem der Anteil noch 1990 bei unter 1 Prozent gelegen hatte (Mehrtens 2013: 192). Aber auch in Ländern mit einer traditionell stärkeren Beteiligung des Privatsektors an der Daseinsvorsorge, wie in Australien, ist dessen Rolle, etwa in der Bildung, weiter gewachsen (Errington/van Onselen 2007: 391). Entsprechend urteilt Aulich:

> While the relative size of the [Australian] public sector has only been marginally reduced during this period, its shape and reach have been altered with traditional values underpinning the welfare state, such as social justice and universalism, steadily subordinated to the values of competition and choice. (Aulich 2010: 76)

Anders als die Kürzungen bei den öffentlich Bediensteten vollzog sich dieses Wachstum der privaten Daseinsvorsorge aber nicht auf einen Schlag, sondern in einem graduellen, langjährigen Prozess, den Mehrtens am Beispiel des schwedischen Falles als *Layering* (Streeck/Thelen 2005b) analysiert: Die alten öffentlichen Strukturen wurden nicht zerschlagen, aber es wurden zunehmend Ressourcen in den Aufbau privater Alternativstrukturen umgeleitet, die über die Jahre immer bedeutsamer wurden. Die Fiskalkrise und die anschließende Konsolidierung wirkten insofern vor allem als Katalysator, der diesen Prozess beschleunigte.

Der wichtigste politische Effekt dieser Privatisierungsprozesse dürfte darin liegen, den Staat in seiner Rolle als natürlicher Adressat von Unzufriedenheit zu schwächen. In der Terminologie Albert O. Hirschmans: Während die Bürger in den alten, universellen Systemen öffentlicher Daseinsvorsorge gezwungen waren, Unmut durch »Voice« innerhalb des Systems zu artikulieren, bietet sich ihnen durch Privatisierungen die Möglichkeit, das System durch »Exit« zu ver- und mit seinen Problemen zurückzulassen (Schwartz 1994: 530). Unzufriedenheit mit der Qualität bestimmter Dienstleistungen führt dann also nicht mehr automatisch zum Ruf nach staatlicher Intervention.

Krise und Konsolidierung lösten mithin eine Art selbsterfüllende Prophezeiung aus: Die fiskalischen Schwierigkeiten ließen Einschnitte bei den staatlichen Dienstleistungen erwarten, was die Bürger veranlasste, ihre Vorsorgestrategien zu diversifizieren (Lewis 2003: 162). So rechneten 1997 in einer Umfrage 66 Prozent der Schweden damit, später keine Rente zu erhalten, die ihnen einen akzeptablen Lebensstandard sichern würde (Edlund 2006: 399). Vor allem aber fühlte mehr als die Hälfte der Befragten die Notwendigkeit, die öffentliche Vorsorge in den Bereichen Pflege und Gesundheit durch private Versicherungen zu ergänzen. Im Bereich der Altersvorsorge erreichte diese Zahl sogar 87 Prozent (ebd.; ganz ähnliche Zahlen für Kanada bietet Lewis 1999: 349). Erst diese Wegorientierung der Bürger – hin zu privaten Alternativen – machte die Einschnitte der Konsolidierung überhaupt politisch durchsetzbar. Zugleich bestätigten diese Einschnitte dann ex post, wie richtig die Wegorientierung von den staatlichen Angeboten war.

Diese Aussage muss jedoch präzisiert werden: Die Konsolidierung hatte dezidiert keinen grundlegenden Popularitätsverlust staatlicher Angebote zur Folge, im Gegenteil. Dies gilt insbesondere für den Wohlfahrtsstaat. Nachdem die Krise seine traditionelle Beliebtheit zeitweilig erschüttert hatte, wurde er nach der Überwindung der Krise rasch wieder populär, und zwar sowohl in den liberalen Wohlfahrtsstaaten des angelsächsischen Raums als auch in den sozialdemokratischen Wohlfahrtsstaaten der Ostseeanrainer. Zum Teil ist der Wohlfahrtsstaat heute sogar beliebter als vor der Krise (Svallfors 2011; Goul Andersen 2008). Und auf die Frage, wie der Überschuss verwendet werden sollte, ist das Gesundheitssystem in den liberalen angelsächsischen Wohlfahrtsstaaten regelmäßig die häufigste Antwort – und zwar weit vor Steuersenkungen (McIlroy 2000; Wade 2001; Collins 2003). Die in den betroffenen Ländern vielfach geäußerte Sorge, eine Privatisierung der öffentlichen Dienstleistungen werde ihre Unterstützung in der Bevölkerung untergraben, scheint sich also nicht zu bestätigen (Lykketoft 2009: 14; Helsingin Sanomat 2000c). In konkreter Auseinandersetzung mit dieser These kommt Svallfors für den schwedischen Fall vielmehr zu folgendem Schluss: »[C]orrosive effects from increased marketization of the Swedish welfare state on public support for welfare policies [cannot] be detected« (Svallfors 2011: 806).

Diese Umfrageergebnisse sind jedoch, zum Erstaunen wissenschaftlicher Beobachter, nur sehr begrenzt in entsprechende Politik umgesetzt worden (Leigh 2006). Es ist offenbar ein Irrtum, aus grundsätzlicher Popularität eines Programms auf wirkmächtige politische Unterstützung für seinen Ausbau zu schließen. Hier zeigt sich ein typischer Fall von Asymmetrie: Seine Beliebtheit schützte den Wohlfahrtsstaat vor weiteren grundlegenden Einschnitten. Das ist auch genau der Grund, warum der Ausbau privater Angebote die Form graduellen Layerings annahm und nicht durch offensiveren institutionellen Umbau erfolgte. Einschnitte standen bei der Verwendung des Überschusses aber gar nicht zur Debatte. Stattdessen wäre der Ausbau bestimmter Bereiche der Staatstätigkeit möglich gewesen. Dies hätte jedoch einflussreiche und engagierte Akteure erfordert, die sich dafür eingesetzt hätten. Deren Möglichkeiten waren jedoch in der Konsolidierung erodiert – und zwar sowohl in Bezug auf die Stärke der einzelnen Akteure als auch hinsichtlich der institutionellen Strukturen, in denen sie operierten (Lewis 2003: 105f.; Schwartz 1994: 530; Erixon 2011: 290).

Diese Schwächung jener Interessen, die für eine Wiederexpansion der Staatstätigkeit hätten eintreten können, ist ein Musterbeispiel graduellen Wandels, der von der Konsolidierung beschleunigt und verstetigt wurde. Sehr viel rascher erfolgte dagegen die strategische Neupositionierung der Parteien, wobei die Ausgestaltung der Konsolidierung auf einen Schlag eine wichtige Rolle spielte. Epochemachende Budgets wie das kanadische »landmark budget« von 1995 hatten neben dem ökonomischen Effekt, das Defizit zu bekämpfen, den willkommenen politischen Nebeneffekt, die Regierung als entschlossene und effektive Sachwalterin des öffentlichen Interesses zu präsentieren. Dies und die im Krisenabschnitt beschriebene Delegitimierung einer aktivistischen und im Zweifel defizitfinanzierten Fiskalpolitik löste bei den Parteien eine strategische Neuaufstellung aus.

Grundsätzlich sehen sich alle politischen Parteien einem »Trilemma der Fiskalpolitik« gegenüber, weil sie im Prinzip für höhere Staatsausgaben, niedrigere Steuern und ausgeglichene Haushalte eintreten wollen und weil auch alle drei

Abbildung 6-1 Das strategische Trilemma der Fiskalpolitik

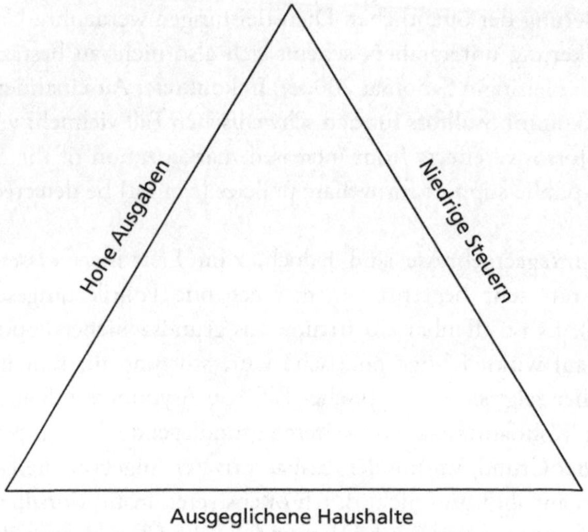

Ziele bei den Wählern auf prinzipielle Zustimmung stoßen.[9] Wegen der kalten Zwänge der Arithmetik sind jedoch immer nur zwei dieser Ziele zugleich zu erreichen: Wer etwa die Ausgaben erhöhen will, muss dafür entweder höhere Steuern oder höhere Defizite in Kauf nehmen. Deshalb sind die Parteien gezwungen, zwischen diesen Zielen abzuwägen und zwei Zielen auf Kosten des dritten Ziels Priorität einzuräumen. Bildlich gesprochen besetzen sie mit ihrem politischen Programm eine Ecke des in Abbildung 6-1 skizzierten Dreiecks. Eine solche Prioritätensetzung kann man als die »fiskalische Strategie« einer Partei bezeichnen (siehe dazu ausführlich Haffert/Mehrtens 2014b). Dabei haben verschiedene Parteien im Laufe der Zeit verschiedene Strategien gewählt. Klassischer Fiskalkonservatismus, wie er zum Beispiel von der Eisenhower-Regierung in den USA vertreten wurde, setzt seine Priorität auf ausgeglichene Haushalte und ist bereit, die dafür nötigen Steuern zu erheben, wenn keine Ausgabenkürzungen möglich sind. Der von Ronald Reagan repräsentierte Angebotskonservatismus der 1980er-Jahre präferiert dagegen niedrige Steuern und ist bereit, Defizite in Kauf zu nehmen, um dieses Ziel zu erreichen.

9 Das gilt jedenfalls für die Parteien der linken oder rechten Mitte, die sich Hoffnung auf die Führung einer Regierung machen können.

Zugleich sind die Parteien in der Wahl ihrer fiskalischen Strategie aber nicht völlig frei, sondern von zwei Randbedingungen beschränkt: Zum einen müssen sie sich an das herrschende fiskalische Regime anpassen, das sie dazu zwingt, bestimmte Positionen einzunehmen. So war es im expansionären Regime nur bei Strafe schwerer Sanktionen durch die Wähler denkbar, eine Erhöhung der Staatsausgaben zu verweigern. Zum anderen ist der Erfolg jeder Strategie von der strategischen Positionierung der Konkurrenten abhängig. Die Wahl einer fiskalischen Strategie ist insofern ein strategisches Spiel, als ihr politischer Ertrag von den Reaktionen der anderen Parteien abhängt. Wenn etwa die Regierung für hohe Ausgaben und niedrigere Steuern eintritt, wird sich die Opposition für ausgeglichene Haushalte aussprechen. Sie hat dabei jedoch zwei Möglichkeiten: Einerseits kann sie höhere Steuern verlangen, andererseits für niedrigere Ausgaben eintreten. Je nachdem, für welche Strategie sie sich entscheidet, ergibt sich eine andere fiskalpolitische Konfliktlinie. Weil die Regierung aber die wahrscheinliche Haltung der Opposition antizipiert, wird sie diese bereits bei der Formulierung ihrer eigenen Strategie berücksichtigen. Dabei wird sie zudem kalkulieren, wie sicher oder unsicher ihre eigene politische Position ist und wie glaubwürdig die Opposition einen bestimmten Standpunkt vertreten kann (Hicks/Swank 1992; Kitschelt 2001; Franzese 2002a).

Der für den strategischen Parteienwettbewerb entscheidende Effekt der Konsolidierungserfahrung bestand nun darin, ausgeglichene Haushalte für alle wichtigen politischen Lager zu einer Conditio sine qua non erfolgreicher Politik zu machen. Zwar konnten die Parteien immer noch entscheiden, ob sie ausgeglichene Haushalte eher durch die Betonung der Einnahmen- oder Ausgabenseite bewahren wollten. Im Zweifel Defizite in Kauf zu nehmen, um die eigenen Steuersenkungs- oder Investitionspläne zu finanzieren, war jedoch keine legitime politische Strategie mehr, weil das andere politische Lager eine solche Position sofort als fiskalisch verantwortungslos und als direkten Weg zurück in das fiskalpolitische Desaster gebrandmarkt hätte (Lewis 2003: 4). Der fiskalpolitische Wettbewerb zwischen den Parteien spielte sich also nur noch entlang der Dreiecksseite mit den ausgeglichenen Haushalten ab. Dabei traten linke Parteien eher für mehr Staatsausgaben ein, rechte Parteien für stärkere Steuersenkungen, aber beide agierten innerhalb des Budgetausgleichskorsetts.

Die auf die Konsolidierung folgende politische Situation war daher, bei allen Unterschieden im Detail, im Grundsatz überall sehr ähnlich: Die Regierung präsentierte sich als Hüterin gesunder Staatsfinanzen, während die Opposition mit einem strategischen Dilemma konfrontiert war: Widersprach sie dem Konsolidierungskurs der Regierung, wurde sie von dieser als fiskalpolitisch verantwortungslos stigmatisiert; trug sie die Kürzungen aber mit, wurde sie für diese in Mithaftung genommen und konnte kaum eine Abkehr vom Konsolidierungskurs verlangen, ohne sich selbst unglaubwürdig zu machen. Ersteres Problem stellte sich besonders dort, wo die Opposition eine Mitverantwortung für die fiskalische Krise trug, wie in Australien oder Kanada. Um den natürlichen Glaubwürdigkeitsvorteil der nun amtierenden Regierung, die den Haushalt ausgeglichen hatte, zu kompensieren, musste sie dem Budgetausgleichsziel daher besonderen Vorrang einräumen und im Zweifel eine noch restriktivere Fiskalpolitik verlangen. Vom zweitgenannten Problem waren dagegen sowohl Parteien betroffen, die zu Beginn der Konsolidierung regiert hatten, als auch Parteien, die sich aus der Opposition heraus an Sparpaketen beteiligt hatten. In beiden Fällen war es für die Opposition sehr schwierig, einen fundamental anderen fiskalpolitischen Kurs zu vertreten als die Regierung. Teils aus politischer Überzeugung, teils aus taktischer Notwendigkeit verlegte sie sich daher darauf, der Regierung nicht etwa übertriebenen, sondern vielmehr nicht hinreichenden Konsolidierungswillen vorzuwerfen. Die für die Konsolidierung verantwortlichen Regierungen blieben daher viel stärker von politischem Blame verschont, als es angesichts des Ausmaßes der Sparmaßnahmen zu erwarten gewesen wäre.

Unter dieser strategischen Fesselung litten natürlich vor allem die etatmäßigen Vertreter des investiven Elements progressiver Konsolidierungen, nämlich die Parteien der linken Mitte. Deren Botschaft lautete zwar grundsätzlich, restriktive Fiskalpolitik sei zeitweilig nötig, um dadurch die Spielräume für eine Rückkehr zu stärkerem Aktivismus zu gewinnen. Sie waren aber nun mit einer Situation konfrontiert, in der es ausgesprochen schwierig war, das Ende des Konsolidierungsdrucks auszurufen und für eine aktivistische Wende der Fiskalpolitik einzutreten. Zudem erodierte, wenn auch schleichend, das Wählerpotenzial, das für eine solche aktivistische Wende zu gewinnen gewesen wäre. Die Konsequenzen dieser sich ändernden Interessenkonstellationen zeigten sich bereits am Umgang mit den ersten Überschüssen, dem sich die Diskussion nun zuwendet.

6.4 Die Entstehung von Überschüssen in der zweiten Hälfte der 1990er-Jahre

Die erfolgreichen Konsolidierungsbemühungen der ersten Hälfte der 1990er-Jahre und die weltweit anziehende Konjunktur in der zweiten Hälfte der Dekade ließen in allen sechs Ländern zwischen 1994 (Neuseeland) und 1999 (Dänemark) erste Haushaltsüberschüsse entstehen. Der Umgang mit diesen Überschüssen war insgesamt stark von der vorhergehenden Krisenerfahrung geprägt und entsprechend vorsichtig. Keine Regierung sah die Überschüsse als Anlass, ihren bisherigen fiskalpolitischen Kurs grundlegend zu hinterfragen, zumal dieser auch von den Wählern klar bestätigt wurde. Zugleich wurden verschiedene institutionelle Reformen in Gang gesetzt, die dazu beitragen sollten, den Überschuss auf Dauer zu stellen, die vor allem aber auch seine Verwendung mit prägten.

6.4.1 Überschüsse als Moment vorsichtigen Credit Claimings

Haushaltskonsolidierungen gelten als sicherer Weg, den Unmut der Wähler zu erregen. Empirisch steht diese These allerdings auf schwankendem Grund (Brender/Drazen 2008; Alesina/Carloni/Lecce 2012). Konsolidierungen, die zu Überschüssen führten, erwiesen sich jedenfalls als ausgesprochen populär: In allen sechs Ländern wurden die Regierungen, die den Überschuss herbeigeführt hatten, bei der ersten Wahl nach der Konsolidierung im Amt bestätigt, wenn zum Teil auch unter Verlusten, die vor allem in Schweden sehr deutlich ausfielen. Trotzdem blieben die schwedischen und kanadischen Konsolidierungsregierungen nach einer erneuten Wiederwahl bis 2006, die australische sogar bis 2007 im Amt.

Dass alle sechs Konsolidierungsregierungen wiedergewählt wurden, ist die direkte Folge einer politischen Konstellation, in der Staatsverschuldung als wichtigstes politisches Problem galt, die Regierung eine Lösung dieses Problems anbot und die Opposition über keine glaubwürdige Alternative zu dieser Lösung verfügte. Deshalb profitierten von den Stimmverlusten der neuseeländischen und der schwedischen Regierung auch nicht die großen Oppositionsparteien, sondern kleinere Parteien wie New Zealand First beziehungsweise die schwedische Linkspartei und die Christdemokraten.

Die Wahlsiege der Regierungen waren aber nicht nur einer desorientierten Opposition zu verdanken. Vielmehr konnten sie den erstmaligen Überschuss durchaus offensiv für Credit Claiming einsetzen. Kern dieses Credit Claimings war dabei allerdings die *Existenz* und nicht etwa eine bestimmte *Verwendung* des Überschusses. Eine Rückkehr zu einer klassischen Politik des Credit Claimings, also zu überschussfinanzierten politischen Programmen, die sich an bestimmte Wählergruppen richteten, fand dagegen kaum statt. Beispielhaft dafür ist der kanadische Wahlkampf des Jahres 1997, der bereits in Erwartung zukünftiger Überschüsse geführt wurde. Schon 1996 hatte Paul Martin in einem Interview argumentiert:

> Governments spending great gobs of money before an election has gone the way of the dodo bird. Political popularity by giving cheques? That has absolutely gone. You will be punished pretty heavily in an election if you do something so cynical. (Maclean's 1996)

Tabelle 6-5 Kumulierte Budgetinitiativen des kanadischen Zentralstaats, 1997–2004 in Mrd. Dollar

Haushaltsjahr	1997–1998	1998–1999	1999–2000	2000–2001	2001–2002	2002–2003	2003–2004	2004–2005
Mehrausgaben	4,1	7,5	10,8	12,6	18,2	26,9	25,8	26,0
Steuersenkungen	0,2	2,2	6,2	14,2	24,2	28,3	34,7	42,0
Jährlicher Schuldenabbau	3,5	2,9	13,1	20,1	7,1	7,0	9,1	1,5

Diese »Budgetinitiativen« ermöglichen einen direkten Zugriff auf diskretionäre Politikmaßnahmen. Sie bestätigen die Ergebnisse statistischer Bereinigungsverfahren – und zwar obwohl Steuersubventionen, die mehr als 8 Prozent der Budgetinitiativen in den ersten vier Überschussbudgets ausmachten, hier bereits als Ausgabeninitiativen verbucht werden (OECD CAN 2001: 71). Dasselbe gilt für Erhöhungen der Unterstützung für die Gesundheitsausgaben der Provinzen: 1995 wurden diese Unterstützungszahlungen des Zentralstaats von einer anteiligen Kostenübernahme auf eine fixe Summe umgestellt, deren Höhe danach Gegenstand ständiger Verhandlungen war. Jedes Mal, wenn Ottawa einer Erhöhung dieser »block grants« zustimmte, die im alten System automatisch gewachsen wären, verbucht die Tabelle dies als Ausgabeninitiative. Um größere fiskalpolitische Handlungsfähigkeit im Sinne progressiver Konsolidierungen handelt es sich dabei jedoch nicht.
Quelle: Department of Finance Canada, verschiedene Jahre.

Folgerichtig machten die Liberalen den Erfolg ihrer Defizitbekämpfung zum Hauptgegenstand ihrer Kampagne und versuchten, große Erwartungen an seine Verwendung zu unterbinden. So verbrachte der Finanzminister diese Jahre großenteils damit, die Überschüsse kleinzureden und ihre makroökonomische Fragilität zu betonen. Gleichwohl wurden die Liberalen für ihre Konsolidierungspolitik nicht nur nicht bestraft, diese war sogar das Zugpferd der Kampagne (Lewis 1999: 401).

Trotz dieses betont vorsichtigen Ansatzes hatte die Regierung versprochen, nach den Kürzungen der Konsolidierung wieder mehr Mittel für bestimmte Staatsausgaben zur Verfügung zu stellen. Daher legte das liberale Wahlprogramm folgende Formel zur Verwendung zukünftiger Überschüsse fest: Je ein Viertel des Geldes sollte für Schuldentilgung und Steuersenkungen, aber 50 Prozent für neue Staatsausgaben eingesetzt werden (Liberal Party of Canada 1997: 28). Diese Formel vermittelt nicht nur einen Eindruck davon, was die Liberalen für eine erfolgversprechende Wahlkampfstrategie der Mitte hielten (die NDP verlangte höhere Ausgabensteigerungen, die Reform Party stärkere Steuersenkungen), sondern bietet auch einen Maßstab, an dem ihre spätere Fiskalpolitik gemessen werden kann. Diese wurde den im Wahlkampf verkündeten Zielen nämlich nicht gerecht (Tabelle 6-5). Faktisch war zunächst der Schuldenabbau der größte Verwendungsposten, ab 2001/2002 dann die Steuerpolitik. Insbesondere eine große Steuerreform im Jahr 2000 war Ausdruck dieser neuen Prioritätensetzung. Entsprechend war auch keine Rede mehr von einer Aufteilung nach der Formel 25–25–50. Stattdessen propagierte man nun einen »balanced approach« (Liberal Party of Canada 2000: 3).

Dieses kanadische Bild ist durchaus übertragbar auf die übrigen Länder. Auch deren Regierungen verzichteten darauf, mit neuen Ausgabenprogrammen um Zustimmung zu werben, sondern präsentierten sich in erster Linie als erfolgreiche Konsolidierer. Fiskalpolitische Vorsicht war das dominierende Prinzip des Regierungshandelns. So verzichtete die neuseeländische Regierung unter Jim Bolger in ihrer zweiten Amtszeit (1993–1996) auf weitere tief greifende Reformen. Nach den radikalen Schritten der ersten Amtszeit beschränkte sie sich jetzt darauf, die Reformen der 1980er- und frühen 1990er-Jahre wirken zu lassen und allenfalls kleinere Korrekturen an ihnen vorzunehmen (Starke 2008: 117). Daran änderte sich auch nichts, als National nach der Wahl des Jahres 1996 erstmals eine Koalition mit der populistischen New Zealand First Party eingehen musste. Zeitgenössische Kommentatoren führten diese Zurückhaltung direkt auf die vorhergehende Krisenerfahrung zurück (Montagnon 1995). Auch stellte sich keineswegs das Gefühl ein, die wirtschaftlichen Strukturprobleme seien überwunden und man könne nun wieder aus dem Vollen schöpfen. Klagen über die hohe Auslandsverschuldung und das im Vergleich zu Australien anämische Wirtschaftswachstum blieben ein ständiger Begleiter der neuseeländischen Wirtschaftspolitik (Collins 2003; Davis/Ewing 2005; Hazledine/Quiggin 2006: 148). Im großen Nachbarland war Vorsicht ohnehin das dominierende Prinzip, denn die Überschüsse entstanden fast parallel zur Asienkrise, auf die im nächsten Unterkapitel genauer einzugehen sein wird.

Aber nicht nur in den angelsächsischen, sondern auch in den nordischen Ländern löste der Überschuss allenfalls moderate Kurskorrekturen aus. So nahm die schwedische Regierung im Wahlkampf des Jahres 1998 einige Einschnitte der Konsolidierungszeit wieder zurück, eine Rückkehr zum Leistungsniveau der Vorkrisenzeit stand aber zu keinem Zeitpunkt zur Debatte (Wenzelburger 2010b: 181). Selbst diese maßvoll expansiven Schritte waren jedoch zu viel für Finanzminister Erik Åsbrink, der 1999 im Streit mit Göran Persson zurücktrat, weil er sich in seiner Ablehnung teurer Steuersenkungen nicht hinreichend unterstützt sah (Burt 1999). Auch in Finnland blieb die Fiskalpolitik im Überschuss auf einem zurückhaltenden Kurs. Zwar kam es zu gewissen Steuersenkungen, aber die meisten Ausgabenwünsche seiner Kabinettskollegen konnte Finanzminister Sauli Niinistö mit Rückendeckung von Ministerpräsident Paavo Lipponen zurückweisen (Helsingin Sanomat 2000b, 2000d). Und auch in Dänemark blieb ein Kurswechsel aus:

By 2000, the Danish economy was in better condition than it had been for decades. The discourse on public spending had changed, calls for »cuts« and »savings« had disappeared from Ministry of Finance documents. This does not mean that spending was allowed to grow out of control or that public sector reform came to a stop – on the contrary.
(Christiansen 2008: 152)

Nach den gewaltigen Einschnitten der Konsolidierungsphase war also zunächst allgemein eine Rückkehr zum budgetären Inkrementalismus festzustellen. Die Regierungen bewegten sich zunächst tastend, in kleinen Schritten und gegebenenfalls mit einem Fokus auf Steuersenkungen. Ihre Rhetorik oszillierte dabei zwischen Ankündigungen, nun könne die Dividende für die vorhergehenden Sparanstrengungen eingefahren werden, und Beschwörungen, die fiskalischen Zügel nun nicht schleifen zu lassen. Ihr Handeln folgte überwiegend dem letzteren Prinzip.

Dieser vorsichtige Charakter der Überschusspolitik ist auch der Grund dafür, dass verschiedene quantitative Konsolidierungsstudien bis in den Überschuss hinein andauernde Haushaltskonsolidierungen identifizieren. So setzte sich die Konsolidierung in der Definition von Ahrend et al. (2006) in Australien und Dänemark bis ins Jahr 1999, in Finnland und Schweden sogar bis ins Jahr 2000 fort. Dagegen endete die Konsolidierung in den USA nach dieser Definition bereits 1998 und in den Niederlanden sogar schon 1996.

6.4.2 Institutionelle Reformen

Der allgemein vorsichtige Umgang mit den Überschüssen garantierte jedoch noch keineswegs ihren dauerhaften Bestand. Deshalb erkannten viele Länder in Reformen des Budgetprozesses den Schlüssel dazu, die Konsolidierungserfolge auf Dauer zu stellen. Durch eine Änderung der Regeln, unter denen die Haushaltspolitik operiert, sollte ein erneutes Auftreten fiskalischer Krisen verhindert werden. Diese Reformen zentralisierten den Budgetprozess, verpflichteten Regierungen zu vorsichtiger Haushaltsführung, setzten explizite Überschussziele und führten weitgehende Transparenzverpflichtungen ein. Konkret verabschiedeten Neuseeland und Australien mit dem Fiscal Responsibility Act beziehungsweise der Charter of Budget Honesty Gesetze zur Budgeterstellung, die die Transparenz des Regierungshandelns in den Mittelpunkt stellten. In Finnland und Schweden bildeten dagegen Ausgabengrenzen und explizite Ziele für den Saldo den Kern der Reformen. Am wenigsten formalisiert wurden die institutionellen Reformen in Dänemark und Kanada, wo eine Stärkung der mittelfristigen Finanzplanung in ihrem Zentrum stand (Lundback 2008).

Hinsichtlich dieser institutionellen Reformen sind zwei Aspekte besonders bemerkenswert, nämlich der Zeitpunkt, zu dem sie beschlossen wurden, und die

Art und Weise ihrer Durchsetzung. Die meisten dieser Reformen wurden nämlich erst verabschiedet, nachdem der Konsolidierungserfolg bereits eingetreten war. Ihr Zweck war also nicht, die Konsolidierung herbeizuführen, sondern sie auf Dauer zu stellen (Henriksson 2007: 31). Sie stehen damit im Gegensatz zu früheren Versuchen, das Defizit mithilfe institutioneller Reformen des Budgetprozesses unter Kontrolle zu bringen, die allesamt wenig erfolgreich waren. So führte Dänemark schon 1984 ein Expenditure Framework ein, dessen Wirksamkeit jedoch schnell erodierte (Christiansen 2008: 154). Kanada beschloss bereits 1991 einen Spending Control Act (Blöndal 2001a), ohne mit diesem jedoch greifbare Erfolge im Kampf gegen die Defizite zu erzielen. Auch Finnland hatte bereits seit 1991 verschiedene Formen von Ausgabengrenzen erprobt, die ebenfalls immer wieder gebrochen wurden (European Commission 2003: 252). Die hier besprochenen Reformen wurden dagegen erst eingeführt, als die Länder bereits Überschüsse erreicht hatten. Im Gegensatz zu ihren Vorgängern wurden sie dann auch eingehalten und erwiesen sich als wesentlich langlebiger.

Hinsichtlich der Durchsetzung ist bemerkenswert, dass keine dieser Reformen explizite Sanktionen einführte, wie sie etwa der europäische Stabilitätspakt vorsieht. Stattdessen setzten sie auf Transparenz und Rechenschaft gegenüber den Wählern. Ihre Bindewirkung entsteht durch die Angst vor der Politisierung einer Normverletzung durch die Oppositionspartei und damit letztlich vor der Sanktion durch die Wähler: »The penalty for fiscal irresponsibility is that voters will turn the government out of office« (Schick 2009: 8). In vielen Fällen wurden die Reformen daher auch nicht gesetzlich festgeschrieben. Sie dienten also nicht dazu, einen Konsolidierungskonsens herbeizuführen, sondern brachten einen bereits vorhandenen Konsens zum Ausdruck.

Wie in so vielen Elementen des Überschussprozesses nahm Neuseeland auch bei der Reform der fiskalpolitischen Institutionen eine Vorreiterrolle ein und stellte den Budgetprozess bereits in der ersten Hälfte der 1990er-Jahre auf eine neue, am Prinzip der Transparenz orientierte gesetzliche Grundlage. Australien folgte wenige Jahre später mit einer ganz ähnlichen Reform, die sich explizit am neuseeländischen Vorbild orientierte. Beide Gesetzesinitiativen verpflichteten die Regierung zu einer präzisen Definition ihrer fiskalpolitischen Ziele und sollten es so ermöglichen, sie an diesen Zielen zu messen und für etwaige Abweichungen zur Verantwortung zu ziehen (Lienert 2010).

Bereits 1989 war die neuseeländische Finanzbuchhaltung im Public Finance Act von Kassenbuchführung auf periodengerechte Buchführung nach »generally accepted accounting practice« (GAAP) umgestellt worden, um eine transparentere Interpretation der Haushaltslage zu ermöglichen (Wagschal/Wenzelburger 2008b: 125). Die wichtigste institutionelle Reform des neuseeländischen Budgetprozesses war aber die Einführung des Fiscal Responsibility Act (FRA)

1994, dem ersten Jahr mit Haushaltsüberschüssen. Der FRA definierte fünf »principles of responsible fiscal management« für die Fiskalpolitik (Scott 1995; Janssen 2001), darunter die Reduktion der Staatsverschuldung auf »prudent levels« durch die Erwirtschaftung von Haushaltsüberschüssen sowie, nach dem Erreichen dieses Ziels, ein Konstanthalten der Schuldenquote durch über den Konjunkturzyklus ausgeglichene Haushalte. Dabei ist es der jeweiligen Regierung überlassen, den Begriff des »prudent level« zu operationalisieren. Als der FRA in Kraft trat, definierte die Regierung Bolger eine solches Level zunächst als Reduktion der Nettoschuldenquote auf 20 bis 30 Prozent (Janssen 2001: 15). Im Einklang mit der Absicht, die Rolle des Staates insgesamt zurückzuschneiden, setzte sie sich außerdem das Ziel, die Staatsquote, die 1994 bei 36 Prozent lag, auf 30 Prozent zu reduzieren (Barker/Buckle/St. Clair 2008: 10).

Explizit am neuseeländischen Pendant orientierte sich die Charter of Budget Honesty (CBH), die Australien 1998, also im ersten Überschussjahr, einführte. Ihr Titel war ein geschicktes rhetorisches Spiel mit der »dishonesty« der Regierung Keating im Wahlkampf 1996 (Wanna 2006). Auch sie stellte Transparenz und nicht explizite Sanktionen in den Mittelpunkt. So verpflichtet sie die Regierung, eine mittelfristige fiskalische Strategie nach den Prinzipien des »sound fiscal management« zu formulieren und die Ergebnisse der Fiskalpolitik in verschiedenen Berichten an dieser Strategie zu messen (Gruen/Sayegh 2005). Diese Prinzipien bestehen in einem im Durchschnitt des Konjunkturzyklus ausgeglichenen Budget, Überschüssen »while growth prospects are sound« und einer Verbesserung des staatlichen Nettovermögens. Eine präzisere Definition, insbesondere in Form von Zahlen, enthält die Charter jedoch nicht. Die Einschätzung des Konjunkturzyklus und der Wachstumsaussichten sind der Regierung überlassen (ebd.). Wie Neuseelands FRA ist die CBH also zwar gesetzlich festgeschrieben, enthält aber keinen institutionalisierten Sanktionsmechanismus für Zielverfehlungen.

Zu umfangreichen Reformen des Budgetprozesses kam es auch in Finnland und Schweden. Insbesondere führten beide Länder institutionelle Regeln zur Ausgabenkontrolle in Form sogenannter Expenditure Ceilings ein (Ljungman 2008). Dabei unterscheiden sich die Regeln im Detail, das Grundprinzip ist aber in beiden Ländern dasselbe. Die schwedische Ausgabengrenze wurde 1997 eingeführt – ein Jahr vor dem ersten Überschuss. Die Regierung setzt darin rollierende Dreijahresziele, das heißt, bei der Präsentation eines Budgets fügt sie den existierenden Grenzen jeweils ein neues Ausgabenlimit für das dritte Jahr hinzu. Insbesondere schließt sie damit auch Jahre einer zukünftigen Legislaturperiode ein. Dies ist aber allgemein akzeptiert und die Opposition legt ihre Budgetvorschläge stets unter Beachtung des von der Regierung gesetzten Limits vor.[10] Die Ausgabengrenze umfasst fast alle Staatsausgaben, jedoch keine Zinszahlungen. Ein Rückgang der Zinslast durch niedrigere Zinssätze oder sinkende Schulden schafft daher keinen zusätzlichen Spielraum unter dem Ausgabenlimit (Ljungman 2008: 39). Zudem ist die Grenze in nominalen Größen definiert, weshalb höhere Inflation den Ausgabenspielraum reduziert, während geringe Inflationsraten ihn erhöhen. Dieser Mechanismus ermöglichte der Regierung, die Regel auch in den Krisenjahren 2008 und 2009 einzuhalten, weil der Einbruch der Inflationsrate genug zusätzlichen Spielraum schuf.

Finnland führte 2003 eine ähnliche Regel ein. Bis dahin hatte sich die Regierung fixe Ausgabengrenzen stets nur auf jährlicher Basis gesetzt und für den Rest der Legislaturperiode »target guidelines« formuliert, die immer wieder gebrochen wurden (European Commission 2005: 314; Ljungman 2008: 20). Die neu gewählte Regierung setzte 2003 dann erstmals explizite Ziele für alle vier Jahre der Legislaturperiode. Die Grenzen werden in realen Größen festgelegt und jährlich an die Entwicklung des Preisniveaus angepasst. Die finnische Ausgabenregel umfasst etwa 75 Prozent der Staatsausgaben, nimmt aber zyklisch sensitive Ausgabenposten und Zinszahlungen explizit aus (Finnisches Finanzministerium 2007: 15). Dagegen fallen Investitionen in die Infrastruktur und andere Bereiche trotz einer umfangreichen Debatte darüber unter die Ausgabengrenze (ebd.: 90ff.). Anders als im Nachbarland bezieht sich die finnische Regel immer nur auf die Legislaturperiode einer Regierung und bindet zukünftige Regierungen nicht.

Keine der beiden Ausgabenregeln stützt sich auf eine gesetzliche Grundlage oder explizite Sanktionen bei Nichteinhaltung. Vielmehr handelt es sich um freiwillige Selbstverpflichtungen der Regierungen, die in Finnland nicht einmal dem Parlament zur Zustimmung vorgelegt werden (Ljungman 2008: 28). Im Prinzip wären die Ausgabengrenzen also leicht wieder zu ändern oder auch zu ignorieren. Dennoch sind beide Regeln bis heute stets eingehalten worden, insbesondere auch in der Weltfinanzkrise der Jahre nach 2008.[11]

In beiden Ländern hat man die Ausgabenregel durch weitere institutionelle Reformen ergänzt (Blöndal 2001b; Blöndal/Kristensen/Ruffner 2002). Dabei wurde der schwedische Budgetprozess insgesamt deutlich zentralisiert (Molander 2000: 203). So beschloss die Regierung 1997 eine Budgetausgleichsregel

10 Bislang gab es zwei Regierungswechsel unter diesem institutionellen Rahmen, in den Jahren 2006 und 2014. Allerdings verfügt die im Herbst 2014 neu gewählte sozialdemokratisch geführte Regierung über keine eigene Mehrheit im Parlament und musste daher zunächst notgedrungen mit dem konservativen Budgetentwurf weiterregieren. Grundsätzlich plant sie aber, die Ausgabengrenzen in den kommenden Jahren deutlich anzuheben.

11 Schweden hat die Ausgabenregel schließlich 2011 doch gesetzlich verankert (OECD 2012b: 233).

für die Gemeinden, die 2000 in Kraft trat (Erixon 2011: 273). Sie sollte der Tendenz entgegenwirken, Sparanstrengungen des Zentralstaats durch zusätzliche Schulden auf Kommunalebene zu konterkarieren. Sich selbst steckte die Regierung 1997 das Ziel, über den Konjunkturzyklus einen Überschuss von 2 Prozent des BIP zu erwirtschaften. Dieses Ziel wurde 2006 von der neuen konservativen Regierung bekräftigt und schließlich 2011 gesetzlich festgeschrieben (OECD SWE 2012: 233).[12] Zudem installierte die bürgerliche Regierung 2007 einen »finanzpolitischen Rat«, der jedoch sogleich über die Reaktion auf die Weltfinanzkrise mit der Regierung in Konflikt geriet (Calmfors/Wren-Lewis 2011). Bemerkenswerterweise verlangte der Rat dabei nicht etwa weniger, sondern mehr fiskalische Expansion als von der Regierung beabsichtigt (Mehrtens 2013: 161ff.).

Auch in Finnland wurde die Ausgabengrenze durch weitere Zielvorgaben ergänzt. Im Jahr 1999 formulierte die Regierung die Absicht, über die Legislaturperiode einen strukturellen Haushaltsüberschuss von 1,5 Prozent des BIP (4,5 Prozent unter Berücksichtigung des Sozialversicherungsüberschusses) zu erwirtschaften. Insbesondere verpflichtete sie sich, die realen Staatsausgaben auf dem Niveau von 1999 konstant zu halten. Zudem erklärte sie, die Schuldenquote bis 2003 auf unter 50 Prozent reduzieren zu wollen (Finnisches Finanzministerium 1999: 2). Die Bruttoschuldenquote sank trotz der hohen Überschüsse nur langsam, weil diese fast vollständig in das Portfolio des Rentenfonds investiert wurden (Finnisches Finanzministerium 2004: 34). Die Stabilitätskriterien des Vertrags von Maastricht blieben in Finnland dagegen ohne größere Bedeutung, weil die Regierung sich stets ambitioniertere Ziele setzte.

In Dänemark waren die Überschüsse unter einem vergleichsweise lockeren institutionellen Rahmen entstanden und die Regierung verzichtete auch im Überschuss auf größere Reformen des Budgetprozesses (Christiansen 2008: 158). Allerdings erließ auch sie eine Haushaltsausgleichspflicht für die Kommunen (Dänisches Finanzministerium 2001: 18). Daneben gewann die mittelfristige Finanzplanung an Bedeutung (Goul Andersen 2011a: 119). Im Mai 1997 stellte die Regierung das Programm »Denmark 2005« vor, das konkrete makroökonomische Ziele für die nächsten Jahre definierte und mittelfristig einen erheblichen Überschuss einplante (OECD DNK 1999). Im Januar 2001 folgte dann das Programm »Denmark 2010«, das den anzustrebenden jährlichen Überschuss bis zum Jahr 2010 auf 1,5 bis 2,5 Prozent des BIP pro Jahr konkretisierte (Blöndal/Ruffner 2004: 54). Auch spätere Regierungen schrieben diese Fünfjahresstrate-

12 Die Korrektur des Ziels auf 1 Prozent des BIP im Jahr 2006 stellte nur eine technische Änderung dar, weil ein Teil des Rentensystems aus dem Staatshaushalt herausgenommen wurde, ökonomisch änderte sich nichts (Regeringskansliet 2011: 19f.).

gie in den Programmen »Denmark 2015« (2007) und »Denmark 2020« (2010) fort. Die wichtigste Besonderheit der dänischen fiskalischen Institutionen war jedoch die Einführung eines sogenannten *Tax Freeze* oder *Tax Stop* durch die neu gewählte konservative Regierung unter Anders Fogh Rasmussen, der ein gesetzliches Verbot sowohl realer als auch nominaler Steuererhöhungen enthielt (Dänisches Finanzministerium 2002). Dieser Tax Freeze gab nicht nur die Richtung der steuerpolitischen Entwicklung vor, sondern wirkte in Verbindung mit dem Überschussziel wie eine indirekte Ausgabengrenze (Blöndal/Ruffner 2004: 54). Zugleich ließ das Verbot einer Erhöhung der nominalen Steuersätze die indirekten Mengensteuern erodieren, insbesondere die Grundsteuer, was nach Ansicht einiger Beobachter zur Entstehung einer dänischen Immobilienblase beitrug (OECD DNK 2006: 33; Abildgren 2010: 18).

Von allen sechs untersuchten Ländern formalisierte Kanada seinen Überschuss am wenigsten durch institutionelle Reformen (Mühleisen et al. 2005: 10). Zwar hatte die Regierung Chrétien zu Beginn ihrer Amtszeit ein neues Expenditure Management System eingeführt und den Budgeterstellungsprozess wesentlich vorsichtigeren Annahmen unterworfen (Blöndal 2001a: 43). Zudem stellte sie in den Haushalt eine jährliche Contingency Reserve für außerplanmäßige Ausgaben in Höhe von 3 Milliarden Dollar ein. Wenn diese nicht benötigt wurde, floss sie vollständig in den Schuldenabbau. Im Überschuss unterblieben weitere institutionelle Reformen dann jedoch, und es war vor allem politischer Wille, der das Land weiterhin auf einem fiskalpolitischen Sparkurs hielt. Der bewährte institutionelle Rahmen der Konsolidierungsphase wurde beibehalten und allenfalls punktuell durch Selbstverpflichtungen der Regierung ergänzt: Im Budget des Jahres 1998 kündigte sie an, den Haushaltsplan in Zukunft nach dem Prinzip »balance or better« aufzustellen und im Jahr 2004 formulierte sie das Ziel, die Schuldenquote innerhalb der nächsten zehn Jahre auf 25 Prozent des BIP abzubauen (Department of Finance Canada 2004). Solche Ziele wurden aber nie formalisiert und die liberale Regierung verzichtete auch auf die Einführung eines Federal Accountability Act, wie ihn die Opposition verlangte. Erst die Regierung Harper erließ 2006 dieses Gesetz, mit dem unter anderem das Amt eines »Parlamentary Budget Officer« als unabhängige Kontrollinstanz geschaffen wurde. Noch bemerkenswerter war allerdings die Verabschiedung des Tax-back Guarantee Act im Jahr 2007, der verfügte: »The Government of Canada shall apply any imputed interest savings resulting from reductions of federal debt to measures that provide tax relief for individuals« (Minister of Justice, Government of Canada 2007). Dieses Gesetz diente aber bereits nicht mehr dazu, die Bewahrung, sondern die Verwendung der Überschüsse zu institutionalisieren.

Der kanadische Fall zeigt noch einmal besonders deutlich, was für alle sechs Fälle gilt: Institutionelle Reformen des Budgetprozesses waren die Folge und nicht die Ursache eines fiskalpolitischen Paradigmenwechsels. Diese Reformen dienten nicht dazu, fehlenden politischen Willen durch entsprechende Regeln zu kompensieren, sondern dazu, einen eingeschlagenen Weg zu stabilisieren und den Willen zu signalisieren, auf diesem Weg zu bleiben. Insofern waren sie das endogene Ergebnis eines Regimewechsels und nicht sein exogener Anlass (Posen 1995; Schick 2004; Debrun/Kumar 2006). Dies zeigt nicht nur der Zeitpunkt ihrer Einführung, sondern auch ihre vergleichsweise laxe Kodifizierung: Indem die Reformen Transparenz und Rechenschaftspflichten in den Mittelpunkt stellen, legen sie die Regeldurchsetzung letztlich in die Hände der Wähler. Nur wenn diese das Ziel ausgeglichener Haushalte internalisiert haben und Verstöße dagegen sanktionieren, entwickeln die Regeln eine politische Bindungswirkung. Zudem war die Politik teilweise gar nicht auf diese Bindungswirkung angewiesen, sondern ohnehin zu einer noch restriktiveren Fiskalpolitik bereit als von den Regeln verlangt: »In practice, Sweden seems to have targeted a structural surplus of 2 percent of GDP which is an even tougher rule« (IMF SWE 2002: 4).

Die offenbar von Politik und Bürgern geteilte Bereitschaft, solche institutionellen Regeln einzuführen, vor allem aber sie einzuhalten und einen möglichen Verstoß zu sanktionieren, kann ebenso wie ihre konkrete Ausgestaltung mit der vorhergehenden Krisenerfahrung in Verbindung gebracht werden. So beschreibt Ljungman die Einführung der Ausgabengrenzen in Finnland und Schweden explizit als Folge der Krisenerfahrung der 1990er-Jahre (Ljungman 2008: 47; siehe auch Calmfors 2012). Auch die handelnden Akteure selbst stellten diese Verbindung immer wieder her. So führte Finanzministerin Ruth Richardson in der Debatte über den neuseeländischen FRA aus:

> All of our history tells us that when a Government embarks upon a systematic course of fiscal irresponsibility, compounded by a failure to disclose the consequences of that course of action to New Zealand at large, how damaging a tradition that is. All of our history cries out for this legislation and our future demands it. (Richardson 1994)

Und ihr australischer Amtskollege Peter Costello argumentierte, als er die CBH in das australische Unterhaus einbrachte:

> The need for improved fiscal outcomes in Australia is clearly demonstrated by the persistence of Commonwealth deficits over the past 25 years, the ratcheting up of Commonwealth general government net debt and falling levels of national saving. (Costello 1996)

Zugleich waren diese Gesetze in Australien und Neuseeland aber auch taktische Manöver der konservativen Regierungen, um sich von der »fiskalischen Verantwortungslosigkeit« ihrer Vorgänger abzusetzen und diese zugleich als politisch verwertbares Argument lebendig zu halten. Dabei wahrte Australiens Finanzminister Costello die parlamentarischen Sitten:

> This government has been repairing the fiscal mess left by the Labor Party. Before we came to office, we were told the budget was in surplus. It was not; it was in deficit to the tune of $10 billion. […] This bill will help to ensure that the fiscal profligacy of our predecessors is not repeated. (Costello 1997)

Neuseelands Premierminister Jim Bolger dagegen verließ in der Debatte über den FRA den Boden gegenseitigen parlamentarischen Respekts:

> The truth is that this legislation is essential to stop another corrupt Labour Government from hiding the facts. That is what is needed because, without it, a Labour Government would try to do it again. (Bolger 1993)

Auch solche politischen Inszenierungen fiskalischen Verantwortungsbewusstseins und fiskalischer Verantwortungslosigkeit weisen darauf hin, dass diese Reformen nicht ursächlich für den fiskalpolitischen Kurswechsel waren. Sie erlaubten taktische Geländegewinne gegenüber der Opposition, begrenzten den Spielraum zukünftiger Regierungen anderer Parteizugehörigkeit und sendeten ein willkommenes Signal an die Finanzmärkte. Aber im Wesentlichen signalisierten sie einen Paradigmenwechsel, der längst beschlossen und umgesetzt und politisch weitgehend unumstritten war.

Zu den institutionellen Reformen zählen neben diesen budgetären Institutionen schließlich auch die Verlängerung der Wahlperiode in Schweden und die Einführung eines am deutschen System orientierten Verhältniswahlrechts in Neuseeland. Nachdem in Schweden 1994 zum letzten Mal im Dreijahresrhythmus gewählt wurde, fand die nächste Reichstagswahl erst 1998 statt. Eine Begründung für diese Reform war, dass dreijährige Legislaturperioden eine kurzfristige Orientierung der Politik verstärkten und dadurch Reformen, die sich erst über mehrere Jahre auszahlten, politisch unattraktiv blieben. In diesem Sinne argumentierte etwa die Lindbeck-Kommission, die eingesetzt worden war, um die Ursachen der Krise zu untersuchen und Lösungsvorschläge zu entwickeln (Lindbeck et al. 1994). Insofern kann auch diese Reform als Reaktion auf die Krise zu Beginn des Jahrzehnts verstanden werden. Auch das Votum der neuseeländischen Bürger hängt mit der Krise zusammen, weil es allgemein als Folge der von beiden etablierten Parteien betriebenen radikalen Reformpolitik gedeutet wird (Obinger et al. 2010b: 154). Während die schwedische Reform jedoch als Stärkung fiskalischer Disziplin galt (Molander 2000: 203), lautete ein Einwand gegen die Reform des neuseeländischen Wahlrechts, dass die Notwendigkeit, die Zustimmung kleiner Parteien zu erkaufen, zu einem Verlust an fiskalischer Disziplin führen könne (Massey 1995: 198). Diese Sorge erwies sich jedoch als unbegründet. Weder das dritte Kabinett Bolger noch die späteren Labour-Regierungen unter Helen Clark wichen vom einmal etablierten fiskalpolitischen Kurs ab, auch wenn sie zu Zugeständnissen im Detail gezwungen waren. Ohnehin machte die neuseeländische Reform aus einer Vetospielerperspektive betrachtet grundlegende Kurswechsel schwieriger und stabilisierte insofern den einmal eingeschlagenen Austeritätskurs (Obinger et al. 2010b: 188). Weil sie erst nach Abschluss der Konsolidierungsprogramme in Kraft trat, machte sie deren Rückabwicklung noch unwahrscheinlicher.

6.4.3 Die Rolle von Prognosen

Ein weiterer Schlüssel zum Verständnis des Überschusserhalts liegt in den Prognosen, auf die sich die Fiskalpolitik stützt. So wird für die Konsolidierungen der 1990er-Jahre regelmäßig betont, ihr Erfolg beruhe ganz wesentlich auf den vorsichtigen Annahmen, die ihnen zugrunde gelegt wurden (Courchene 2002: 21). Dies habe sichergestellt, dass die tatsächlichen Defizite häufig geringer, aber nie höher ausfielen als im Budget prognostiziert. Damit habe die Konsolidierung an Glaubwürdigkeit gewonnen und der Teufelskreis aus zu positiven Annahmen und nicht hinreichend tiefen Einschnitten sei durchbrochen worden (Henriksson 2007: 28; Bourgon 2009). Diese Bedeutung der Annahmen wurde auch von den handelnden Akteuren immer wieder betont, etwa vom schwedischen Finanzminister Göran Persson:

> This vulnerability can only be reduced by being transparent and extremely open toward the capital markets. One budget gimmick and we lose confidence that could take years to regain. […] It is of great importance that the Ministry of Finance is conservative in predicting deficits and debts. (Persson 1996)

Diese Prognosen blieben über die Phase der Haushaltskonsolidierung hinaus bedeutsam. Die Überschussländer behielten das Prinzip konservativer Annahmen auch im Überschuss bei und neigten weiterhin dazu, ihre Einnahmen bewusst zu unter- und ihre Ausgaben zu überschätzen. In den Jahren nach 2000 wurde dieses Vorgehen in einigen Ländern selbst zum Gegenstand hitziger politischer Debatten, aber zunächst trug es dazu bei, die Überschüsse auf Dauer zu stellen.

Besonders deutlich wird die Rolle solcher Annahmen am Gegensatz zu den USA. Dort wurde die Debatte über den Überschuss von viel zu optimistischen Prognosen des Congressional Budget Office (CBO) über die zukünftige Budgetentwicklung verzerrt. Auf dem Höhepunkt der Überschusseuphorie im Januar 2001 prognostizierte das CBO kumulierte Überschüsse von 5 Billionen US-Dollar für die nächsten zehn Jahre (Congressional Budget Office 2001). Zwar war professionellen Beobachtern und auch dem CBO selbst bewusst, dass diese Prognosen auf völlig unrealistischen Annahmen beruhten, zu denen das CBO jedoch gesetzlich verpflichtet war (Alesina 2000; Auerbach/Gale 2000). Dennoch prägten diese Vorhersagen den politischen Diskurs maßgeblich.

Abbildung 6-2 Durchschnittlicher Fehler der offiziellen Budgetprognosen, in Prozent des BIP, 1999–2008

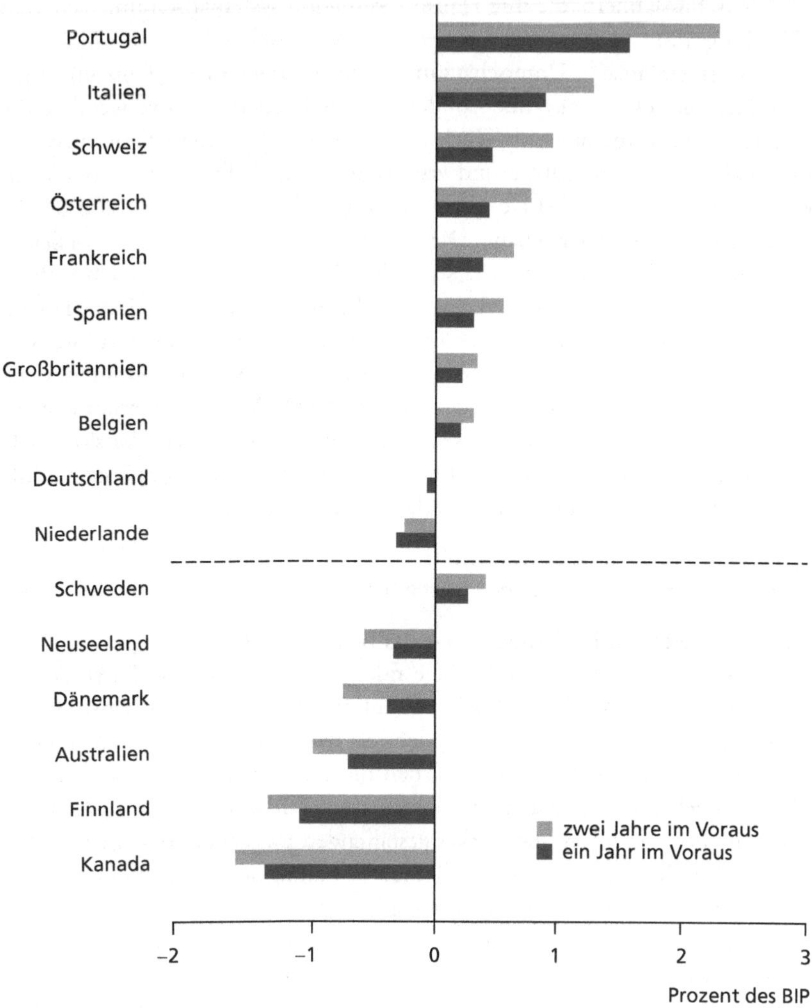

Quelle: Frankel/Schrager (2013).
Ich danke Jeffrey Frankel und Jesse Schrager dafür, mir ihre Daten großzügig zur Verfügung gestellt zu haben.

Wie Jeffrey Frankel und Jesse Schrager (2013) zeigen, stehen die USA mit diesen überoptimistischen Prognosen keineswegs allein. Die meisten Länder prognostizieren ihre Haushaltslage systematisch zu positiv. Explizite Fiskalregeln verschärfen diese Tendenz sogar noch, wenn ein Bruch der Fiskalregel droht. Gleichzeitig zeigen ihre Daten aber auch eine genau entgegengesetzte Verzerrung in den Überschussländern, die ihre Haushaltssituation systematisch unterschätzen (Abbildung 6-2).

Diese systematische Unterschätzung ist kein zufälliges Ergebnis günstiger makroökonomischer Umstände, sondern politisch gewollt. So verwendete die kanadische Budgetplanung als Wachstumsprognose den Konsens der privaten Wirtschaftsforschungsinstitute und zog davon einen halben Prozentpunkt ab (Kelly 2002: 77). Eine positive Abweichung von der Prognose war also bereits in den Budgetprozess eingebaut. Diese vorsichtigen Prognosen sind vielleicht das sichtbarste Beispiel dafür, wie stark die Fiskalpolitik auch im Überschuss von Risikoaversion geprägt blieb. So berechnete das neuseeländische Finanzministerium sogar, wie hoch der ex ante angepeilte Überschuss sein müsse, um zu 95 Prozent sicher sein zu können, am Ende des Haushaltsjahres mindestens eine »schwarze Null« zu erzielen (Janssen 2001: 13). Wenn es Überraschungen geben würde, dann sollten diese positiv sein. Eine solche Risikoaversion stellt aber natürlich zugleich eine Abweichung von Prinzipien optimaler Fiskalpolitik, wie etwa der Steuerglättung, dar (van der Ploeg 2008: 17).

6.4.4 Institutionen im Überschussregime

Für die amtierenden Regierungen war das Bekenntnis zu ausgeglichenen Haushalten eine ausgesprochen erfolgreiche fiskalpolitische Strategie. Diese Politik trug nicht nur zur Wiederwahl bei, sie neutralisierte auch die Angriffsmöglichkeiten der Opposition, die letztlich nicht als fiskalpolitisch verantwortungslos bezeichnet werden wollte. Der Preis, den die Regierungen für diesen strategischen Erfolg bezahlen mussten, war jedoch fiskalpolitische Vorsicht und der Verzicht auf einen aktiveren und stärker gestaltenden Einsatz der öffentlichen Ressourcen. Die Rückgewinnung fiskalischer Handlungsspielräume wurde durch einen Verzicht auf politische Handlungsspielräume erkauft.

Dieser Tauschcharakter wird besonders deutlich, wenn man das Zusammenspiel institutioneller Reformen und systematisch pessimistischer Prognosen betrachtet. Gemeinsam begrenzten sie eine Wiedergewinnung fiskalpolitischer Handlungsfähigkeit, indem sie erst gar keinen Raum für neue, groß angelegte Ausgabenprogramme entstehen ließen. Denn unter den Bedingungen einer institutionalisierten Budgetausgleichsregel sorgen pessimistische Prognosen dafür, dass eigentlich vorhandene Spielräume im Budget zunächst ungenutzt bleiben. Das Prinzip, für einen ausgeglichenen Haushalt bei negativer Wirtschaftsentwicklung zu budgetieren, führt bei normaler Wirtschaftsentwicklung zu fiskalischen Puffern, die erst am Ende des Haushaltsjahres genutzt werden können.

Initiativen am Jahresende wurden damit fast so wichtig wie die Politikmaßnahmen des eigentlichen Budgets. Dies führte zu einem Muster ad hoc beschlossener Einmalmaßnahmen am Ende des Haushaltsjahres, die zwar durchaus ein erhebliches Volumen erreichten, jedoch kaum zu langfristigen Verpflichtungen führten, weil sie schließlich die Überschüsse zukünftiger Jahre nicht gefährden sollten. So befand eine Studie des US Government and Accountability Office (1999: 125) über die kanadische Überschusspolitik:

> [T]he government's position is that since the size of the surplus is uncertain, it is safer to assume that it will be small. And, since the government's budgeting horizon is limited to 2 years, it tends to avoid allocation decisions that would have a major impact on the long term.

Ausgabenregeln wie in Schweden und Finnland haben einen ganz ähnlichen Effekt. Wann immer am Ende des Jahres noch Spielraum unter dem Budgetlimit bleibt, kann dieser nämlich noch für zusätzliche Ausgaben genutzt werden. Es muss sich jedoch um Einmalmaßnahmen handeln, wenn diese die Einhaltung der Ausgabengrenze des nächsten Jahres nicht erschweren sollen. Solche Einmalmaßnahmen erlauben der Regierung durchaus, politische Wohltaten zu verteilen und zusätzliches Geld für gesellschaftliche Prioritäten zur Verfügung zu stellen. Dies geschieht jedoch gerade nicht durch langfristige Verpflichtungen, für die auch unter dem Budgetlimit des nächsten Jahres noch Platz sein müsste. Beispielsweise stellte die schwedische Regierung in den Jahren 1997 und 1998 durchaus umfangreiche Mittel für Maßnahmen der aktiven Arbeitsmarktpolitik zur Verfügung, die jedoch nach zwei Jahren wieder ausliefen und nicht verlängert wurden (Thelen 2014: 189). Zudem lösen solche Einmalmaßnahmen kaum komplementäre Investitionen anderer Akteure aus, die dafür eintreten würden, sie auf Dauer zu stellen. Positive Feedbackprozesse, die elementar sind für die politische Etablierung eines Programms, kommen also kaum in Gang.

In den Ausgabenregeln ist darüber hinaus eine systematische Asymmetrie bei der Verwendung unerwarteter fiskalischer Spielräume angelegt: Sie stellen eine bindende Begrenzung der Staatsausgaben dar, darum dürfen zusätzlich entstehende Einnahmen nicht für eine Erhöhung der Ausgaben, sondern nur für den Schuldenabbau verwendet werden. Dagegen ist der Spielraum für Steuersenkungen von der Grenze nicht betroffen. Deshalb trugen diese Regeln dazu bei, dass öffentliche Ausgaben im Abschwung gekürzt, im Aufschwung aber nicht gleichermaßen wieder erhöht wurden, während die Steuern im Aufschwung gesenkt, im Abschwung aber nicht wieder erhöht wurden. Zudem bevorzugen solche Regeln Steuersubventionen gegenüber klassischen Staatsausgaben, weil sie als Einnahmenrückgang und nicht aus Ausgabenanstieg verbucht werden (OECD 2010: 63). Solche Steuersubventionen substituieren direkte Staatsausgaben jedoch meist ungenügend, weil sie nur schwer präzise eingesetzt werden können.

Zudem sind sie häufig sehr intransparent (Tyson 2014). Ohnehin handelt es sich bei Steuersubventionen um die »antigovernment form of government spending« (Pierson 2001b: 67), weil sie die Rolle des Staates bei der Bereitstellung auf diese Weise finanzierter Güter verbergen.

Noch deutlicher zeigt schließlich die Handhabung der Zinskosten in den Ausgabenregeln Schwedens und Finnlands, wie institutionelle Regeln den politischen Handlungsspielraum beschränken: Sinkende Zinsen erzeugen die genuinste Form fiskalischen Handlungsspielraums, nämlich bereits budgetiertes Geld, das nun nicht ausgegeben werden muss und im Prinzip frei zur politischen Verfügung steht. Weil die Zinsersparnis aber außerhalb der Budgetgrenze liegt, schafft sie keine zusätzlichen Spielräume und kann nicht für Mehrausgaben verwendet werden.

Die Institutionen, die dazu beitrugen, den Überschuss auf Dauer zu stellen, prägten also gleichzeitig den Charakter dieses Überschusses und seiner Verwendung mit. Sie reduzierten den politischen Handlungsspielraum und erschwerten es den Regierungen, fiskalpolitische Initiativen zu ergreifen (Schick 2009). Zudem verstärkten sie die Tendenz, Initiativen auf der Einnahmenseite statt auf der Ausgabenseite des Budgets zu konzentrieren.

Trotz der Versuche, das durch ihre konkrete Ausgestaltung zu verhindern, beförderten diese institutionellen Regeln in einigen Fällen zudem eine prozyklische Fiskalpolitik. Sie verführten nämlich zu einer lockeren Fiskalpolitik im Aufschwung und erzwangen gerade darum eine striktere Fiskalpolitik im Abschwung. Im Aufschwung lässt ihre Bindungswirkung nach, wenn die Steuereinnahmen steigen und die Sozialausgaben zurückgehen. Dann kann der entstehende Freiraum für diskretionäre Maßnahmen genutzt werden, die im Abschwung nicht mehr finanzierbar sind. Beispielsweise sah sich die schwedische Regierung in den Jahren 2001 bis 2004 zu Ausgabenkürzungen gezwungen, weil sie die Ausgaben im Boom der Jahre vor 2000 bereits sehr nah an die selbst gesetzten Grenzen herangeführt hatte (Lindh/Ljungman 2007: 48; siehe auch IMF SWE 2003: 19).

Sofern es explizite Regeln gibt, die solche Effekte ausschließen sollen, setzen sie in aller Regel allein auf der Ausgabenseite an. So enthält etwa die finnische Ausgabenregel explizite Vorgaben, um einen prozyklischen Anstieg der Staatsausgaben im Aufschwung zu verhindern. Das schützt aber nicht vor prozyklischen Steuersenkungen. Im Gegenteil: Wenn eine ausgabenseitige Verwendung der Mehreinnahmen unterbunden wird, ist geradezu davon auszugehen, dass diese in Steuersenkungen fließen werden, da ein noch stärkerer Schuldenabbau häufig politisch unattraktiv ist. Hinzu kommt, dass zyklisch bedingt sinkende Staatsausgaben zum Anlass genommen werden können, entsprechend niedrige

Ausgabengrenzen für die Zukunft zu setzen. Auf diese Weise sind prozyklische Tendenzen im Aufschwung direkt mit prozyklischen Tendenzen im Abschwung verknüpft. Wenn Aufschwünge mit Steuersenkungen und einer Absenkung der Ausgabengrenzen einhergehen, verhindert der dadurch geschrumpfte fiskalische Spielraum im Falle eines substanziellen Konjunkturabschwungs dann möglicherweise diskretionäre Maßnahmen und zwingt eventuell sogar zu zusätzlichen Kürzungen (OECD CAN 2003: 16; OECD SWE 2001: 74; Lindh/Ljungman 2007). Genau diesem fiskalpolitischen Umgang mit makroökonomischen Schocks wendet sich die Arbeit jetzt zu.

6.5 Die Reaktion auf makroökonomische Schocks

Alle sechs Überschussländer wurden in den späten 1990er- oder frühen 2000er-Jahren von negativen externen Schocks getroffen, die auch die Fiskalpolitik vor besondere Herausforderungen stellten. Dabei verliefen diese Krisen rückblickend verhältnismäßig glimpflich. Das war zu dem Zeitpunkt, als die fiskalpolitischen Antworten darauf gefunden werden mussten, aber keineswegs abzusehen. Die Asienkrise, das Platzen der New-Economy-Blase und die Anschläge des 11. September 2001 wurden zunächst als massive Herausforderungen für den Staatshaushalt betrachtet.

Die sechs Überschussländer entschieden sich in Reaktion auf diese konjunkturellen Rückschläge überwiegend gegen einen expansiven Einsatz der Fiskalpolitik, obwohl dieser angesichts der glänzenden Haushaltslage möglich gewesen wäre. Der vollzogene Bruch mit der haushaltspolitischen Orthodoxie der 1970er- und 1980er-Jahre wird hier besonders deutlich. Zwar ließen die Regierungen bereits vor der Krise beschlossene expansive Maßnahmen, vor allem Steuersenkungspakete, in Kraft. Auch erlaubten sie den zum Teil kräftigen automatischen Stabilisatoren zu wirken. Auf weitere, diskretionäre Maßnahmen zur Konjunkturstabilisierung verzichteten sie jedoch bewusst. Wenn Regierungen diskretionäre Maßnahmen beschlossen, dann waren diese im Gegenteil kontraktionär und explizit darauf ausgerichtet, den Haushalt im Überschuss zu halten. Dagegen entschieden sich die Länder mit kurzer Überschussperiode in dieser Zeit für einen deutlich expansiveren Einsatz der Fiskalpolitik. Insofern markiert die Krisenreaktion einen zweiten Schlüsselmoment, an dem einige Überschussländer in den Defizitzyklus zurückkehrten, wohingegen die hier untersuchten Länder ihr Überschussregime endgültig institutionalisierten.

6.5.1 Die Krisen der Jahrhundertwende

Die zweite Hälfte der 1990er-Jahre war weltweit von hohem Wirtschaftswachstum geprägt, das vom starken Aufschwung der US-Wirtschaft und dem parallelen IT- und Biotech-Boom befeuert wurde. Allerdings wurde dieser Aufschwung bereits 1997 und 1998 von einer Krise der aufstrebenden Schwellenländer – insbesondere in Asien – erschüttert. Die Weltkonjunktur blieb davon jedoch weitgehend unbeeinflusst und stürzte erst 2001 in eine Rezession, in der sich zunächst die natürlichen Erschöpfungserscheinungen eines lang anhaltenden Booms zeigten. Zwei Ereignisse verschärften die Rezession dann jedoch deutlich, nämlich die 2001 platzende Finanzmarktblase und die Anschläge des 11. September.

Von diesen Krisen war für Australien und Neuseeland die Asienkrise, für die nordatlantischen Länder die Rezession der Jahre 2001 bis 2003 der tiefere Einschnitt. Natürlich blieben auch die pazifischen Länder nicht von dieser Rezession verschont, aber zu diesem Zeitpunkt war ihr Überschuss bereits fest etabliert, während diese Institutionalisierung angesichts schwieriger Umstände in den anderen Ländern erst 2001 bis 2003 erfolgte. Die besondere Bedeutung der Asienkrise für die beiden pazifischen Staaten ergab sich aus der Struktur ihrer Handelsbeziehungen. Für beide war die Region bereits in den 1990er-Jahren der wichtigste Handelspartner, 60 Prozent der australischen Exporte gingen nach Asien (Schwartz 2006: 187). Außerdem kamen in Neuseeland die Auswirkungen einer anhaltenden Dürre in den Jahren 1997 und 1998 hinzu (OECD NZL 1999: 7). Im späteren Verlauf der Krise stellte sich zwar heraus, dass ihre tatsächlichen Effekte deutlich geringer ausfielen als zunächst befürchtet. Das war auf dem Höhepunkt der Turbulenzen im Frühjahr 1998 aber noch nicht absehbar. Die politische Reaktion wurde deshalb von der Angst vor einem tiefen wirtschaftlichen Einschnitt geprägt. So bezeichneten sich 75 Prozent der Australier in einer Umfrage im Mai 1998 als »extremely« oder »somewhat worried« über die Auswirkungen der Krise (Cumming 1998). Während Australien eine Rezession dennoch vermeiden konnte, schrumpfte die neuseeländische Wirtschaft in drei Quartalen des Jahres 1997 und im ersten Quartal des Jahres 1998. Außerdem stufte die Ratingagentur Moody's den Inselstaat von Aa1 auf Aa2 herab. Standard & Poor's behielt das Rating von AA+ bei, setzte den Ausblick aber auf negativ. Eine wichtige Rolle spielten bei dieser Entscheidung neben der Asienkrise auch die trotz aller entgegengesetzten Bemühungen noch immer hohen neuseeländischen Außenhandelsdefizite (The Economist 1998).

Die Fiskalpolitik der Jahre 1997 und 1998 stand also in beiden Ländern klar im Zeichen der Krise. Ähnliches gilt für die anderen vier Länder und die Jahre 2001 bis 2003. Da etwa zwei Drittel des kanadischen Außenhandels mit dem südlichen Nachbarn abgewickelt werden, war Kanada von dieser Rezession, die ihren Ausgang in den USA hatte, besonders stark betroffen. Das galt naturgemäß auch für den Schock des 11. September. In Reaktion auf die Terroranschläge schlossen die USA kurzfristig ihre Außengrenzen und für einige Tage war unklar, welche dauerhaften Effekte die Anschläge auf den Handel zwischen den USA und Kanada haben würden (Walkenhorst/Dihel 2002). Sehr schnell wurde dagegen deutlich, dass die Folgen der Anschläge das kanadische Sicherheitsbudget und damit auch den Haushaltsüberschuss belasten würden. Letztlich waren die Auswirkungen beider Krisen jedoch viel geringer als zunächst befürchtet. Allerdings schrumpfte die kanadische Wirtschaft im dritten Quartal des Jahres 2001 und wuchs im Gesamtjahr um weniger als 2 Prozent, nachdem das Wachstum in den beiden Vorjahren noch über 5 Prozent betragen hatte.

Wenngleich diese von Nordamerika ausgehende Rezession die nordischen Länder weniger unmittelbar betraf, waren ihre Auswirkungen dennoch nicht weniger relevant. Insbesondere löste sie einen starken Rückgang der Steuereinnahmen aus, nachdem diese zuvor durch den New-Economy-Boom besonders kräftig gestiegen waren. Die schwedische und vor allem die finnische Wirtschaft hatten besonders von diesem Boom profitiert, darum fiel der Einbruch der Wachstumsraten im Jahr 2001 in diesen Ländern entsprechend scharf aus (Benner 2003: 137; Erixon 2011: 302). Finnland stürzte 2002 sogar in eine Rezession. Die dänische Wirtschaft schließlich litt in den ersten Jahren des neuen Jahrtausends unter einer anhaltenden Wachstumsschwäche. Zwischen 2001 und 2003 wuchs sie in keinem Jahr um mehr als 0,7 Prozent und schrumpfte in fünf von zwölf Quartalen.

6.5.2 Fiskalpolitische Krisenreaktion

In einem keynesianischen Paradigma wären diese makroökonomischen Schocks Anlass für eine expansive fiskalpolitische Reaktion gewesen. Dies hätte auch dem historischen Umgang der Länder mit solchen Rezessionen entsprochen. In Reaktion auf die Asienkrise griffen jedoch weder die australische noch die neuseeländische Regierung zu solchen Maßnahmen. Stattdessen argumentierte das neuseeländische Finanzministerium: »[The crisis] underlines the importance of running on-going fiscal surpluses and managing the fiscal position very prudently« (Edlin 1998). Folgerichtig reagierte die konservative Regierung mit mehreren Kürzungsrunden im Haushaltsjahr 1998/1999 (Starke 2008: 135; Janssen 2001: 20). Bereits das im Mai 1998 verabschiedete Budget enthielt umfangreiche Maßnahmen zur Kostenkontrolle. Im Juli verkündete die Regierung dann weitere Kürzungen um 300 Millionen Dollar über zwei Jahre (OECD NZL 1999: 50) und im September verabschiedete sie einen Nachtragshaushalt, der weitere Einsparungen enthielt (ebd.: 51). Dabei begründete die Regierung diese Maßnahmen explizit mit den Auswirkungen der Asienkrise (Obinger et al. 2010b: 182). Ebenfalls unter Verweis auf die Krise setzte sie zudem eine Kürzung des zukünftigen Rentenniveaus durch (ebd.: 158). Dabei spielte die Erinnerung an die Krise der 1980er-Jahre eine wichtige Rolle im Handeln der Politik wie auch in seiner Rechtfertigung gegenüber der Öffentlichkeit (Posner/Gordon 2001: 10).

Ein Großteil dieser Kürzungen bestand in der Rücknahme bereits beschlossener Mehrausgaben. Statt diese also als willkommenen kontrazyklischen Impuls zu begrüßen und ihre stimulierende Wirkung entfalten zu lassen, legte die Regierung ihr Hauptaugenmerk darauf, den Überschuss zu bewahren. Ganz ähnlich verhielt sich die Fiskalpolitik in Australien, wo die Asienkrise zeitlich mit dem ersten ausgeglichenen Haushalt im Jahr 1998 zusammentraf. Obwohl die Krise in Australien weniger starke Auswirkungen hatte als in Neuseeland, galt sie dennoch als Quelle ernsthafter Risiken für die australische Wirtschaft (OECD AUS 1998: 4). Premierminister John Howard führte die mit der Krise verbundenen Unsicherheiten sogar ins Feld, um die vorgezogenen Neuwahlen im Oktober 1998 zu rechtfertigen (Howard 1998). Zudem verlor der australische Dollar in den Jahren 1997 und 1998 über 20 Prozent seines Wertes gegenüber den Währungen der wichtigsten Handelspartner. Auch wegen solcher Verwerfungen, für die beide Länder angesichts ihrer hohen Auslandsverschuldung besonders anfällig waren, versuchten sie jeden Anschein zu vermeiden, sie könnten vor einer Rückkehr ins Defizit stehen. Der australische Finanzminister Peter Costello erinnerte sich in seinen Memoiren: »[W]e were actively cutting expenditure in an attempt to balance our Budget. That was an important part of our strategy to withstand the regional instability« (Costello 2008: 174).

Eine außergewöhnliche Belastung für die Haushalte beider Länder war schließlich der Militäreinsatz in Osttimor im Jahr 1999. Als Führungsnation der Schutztruppe INTERFET (International Force East Timor) entsandte Australien bis zu 5.500 Soldaten in die Krisenregion, das kleinere Neuseeland war mit 1.100 Soldaten vertreten. In Reaktion darauf kündigte Costello die Einführung einer Timor Tax an, um die Kosten des Einsatzes zu finanzieren. Nach längeren politischen Auseinandersetzungen wurde diese aber schließlich doch nicht eingeführt, weil deutlich wurde, dass das Budget auch ohne eine solche Sonderabgabe im Überschuss bleiben würde (Costello 2000). Selbst ein solcher Lehrbuchfall für eine einmalige Sonderausgabe konnte die Regierung also nicht dazu bewegen, seine Kosten über Kredite zu finanzieren. Stattdessen blieb die Fiskalpolitik darauf ausgerichtet, die Konsolidierungserfolge der Vorjahre zu bewahren (OECD AUS 2000: 12).

In deutlichem Widerspruch zu dem Argument, Überschüsse erlaubten genau auf solche besonderen Umstände flexibel zu reagieren, verzichteten die beiden ozeanischen Länder also bewusst darauf, ihre Überschusspolitik in der Krise zu modifizieren.

Ganz Ähnliches gilt auch für den Umgang der übrigen Länder mit der Rezession der Jahre 2001 bis 2003. In Kanada wurde die Reaktion auf diesen Abschwung vor allem einer deutlichen Lockerung der Geldpolitik überlassen, fiskalpolitische Impulse blieben dagegen aus. So stellte Finanzminister Martin bereits zu Beginn der Krise klar: »We are not going to spend ourselves into a deficit« (Maclean's 2001). Entsprechend gestaltete er das Budget des Jahres 2001, verzichtete auf expansive Maßnahmen zur Konjunkturstützung und führte mit der Air Travelers Security Charge sogar eine neue Gebühr ein, um die Mehrkosten für Flugsicherheit nach dem 11. September aufzufangen. An neuen Ausgabenprogrammen enthielt das Budget ganze 2,7 Milliarden Dollar (Department of Finance Canada 2001: 21). Diese zurückhaltende Politik wurde der Regierung allerdings durch den günstigen Zeitpunkt der Steuerreform im Jahr 2000 erleichtert. Diese entfaltete erst 2001 ihre vollen Effekte und wirkte als unverhoffte Konjunkturspritze. Außerdem profitierte Kanada von den Konjunkturprogrammen der USA, die angesichts der engen ökonomischen Verflechtungen natürlich auch die kanadische Wirtschaft belebten. Dennoch zeugt die Tatsache, dass Martin auch im Haushaltsjahr 2001/2002 einen Überschuss vorlegen konnte, obwohl die Wirtschaft nur knapp an einer Rezession vorbeischrammte und die Steuereinnahmen einbrachen, vor allem von seinem konservativen Ansatz. Zur Begründung für diesen Kurs verwies Martin vor dem Parlament explizit auf die Krisenerfahrung der 1990er-Jahre: »Canadians remember the hard choices of the 1990s as we worked to pull ourselves out of deficit. We will not play fast and loose with the finances of the nation« (Martin 2001). Und während die linke New Democratic Party und der Bloc Québécois kritisierten, das Budget tue zu wenig gegen Rezession und Arbeitslosigkeit, attackierte Reform, die größte Oppositionspartei, das Budget als zu riskant.

Diese regelrechte Defizitaversion, die sich in Australien, Kanada und Neuseeland beobachten lässt, und die dem Ziel »to stay in the black« eine ungeheure symbolische Bedeutung beilegte, gab es in den nordischen Ländern so nicht. Schon wegen ihrer großen Wohlfahrtsstaaten und der entsprechend großen automatischen Stabilisatoren reißen Rezessionen hier viel größere Löcher in den Haushalt, was eine vergleichbare Politik des Überschusses um jeden Preis kaum möglich macht.[13] Zugleich reduzieren diese großen automatischen Stabilisatoren

---

13 Entsprechend weist die OECD heute für Schweden ein Defizit in den Jahren 2002 und 2003 aus. Das sind jedoch nicht die Zahlen, auf deren Basis die Politik operierte. Die jeweils aktuells-

Tabelle 6-6 Konsolidierungen im Überschuss laut verschiedenen Studien

Land	Ahrend et al.	Alesina/Ardagna	Kumar/Leigh/Plekhanov
Australien	2002–2005	–	2002
Dänemark	2004–2005	2004–2005	2004–2005
Finnland	–	–	–
Kanada	–	–	–
Neuseeland	1999–2003	–	1999, 2001, 2003
Schweden	2004–2005	2004–2005	2004

Quelle: Ahrend et al. (2006); Alesina/Ardagna (2012); Kumar/Leigh/Plekhanov (2007).

aber auch die Notwendigkeit diskretionärer antizyklischer Maßnahmen. Weniger als der Haushaltssaldo gab in diesen Ländern daher der institutionelle Rahmen der Fiskalpolitik und insbesondere die Ausgabengrenze Anlass zu zusätzlichen Sparmaßnahmen (IMF SWE 2003: 20). So kürzte die schwedische Regierung die Staatsausgaben bereits in den Boomjahren 1999 und 2000 um insgesamt 17 Milliarden Kronen, um ein Brechen der gesetzten Grenzen zu verhindern (Posner/Gordon 2001: 22). Im Jahr 2003 wurden dann erneut alle Ausgaben nach der Rasenmähermethode um 0,72 Prozent gekürzt (Lindh/Ljungman 2007: 43).

Auch in Finnland erklärte Finanzminister Sauli Niinistö im Spätsommer 2001 im Bemühen, die zu diesem Zeitpunkt noch als »target guidelines« formulierten Ausgabengrenzen einzuhalten: »Now is not the time for stimulation« (Helsingin Sanomat 2001c). Seine Versuche, sogar weitere Einschnitte durchzusetzen, schlugen jedoch fehl (Helsingin Sanomat 2002b; IMF FIN 2002: 11). Dennoch betonte das Finanzministerium, ein struktureller Überschuss bleibe das »Schlüsselziel« der finnischen Wirtschaftspolitik (Finnisches Finanzministerium 2002: 7). Folgerichtig enthielt das Budget für 2003 fast keine neuen Initiativen (Helsingin Sanomat 2002a). Allerdings beschleunigte die Regierung ihre langjährige Politik regelmäßiger Einkommensteuersenkungen (Finnisches Finanzministerium 2002: 3). Während diese bislang vor allem mit strukturellen Gründen gerechtfertigt wurden, fügte das Finanzministerium nun den Verweis auf deren konjunkturbelebende Wirkung hinzu (ebd.).

Von allen hier untersuchten Ländern war Dänemark am ehesten bereit, zur Überwindung der konjunkturellen Schwächephase auch aktive fiskalpolitische Maßnahmen einzusetzen. So beschloss die Regierung, eine ursprünglich für 2005 geplante Steuersenkung ebenso wie eine Reihe von Ausgabenprogrammen in das Jahr 2004 vorzuziehen (OECD DNK 2005: 64). Die dänische Regierung

ten Budget Statements der schwedischen Regierung im Frühjahr des Folgejahres zeigten für 2002 einen Überschuss von 1,1 Prozent (Schwedisches Finanzministerium 2003: 7) und für 2003 einen Überschuss von 0,5 Prozent des BIP (Schwedisches Finanzministerium 2004: 7).

Tabelle 6-7 Zyklisch bereinigte Staatsausgaben in zehn Ländern, in Prozent des BIP

Land	1999	2000	2001	2002	2003	2004
Australien	33,9	34,1	33,9	33,4	33,4	33,7
Dänemark	55,7	54,7	54,6	54,3	54,2	53,8
Finnland	50,5	48,5	47,2	47,3	48,1	48,3
Kanada	42,3	41,3	41,4	40,8	40,3	39,2
Neuseeland	39,1	37,8	36,9	36,4	36,7	36,5
Schweden	57,8	55,9	54,5	55,3	55,6	54,9
Ø lange Perioden	46,6	45,4	44,8	44,6	44,7	44,4
Großbritannien	38,1	38,5	38,8	39,5	40,6	41,5
Island	39,0	39,4	39,4	40,4	41,6	41,4
Niederlande	46,6	45,7	45,3	44,7	44,6	44,2
USA	33,7	33,6	33,8	34,2	34,5	34,8
Ø kurze Perioden	39,4	39,3	39,3	39,7	40,3	40,5

Quelle: OECD (2012a).

schätzte den fiskalischen Impuls dieser Maßnahmen auf immerhin 0,9 Prozent des BIP (Dänisches Finanzministerium 2005: 5). Dennoch waren die dank der restriktiven Fiskalpolitik der Vorkrisenzeit angehäuften Puffer groß genug, um erneute Defizite zu vermeiden. Ohnehin kam dieser Impuls erst ganz zum Ende des Konjunkturabschwungs: Noch im Jahr 2003 hatte die Fiskalpolitik der Wirtschaft sogar Ressourcen entzogen (ebd.).

Fasst man zusammen, so zeigten alle sechs Länder eine besondere Vorsicht, um den einmal errungenen Konsolidierungserfolg nicht wieder zu verlieren. Zwar verschlechterten sich ihre Haushaltszahlen zeitweilig, wenn dies geschah, nahmen sie das aber sofort zum Anlass, haushaltspolitisch gegenzusteuern. Deshalb identifizieren ländervergleichende Konsolidierungsstudien, die auf zyklisch bereinigten Daten basieren, im Gefolge der Rezession zum Teil sogar erneute Konsolidierungen, obwohl sich die Länder bereits im Überschuss befanden (Tabelle 6-6).[14]

Alle sechs Länder gestalteten ihre Fiskalpolitik also ausgesprochen konservativ und griffen nicht zu keynesianischen Politikrezepten. Aus Sicht der progressiven Konsolidierungsziele kommt aber noch hinzu, dass konjunkturelle Maßnahmen, wo sie überhaupt in Angriff genommen wurden, als Steuersenkungen ausgestaltet wurden. Entsprechend gingen die zyklisch bereinigten Ausgaben während der Rezession sogar weiter zurück, wie Tabelle 6-7 zeigt. Damit stehen die langen Überschussperioden einmal mehr in deutlichem Gegensatz zu den

14 Dagegen untersuchen Devries et al. (2011) mit ihrem Verfahren explizit nur defizitgetriebene Konsolidierungen, weshalb ein Abgleich mit ihren Daten nicht möglich ist.

kurzen Überschussperioden, jedenfalls zu denen in Großbritannien, Island und den USA. Dass sich die Wege der beiden Überschusstypen in dieser Rezession trennten, ist insofern kaum überraschend.

Die Ausnahme von diesem Bild expansiver Fiskalpolitik in den Ländern mit kurzer Überschussperiode bilden einmal mehr die Niederlande. Laut Tabelle 6-7 sanken die zyklisch bereinigten Ausgaben dort die gesamte Rezessionsphase hindurch, und zwar stärker als im Durchschnitt der sechs langen Perioden. Trotzdem verzeichnete das Land schon ab 2001 wieder Defizite. Dieser Befund ist bemerkenswert genug, um einen kurzen Exkurs vom Hauptstrang der Darstellung zu rechtfertigen.

6.5.3 Exkurs: Das Verschwinden des niederländischen Haushaltsüberschusses

Die Entwicklung des niederländischen Überschusses der Jahre 1999–2000 ähnelt in mehrfacher Hinsicht derjenigen der bislang beschriebenen Überschüsse. Auch die Niederlande litten in den 1980er-Jahren unter schweren wirtschaftlichen Problemen, die von Seils sogar mit dem Begriff der »Katastrophe« gefasst werden (Seils 2004: 105; siehe auch Zohlnhöfer 2009: 167ff.), wenngleich die in Abschnitt 6.2.2 dargestellten Finanzmarktindikatoren keine Krise identifizierten. Auch die Niederlande unternahmen daraufhin eine stark ausgabenseitige Haushaltskonsolidierung, wie bereits das fünfte Kapitel gezeigt hat. Und schließlich wurden auch die institutionellen Reformen des niederländischen Budgetprozesses als vorbildlich gepriesen (OECD NLD 2002; van der Ploeg 2008). Unter anderem führten sie eine Ausgabengrenze (»Zalm-Norm«) ein und gestalteten das Budget auf Basis vorsichtiger Annahmen (Ljungman 2008). Für Green-Pedersen gingen die Ähnlichkeiten sogar so weit, dass er in einer vergleichenden Studie des Wohlfahrtsstaatsrückbaus in Dänemark und den Niederlanden argumentierte, die beiden Länder seien bezogen auf ihren makroökonomischen Kontext der 1980er- und 1990er-Jahre »most similar cases« (Green-Pedersen 2002: 44). Zudem habe es in den Niederlanden sogar stärkere Rückbaumaßnahmen gegeben als in Dänemark (ebd.: 16). Trotz dieser Gemeinsamkeiten bewahrten die Niederlande ihren Überschuss aber nicht dauerhaft. Stattdessen rutschte der Haushalt sogar so massiv zurück ins Defizit, dass die EU-Kommission im Juni 2004 ein Defizitverfahren einleitete (de Haan/Sturm/de Groot 2008). Zwar verbesserte sich die Haushaltslage schnell wieder und das Land wies 2006 und 2007 erneut Überschüsse aus, zur Herausbildung eines Überschussregimes kam es jedoch nicht.

Für das Verständnis dieser Entwicklung ist zunächst wichtig, dass sich die niederländische Konsolidierung bei genauerer Betrachtung als deutlich weniger eindrucksvoll erweist, als die bloßen Zahlen suggerieren. Zwar ging die Staatsausgabenquote zwischen 1993 und 2000 unerwartet stark zurück, nämlich um 12 Prozentpunkte von fast 56 Prozent auf gut 44 Prozent. Das war aber mindestens ebenso sehr einem stürmischen Wirtschaftsaufschwung zu verdanken wie politischen Sparanstrengungen. Die Arbeitslosigkeit sank in diesen Jahren zeitweilig unter 3 Prozent und man kann von einer Überhitzung der Wirtschaft sprechen (OECD NLD 2002: 21). Devries et al. identifizieren zwischen 1993 und 2004 sogar überhaupt keine Konsolidierungen, weil alle Ausgabenkürzungen durch Steuersenkungen überkompensiert worden seien (Devries et al. 2011: 64).

Offenbar hielt man große Teile dieser zyklischen Verbesserung aber für strukturell und nahm sie zum Anlass für weitreichende Steuersenkungen. Entsprechend stark gingen die Steuereinnahmen dann nach dem Konjunktureinbruch des Jahres 2001 zurück. Zwischen 1999 und 2003 fielen sie um mehr als 3 Prozentpunkte von über 40 Prozent auf unter 37 Prozent des BIP. Allerdings gingen sie in Schweden im gleichen Zeitraum sogar um 4 Prozentpunkte zurück, ohne dass das Land seinen Überschuss dauerhaft verlor. Offenbar war also nicht nur die Fiskalpolitik der Jahre vor 2001 weniger vorsichtig als in den Überschussländern, sondern es war auch die Fiskalpolitik der Jahre 2001 und 2002 weniger energisch. Erst die neu gewählte Regierung unter Jan Peter Balkenende verfolgte dann ab 2003 einen deutlichen Konsolidierungskurs, der ab 2006 zu erneuten Überschüssen führte (Zohlnhöfer 2009: 204ff.).

In den Jahren 2001 und 2002 hielt die Regierung zwar die Vorgaben der Zalm-Norm ein, unternahm aber, anders als die übrigen Länder, zunächst keine zusätzlichen Sparanstrengungen. An dieser Norm zeigen sich insofern auch die Grenzen institutioneller Regeln, die sich nicht auf einen umfassenden politischen Konsens stützen. Bereits in den Koalitionsverhandlungen des Jahres 1998 hatten mit der sozialdemokratischen PvdA (Partij van de Arbeid) und der sozialliberalen D66 (Democraten 66) zwei der drei an der Regierung beteiligten Parteien nur widerwillig einer Beibehaltung der Norm zugestimmt (Seils 2004: 178ff.). In den Folgejahren versuchten sie dann regelmäßig, die Norm aufzuweichen. Die dahinterstehende Begründung war ihre asymmetrische Wirkung – die vorsichtigen Annahmen sorgten immer wieder für unerwartete Mehreinnahmen, diese durften wegen der Ausgabengrenze aber nur für Steuersenkungen oder Schuldenabbau, nicht aber für zusätzliche Ausgaben verwendet werden (Zohlnhöfer 2009: 195). Darin entsprach die Wirkung der Zalm-Norm also ganz den Wirkungen der Ausgabenregeln Schwedens und Finnlands.

Die Dreiparteienkoalition aus PvdA, liberaler VVD (Volkspartij voor Vrijheid en Democratie) und D66 hielt sich also an die Buchstaben ihrer Vereinbarung, erzielte jedoch keine Einigkeit mehr über deren Geist. Offenbar hatte sich weder der ideelle Grundkonsens über die Notwendigkeit von Überschüssen herausgebildet, noch konnten die institutionellen Regeln ohne einen solchen Konsens für eine Beibehaltung des Überschusskurses sorgen. Weil sie den Rückfall in ein Defizit nicht verhindern konnten, wurden sie von der Regierung Balkenende auch noch einmal verschärft (Zohlnhöfer 2009: 203). Schließlich ist zu bedenken, dass die Parteien im niederländischen Parteiensystem traditionell einem Dilemma zwischen dem Ziel der Stimmenmaximierung und dem Ziel der Regierungsbeteiligung ausgesetzt waren (Green-Pedersen 2002). Die Rolle des CDA (Christen Democratisch Appèl) als Pivot-Partei zwang die übrigen Parteien gewöhnlich zu einem moderaten Kurs, um ihre Koalitionsfähigkeit zu erhalten. Die Dynamiken von Credit und Blame waren in diesem System ganz andere als in den Block-Parteiensystemen der angelsächsischen Länder sowie Dänemarks und Schwedens, in denen ein linkes und ein rechtes Lager miteinander konkurrieren. Die Verantwortung für Defizite und das Bewahren von Überschüssen konnten in den Niederlanden daher gar nicht im selben Maße politisch aufgeladen werden wie in den anderen Ländern, weil die Parteien ihre Fähigkeit miteinander zu koalieren bewahren mussten.

Das niederländische Haushaltsgeschehen nimmt letztlich eine Mittelposition ein zwischen den eindeutig zyklischen Überschüssen der USA und Großbritanniens und den eindeutig strukturellen Überschüssen der hier untersuchten Länder. So ähnelten die Niederlande diesen sechs Ländern auch in Bezug auf die Überschussverwendung und legten ihr Hauptaugenmerk auf Steuersenkungen, was durch die in der Zalm-Norm angelegte Asymmetrie befördert wurde. Dass sie dieser Gruppe letztlich doch nicht angehören, ist auf eine Kombination aus einer weniger vorsichtigen Fiskalpolitik in den Jahren 1998 bis 2000 und einem weniger harten Gegensteuern in den Jahren 2001 und 2002 zurückzuführen. Dies unterstreicht noch einmal, wie wichtig gerade letztere Phase in der Entwicklung der sechs Überschussländer war.

6.5.4 Die Rückkehr von Blame Avoidance als handlungsleitender Politiklogik

Konfrontiert mit einem externen fiskalischen Schock, dessen Größe schwer einzuschätzen war, der zunächst aber wesentlich bedrohlicher wirkte, als er sich dann im Nachhinein herausstellte, entschieden sich alle sechs Überschussregierungen in dieser Phase für einen teils vorsichtigen, teils offen restriktiven Kurs. Diese zurückhaltende Fiskalpolitik entsprach in den meisten Fällen auch den Ratschlägen internationaler Organisationen wie OECD und IWF, die darauf drängten, die erreichten Konsolidierungserfolge nicht zu riskieren. Dies war die Hochzeit der nach dem US-amerikanischen Finanzminister Robert Rubin benannten »Rubinomics«, die eine zurückhaltende Fiskalpolitik zum besten

Konjunkturprogramm erklärten. Ausgeglichene Haushalte stärken demnach das Vertrauen von Investoren und Konsumenten, führen zu niedrigen Zinsen und ermöglichen damit schließlich höheres Wirtschaftswachstum (mustergültig entfaltet diese Argumentation beispielsweise OECD AUS 2000: 59).

Trotz seiner Unterstützung durch internationale Organisationen war dieser Kurs jedoch keineswegs unumstritten. Zwar war er unter Ökonomen wohl mehrheitsfähig, ihm lag gleichwohl kein einstimmiger Konsens zugrunde. In fast allen Ländern meldeten sich auch Ökonomen zu Wort, die den vorsichtigen fiskalpolitischen Kurs kritisierten (Rubin 2001; Wade 2001; Helsingin Sanomat 2003a). Sogar der keynesianischer Umtriebe unverdächtige Economist kommentierte im Oktober 2002 aus Anlass der Debatte um eine Reform des europäischen Stabilitätspakts: »Many economists would agree that rules that force countries to cut public spending, even as their economies slow, are stupid, if not positively dangerous« (The Economist 2002). Die Regierungen schenkten dieser Kritik jedoch nur wenig Gehör. So berichtete der Sydney Morning Herald im Oktober 2001 über ein Interview mit dem Premierminister: »Howard said the ›psychology in keeping a Budget in surplus is very important‹, although he conceded some economists would argue differently in the difficult economic environment after the September 11 terrorist attacks« (Grattan/Burrell 2001). Im Falle Kanadas trat sogar der IWF dafür ein, die Möglichkeit einer expansiveren Fiskalpolitik zumindest zu prüfen, stieß damit bei der Regierung jedoch auf Ablehnung (IMF CAN 2002: 21).

Die ökonomische Validität des eingeschlagenen Kurses und seiner Alternativen ist an dieser Stelle auch nicht entscheidend. Möglicherweise hätte eine stärker keynesianische Reaktion zu niedrigeren Arbeitslosenzahlen geführt, möglicherweise hätte sie den Zorn der Finanzmärkte heraufbeschworen und die Rezession sogar verschärft. Hier genügt die Feststellung, dass ein expansiverer Kurs denkbar gewesen wäre, dass bestimmte Interessen von ihm profitiert hätten und dass es ernst zu nehmende Stimmen gab, die für ihn eintraten. Die Entscheidung für eine restriktive Politik war insofern nicht selbstverständlich und bedarf einer politischen Erklärung. Dies belegt auch die wesentlich expansivere Fiskalpolitik Großbritanniens und der USA. Diese Länder zählten ebenfalls zu den leuchtenden Beispielen für die Theorie, ausgeglichene Haushalte stellten das beste Konjunkturprogramm dar. Trotzdem schlugen sie einen sehr viel stärker expansiven fiskalpolitischen Kurs ein, und zwar unter explizitem Verweis auf die Rezession. So nutzte George Bush diese mehrfach, um die Zustimmung des Kongresses für seine Steuersenkungspläne zu gewinnen (Morgan 2009).[15]

15 Dabei galten dann auch die Argumente expansiver Konsolidierungen nicht mehr. So ließ sich Bushs ökonomischer Chefberater, R. Glenn Hubbard, im November 2002 wie folgt zitieren:

Die Regierungen der sechs hier untersuchten Länder blieben dagegen auf ihrem Überschusskurs. Dafür waren sie sogar bereit, einen Anstieg der Arbeitslosenquote zu tolerieren, der in früheren Zeiten sicher eine wirtschaftspolitische Reaktion ausgelöst hätte. Auch in diesen Jahren kritisierten linke Oppositionsparteien wie die kanadische NDP oder das finnische Linksbündnis regelmäßig, die Regierung tue nicht genug gegen die Arbeitslosigkeit, aber diese zeigte sich davon unbeeindruckt (Alphonso 2001; Helsingin Sanomat 2003c).

Was sich hier beobachten lässt, ist die Wandlung des Überschusses von einem Gegenstand stolzen Credit Claimings zum Objekt vorsichtiger Blame Avoidance. Die Regierungen waren in Sorge, auch nur zeitweilige Defizite könnten ihnen als Rückkehr zur umfassend diskreditierten Fiskalpolitik der Vorkrisenzeit ausgelegt werden. Genau um eine solche Interpretation bemühte sich auch die Opposition. So erklärte der kanadische Schattenfinanzminister Jason Kenney:

> [T]he government is now in a planning deficit and is skating oh so close to an actual deficit. It is skating far too close to threatening the progress that Canadian taxpayers have made over the past years in the hard won fight against the deficit. (Kenney 2001: 1035)

Diese Verschiebung der politischen Interpretation des Haushaltssaldos von einem Thema der Regierung zu einem Thema der Opposition beschränkt sich aber nicht auf die unmittelbare Krisenreaktion. In den Jahren vor der Krise hatten die Regierungen die Haushaltskonsolidierung noch offensiv als eine der wichtigsten Errungenschaften ihrer Politik präsentiert. So war der Überschuss das Hauptthema des Wahlprogramms der kanadischen Liberalen von 1997, dessen Einleitungskapitel unter der Überschrift »Variationen über das Thema fiskalischen Verantwortungsbewusstseins« zusammengefasst werden könnte. Dagegen erwähnt die Einleitung des Programms von 2004 die Staatsfinanzen auf vier Seiten überhaupt nur ein einziges Mal (Liberal Party of Canada 1997, 2004). Offenbar sahen die Liberalen Überschüsse nicht mehr als eine wichtige Möglichkeit für Credit Claiming.

Diese schwindende Bedeutung in den Programmen der Regierungspartei entspricht der schwindenden Bedeutung des Themas in den Augen der Bevölkerung. Während Staatsverschuldung auf dem Höhepunkt der Krise in nahezu allen Ländern als beherrschendes politisches Problem wahrgenommen wurde, fand eine Umfrage im November 1997 heraus, dass nur noch 16 Prozent der Kanadier die Staatsverschuldung für das wichtigste politische Problem hielten (Feschuk 1997). Das Thema verblasste also im politischen Alltagsdiskurs. Das heißt aber keinesfalls, dass es belanglos geworden wäre oder die Regierung sich

---

»As an economist, I don't buy that there's a link between swings in the budget deficit of the size we see in the United States and interest rates« (Stevenson 2002).

hätte leisten können, das Thema zu ignorieren. Dass die Kanadier das Thema nicht mehr für ein Problem hielten, bedeutet nicht, dass sie es nicht mehr für wichtig hielten (Wlezien 2005). So unterstützten in einer anderen Umfrage aus dem Februar 1999 noch immer 62 Prozent der Kanadier die Idee, ein gesetzliches Verbot von Staatsverschuldung zu erlassen (McCarthy 1999).

Staatsverschuldung geriet also in den Hintergrund, aber sie geriet nicht in Vergessenheit (Lewis 2003: 17). Das Thema konnte jederzeit wieder in den Vordergrund rücken, wenn eine Abweichung von der mittlerweile etablierten Haushaltsausgleichsnorm drohte. Überschüsse hatten den Status einer neuen Nulllinie erreicht. Deren Einhaltung wurde zunehmend stillschweigend vorausgesetzt, weshalb sie sich auch nicht mehr als Gegenstand stolzen Credit Claimings der Regierung eignete. Stattdessen wurde das Thema Staatsverschuldung nun wieder zu einem Instrument in den Händen der Opposition: Sie konnte die Regierung fortan für eine drohende Abweichung von dieser Norm attackieren.

Diese Entwicklung zeigen auch die Redebeiträge in den Haushaltsdebatten im kanadischen Parlament. Die Budgetdebatten sind in den angelsächsischen parlamentarischen Demokratien eines der wichtigsten Instrumente der politischen Kommunikation. Sie können in dieser Hinsicht mit der State of the Union des amerikanischen Präsidenten verglichen werden (BBC 2013). Abbildung 6-3 zeigt, wie oft die Begriffe »deficit«, »debt«, »balance« und »surplus« in diesen Debatten von Finanzministern und Oppositionsführern verwendet wurden. Dabei wird nur der Gebrauch in einem unmittelbaren Bezug zum Haushaltssaldo oder der Staatsverschuldung gezählt. Wenn ein Wort in einem anderen Kontext, etwa der Ankündigung eines »balanced approach to fiscal policy« oder in Bezug auf »student debt« erscheint, wird es hingegen nicht berücksichtigt.

Die Grafik zeigt, welch breiten Raum das Thema in den Konsolidierungsjahren 1995 und 1996 in den Haushaltsreden Paul Martins einnahm, und wie es in den ersten Budgets, die mit einem Überschuss planten, sogar noch stärker in den Mittelpunkt rückte. Dies waren die Budgets – darunter auch der Haushalt im Wahljahr 1997 –, in denen die Überwindung des Defizits als Instrument des Credit Claiming eingesetzt wurde. Bereits im nächsten Wahljahr, dem Jahr 2000, halbierte sich die Zahl der Referenzen aber und danach spielten Defizite und Überschüsse in den Reden keine große Rolle mehr. Das änderte sich auch nicht, als Martin 2003 von John Manley und dieser 2004 von Ralph Goodale abgelöst wurde.

In den Erwiderungen des Oppositionsführers auf die Budgetrede schwankt der Gebrauch entsprechender Begriffe dagegen stark. Häufig spielt das Thema in den Reden der Anführer der Reform Party – zunächst Preston Manning

Abbildung 6-3 Verwendung fiskalpolitischer Schlüsselwörter in kanadischen Haushaltsdebatten

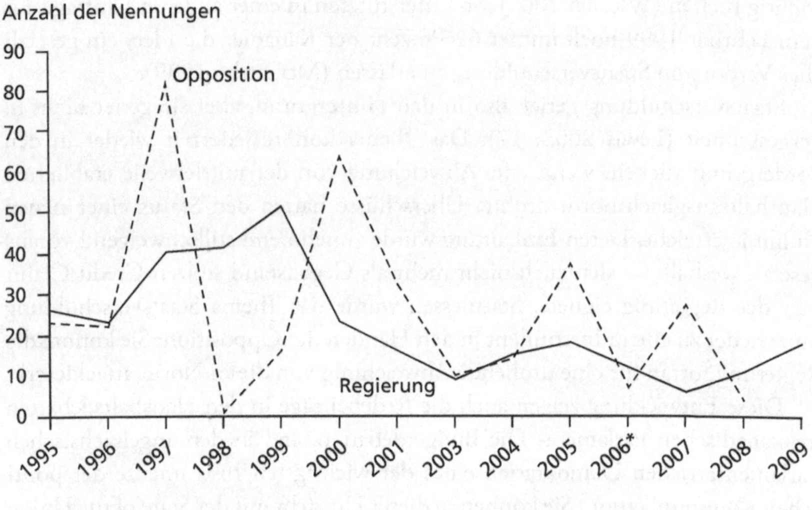

* Regierungswechsel
Nachdem sie das Budget des Jahres 2001 erst im Dezember vorlegte, verzichtete die Regierung im Jahr 2002 auf ein Budget.
Quelle: Parliament of Canada, verschiedene Jahre, eigene Berechnung.

(1995, 1997–2000),[16] dann Schattenfinanzminister Jason Kenney (2001) und schließlich Stephen Harper (2003–2005) – fast gar keine Rolle, in manchen Jahren aber eine sehr große.[17] Am ausführlichsten widmete sich Preston Manning 1998 der Staatsverschuldung, in Erwiderung auf eines der insgesamt drei Credit-Claiming-Budgets der liberalen Regierung. Sein Versuch, der Regierung die Deutungshoheit über das Thema streitig zu machen, scheiterte jedoch, und in seinen Reden der Jahre 1999 und 2000 trat es kaum noch auf. Das änderte sich im Herbst des Krisenjahres 2001, als Jason Kenney, wie bereits zitiert, lautstark vor einer Rückkehr ins Defizit warnte. Als der Haushalt wieder zu stabilen Überschüssen zurückkehrte, verblasste die zugehörige Begrifflichkeit in den Reden von Stephen Harper zwischen 2003 und 2005 dann wieder deutlich. In diesen Jahren, in denen kein Bruch der Haushaltsausgleichsnorm drohte, bot das Thema der Opposition kein Angriffspotenzial.

---

16 1996 teilte die Fraktion ihre Redezeit auf zwei Redner auf, Herb Grubel und Monte Solberg. Die Grafik berücksichtigt beide.

17 Technisch gesehen war der Bloc Québécois (BQ) zwischen 1993 und 1997 die größte Oppositionspartei und stellte somit den Oppositionsführer. Da der BQ jedoch nur in Québec antritt, kann Preston Manning als faktischer Oppositionsführer gelten.

Abbildung 6 4 Verwendung fiskalpolitischer Schlüsselwörter in australischen Haushaltsdebatten

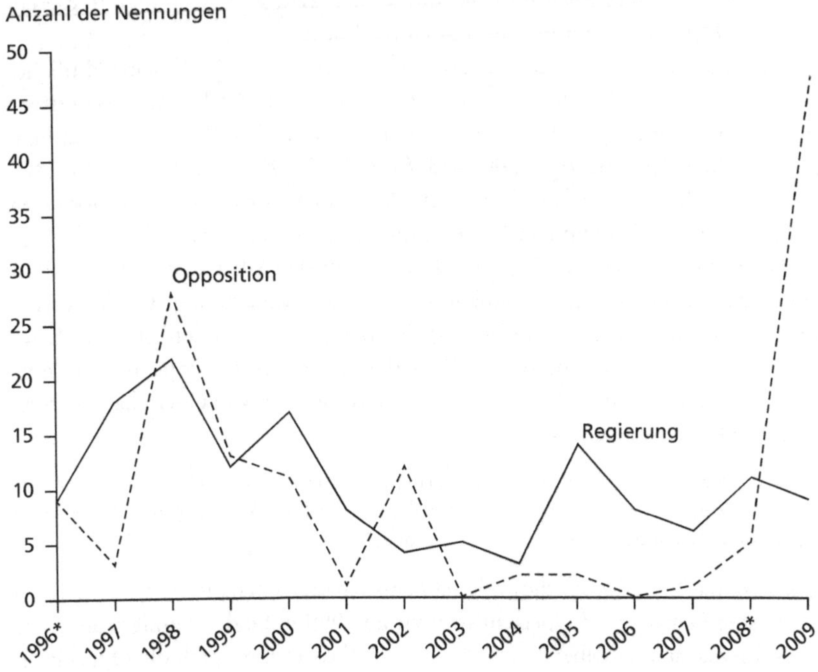

* Regierungswechsel
Quelle: Commonwealth of Australia, verschiedene Jahre, eigene Berechnung.

Der rechte Teil von Abbildung 6-3 zeigt außerdem die Auszählungen zu den ersten vier Budgetreden des konservativen Finanzministers Jim Flaherty sowie den liberalen Erwiderungen durch John McCallum (2006–2008) und Michael Ignatieff (2009). Flaherty erkannte, dass die »issue ownership« für Überschüsse und Schuldenabbau bei den Liberalen lag und sprach entsprechend wenig darüber, sondern konzentrierte sich auf Steuerpolitik. Dagegen versuchten die Liberalen, insbesondere in den Jahren 2006 und 2008, die Überschüsse als liberales Territorium zu markieren: Man habe schon einmal ein konservatives Defizit beseitigt und werde dies, wenn nötig, wieder tun, lautete der Grundtenor beider Reden.

Ein ganz ähnliches Muster wie in Kanada zeigt sich auch in den Budgetdebatten im australischen Parlament (Abbildung 6-4). Im erfolgreichen Konsolidierungsjahr 1997 und dem ersten Überschussjahr 1998 nutzte der konservative Finanzminister Costello das Thema für rhetorisches Credit Claiming, 1999 und

2000 verblasste es bereits und danach war es, von rhetorischen Pflichtübungen abgesehen, beinahe nicht mehr präsent. Nur 2005 erhielt die Lage der Staatsfinanzen noch einmal etwas größere Aufmerksamkeit, weil Australien in diesem Jahr seine Nettoverschuldung auf null zurückführte.

Auch in den Beiträgen der Oppositionsführer zeigt sich ein ganz ähnliches Muster wie in Kanada. Die Abbildung zeigt die Reden der Labor-Fraktionsvorsitzenden Kim Beazley (1998–2001), Simon Crean (2002–2003), Mark Latham (2004), erneut Kim Beazley (2005–2006) und schließlich Kevin Rudd (2007) sowie die beiden ersten Erwiderungen der neuen konservativen Opposition durch Brendan Nelson und Malcolm Turnbull. Auch Labor versuchte zu Beginn der Überschussperiode, die Deutungshoheit über den Überschuss zu bestreiten, nahm das Thema dann erneut auf, als der Überschuss nach dem 11. September verloren zu gehen drohte, und blieb schließlich passiv, nachdem sich der Überschuss wieder stabilisiert hatte. Die Rede des konservativen Oppositionsführers Turnbull aus dem Jahr 2009 klang dann so, dass sie auch von einem kanadischen Liberalen hätte gehalten werden können:

It took the coalition together with the Australian people 10 years to pay off $96 billion of Keating Labor debt. How many years—how many decades—will it take us to pay off hundreds of billions of dollars of Rudd Labor debt? (Turnbull 2009)

Fasst man das Bild, das aus diesen Parlamentsdebatten entsteht, zusammen, dann verblassten Defizite und Überschüsse zwar ab 1999 in beiden Ländern als politisches Thema, standen aber immer für eine Reaktivierung durch die Opposition zur Verfügung. Zu einer solchen Reaktivierung konnte es in zwei Situationen kommen. Zum einen, wenn die Regierung, die den Überschuss erzielt hatte, diesen wieder zu verlieren drohte: Das war der Fall in den Rezessionsjahren 2001 und 2002, in denen die Regierungen deshalb mit dem Ziel agierten, das Budget im Überschuss zu halten. Zum anderen versuchten die Parteien, die den Überschuss herbeigeführt hatten, nachdem sie auf die Oppositionsbank wechseln mussten, das Thema für sich zu reklamieren und der neuen Regierung einen verantwortungslosen Umgang mit diesen Überschüssen nachzuweisen. Das war darum erfolgversprechend, weil die Opposition argumentieren konnte, ihr Bekenntnis zu Überschüssen nicht nur rhetorisch, sondern auch in konkreter Politik bewiesen zu haben. Sowohl die kanadischen Liberalen als auch die australischen Konservativen malten deshalb in der Opposition das Menetekel einer Rückkehr zu den fiskalischen Problemen der Krisenzeit an die Wand. So rief John McCallum dem kanadischen Parlament noch 2008 in Erinnerung:

When the previous government came to power in 1993, the Wall Street Journal was boldly predicting that Canada was on the verge of becoming a third world economic basket case because, despite having promised to do so, Brian Mulroney's Conservative government had failed to make a dent in the federal deficit. (McCallum 2008)

Die Politisierung möglicher Defizite und das Generieren von Blame für die Regierung blieb aber nicht die exklusive Aufgabe der Opposition. Sie wurde darin eifrig von den Medien unterstützt, die gewissermaßen das Genre der Defizitjeremiade entwickelten. So prophezeite das kanadische Wochenmagazin Maclean's noch im November 2008, also zwei Monate nach dem Zusammenbruch von Lehman Brothers: »One sip of that deficit punch can make us all addicts« (Maclean's 2008; siehe zur Rolle der Medien auch McQuaig 1995; Broome 2006).

Während die hier nicht abgebildeten neuseeländischen Budgetdebatten ein ähnliches Verblassen und Wiederaufleben des Themas Staatsverschuldung zeigen, war es leider nicht möglich, eine entsprechende Auswertung nordischer Parlamentsdebatten vorzunehmen. In diesen Ländern hat die Budgetdiskussion allerdings ohnehin nicht dieselbe überragende Bedeutung. Das Grundmuster einer zunehmenden Politisierung des Themas durch die Opposition zeigt sich allerdings auch dort, wo die überschusserzeugenden Konsolidierungen zunächst im Sinne einer *Nixon-goes-to-China*-Logik von linken Parteien durchgeführt wurden, die vor allem Angriffen von rechts ausgesetzt waren (Green-Pedersen 2002). Beispielsweise kritisierte der finnische Oppositionsführer und frühere Ministerpräsident Esko Aho im Sommer 2001, die Fiskalpolitik der Regierung sei nicht vorsichtig genug (Helsingin Sanomat 2001a). Als die konservativen Parteien dann zwischen 2001 und 2006 an die Regierung kamen, versuchte die neue Opposition naturgemäß, den Konsolidierungserfolg für sich zu reklamieren. So positionierten sich die schwedischen Sozialdemokraten konsequent als Partei fiskalischen Verantwortungsbewusstseins und schlugen teilweise sogar restriktivere Budgets vor als die konservative Regierung (Gmeiner 2013: 12).

6.5.5 Der Umgang mit Krisen im Überschussregime

In der zurückhaltenden bis restriktiven fiskalpolitischen Reaktion auf die Rezessionen der Jahre 1997 und 1998 beziehungsweise 2001 und 2002 zeigt sich, wie die von Krise und Konsolidierung ausgelöste Neukonfiguration von Interessen, Ideen und Institutionen die Fiskalpolitik im Überschuss prägte. Diese neue Konstellation war die Voraussetzung dafür, den oben beschriebenen Entwicklungen in der ökonomischen Theoriebildung zu folgen und den wirtschaftspolitischen Umgang mit der Rezession fast vollständig der Geldpolitik zu überlassen.

Auf der Ebene der Interessen ist dabei der Parteienwettbewerb bereits ausführlich analysiert worden. Für keine der großen Parteien war es politisch attraktiv, vom restriktiven Fiskalkurs abzuweichen. Dahinter stand aber auch eine

Gewichtsverschiebung der ökonomischen Interessen. Profiteure des Nachfrageimpulses einer expansiveren Fiskalpolitik wären in der Regel Anbieter auf dem Binnenmarkt, vor allem Hersteller nicht handelbarer Güter gewesen. Deren Interessen verloren aber zunehmend an Gewicht gegenüber den Interessen der Exportsektoren, für die Wettbewerbsfähigkeit ein viel wichtigeres Ziel ist als die Binnennachfrage. In einem Land wie Schweden hatten diese Sektoren ohnehin schon immer ein besonderes Gewicht, das nun noch weiter wuchs. Aber auch in den anderen Ländern entwickelte sich jetzt geradezu eine Obsession mit dem Thema Wettbewerbsfähigkeit. So hatte die NAFTA-Gründung in Kanada einen Exportboom ausgelöst, der nun auch politische Folgen zeitigte. Das extremste Beispiel bietet aber wohl die Rolle von Nokia in der finnischen Wirtschaft. Um die Jahrhundertwende war das rasante Wachstum des Handygiganten direkt oder indirekt für ein Drittel der in Finnland neu geschaffenen Arbeitsplätze verantwortlich (Helsingin Sanomat 2001b). Entsprechend großes Gehör fand Nokia-Chef Jorma Ollila mit seinen regelmäßigen Forderungen, die Wettbewerbsfähigkeit des finnischen Wirtschaftsstandorts durch Steuersenkungen zu stärken (Helsingin Sanomat 2001d, 2002c, 2003b). In den übrigen Ländern gab es keine derart dominante Firma, aber die Interessen des Exportsektors hatten dennoch erheblichen Einfluss auf die Fiskalpolitik, wie sich insbesondere in der Steuersenkungspolitik zeigte, auf die der nächste Abschnitt genauer eingehen wird.

Neben dieser Interessenkonstellation spielten in den angelsächsischen Ländern vor allem ideelle, in den nordischen Ländern dagegen vor allem institutionelle Faktoren eine Rolle. In der ersten Ländergruppe hatte »staying in the black« mittlerweile eine enorme symbolische Bedeutung gewonnen, was eng mit der oben beschriebenen Krisenerfahrung zusammenhing. Defizite galten als möglicher Dammbruch und Fanal einer Rückkehr der Krisenzeiten und entwickelten damit den Status der »ultimate fiscal political-economic sin« (Doern 2009: 17). Die allgegenwärtige Rhetorik verantwortungsvoller Fiskalpolitik und budgetärer Disziplin fand hier ein ganz konkretes Ziel. Zu diesen weit dehnbaren Begriffen können sich zunächst alle Parteien immer und zu jeder Zeit bekennen und mit ihnen kann fast jede wirtschaftspolitische Entscheidung rhetorisch gerechtfertigt werden (Walter/Uhr 2013). Im Umgang mit den makroökonomischen Schocks der Jahrhundertwende entwickelte sich nun jedoch ein sehr spezifisches Verständnis von der Bedeutung dieser Begriffe, das auch wesentlich enger war als ihr institutioneller Rahmen. Typischerweise verpflichteten sich die Zieldefinitionen der Regierungen nur zu Überschüssen im Durchschnitt des Konjunkturzyklus. Im Prinzip wäre es also möglich gewesen, Defizite im Abschwung zuzulassen und durch höhere Überschüsse im Aufschwung auszugleichen. Indem sich die »schwarze Null« jedoch als entscheidender Maßstab verantwortungsvoller Fiskalpolitik durchsetzte, galt faktisch ein wesentlich strafferes Korsett. Der weite politische Handlungsspielraum, der in einem so dehnbaren Begriff wie budgetärer Disziplin angelegt ist, verengte sich mithin erheblich.

In den nordischen Ländern, vor allem in Schweden, reduzierte dagegen primär der formelle institutionelle Rahmen den politischen Handlungsspielraum. Denn wegen der Ausgabengrenze musste die fiskalische Anpassung auf der Ausgabenseite erfolgen. Sofern sie die Grenze nicht brechen wollte, beschränkten sich die Optionen der Politik auf die konkrete Ausgestaltung der Ausgabenkürzungen. Ganz ähnlich war in Dänemark durch den Tax Freeze sichergestellt, dass Maßnahmen zur Bewahrung des Überschusses nur auf der Ausgabenseite ansetzen konnten. Im Endeffekt wurden die Steuern dort sogar gesenkt. Dass expansive Maßnahmen, wo sie überhaupt ergriffen wurden, die Form von Steuersenkungen annahmen, war insofern ein direkter Ausdruck des institutionellen Rahmens.

Allen sechs Ländern gemeinsam ist schließlich, dass der gewählte fiskalpolitische Kurs sich im Sinne seiner Ziele als ausgesprochen erfolgreich erwies. Denn tatsächlich blieben die Auswirkungen der makroökonomischen Schocks deutlich hinter den Befürchtungen zurück. Diese Tatsache gab dem Narrativ Nahrung, Schulden seien der Inbegriff schlechter Fiskalpolitik. Demnach sind Defizite nicht nur normativ falsch, weil sie zulasten zukünftiger Generationen gehen, und politisch gefährlich, weil sie den Wiedereinstieg in hemmungslose Schuldenmacherei bedeuten könnten. Sie sind auch schlechte Wirtschaftspolitik, weil sie das Vertrauen der Märkte bedrohen und für höhere Zinsen sorgen. Die erfreuliche makroökonomische Entwicklung eröffnete die Möglichkeit, den Überschuss nicht als Folge, sondern als Ursache dieser positiven Entwicklung zu präsentieren. Diese ökonomische Doktrin brachte der kanadische Finanzminister Goodale im März 2004 wie folgt auf den Punkt:

> [R]esponsible fiscal policy—including setting aside funds to address unforeseen circumstances—has been the cornerstone underpinning Canada's strong and resilient economic performance [...] a declining [debt] ratio means a stronger financial position overall, and a stronger financial position is what helps to keep interest rates low, so people can buy that first home, start a business, upgrade some farm equipment or otherwise invest for tomorrow.
> (Goodale 2004)

Die ökonomische und die politische Dimension des Überschussregimes verstärkten sich also gegenseitig und ließen es immer robuster werden.

6.6 Das entfaltete Überschussregime: Fiskalpolitik vor der Weltfinanzkrise

Nachdem die Rezession der Jahre 2001 bis 2003 überwunden war, folgte vor der Weltfinanzkrise für alle Überschussländer eine Zeit mit erneut hohen Wachstumsraten und einem allgemein günstigen makroökonomischen Umfeld. Zudem verblassten die fiskalischen Schatten der Krise zunehmend, wie etwa die Entwicklung der Bonität der Überschussländer zeigt: Bis auf Neuseeland, das nur auf AA+ aufgewertet wurde, billigte Standard & Poor's (2011) allen Überschussländern zwischen 2001 und 2004 wieder den Status AAA zu, den sie in der Krise verloren hatten.

Die politischen Schatten der Krise verblassten dagegen nur langsam. Sie blieb noch immer eine wichtige Referenzgröße der Fiskalpolitik, die insbesondere den Parteienwettbewerb weiter prägte. Zudem warfen die guten makroökonomischen Bedingungen ihre eigenen wirtschaftspolitischen Probleme auf: In vielen Ländern waren sie mit steigenden Inflationsraten und einer wachsenden Privatverschuldung verbunden, die Druck auf die Geldpolitik auslösten und die Fiskalpolitik in neuer Form politisierten. Im Zentrum der Fiskalpolitik stand nun nicht mehr die Bewahrung, sondern die Verwendung der Überschüsse.

6.6.1 Überschussfonds, stille Reserven und das Verbergen von Überschüssen

Neben den ohnehin günstigen makroökonomischen Umständen profitierten Kanada, Australien, Neuseeland und mit Abstrichen Dänemark in diesen Jahren von steigenden Rohstoffpreisen, die zu deutlich steigenden Steuereinnahmen führten. Diese Einnahmen waren jedoch nicht der Grund für die weiteren Überschüsse, denn zu diesem Zeitpunkt war das Überschussregime bereits fest etabliert. Vielmehr stellten sie die Stabilität dieses Regimes sogar vor deutliche Herausforderungen, indem sie die Existenz einer politischen Obergrenze für die Höhe der Überschüsse aufzeigten. Dies betraf vor allem Australien, wo durch das sich überhitzende Wirtschaftswachstum Überschüsse von mehr als 4 Prozent des BIP entstanden wären, wenn man die automatischen Stabilisatoren hätte wirken lassen, ohne fiskalpolitisch gegenzusteuern. Die Regierung war aber nicht willens oder fähig, einen Überschuss von mehr als 2 Prozent durchzusetzen, weshalb die Fiskalpolitik prozyklisch wirkte (OECD AUS 2010: 16). Während diese Tendenzen in Australien ein Gegensteuern der Notenbank auslösten, kam in Finnland und Dänemark hinzu, dass angesichts der Mitgliedschaft in der Währungsunion beziehungsweise der Kopplung an den Euro keine geldpolitische Korrektur solcher Überhitzungstendenzen möglich war. Deshalb trug die zu lockere Fiskalpolitik direkt zum Aufbau der dänischen Immobilienblase bei (Goul Andersen 2011a: 125). Das extremste Beispiel für diese Problematik ist aber Irland, wo die Überhitzungsprobleme noch eine völlig andere Dimension erreichten.

Nachdem bereits die Reaktion auf die makroökonomischen Schocks prozyklisch, weil sehr restriktiv ausgefallen war, trat die Fiskalpolitik also nun in der Tendenz zu locker und damit ebenfalls prozyklisch auf. Dabei zeigte sich, dass es zwar politisch überlebenswichtig war, einen ausgeglichenen Haushalt vorweisen zu können, dass sich mit höheren Überschüssen aber keine weiteren politischen Vorteile verbanden. Vielmehr setzten sie die Regierung der Kritik aus, sie erhebe zu hohe Steuern, denen keine angemessene Gegenleistung gegenüberstehe, und sie überlaste so die Steuerzahler (Lyons 2007; Eccleston 2008; Certified General Accountants Association of Canada 2008). Vor diesem Hintergrund fiel es den Finanzministern selbst in einem etablierten Überschussregime zunehmend schwer, die wachsenden finanziellen Ressourcen dem politischen Zugriff zu entziehen. Sogar in Neuseeland, wo es Finanzminister Michael Cullen 2006 gelang, einen Überschuss von über 5 Prozent des BIP auszuweisen, konnte er sich solchem Druck nur mit Mühe entziehen und Labour bezahlte in der Wahl des Jahres 2008 schließlich auch den politischen Preis für diesen restriktiven Kurs.

Die Finanzminister standen hier letztlich vor dem Problem, nicht mehr über die klassischen Argumente aller Finanzminister zu verfügen, nämlich die Notwendigkeit, Defizite abzubauen und Schulden zurückzuzahlen. Es gab schlicht keine Schulden mehr, die sie zurückzahlen mussten. Stattdessen benötigten sie neue Rechtfertigungen für ihre vorsichtige Fiskalpolitik. Dabei entwickelten sie vor allem zwei Strategien, nämlich das Wegschließen der Überschüsse in speziell dafür eingerichteten Fonds und das Verbergen von Überschüssen hinter übermäßig pessimistischen Prognosen.

Die erste Strategie bestand darin, die Überschüsse zwar auszuweisen, sie durch die Einrichtung von Fonds aber zugleich einem tagespolitischen Zugriff zu entziehen. Durch die Verpflichtung, jährliche Beiträge in diese Fonds einzuzahlen, wurde gewissermaßen die Nulllinie für den Haushaltssaldo verschoben, der Staat musste nun Nettovermögen akkumulieren, um brutto einen ausgeglichenen Haushalt ausweisen zu können. Derartige Fonds erzeugten damit nicht nur eine Rechtfertigung, weiterhin Überschüsse zu erzielen, sondern lösten zugleich elegant das Problem, was mit diesen Überschüssen geschehen sollte. Solche Vehikel gab es im Grunde in Form von Rentenfonds schon immer. So war ein großer Teil des finnischen Überschusses seit jeher ein Überschuss der Rentenkasse, der auch in dieser Kasse verblieb. Auch der Clinton-Überschuss der Jahre 1998 bis 2000 war technisch gesehen eigentlich nur ein Überschuss des Social Security Trust Fund. In diesen Fällen war der Fonds jedoch ein originärer Teil des Rentensystems. Er war daher von der Fiskalpolitik institutionell getrennt und stellte für diese eine Nebenbedingung und Voraussetzung dar. Dieses Verhältnis drehte sich nun um: Die Fiskalpolitik verfügte über überschüssige Mittel und bildete damit den Anlass für diese Fonds, während das Rentensystem vor allem eine willkommene Möglichkeit bot, die Gelder unterzubringen.

Vorreiter dieser Strategie war einmal mehr Neuseeland. Dort beschloss die Labour-Regierung im Oktober 2001 die Einrichtung eines New Zealand Superannuation Fund zur Vorfinanzierung künftiger Pensionslasten, die sich bis 2040 von 4 Prozent auf 8 Prozent des BIP verdoppeln werden (Barker/Buckle/St. Clair 2008: 51). Die Regierung begann 2003 mit der Einzahlung und deponierte bis 2009 fast 15 Milliarden Dollar in diesem Fonds, ehe die Einzahlungen in Reaktion auf die Weltfinanzkrise zunächst unterbrochen wurden. In Australien kreierte Finanzminister Peter Costello 2004 dann einen ganz ähnlich angelegten Fonds unter dem wohlklingenden Namen »Future Fund«. Dieser hat ebenfalls das Ziel, Überschüsse für zukünftige Pensionsverpflichtungen anzusparen und soll bis zum Jahr 2020 insgesamt 140 Milliarden australische Dollar ansammeln. Die Renditen auf seine Anlagen verbleiben innerhalb des Fonds und werden nicht auf den staatlichen Budgetsaldo angerechnet (Gruen/Sayegh 2005: 63). Vor dem Hintergrund dieser institutionellen Trennung sah sich Labor heftiger Kritik ausgesetzt, als die Partei vorschlug, einen Teil des Fondsvermögens für Infrastrukturinvestitionen zu verwenden (The Age 2007). Der Fonds war für Costello also ein raffiniert gestaltetes Instrument, die Überschüsse dem Zugriff der Opposition, der Öffentlichkeit und anderer Regierungsmitglieder zu entziehen (Errington/van Onselen 2007: 388).

Überschussgespeiste Fonds und Stiftungen waren nur eine Strategie, mit dem »embarassment of riches« (Laugesen 2003) wachsender Überschüsse umzugehen. Eine andere Strategie erkannten einige Regierungen in sogenanntem *cookie jar accounting*, also dem buchhalterischen Verbergen von Überschüssen, um diese Reserven in einer schlechteren konjunkturellen Lage wieder dem Haushalt zufließen lassen zu können (Irwin 2012). Insbesondere die kanadische Regierung versuchte immer wieder, zukünftige Ausgaben buchhalterisch vorzuziehen, um den Überschuss kleinzurechnen und zugleich Puffer in den Haushalten der Folgejahre anzulegen. Bereits im ersten Überschussjahr 1997 hatte die liberale Regierung kurz vor Ende des Haushaltsjahres ein sogenanntes »Millenium Scholarship über 2,5 Milliarden Dollar eingerichtet. Sein Kapital sollte erst zwischen 2000 und 2010 für Stipendien ausgegeben werden, wurde aber bereits auf den Haushalt des Jahres 1997 angerechnet. Dies war aus Sicht der Regierung gleich doppelt attraktiv: Einerseits reduzierte es den Überschuss dieses Jahres und nahm damit Druck aus der Debatte über seine Verwendung. Andererseits entlastete es bereits die Haushalte zukünftiger Jahre und machte es somit einfacher, erneut Überschüsse zu erzielen. Diese Methode, in einem Jahr erzielte Überschüsse buchhalterisch über mehrere Jahre zu strecken, erwies sich als höchst attraktiv. In den folgenden Jahren richtete die Regierung weitere derartige aus Überschüssen finanzierte Vehikel mit einem Gesamtvolumen von fast 10 Milliarden Dollar ein (Auditor General 2005).

Voraussetzung für diese Politik waren regelmäßige »Überraschungsüberschüsse« am Ende des Haushaltsjahres, für die im Budget keine Verwendung festgelegt worden war. Diese positiven Überraschungen waren das folgerichtige Ergebnis der Kombination bewusst negativer Prognosen mit einer politischen Haushaltsausgleichsregel. Ihnen fehlte nun aber zunehmend die Rechtfertigung. Während es allgemein begrüßt wurde, wenn ein Defizit geringer ausfiel als angekündigt, war dies bei unerwartet hohen Überschüssen anders. Stattdessen lösten die wiederkehrenden Überraschungen eine Debatte darüber aus, ob das Finanzministerium die Haushaltslage gezielt zu negativ darstelle. Der Vorwurf lautete, die Regierung verstecke die Überschüsse vor den Augen und damit auch dem Zugriff von Parlament und Öffentlichkeit. So kritisierte die konservative Opposition diese Politik Jahr für Jahr als finanzpolitische »Trickserei«. Als sie jedoch 2006 selbst an die Macht kam, kopierte sie die liberale Politik und richtete vor dem Ablauf ihres ersten Haushaltsjahres rasch einen Trust-Fund über 1,5 Milliarden Dollar ein (Chase 2007). Wie Tabelle 6-8 zeigt, unternahm die Regierung allein zwischen 1996 und 2004 innerhalb des Haushaltsjahres noch zusätzliche Initiativen von über 38 Milliarden Dollar (siehe auch Kelly 2002: 77).

Im Jahr 2005 wurde schließlich der Ökonom Tim O'Neill vom Finanzministerium beauftragt, einen unabhängigen Bericht über die Ursachen der ständigen Fehlprognosen zu verfassen (O'Neill 2005; siehe auch Mühleisen et al. 2005). O'Neill beobachtete eine systematische Fehlschätzung aller Budgetkomponenten: Die Steuereinnahmen wurden ebenso regelmäßig unterschätzt, wie die Staatsausgaben und die Refinanzierungskosten überschätzt. Die Ursache dafür sei der Wille der Regierung, unbedingt einen Überschuss vorweisen zu können (O'Neill 2005: 2). Anders als gelegentlich unterstellt, manipuliere die Regierung dabei keineswegs absichtsvoll die Zahlen. Vielmehr summiere sich eine Vielzahl nach dem Prinzip der Vorsicht getroffener Einzelprognosen zu einer übertrieben pessimistischen Gesamtprognose (Tabelle 6-8). Neben der Analyse der permanenten Unterschätzung enthielt der Bericht auch eine fundamentalere Kritik am Ziel, Jahr für Jahr ein ausgeglichenes Budget vorzulegen. Es sei sinnvoller, ein mehrjähriges Budgetziel zu formulieren, das auch Defizite in Wirtschaftsabschwüngen zulasse. Damit stieß O'Neill in Politik, Gesellschaft und Medien aber überwiegend auf Ablehnung (Maclean's 2005; Chase 2005).

Jährliche Überraschungsüberschüsse waren kein Alleinstellungsmerkmal des kanadischen Haushalts. Auch in Australien und Neuseeland übertraf die

Tabelle 6-8 Budgetprognosen und erzielte Überschüsse in Kanada

Jahr	Überschussprognose im Budget	Erzielter Überschuss	Differenz	Saldenrelevante Initiativen
1995–1996	–30,3	–28,6	1,7	0,0
1996–1997	–21,8	–8,9	12,9	–0,7
1997–1998	–13,3	3,5	16,8	5,9
1998–1999	3,0	2,9	–0,1	5,7
1999–2000	3,0	12,3	9,3	6,2
2000–2001	4,0	17,1	13,1	5,3
2001–2002	8,2	8,9	0,7	3,6
2002–2003	2,0	4,0	2,0	7,3
2003–2004	4,0	9,1	5,1	4,8
Summe	–	–	61,5	38,1

Quelle: O'Neill (2005: 123).

Entwicklung der Staatsfinanzen Jahr für Jahr die Erwartungen (New Zealand Herald 2007a; IMF AUS 2008). Dies lag allerdings großenteils an wachsenden Rohstofferlösen, die in Kanada schon deshalb weniger wichtig waren, weil sie dort vor allem den Provinzen zugutekommen. Aber auch die Finanzminister der pazifischen Länder verstanden das Spiel mit dem Übergang zwischen zwei Haushaltsjahren. So überführte die australische Regierung die jährlichen Pensionsverpflichtungen gegenüber früheren Beamten der australischen Post und Telecom im Jahr 2004 in einen kapitalgedeckten Fonds, um künftige Budgets von ihnen zu entlasten. Das reduzierte den Überschuss dieses Jahres um 4,6 Milliarden Dollar und erhöhte die Überschüsse der Folgejahre um jährlich 500 Millionen Dollar (Gittins 2004). Und in den Wahljahren 2001 und 2004 beschloss das Kabinett kurz vor Ende des Haushaltsjahres Einmalzahlungen an Rentner beziehungsweise abhängige Kinder (Irvine 2007). Zudem entdeckten auch die australischen Konservativen den Reiz zweckgebundener Stiftungen und verkündeten 2007 die Einrichtung eines aus dem Überschuss gespeisten Higher Education Fund in Höhe von 5 Milliarden Dollar (Gittins 2007).

In Finnland und Schweden, die keinen Rohstoffboom erlebten, war das Problem zu hoher Überschüsse weniger relevant. Auch diese Länder legten aber stille Reserven in ihren Budgets an, indem sie Ausgaben zwischen den einzelnen Haushaltsjahren verschoben. Dies wurde insbesondere von ihren Ausgabenregeln befördert. So verlegte die schwedische Regierung Ausgaben von über 7 Milliarden Kronen aus dem Haushaltsjahr 2003 in das Jahr 2002, weil dort noch Platz unter der Ausgabengrenze war (OECD SWE 2004: 165). In ganz ähnlicher Form zog die finnische Regierung Zahlungen an die Kommunen in das Jahr 2007 vor (Finnisches Finanzministerium 2007: 49). Verbliebene Überschüsse überführte der finnische Zentralstaat damals ohnehin regelmäßig in den Pensionsfonds (ebd.: 50).

Durch diese teils geschickt entworfenen, teils eher zufällig und ad hoc entstehenden Maßnahmen wurde ein substanzieller Teil der Überschüsse einem politischen Zugriff entzogen. Dennoch verblieben erhebliche Mittel, bei denen sich die Frage nach ihrer Verwendung stellte, zumal, wenn keine Schulden mehr zurückzuzahlen waren. Damit verringerte sich die Zahl der Optionen gewissermaßen auf zwei: höhere Staatsausgaben oder niedrigere Steuern.

6.6.2 Steuersenkungen

Die Jahre vor der Weltfinanzkrise standen überall im Zeichen von Steuersenkungen. Diese waren Element einer beinahe obsessiven Beschäftigung mit der Wettbewerbsfähigkeit der einzelnen Länder. Die Angst vor einem Braindrain motivierte die Senkung der Einkommensteuersätze, die Angst vor einem Abzug des Kapitals die der Unternehmensteuern. Einzige Ausnahme von diesem Muster ist Neuseeland, wo die Regierung von Helen Clark 1999 in einer ihrer ersten fiskalpolitischen Richtungsentscheidungen den Spitzensteuersatz von 33 Prozent auf 39 Prozent anhob und sich danach jahrelang dagegen sträubte, die Überschüsse für Steuersenkungen zu verwenden (Hazledine/Quiggin 2006: 148).

Eine erste Welle derartiger Steuerreformen hatte es bereits in den späten 1990er-Jahren gegeben (Ganghof 2006). So hatte die konservative australische Regierung ihr Steuerreformprogramm schon 1998 mit der Einführung einer Goods and Services Tax (GST) begonnen. Diese Umsatzsteuer war in der Wahl des Jahres 1993 klar abgelehnt worden, aber John Howard brachte sie 1998 erneut ins Spiel und interpretierte seine Wiederwahl als Mandat für ihre Einführung. Sie trat schließlich im Jahr 2000 in Kraft. Parallel zu ihrer Einführung wurden die Tarifbänder der Einkommensteuer deutlich verbreitert, sodass ihr Aufkommen um 14 Prozent zurückging (OECD AUS 1999: 95). Zudem wurde die Unternehmensteuer zwischen 1999 und 2001 von 36 Prozent auf 30 Prozent reduziert.

Auch in Kanada hatte die liberale Regierung im Oktober 2000 ein großes Steuersenkungspaket initiiert, zu dem neben der Reduktion der Einkommen- und Unternehmensteuersätze auch eine Inflationsindexierung der Einkommensteuer zählte, mit der die kalte Progression vollständig aus dem System eliminiert wurde. Einkommensteuersenkungen gab es schließlich auch in den drei nordischen Ländern. Dabei tat sich insbesondere Finnland hervor, wo die Regierung die Steuerbelastung auf den EU-Durchschnitt reduzieren wollte (OECD FIN 2000: 132). Vor diesem Hintergrund brachte sie im Jahr 2000 eine mehrstufige Steuersenkung im Umfang von 1,5 Prozent des BIP auf den Weg (Finnisches

Finanzministerium 2000: 3), zu der sie sich in den Tarifverhandlungen verpflichtet hatte, um maßvolle Lohnabschlüsse durch einen stärkeren Anstieg der Nettolöhne zu unterfüttern. In Dänemark wurde die wichtigste Steuerreform im Jahr 1998 im Rahmen des kontrazyklisch angelegten »Pfingstpakets« unternommen (Ganghof 2005a: 11; OECD DNK: 52). Im Zuge dieser Reform wurden die Einkommensteuer für mittlere Einkommen sowie die Körperschaftsteuer gesenkt, zugleich aber auch der Spitzensteuersatz und einige Umweltsteuern erhöht. In Schweden schließlich wurde im Jahr 2000 ein mehrjähriges Steuersenkungsprogramm begonnen, das vor allem die Bezieher kleiner und mittlerer Einkommen entlastete (Schwedisches Finanzministerium 2001: 17). All diese Steuersenkungsvorhaben standen jedoch unter dem Vorbehalt, die gute Haushaltslage nicht gefährden zu dürfen. So wurde die Implementation der jeweils nächsten Stufe des schwedischen Programms explizit von der konjunkturellen Situation abhängig gemacht (OECD SWE 2001: 69). Diese Steuersenkungen waren also weiter Element einer vorsichtigen Fiskalpolitik.

Nachdem die ökonomischen Turbulenzen der Jahre 2001 bis 2003 überwunden waren, nahmen die Regierungen ihren Steuersenkungskurs ab 2004 wieder auf. So wurden immer größere Steuersenkungspakete während des australischen Rohstoffbooms zu einem wiederkehrenden Kernstück der jährlichen Budgets. Dabei profitierte die Regierung davon, dass die australische Einkommensteuer – anders als die kanadische oder die schwedische – nicht inflationsindexiert ist, die Steuereinnahmen also stets schneller wuchsen als die Wirtschaft. Der IWF riet der australischen Regierung, diese Gelder zu sparen, weil der Rohstoffboom endlich sei und eine Überhitzung der Wirtschaft drohe (IMF AUS 2007: 8). Die Regierung entschied sich jedoch, große Teile der Zusatzeinnahmen in jährlichen Steuersenkungsrunden in die Taschen der Steuerzahler zurückfließen zu lassen. Aus politischen Gründen senkte sie dabei jedoch nicht die Tarife, sondern verbreiterte fast ausschließlich die Tarifbänder (Ganghof 2006: 75). Griff der Höchstsatz der Einkommensteuer von 47 Prozent bis 2003 noch ab Einkommen von 60.001 Dollar, erhöhte die Regierung diese Grenze bis 2007 in mehreren Schritten auf 180.001 Dollar. Auch die Einkommensgrenzen für die drei niedrigeren Tarifbänder wurden teilweise erhöht. 2006 wurde der Spitzensteuersatz zudem auf 45 Prozent gesenkt.

Während Australien seit 1996 durchgehend eine konservative Regierung hatte, wurden die Steuersenkungen in den übrigen Ländern von Machtwechseln beschleunigt. So reduzierte die neu gewählte konservative Regierung in Kanada die noch immer unpopuläre Goods and Services Tax im Juli 2006 von 7 auf 6 und im Januar 2008 schließlich auf 5 Prozent. Zudem nahm sie auch deutliche Kürzungen bei der Einkommen- und der Unternehmensteuer vor (Abbildung 6-5). Bemerkenswert ist aber vor allem die bereits erwähnte Einführung eines

Abbildung 6-5 Mehrjähriger Steuersenkungseffekt des kanadischen Budgets 2007

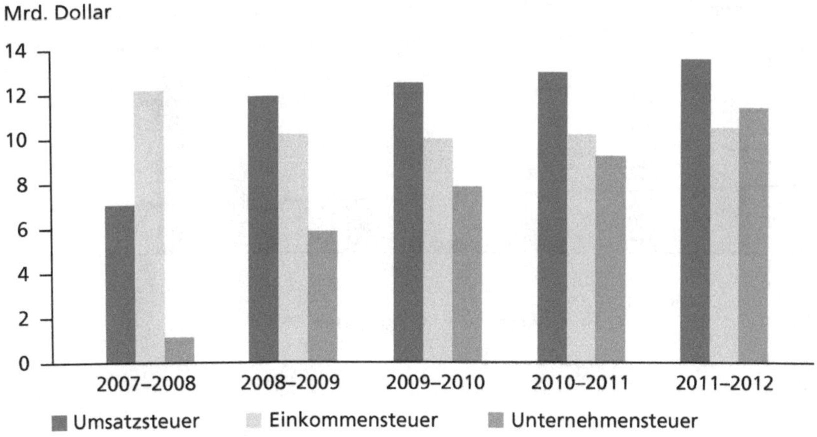

Quelle: OECD CAN (2008: 67).

Tax-back Guarantee Act, der die gesetzliche Verpflichtung enthielt, zukünftige Überschüsse vollständig für Steuersenkungen zu verwenden. Dies war der erste Versuch einer direkten institutionellen Regulierung der Überschussverwendung. Allerdings brach bald nach Verabschiedung dieses Gesetzes die Weltfinanzkrise aus, sodass das Thema Überschussverwendung bis auf Weiteres von der Agenda der kanadischen Politik verschwand.

Auch in den drei nordischen Ländern war ein Übergang von sozialdemokratischen zu bürgerlichen Regierungen der Katalysator für einen stärkeren Fokus auf Steuersenkungen. Dieser Machtwechsel erfolgte in Dänemark bereits 2001 und in Finnland im Jahr 2003. Kern der dänischen Steuerpolitik war dabei der bereits diskutierte Tax Freeze. Daneben beschlossen beide Länder mehrjährige Steuersenkungsprogramme, die in Dänemark ab 2003 (Obinger et al. 2010a: 109), in Finnland ab 2005 auf den Weg gebracht wurden (European Commission 2005: 313, 2006: 311, 2007: 333). Dabei entlastete Dänemark vor allem die Bezieher mittlerer Einkommen (OECD DNK 2008: 110), während in Finnland die Steuern für alle Einkommensgruppen gleichmäßig reduziert wurden (OECD FIN 2008: 63). Zudem senkten beide Länder ihre Unternehmensteuersätze. Verglichen mit den übrigen Ländern blieb das Volumen der Steuersenkungen in Dänemark jedoch relativ gering, weshalb auch die Steuerquote kaum zurückging (Zohlnhöfer 2009: 279).

Abbildung 6-6 Einnahmen- und ausgabenseitige Budgetinitiativen in Schweden

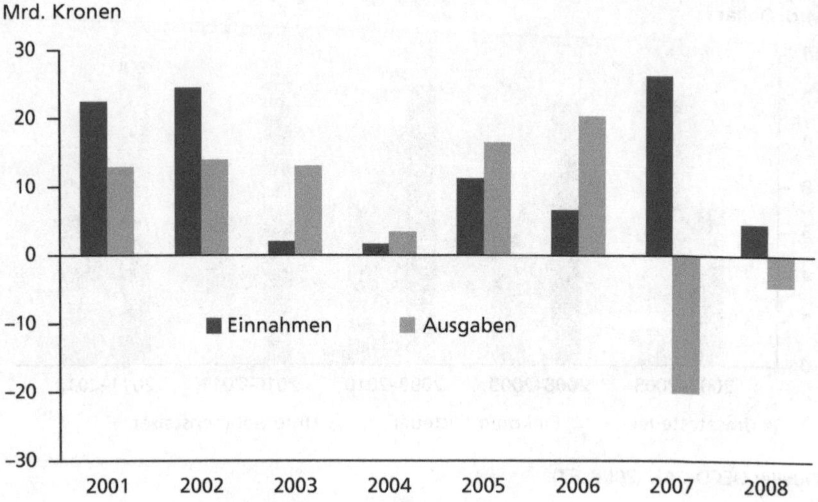

Quelle: Schwedisches Finanzministerium, verschiedene Jahre.

In Schweden wurde die Steuerpolitik bis 2006 von der Regierung unter Göran Persson gestaltet, die das Steuersystem in ihren letzten Amtsjahren im Zuge eines *green tax swap* in Richtung einer Mehrbelastung des Energieverbrauchs und einer Entlastung des Faktors Arbeit umbaute (Schwedisches Finanzministerium 2004). Außerdem senkte sie die Einkommensteuer in insgesamt vier Schritten und reduzierte die Erbschaft- und die Vermögensteuer (OECD SWE 2002: 56). Ihre Nachfolger hatten dann weniger als zwei Jahre Zeit, ihre finanzpolitischen Vorstellungen umzusetzen, ehe die Weltfinanzkrise den fiskalpolitischen Aufgabenkatalog neu definierte. Der neuen Regierung reichten diese zwei Jahre jedoch, um die Überschussverwendung der Vorgängerregierung deutlich zu korrigieren. Bereits in ihrem ersten Budgetentwurf verschärfte die neue Regierung die institutionellen Ausgabengrenzen. Hatten sich die Sozialdemokraten noch verpflichtet, die Staatsausgaben bei unter 949 Milliarden Kronen zu halten, legten Ministerpräsident Fredrik Reinfeldt und Finanzminister Anders Borg diese Latte auf 938 Milliarden (Schwedisches Finanzministerium 2007: 10). Außerdem optierten sie bereits in ihrem ersten Budget für eine massive Senkung der Lohnsteuer um 1,3 Prozent des BIP, ebenfalls mit dem Ziel, den Faktor Arbeit zu entlasten (European Commission 2007: 335). Zugleich reduzierten sie die staatlichen Zuschüsse zu Arbeitsmarktprogrammen. Das darauffolgende Budget enthielt eine weitere Steuersenkung um 0,6 Prozent des BIP (European Commission 2008: 270). Abbildung 6-6 zeigt sowohl den ausgewogenen Ansatz der Sozialdemokraten als auch die Steuersenkungspolitik der bürgerlichen Regierung sehr deutlich.

Die klare Ausnahme von dieser allseitigen Steuersenkungspolitik blieb Neuseeland. Nach ihrem Amtsantritt im Jahr 1999 hatte die Labour-Regierung von Helen Clark zwei grundlegende Richtungsentscheidungen in der Fiskalpolitik getroffen, die im Widerspruch zu den meisten hier beschriebenen Tendenzen stehen. Zum einen erhöhte sie den Spitzensteuersatz um immerhin 6 Prozentpunkte, zum anderen nahm sie das Ziel zurück, die Staatsquote auf 30 Prozent zu senken, und legte die neue Zielmarke auf 35 Prozent fest. Mit diesem Programm war Labour bereits in den Wahlkampf des Jahres 1999 gezogen und hatte argumentiert, es bestehe dringender Bedarf an staatlichen Investitionen, die jedoch auch gegenfinanziert werden müssten. Insofern sollte die Ankündigung einer Steuererhöhung auch Labours fiskalisches Verantwortungsbewusstsein signalisieren (Broome 2006: 68). Allerdings spielte das Steuerthema in diesem Wahlkampf ohnehin keine große und im Wahlkampf des Jahres 2002 dann fast gar keine Rolle (ebd.: 67). Stattdessen stellten beide Parteien ihre Präferenzen für höhere Ausgaben oder niedrigere Steuern hinter ein klares Bekenntnis zum Primat von Überschüssen zurück.

Zu einem politisch dominierenden Thema wurde die Steuerpolitik jedoch im Wahlkampf des Jahres 2005 (Levine/Roberts 2007: 372). Der Hintergrund dafür war der gewaltige Überschuss des Vorjahres, der 5,3 Prozent des BIP betrug. Er bot Anlass für immer lauter werdende Forderungen nach Steuersenkungen, denen sich die Regierung jedoch hartnäckig widersetzte. Stattdessen weitete sie insbesondere die familienpolitischen Leistungen aus (Obinger et al. 2010b: 173ff.). Trotzdem geriet sie unter immer größeren Rechtfertigungsdruck, zu dem auch die permanente Steuersenkungspolitik des australischen Nachbarn beitrug. Vor diesem Hintergrund erwies sich das Budget des Jahres 2005 als Fiasko für die Regierung. Zwar enthielt es gewisse Steuersenkungen, doch blieben diese weit hinter den in der Öffentlichkeit geschürten Erwartungen zurück. Deshalb wurde der Haushalt immer wieder als »chewing gum budget« attackiert, weil die Steuerentlastung gerade zum Erwerb einer Packung Kaugummi pro Woche ausreiche (Broome 2006: 71). Labour gewann die Wahl dieses Jahres schließlich sehr knapp, nachdem die Partei in Umfragen lange einen deutlichen Vorsprung hatte. Dennoch war das dritte Kabinett Clark somit von Anfang an mit dem Thema Steuersenkungen konfrontiert, zumal die Opposition dieses nun als potenziellen Wahlkampfschlager entdeckt hatte.

Trotzdem enthielt auch das Budget des Jahres 2006 keinerlei Steuersenkungen (New Zealand Herald 2006), was Finanzminister Michael Cullen mit einer drohenden Überhitzung der Wirtschaft begründete (IMF NZL 2008: 14). Insbesondere kollidierte eine expansivere Verwendung der Überschüsse mit den geldpolitischen Prioritäten der Notenbank, die mit einer Leitzinserhöhung zu reagieren drohte (OECD NZL 2005: 28). Cullen deutete jedoch an, im Jahr 2008 wären Steuersenkungen möglich, wenn sich die Überhitzungstendenzen bis dahin nicht verschärften. Angesichts der sich jährlich wiederholenden Steuersenkungen in Australien fand er damit jedoch immer weniger Gehör (New Zealand Herald 2007b). Tatsächlich entstand der Haushalt des Jahres 2008 dann bereits im Schatten der aufziehenden Weltfinanzkrise. Dennoch enthielt er erstmals eine umfangreiche Senkung der Einkommensteuern, nachdem die Körperschaftsteuer bereits im Budget des Jahres 2007 von 33 Prozent auf 30 Prozent herabgesetzt worden war. Gleichzeitig betonte Cullen aber auch die Notwendigkeit, eine starke fiskalische Position zu bewahren (Cullen 2008).

Wegen der bereits spürbaren Auswirkungen der Weltfinanzkrise war der Überschuss mit dieser Steuersenkung vollständig abgeschöpft. Das hielt die National-Opposition jedoch nicht davon ab, auf ihrem Wahlparteitag im August 2008 weitere Steuersenkungen und höhere Investitionen anzukündigen. Dafür wollte man im Zweifel auch Defizite in Kauf nehmen, eine Position die von Ministerpräsidentin Helen Clark umgehend als »horribly Muldoonist« gebrandmarkt wurde (New Zealand Herald 2008). Dieser Versuch, noch einmal die Krisenkarte zu spielen, konnte Labours Wahlniederlage mehr als zwanzig Jahre nach den Krisenereignissen jedoch nicht verhindern. Nach neun Jahren in der Opposition kehrte National an die Regierung zurück und setzte in den Jahren 2009 und 2010 eine umfassende Senkung der Einkommensteuersätze bei gleichzeitiger Erhöhung der GST in Gang (Christensen 2012).

Bemerkenswert war daran nicht der National-Wahlsieg, der nach neun Jahren Opposition fast zu erwarten war und viele Gründe hatte. Bemerkenswert war vielmehr, dass National im Wahlkampf offen auf Distanz zur Fiskalpolitik der Regierung ging und den bestehenden Allparteienkonsens aufkündigte. Die Geschichte der Fiskalpolitik des zweiten und dritten Kabinetts Clark zeigt insofern die Grenzen eines Überschussregimes auf. Auch unter den Bedingungen einer allgemeinen Zustimmung zur Überschusspolitik konnte es sich die Regierung nicht erlauben, diese Überschüsse in beliebige Höhen ansteigen zu lassen. Vielmehr begannen zu hohe Überschüsse sogar, die Stabilität des Überschussregimes zu untergraben, weil sie die fiskalpolitische Position der Regierung, die dieses Regime repräsentierte, angreifbar machten. Das erlaubte der Opposition, sich von der Regierungslinie zu distanzieren, ohne sich dem Vorwurf fiskalischer Verantwortungslosigkeit auszusetzen. Hier zeigt sich letztlich der Mechanismus hinter dem empirischen Befund des fünften Kapitels, wonach Veränderungen des Überschusses keinen anderen Einfluss auf die Staatstätigkeit haben als Veränderungen des Defizits, sie gehen lediglich von einem anderen Startpunkt aus. Wenn die Überschüsse 3, 4 oder 5 Prozent des BIP erreichen, greifen offenbar wieder ganz ähnliche politische Mechanismen wie im Defizit, weil die Verpflichtung zum Überschuss nun keine restringierende Wirkung mehr entfaltet. Labours Versuch, die Steuersenkungspläne der Opposition als verantwortungslos darzustellen, lief 2005 auch deshalb ins Leere, weil sich zu diesem Zeitpunkt kaum eine glaubwürdige Bedrohung des Überschusses konstruieren ließ. Im Wahlkampf des Jahres 2008 hatte sich die Überschusspolitik dann nach 14 Jahren weitgehend erschöpft. Fiskalpolitische Vorsicht allein war kein politisch hinreichender Grund mehr, den Wählern die von der Opposition geforderten Steuersenkungen zu verweigern und Labour war außerstande, eine politisch überzeugende Alternativstrategie zu formulieren. »Überschüsse um der Überschüsse willen« war als politisches Modell an seine Grenzen gelangt.

6.6.3 Öffentliche Investitionen

Während also bis auf Neuseeland alle Überschussländer große Steuersenkungsprogramme auflegten, verlief die Entwicklung der öffentlichen Investitionen enttäuschend. Dabei hatten diese ganz besonders unter den Konsolidierungen der 1990er-Jahre gelitten. So kürzten Schweden und Finnland die Investitionen in Reaktion auf die Krise um über 20 Prozent (OECD SWE 1999: 35; OECD FIN 1998: 130), während Neuseeland sie zwischen 1990 und 1993 sogar um über 40 Prozent reduzierte (OECD NZL 2000: 204).

Im Überschuss blieben die Investitionen jedoch hinter den hochfliegenden Erwartungen der progressiven Haushaltskonsolidierer zurück. Zwar hatte das Wahlprogramm der kanadischen Liberalen im Jahr 2000 noch selbstbewusst verkündet: »We will marshal the resources of the national government to provide leadership, set bold new goals, and ensure that we have the means to achieve them« (Liberal Party of Canada 2000: 3). Die tatsächlichen Maßnahmen zur Erhöhung der harten und weichen Investitionen hielten jedoch weder mit den Anforderungen noch mit den parallelen Steuersenkungsprogrammen Schritt. Stattdessen begann bald eine Debatte über eine drohende Infrastrukturkrise und unzureichende Bildungsausgaben (Harchaoui/Tarkhani/Warren 2003; Russell 2005; und die Beiträge in Scarth 2004).

Diese Debatte beschränkte sich nicht auf Kanada, sondern wurde in ganz ähnlicher Weise in Australien und Neuseeland geführt (Argy 2003, 2007; James 2007; Kearns/Lowe 2011; McAuley 2012). In Australien rutschten die staatlichen Nettoinvestitionen trotz permanenter Überschüsse zeitweilig sogar in den negativen Bereich (Robinson 2002: 296). Diese Entwicklungen trugen dazu bei, dass die vom Global Competitiveness Report 2008–2009 des World Economic

Forum befragten neuseeländischen Manager »inadequate supply of infrastructure« als den größten Problemfaktor für ihr Geschäft identifizierten. In Australien landete diese Frage auf einem knappen zweiten Platz unter 15 Kategorien (World Economic Forum 2008: 258, 92). Dabei kamen in Australien die besonderen Infrastrukturbelastungen durch den Rohstoffboom hinzu. So wurde immer wieder kritisiert, mangelnde Infrastruktur hindere die australische Wirtschaft daran, ihr volles Potenzial auszuschöpfen. Dennoch stieß Labors Vorstoß, die Reserven des Future Funds in einen Ausbau der Breitbandinfrastruktur zu investieren, auf heftigen Widerstand.

In den nordischen Ländern stellte sich die Lage etwas anders, aber nicht grundsätzlich verschieden dar. So wuchsen die Infrastrukturausgaben in Dänemark zwischen 2001 und 2006 nur halb so schnell wie die Gesamtausgaben, während die Bildungsausgaben ein wenig schneller stiegen als diese (Zohlnhöfer 2009: 282). Zwar erhielten die drei Länder stets gute Bewertungen für ihre Infrastruktur – beispielsweise belegten Dänemark, Finnland und Schweden im Infrastrukturranking des Global Competitiveness Report 2008–2009 (World Economic Forum 2008: 14–15) die Plätze 8, 9 und 13. Verglichen mit ihren Platzierungen im Gesamtranking (3, 6 und 4) waren dies jedoch bereits relativ schwache Positionen. Wenig überraschend identifizierten die befragten Manager allerdings in allen drei Ländern die Steuerlast als größtes Problem für ihr Geschäft.

Wie bereits bei den Staatseinnahmen nimmt die neuseeländische Labour-Regierung der Jahre 1999 bis 2008 bei den Investitionen eine Sonderstellung ein. Sie löste keinen Investitionsboom aus, blieb also auch hier zurückhaltend, schließlich lautete eines ihrer Hauptargumente gegen Steuersenkungen, die Fiskalpolitik müsse vorsichtig sein und eine Überhitzung der Wirtschaft vermeiden. Immerhin gelang es ihr aber, die Investitionsquote deutlich zu erhöhen, auch wenn das die über lange Konsolidierungsjahre entstandenen Infrastrukturengpässe nur äußerst langsam abbaute. Bemerkenswert an diesem Investitionsprogramm ist vor allem die zeitliche Parallele zur Erhöhung des Spitzensteuersatzes im Jahr 1999. Die Steuererhöhung war vor allem mit Gerechtigkeitserwägungen und dem Wunsch nach höheren Sozialausgaben begründet worden (Ganghof 2006: 65). Gleichwohl ist wegen des unbedingten Primats der Überschussbewahrung schwer vorstellbar, dass ohne den Anstieg der Steuerquote die nötigen Ressourcen für den ab 2002 beginnenden Anstieg der Investitionsquote um mehr als 1 Prozent des BIP aufgebracht worden wären. Da die Regierung eine Überhitzung der Wirtschaft fürchtete, konnte sie diese Investitionen nur durchführen, wenn sie den entstehenden Stimulus an anderer Stelle durch höhere Steuern wieder abschöpfte. Zugleich stellten die höheren Einnahmen sicher, dass der Überschuss trotz steigender Ausgaben nicht in Gefahr geriet.

6.6.4 Von fiskalpolitischen Outputs zu gesellschaftlichen Outcomes

Bisher hat die Arbeit fast ausschließlich fiskalpolitische Outputs, also das Einnahmen- und Ausgabenvolumen in bestimmten Politikfeldern untersucht. Letztlich sind aber weder der Staat noch seine Bürger an diesen Outputs, sondern an den damit bewirkten Outcomes interessiert. In letzter Konsequenz bewegt beide eben doch die Frage, ob höhere Bildungsausgaben tatsächlich bessere Bildung hervorbringen. Es ist allerdings nicht ganz einfach, die Ebene der Outcomes mit in die Untersuchung aufzunehmen, weil sowohl die Messung der Outcomes als auch ihre Verbindung zu den Outputs in vielen Fällen politisch wie wissenschaftlich umstritten ist, wie gerade das Beispiel Bildung deutlich macht. Allerdings hat der vorige Abschnitt gezeigt, dass die niedrigen Investitionen nach einiger Zeit zwangsläufig zu Infrastrukturmängeln führten.

Ein Fall, bei dem der Zusammenhang zwischen Outputs und Outcome besonders klar ist, ist die Entwicklung der Einkommensungleichheit. Das Ausmaß der Ungleichheit wird sehr direkt von der Fiskalpolitik beeinflusst (Bastagli/Coady/Gupta 2012) und seine Reduktion ist ein typisches Ziel für progressive Haushaltskonsolidierer. Beispielsweise bezieht Boix (1998) die von ihm untersuchte linke Angebotspolitik bereits im Titel seines Buches explizit auf »growth and equality«. Progressive Konsolidierungen sollten in der Theorie also mit einer Reduktion oder zumindest mit einer Verlangsamung des Anstiegs der Ungleichheit verbunden sein. Tatsächlich tritt jedoch das Gegenteil ein. Die Einkommensungleichheit hat nämlich in den Überschussländern in doppelter Hinsicht besonders stark zugenommen. Zum einen ist sie in der Überschussphase viel schneller gewachsen als während der vorausgegangenen Defizite, zum anderen ist sie schneller gewachsen als parallel in den übrigen OECD-Ländern. Bemerkenswert sind diesbezüglich die Ergebnisse der OECD-Studie *Growing Unequal?* (OECD 2008).[18] Sie untersucht die Entwicklung der Ungleichheit und den Einfluss der staatlichen Steuer- und Transferpolitik in 17 Ländern, darunter allen sechs hier betrachteten Überschussländern. Seit Mitte der 1970er-Jahre hat die Einkommensungleichheit in allen untersuchten Ländern außer Frankreich erheblich zugenommen. Dabei ist die Ungleichheit der Primäreinkommen fast überall stärker gestiegen als die Ungleichheit der verfügbaren Einkommen. Mit wachsender Ungleichheit der Markteinkommen hat also auch die Umverteilungsleistung des Staates zugenommen. Von dieser Regel weichen jedoch fünf Länder ab, nämlich Deutschland und die Niederlande sowie die Überschussländer Finnland, Neuseeland und Schweden (OECD 2008: 33; entsprechende Daten für Australien fehlen).

18 Siehe auch die Studie *Divided We Stand*, insbesondere Kapitel 7 (OECD 2011a).

Abbildung 6-7 Gini-Koeffizient nach Steuern und Transfers in den Überschussländern

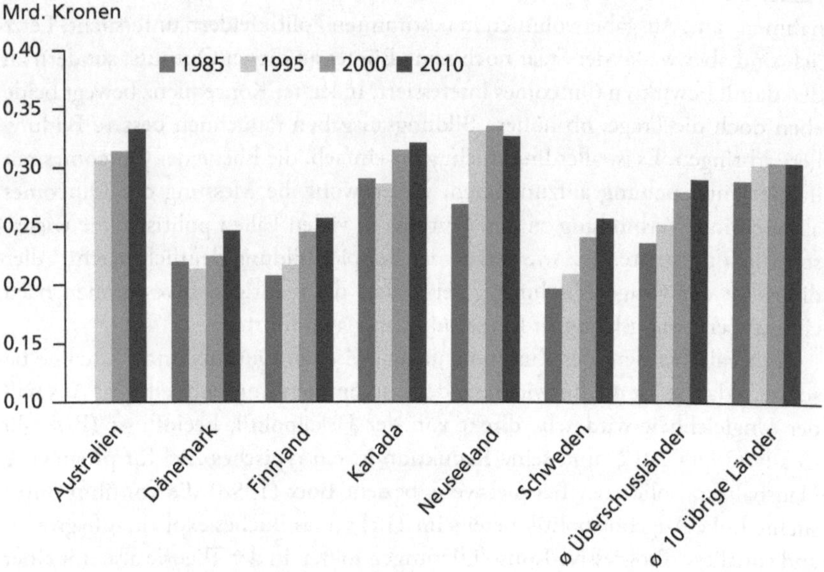

Daten für das Jahr 1985 fehlen für Australien.
Quelle: OECD (2012a).

Blickt man auf die Chronologie der Ungleichheitsentwicklung, wird die Sonderstellung der Überschussländer sogar noch deutlicher. Dann zeigt sich nämlich ein klarer Trendbruch, der parallel zu den Bemühungen um Haushaltskonsolidierung erfolgte: In Dänemark, Finnland, Kanada und Schweden ging die Ungleichheit der verfügbaren Einkommen zwischen 1975 und 1995 sogar zurück, während sich die Spreizung der Primäreinkommen bereits erhöhte. In dieser Zeit stieg die Umverteilungsleistung des Staates also an. Die wachsenden Aufwendungen für die Ungleichheitsbekämpfung waren zugleich einer der Hauptgründe für die parallele Verschlechterung der fiskalischen Position dieser Länder (ebd.: 114). Zugleich zeigt dies erneut den Charakter der Konsolidierung als fiskalpolitischer Paradigmenwechsel: Offenbar waren diese Länder vor der Konsolidierung bereit, Defizite in Kauf zu nehmen, um einen Anstieg der Ungleichheit zu verhindern. Nach der Konsolidierung akzeptierten sie dagegen einen Anstieg der Ungleichheit, um erneute Defizite zu vermeiden.

Diese Interpretation gewinnt ihre Plausibilität daraus, dass sich das empirische Bild mit Beginn der Konsolidierung der 1990er-Jahre komplett drehte und die Ungleichheit der verfügbaren Einkommen in den Überschussländern umso schneller stieg. Konkret ermittelt die OECD, dass die durch staatliche Umverteilung bewirkte Armutsreduktion zwischen 1995 und 2005 – also genau in der Zeit der Überschussperioden – in fünf Ländern zugenommen, in sieben Ländern stagniert und in fünf Ländern abgenommen hat. Diese fünf Länder, in denen die Umverteilungsleistung sank, sind Dänemark, Finnland, Kanada, Neuseeland und Schweden (OECD 2008: 292). Dieses Muster wird auch bei einer Betrachtung des Gini-Koeffizienten sichtbar, der zwischen 1995 und 2010 in den Überschussländern viel stärker stieg als im Rest der OECD (Abbildung 6-7). Zwar sind gerade die skandinavischen Länder noch immer egalitärer als der OECD-Durchschnitt, doch der Abstand ist deutlich geschrumpft. Einzige Ausnahme von diesem Muster ist Neuseeland. Dort stieg die Ungleichheit bereits nach den radikalen ökonomischen Reformen der 1980er-Jahre massiv an, um ab Mitte der 1990er-Jahre dann weitgehend zu stagnieren. Eine Trendwende während der Überschussjahre ist dort aber trotz eines leichten Rückgangs zum Jahr 2010 nicht annähernd zu erkennen.

Die Konsolidierungsanstrengungen der 1990er-Jahre waren also in allen Überschussländern mit einem Anstieg der Ungleichheit und einem Rückgang der staatlichen Umverteilungsleistung verbunden. Die langen Jahre wirtschaftlicher Prosperität vor der Krise der Jahre ab 2008 bremsten dann den Anstieg der Marktungleichheit. Trotz der fiskalischen Handlungsspielräume, die durch die Überschüsse entstanden, nahm der politische Beitrag zur Umverteilung in dieser Zeit jedoch nicht wieder zu, sondern sogar weiter ab. Zugleich trugen die Steuersenkungsprogramme zu einem Rückgang der staatlichen Umverteilungsleistung bei (Leigh 2006: 55). Die beschriebene Politik einer ausgabenseitigen Bewahrung und einnahmenseitigen Verwendung der Überschüsse hatte also auch auf der Ebene der Outcomes die zu erwartenden Folgen.

6.6.5 Parteienwettbewerb im Überschussregime

In allen sechs Ländern kam es während der Überschussjahre zu einem Regierungswechsel, in dem die Partei, unter deren Ägide der Überschuss entstanden war, von der bisherigen Opposition abgelöst wurde. Die erste Regierung, die abgewählt wurde, war die konservative Regierung in Neuseeland, die 1999 von einer Labour-Regierung unter Helen Clark ersetzt wurde. Bereits 2001 wurde zudem die sozialdemokratische Regierung Dänemarks von einer konservativen Regierung unter Anders Fogh Rasmussen abgelöst. In den anderen Ländern hielten sich die Regierungen dagegen bis nach dem Ende der Rezession: In Finnland kam es 2003, in Schweden und Kanada 2006 und in Australien sogar erst 2007 zum Regierungswechsel, als die Regierung Howard nach vier Wahlsiegen von einer Labor-Regierung unter Kevin Rudd abgelöst wurde. Neben der Parteizugehörigkeit veränderte sich in Kanada und Neuseeland, die beide einen Fragmentierungsschub erlebten, zudem auch die institutionelle Ausgestaltung der Regierung. In Neuseeland wurde die Fragmentierung durch die Reform des Wahlsystems ausgelöst, die zu wesentlich stärker zersplitterten Parlamenten führte und die Bildung von Einparteien-Mehrheitsregierungen unmöglich machte. In Kanada erlaubte die regionale Zersplitterung des Parteiensystems 2004 und 2006 nur die Bildung einer Minderheitsregierung. Nach gängigen Public-Choice-Theorien sollte beides die Fortsetzung eines Überschusskurses erschwert haben.

Empirisch ist das wichtigste politische Merkmal dieser Zeit jedoch der durch alle Wahlergebnisse und Regierungswechsel hindurch bestehende Allparteienkonsens über die Wünschbarkeit und sogar Notwendigkeit von Überschüssen. Mit Ausnahme der neuseeländischen Wahl von 2008 kündigte keine große Oppositionspartei im Wahlkampf einen grundsätzlichen Bruch mit dem fiskalpolitischen Kurs der Regierung an und keine neu gewählte Regierung entschied sich zu einem solchen Bruch mit dem Kurs ihrer Vorgänger. Das betrifft sowohl den Wechsel von progressiven zu konservativen Regierungen als auch die umgekehrte Konstellation.

Zu einem Wechsel von progressiv zu konservativ geführten Regierungen kam es in Dänemark, Finnland, Schweden und Kanada. In all diesen Fällen mussten Regierungen, die unter expliziter Berufung auf die progressive Konsolidierungsthese ihre Haushalte saniert hatten, die Macht an Parteien abtreten, für die eine konservative Haushaltspolitik und ein schlanker Staat viel weniger Mittel zum Zweck und viel stärker Zweck an sich waren. In Kanada verloren die Liberalen zunächst in den Wahlen von 2004 – geschwächt von einem Korruptionsskandal – die absolute Mehrheit, der neue Premierminister Paul Martin konnte aber mit einer von der sozialdemokratischen NDP tolerierten Minderheitsregierung im Amt bleiben. Nachdem Martin die Unterstützung der NDP verlor, kam es aber bereits 2006 zu Neuwahlen, nach denen Stephen Harper an der Spitze der neu formierten konservativen Partei eine Minderheitsregierung bildete. Bei einer weiteren Neuwahl im Jahre 2008 wurde diese im Amt bestätigt, 2011 errangen die Konservativen dann die absolute Mehrheit der Sitze im kanadischen Unterhaus. Weder der Wechsel von einer liberalen Mehrheits- zu einer liberalen Minderheitsregierung noch deren Ablösung durch eine konservative Minderheitsregierung führten aber zu einer Änderung der Grundlinien der kanadischen Fiskalpolitik. Zwar war gerade die liberale Minderheitsregierung in den Jahren 2004 und 2005 zu Zugeständnissen gegenüber der NDP gezwungen, die auf eine Stärkung der Ausgabenseite pochte. Das inzwischen fest etablierte Defizittabu setzte Ausgabenwünschen jedoch enge Grenzen: »Keeping the budget in surplus has been a near-obsession in Canada« stellte der Economist fest (The Economist 2008).

Diese Verpflichtung auf Überschüsse erwies sich für alle ideologischen Lager als politischer Imperativ. So hatte sich die Reform Party zunächst mit einer klaren Präferenz für Steuersenkungen positioniert, vor allem im Wahlkampf des Jahres 1997. Nach der klaren Wiederwahl der Liberalen nahm die Partei, die in dieser Wahl bei 19 Prozent der Stimmen stagnierte, jedoch einen Kurswechsel vor und legte ihr Hauptaugenmerk nun auf einen Abbau der Verschuldung (Feschuk 1998). So verkündete der Parteivorsitzende Preston Manning (1997): »[W]hat we are proposing is balancing the budget first and tax relief after [...]. We have made this abundantly clear; balance first, tax relief after.« Insbesondere trat die Partei für ein Gesetz ein, das die Verwendung von Überschüssen zum Schuldenabbau verpflichtend festschreiben sollte. Nach dem Machtwechsel im Jahr 2006 bemühte sich die konservative Regierung Harper dann, sich als fiskalisch ebenso solide wie ihr liberaler Vorgänger zu präsentieren. So entschied sie in ihrem ersten Regierungsjahr, den erneuten Überraschungsüberschuss vollständig in den Schuldenabbau zu stecken. Allerdings schaffte sie auch die von den Liberalen stets angewendete Contingency Reserve von 3 Milliarden Dollar ab. Insofern nahm sie keine Neuausrichtung, wohl aber eine Neuakzentuierung der Haushaltspolitik vor. Von einem »balanced approach« zwischen Steuersenkungen, Mehrausgaben und Schuldenrückzahlung war keine Rede mehr. Stattdessen räumte sie Steuersenkungen bei der Überschussverwendung klare Priorität ein.

Damit standen die nun in die Opposition verbannten Liberalen vor der Frage, wie sie auf diesen konservativen Schwenk hin zu niedrigeren Steuern und kleineren Überschüssen reagieren sollten. Sie entschieden sich dazu, als die wahren Vertreter konservativer Fiskalpolitik aufzutreten: Die Hauptlinie ihrer Angriffe auf die Regierung war, die Steuersenkungen seien verantwortungslos und riskant und nicht etwa, sie seien unfair oder gingen auf Kosten wichtiger Staatsausgaben (vgl. etwa die oben bereits zitierte Rede von Schattenfinanzminister John McCallum in der Budgetdebatte des Jahres 2008). Besonders bemerkenswert ist der Umgang mit dem Ausbruch der Weltfinanzkrise. Vor der Wahl des Jahres 2008, die nur vier Wochen nach dem Kollaps von Lehman Brothers stattfand, bekannten sich alle vier kanadischen Parteien zur fortgesetzten Beibehaltung von Überschüssen. Entsprechend beharrte die Regierung lange darauf, ein expansiver Impuls sei unnötig und sie könne das Budget im Überschuss halten. Erst im Januar 2009 verkündete sie schließlich ein Konjunkturpaket. Die Liberalen, traditioneller Vertreter keynesianischer Ansätze in der kanadischen Regierung, reagierten darauf nicht etwa mit der Kritik, das Konjunkturprogramm sei zu klein oder komme zu spät. Stattdessen kritisierten sie die resultierenden Defizite und ihr Vorsitzender Michael Ignatieff (2010) erklärte: »We have cleaned up the deficit left behind by the Mulroney failure. We will clean up the deficit left behind by the Harper failure.« Zugleich kündigten sie sogar an, die Unternehmensteuern aus Gründen der Wettbewerbsfähigkeit noch stärker senken zu wollen als die Konservativen (Jackson/Weir 2008: 66).

Auch in den drei nordischen Ländern bekannten sich die neuen Regierungen eindeutig zur Beibehaltung von Überschüssen als Grundpfeiler ihrer Fiskalpolitik und setzten den Kurs ihrer Vorgänger auch sonst weitgehend fort, wobei sie allerdings, wie gesehen, den Fokus auf Steuersenkungen legten (Goul Andersen 2011a: 119ff.; Zohlnhöfer 2009: 284). In Finnland war diese Kontinuität schon deshalb schlüssig, weil die Sozialdemokraten bis 2007 als Juniorpartner an der Regierung beteiligt blieben. Dagegen mussten die schwedischen Sozialdemokraten 2006 zum dritten Mal in der Nachkriegszeit auf die Oppositionsbänke wechseln und die Macht an eine bürgerliche Vierparteienkoalition unter Fredrik Reinfeldt abgeben. In der Opposition verhielten sie sich ganz ähnlich wie die kanadischen Liberalen: Nicht nur passten sie ihre Budgetvorschläge den von der neuen Regierung verschärften Ausgabengrenzen an, sie machten zum Teil sogar noch restriktivere Vorschläge als diese (Gmeiner 2013: 12). Selbst die wenig expansive Reaktion der Regierung auf die Weltfinanzkrise, die sogar Kritik des finanzpolitischen Rates hervorrief, verleitete die Sozialdemokraten nicht dazu, mit diesem Kurs zu brechen (Haffert/Mehrtens 2015: 136). Es ist angesichts dieses Allparteienkonsenses nur folgerichtig, dass das schwedische Budget nach einem Defizit im Jahr 2009 bereits 2010 in den Überschuss zurückkehrte. In ähnlicher Weise verzichteten auch die dänischen Sozialdemokraten in der Opposition darauf, die Fiskalpolitik der Regierung offensiv zu kritisieren, selbst, als deren Steuersenkungen einen zunehmend prozyklischen Charakter annahmen (Goul Andersen 2011a: 128).

Den umgekehrten Fall eines Wechsels von konservativen zu progressiven Regierungen gab es 1999 in Neuseeland und 2007 in Australien. In beiden Fällen konnten progressive Parteien nun über einen bereits konsolidierten Haushalt verfügen, war das Mittel progressiver Konsolidierungen also bereits erreicht, weshalb sie sich nun deren Ziel hätten zuwenden sollen. Allerdings waren beide Regierungen in der Verwendung dieser Überschüsse bei Weitem nicht so frei, wie von der progressiven Konsolidierungsthese unterstellt. So stand die neu gewählte australische Labor-Regierung unter Führung von Kevin Rudd von Anfang an unter Druck, ihre fiskalpolitische Seriosität zu beweisen (Walter/Uhr 2013: 437). Die Umstände der Abwahl Paul Keatings hatten die Grundlage für eine andauernde konservative Kampagne geboten, Labor sei kein vertrauenswürdiger Manager der Volkswirtschaft. Neben den großen Außenhandelsdefiziten und den enorm hohen Zinssätzen legten dafür Keatings rhetorischer Fehlgriff, die Rezession des Jahres 1990 als »the recession we had to have« zu bezeichnen, und vor allem das Leugnen von Defiziten im Wahlkampf 1996 die Grundlage. Die Möglichkeit, Labor mit Haushaltsdefiziten, Inflation und hohen Zinsen in Verbindung zu bringen, wurde von Howard und Costello in den Wahlkämpfen von 1998, 2001 und 2004 systematisch eingesetzt. Damit verhinderten sie zugleich erfolgreich, von Labor als fiskalpolitisch zu konservativ attackiert zu werden.

Angesichts dessen hatte Labor jahrelang vergeblich nach einer erfolgreichen ökonomischen Strategie gesucht. Vor der Wahl des Jahres 1998 spielte die Partei zeitweilig mit einer klassischen linken Position, musste jedoch bald die Popularität der Überschüsse erkennen. Sie schwenkte deshalb auf die konservative Position ein und verfolgte nun eine Strategie der Differenzminimierung gegenüber der Regierung (Battin 2002). In ihrem Versuch, fiskalisches Verantwortungsbewusstsein zu beweisen, zeigte die Labor-Führung sogar Ansätze einer konservativen *Supply-side*-Rhetorik. So kritisierte Oppositionsführer Simon Crean (2003) das konservative Budget, es biete »the smallest tax cut from the highest taxing government in our history«. Diesen Kurs setzte auch sein Nachfolger Mark Latham fort, mit ähnlich bescheidenem Erfolg (Errington/van Onselen 2007: 355). Erst 2007 gewann Labor schließlich die Wahl. Diese fand vor dem Hintergrund steigender Zinssätze statt: In Reaktion auf steigende Inflationsraten, die von den offen prozyklischen Steuersenkungen der konservativen Regierung noch angeheizt wurden, erhöhte die Notenbank die Zinsen 2006 und 2007 insgesamt fünfmal, darunter zwei Wochen vor der Wahl. Die Regierung hatte den vorhergehenden Rückgang der Zinssätze politisch ausgenutzt, indem sie ihn rhetorisch mit ihrer Überschusspolitik verknüpfte. Gerade in den umkämpften Wahlkreisen in den Vororten von Sydney und Melbourne hatte sich das ausgezahlt, denn dort ist die Hypothekenbelastung besonders hoch. Diese Strategie erwies sich nun als fatal und trug zur Niederlage der Regierung bei (Bongiorno 2008: 598; Eccleston 2008).

Doch obgleich die Regierung wechselte, blieb der fiskalische Kurs fast unverändert. Das Überschussregime war fest etabliert und Kevin Rudd hatte sich im Wahlkampf als ökonomisch konservative Alternative zu Howard präsentiert (Williams 2008: 117). Zwar versprach seine Regierung höhere öffentliche Investitionen, aber auch weitere Steuersenkungen (OECD AUS 2008: 38). In seiner ersten Haushaltsrede erklärte der neue Finanzminister Wayne Swan sogar:

> The Government has made sure every single cent of new spending for the coming year has been more than met by savings elsewhere […]. The Government believes there is an economic case for cutting government spending. (Swan 2008)

In Neuseeland war die Labour-Regierung Clark bereits 1999 an die Regierung gekommen und wurde in den Wahlen von 2002 und 2005 bestätigt. Auch Labour sah sich als Regierungspartei permanent unter Zugzwang, ökonomische

Kompetenz zu beweisen (Obinger et al. 2010b: 165). Das führte zu der beschriebenen extrem risikoaversen Fiskalpolitik. Trotzdem gelang es der Regierung, mit der durch die Erhöhung des Spitzensteuersatzes gegenfinanzierten Ausweitung der Investitionen und der familienpolitischen Leistungen, einige progressive Politikziele umzusetzen. Die restriktive Steuerpolitik machte sie jedoch zugleich anfällig für die Kritik, die Steuerzahler übermäßig zu belasten.

Insgesamt zeigt die Entwicklung in allen sechs Ländern, dass Regierungswechsel einen überraschend geringen Einfluss auf die Grundausrichtung der Fiskalpolitik hatten. Entgegen den Prognosen der Public-Choice-Theorie ließen weder Regierungswechsel noch Minderheitsregierungen und die zunehmende Fragmentierung vieler Parteiensysteme das Überschussregime erodieren. Vielmehr sahen sich neue Regierungen stets ganz besonders unter Druck, ihre fiskalpolitische Seriosität zu beweisen und agierten entsprechend vorsichtig. Der neuseeländische Wahlkampf des Jahres 2008 ragt heraus, weil er der einzige war, in dem sich nicht alle großen Parteien zur fortgesetzten Erwirtschaftung von Überschüssen verpflichteten.

6.6.6 Das Überschussregime als Zusammenspiel von Interessen, Ideen und Institutionen

In der Verwendung der Überschüsse für umfassende Steuersenkungen und nur punktuelle Investitionen in Infrastruktur, Bildung und Familien zeigt sich noch einmal das für das Überschussregime charakteristische Zusammenspiel von Interessen, Ideen und Institutionen. Dabei war der treibende Faktor hinter den Steuersenkungsprogrammen in allen Ländern die Wettbewerbsfähigkeit. Dagegen waren sie als Programm zum Stimmenfang nicht übermäßig erfolgreich. Zwar waren Steuersenkungen durchaus populär, aber in den meisten Umfragen sprach sich ein mindestens ebenso großer Teil der Bevölkerung für höhere Staatsausgaben wie für niedrigere Steuern aus (Leigh 2006; Goul Andersen 2011b; Maclean's 2000). Stattdessen entfaltete sich in der Steuersenkungspolitik die bereits beschriebene Gewichtsverschiebung zugunsten der Interessen des Exportsektors. Dabei betraf das Thema Wettbewerbsfähigkeit vor allem zwei Steuertypen, nämlich die Unternehmen- und die Einkommensteuer. Die Senkung der Unternehmensteuer sollte dazu dienen, Investitionen anzulocken und das Abwandern von Firmen zu verhindern, während die Senkung der Einkommensteuer gut ausgebildete Arbeitskräfte im Land halten sollte. Dabei bezog sich die Argumentation in der Regel aber nicht nur auf die abstrakte Weltwirtschaft, sondern auf einen konkreten Nachbarn und Konkurrenten. So gehörten direkte Vergleiche der Steuersätze mit den USA in Kanada ebenso zur Tagesordnung (Department of Finance Canada 2004: 208), wie in Neuseeland Vergleiche mit

Australien (New Zealand Treasury 2006: 44) und in den nordischen Ländern Vergleiche mit dem EU-Durchschnitt (OECD FIN 2000: 132). Steuersenkungen ohne sichtbaren Einfluss auf die Wettbewerbsfähigkeit, wie die Senkung der kanadischen Umsatz- oder der schwedischen Vermögensteuer, hatten dagegen idiosynkratische politische Gründe (Jackson/Weir 2008: 61; OECD SWE 2002: 56).

Die Argumentation über die Wettbewerbsfähigkeit fand sich selbstverständlich nicht nur in den Überschussländern. Sie traf dort jedoch auf fiskalpolitische Rahmenbedingungen, die sie besonders wirksam werden ließen. So erzeugten die institutionellen Regeln, wie bereits gezeigt, in vielen Ländern ohnehin eine Tendenz, Überschüsse für Steuersenkungen zu verwenden. Diese Institutionen waren zugleich auch ein Grund für die mangelnden Investitionen in die öffentliche Infrastruktur. Denn das faktische Verbot, neue Schulden aufzunehmen, zwang dazu, Investitionen vollständig aus laufenden Einnahmen und damit durch die Belastung der aktuellen Steuerzahler zu finanzieren (Argy 2007: 9). Während Steuersenkungen die Überschüsse also an die aktuelle Generation zurückgaben, hätten von Investitionen vor allem künftige Generationen profitiert. Hinzu kam die in den Fiskalregeln angelegte Neigung, Projekte mit langjähriger Laufzeit zu vermeiden. Wenn nämlich ein Großteil der staatlichen Mehrausgaben erst im laufenden Haushaltsjahr beschlossen wurde und die Form von Einmalmaßnahmen annahm, um zukünftige Ausgabengrenzen oder Überschussziele nicht zu gefährden, dann hatten mehrjährige Investitionsprojekte einen automatischen Nachteil gegenüber Konsumausgaben. Beispielsweise wurde mit der Tatsache, dass Investitionen unter die institutionelle Ausgabengrenze fallen und Mehreinnahmen deshalb nicht für Investitionen ausgegeben werden dürfen, immer wieder die geringe Investitionstätigkeit des finnischen Staates begründet (Finnisches Finanzministerium 2007: 90ff.).

Hinzu kam die Schwächung wirtschaftspolitischer Alternativstrategien. Der Diskurs einer »Neuerfindung des Regierens« hatte – ebenso wie die graduelle Stärkung privater Daseinsvorsorge gegenüber den öffentlichen Angeboten – dazu geführt, dass es keine Akteure gab, die eine stärker gestaltende Fiskalpolitik vertreten und auch politisch durchgefochten hätten. Insbesondere die progressiven Parteien als natürliche Vertreter eines solchen Ansatzes verfolgten einen anderen Kurs, der ihr fiskalpolitisches Verantwortungsbewusstsein betonen sollte. Das politische Ziel, die Wettbewerbsfähigkeit zu erhöhen, war deshalb – wie die Überschüsse selbst – durch einen Allparteienkonsens gedeckt. Beispielsweise entsprach die Argumentation für Einkommensteuersenkungen im konservativen kanadischen Budget des Jahres 2006 fast wortgleich der Argumentation im liberalen Haushalt des Vorjahres (Jackson/Weir 2008: 62). Und während das konservative australische Budget des Jahres 2006 die Steuersenkungen mit dem

Ziel begründete »to reward effort, improve work incentives and enhance the international competitiveness of our top tax rates« (Australian Government 2006), versprach das Labor-Budget des Jahres 2008 »a fairer, simpler and more efficient tax system that supports the global competitiveness of our economy« (Australian Government 2008). In Dänemark hatte bereits die sozialdemokratische Regierung Vorschläge für den steuerpolitischen Umgang mit der Globalisierung erarbeiten lassen (Ganghof 2006: 85). Die dazu eingesetzte Kommission wurde zwar von der neu gewählten konservativen Regierung wieder aufgelöst, aber auch diese führte vor allem den internationalen Wettbewerb als Begründung für ihre steuerpolitischen Maßnahmen an (Zohlnhöfer 2009: 285).

Dieses Fehlen einer politischen Koalition für alternative Überschussverwendungen machte sich vor allem bei weichen Investitionen wie Ausgaben für Bildungs- und Familienpolitik bemerkbar. Auch diese waren gegenüber Steuersenkungen bereits durch die institutionellen Reformen im Hintertreffen. Der Grund für ihre unbefriedigende Entwicklung dürfte aber vor allem in fehlender politischer Unterstützung liegen, die durch die schrittweise Privatisierung der öffentlichen Daseinsvorsorge in der Form institutionellen Layerings ausgelöst wurde. Diese sorgte dafür, dass wichtige Interessengruppen, die bislang zu den Profiteuren und Unterstützern öffentlicher Angebote zählten, sich zunehmend von diesen wegorientierten. So findet Fladmoe (2012) in Finnland und Schweden einen für universelle Wohlfahrtsstaaten überraschend hohen Grad politischer Polarisierung hinsichtlich der Entwicklung des Bildungssystems. Seinen Ergebnissen zufolge sind insbesondere die bürgerlichen Mittelschichten unzufrieden mit einem öffentlichen Bildungssystem, das akademische Leistungen in ihrer Wahrnehmung hinter sozialen Ausgleich zurückstellt. Weil das öffentliche System diesen neuen Anforderungen nur unzureichend gerecht wird, führt der Ruf nach anderen Inhalten dann auch zu einer zunehmenden Orientierung auf andere Organisationsformen, nämlich auf private Bildungsangebote. Damit geht der Interessenkoalition für höhere Bildungsausgaben aber eines ihrer wichtigsten Mitglieder verloren (Busemeyer/Iversen 2014).

Die Steuersenkungspläne verfügten dagegen über eine breite Unterstützerkoalition. So wurde die Bedeutung des Themas Wettbewerbsfähigkeit nicht nur von den Finanzministern und ihren Beamtenstäben lanciert, sondern erhielt Unterstützung aus Wissenschaft und Politikberatung. Beispielsweise verlangten die jährlichen *Tax Competitiveness Reports* des führenden kanadischen Thinktank – des C.D. Howe Institute – immer wieder, die kanadischen Steuersätze müssten neben denen der USA bestehen (beispielhaft Mintz 2007). Zu einem ganz ähnlichen Ergebnis kam die von der dänischen Regierung eingesetzte *Velfærdskommissionen* (Goul Andersen 2007: 75). Zudem setzten sich im internationalen Wettbewerb stehende Konzerne wie Nokia und Ericsson intensiv für niedrigere

Steuern ein. Nokia-Chef Ollila deutete sogar an, man könne sein Hauptquartier ins Ausland verlagern, wenn die Steuerbelastung nicht sinke (Helsingin Sanomat 2001d). Dabei zielte er nicht nur auf Unternehmensteuern ab, sondern vor allem auf die hohen Einkommensteuern, die es schwer machten, qualifiziertes Personal nach Finnland zu locken. Ericsson verlagerte mit demselben Argument einen Teil seines Hauptquartiers nach London (The Economist 2000). In Australien war es vor allem der Bergbausektor, der klagte, eine stärkere Beteiligung des Fiskus an den wachsenden Rohstoffeinnahmen drohe notwendige Investitionen zu verhindern. Auch die neuseeländische Regierung, die die Einkommensteuern 1999 erhöht hatte, entkam diesem Argument nicht. So argumentierte eine von der Regierung eingesetzte Expertenkommission, die Vorschläge zur Reform des Steuersystems unterbreiten sollte, die Steuererhöhung sende »a negative signal to mobile, high-skilled taxpayers« (New Zealand Treasury 2001: 58).

In Finnland ging der Konsens über die Notwendigkeit zu Steuersenkungen sogar so weit, dass sich das Verhältnis von Überschüssen und Steuersenkungen umkehrte. Steuersenkungen waren hier nicht mehr die Verwendung zuvor erzielter Überschüsse, sondern Überschüsse waren das fiskalische Instrument, um bereits beschlossene Steuersenkungen finanzieren zu können. So galten Steuersenkungen nicht nur als notwendig, um im internationalen Wettbewerb zu bestehen, sondern auch als das beste Rezept gegen die nach wie vor hohe Arbeitslosigkeit. Hinzu kam die Notwendigkeit, den Tarifparteien moderate Lohnerhöhungen durch niedrigere Einkommensteuern zu erleichtern (Helsingin Sanomat 2000a; Finnisches Finanzministerium 2001). Um gleichzeitig das verfügbare Einkommen der Beschäftigten zu steigern und die Wettbewerbsfähigkeit der Industrie zu erhalten, versprach die Regierung Steuersenkungen, die bei einem mageren Zuwachs der Bruttolöhne eine deutliche Verbesserung der Nettolöhne ermöglichten (Vartiainen 2011).

Ein letzter, nicht zu unterschätzender Grund, warum die Steuersenkungspolitik auf so fruchtbaren Boden fiel, war schließlich der Überschuss selbst. Bereits seine Existenz schien zu signalisieren, dass die Bürger zu hohe Steuern zahlten, insbesondere wenn er deutlich über 1 Prozent des BIP zu steigen begann. Angesichts der umfangreichen in der Konsolidierung erfolgten Kürzungen war dieses Argument nicht einmal völlig von der Hand zu weisen: Bei unveränderter Steuerlast bot der Staat nun deutlich reduzierte Leistungen, der gefühlte Gegenwert der Steuern war also deutlich gesunken. Die Tatsache, dass – jedenfalls in den ersten Überschussjahren – ein erheblicher Teil der Steuereinnahmen für Zinszahlungen verwendet werden musste, verstärkte diesen Eindruck nur. Hinzu kam, dass die verschiedenen Steuerreformen die Progressivität des Steuersystems reduzierten. Die Mittelschichten trugen nun einen höheren Anteil an einem Steueraufkommen, aus dem deutlich geringere öffentliche Leistungen finanziert wurden als vor der Konsolidierung. Vor diesem Hintergrund verknüpften die Regierungen ihre Steuersenkungsprogramme regelmäßig mit dem Hinweis, es sei nur gerecht, den Bürgern den von ihnen erarbeiteten Überschuss zurückzugeben. Die Formel »It's the taxpayers money« gehörte zum Standardrepertoire steuersenkender Regierungen. Der australische Finanzminister Peter Costello trieb diese Rhetorik auf die Spitze und beschrieb den Ansatz der Regierung als wohlverdiente Dividendenzahlung: »Australian taxpayers are shareholders in Australia and they will benefit through income tax cuts as government debt is eliminated« (Gittins 1999).

Steuersenkungen waren also nicht nur ein Ergebnis des Überschussregimes, sondern spielten auch eine wichtige Rolle bei seiner Stabilisierung. Die Verwendung der Überschüsse wirkte insofern auf ihre Bewahrung zurück, als sie wichtige Interessengruppen veranlasste, das Regime weiter zu unterstützen. Solange die Regierung nämlich glaubwürdig versprach, zukünftige Überschüsse für dann noch stärkere Steuersenkungen zu verwenden, hatten Steuersenkungskoalitionen keinen Grund, den Überschuss durch Maximalforderungen in der Gegenwart zu gefährden. Während Überschüsse und Steuersenkungen also in einem kurzfristigen ökonomischen Zielkonflikt standen (jede Steuersenkung reduziert zunächst den Überschuss) wirkten sie mittelfristig politisch komplementär. Diese Komplementarität zweier Elemente des Trilemmas der Fiskalpolitik war aber nur auf Kosten des dritten Elements möglich: der Entwicklung der Staatsausgaben und insbesondere ihres gestaltenden Teils.

Kapitel 7
Fazit: Wachsende Fähigkeiten oder sinkende Ambitionen?

Die Phönizier haben das Geld erfunden. Aber warum so wenig?

Johann Nepomuk Nestroy, österreichischer Dramatiker

Annual income twenty pounds, annual expenditure nineteen nineteen and six, result happiness. Annual income twenty pounds, annual expenditure twenty pounds ought and six, result misery.

Mr. Micawber (Charles Dickens: David Copperfield)

Seit über dreißig Jahren befinden sich die entwickelten kapitalistischen Demokratien in einer Ära permanenter Austerität. Fiskalische Sparzwänge sind zu einem Dauerzustand geworden, der sich durch die Weltfinanzkrise der Jahre nach 2008 noch einmal erheblich verschärft hat. Vor diesem Hintergrund scheinen Haushaltsüberschüsse die Rückkehr eines Staates zu verheißen, der gestaltungswillig und gestaltungsfähig ist. Wenn die Sparmaßnahmen erst einmal erfolgreich waren, dann – so die Hoffnung – kann der Staat wieder Quelle von »happiness« statt von »misery« sein und den Senioren ihren Wunsch nach höheren Renten ebenso erfüllen wie den Studenten ihren Wunsch nach besseren Universitäten und den Unternehmen ihren Wunsch nach Steuererleichterungen.

Möglicherweise sind solche Projektionen nötig, um politische Mehrheiten für Sparprogramme organisieren zu können. »Wir sparen heute, damit wir in der Zukunft nicht noch stärker sparen müssen«, ist wohl kaum eine Parole, hinter der sich eine politische Koalition für Sparmaßnahmen versammeln ließe. Prüft man sie empirisch, erweisen sich solche Projektionen jedoch vor allem als politische Rhetorik. Geld, so ist mit Nestroy festzustellen, gibt es immer und überall zu wenig. Selbst Länder mit dauerhaften Haushaltsüberschüssen sind deshalb nur sehr begrenzt in der Lage, »to forge a new destiny for [themselves]« (Martin 1997: 28). Überschüsse sind eben kein Zeichen zurückkehrenden Überflusses, der nun wieder eine gestaltende Politik erlaubt. Sie sind vielmehr hart erkämpft, und zwar gerade durch den Verzicht auf solche Gestaltungsambitionen. Der politische Kampf um die Verteilung der Überschüsse ist daher nicht weniger hart als der Kampf um die Verteilung von Konsolidierungslasten. Und die Interessengruppen und Politikfelder, die besonders umfangreiche Sparmaßnahmen verkraften mussten, haben eine besonders schlechte Ausgangsposition, um vom Überschuss zu profitieren. Da die staatliche Handlungsfähigkeit besonders unter der Konsolidierung litt, ist es nur folgerichtig, wenn sie im Überschuss nicht wieder so wächst, wie von der progressiven Konsolidierungsthese prognostiziert.

Mit diesem Befund ist kein allgemeines Urteil über die Wünschbarkeit von Haushaltsüberschüssen verbunden. Mit der progressiven Konsolidierungsthese hat die Arbeit ein spezifisches Argument für Überschüsse untersucht und zurückgewiesen. Davon unbenommen kann es andere, gute Gründe für Überschüsse geben. Denn in der Tat sind mit übermäßiger Staatsverschuldung potenziell extrem schädliche Konsequenzen verbunden. Die überaus schmerzhaften Konsolidierungserfahrungen der späteren Überschussländer sind im Grunde das beste Beispiel für die negativen Effekte eines Verlustes fiskalischer Handlungsspielräume. Auch kann es verschiedene makroökonomische Argumente für Überschüsse geben. Darüber hinaus mag sich ein anderes Bild ergeben, wenn man Steuersenkungen als Ausdruck staatlicher Handlungsfähigkeit versteht. Bezeichnenderweise gründete sich das Überschussregime auf die Unterstützung derjenigen gesellschaftlichen Gruppen, deren verfügbares Einkommen durch die aus den Überschüssen finanzierten Steuerreformen erhöht wurde. Ihr andauernder Sparkurs brachte den Überschussländern also durchaus Vorteile. Er tat dies allerdings nicht, indem er die Rückkehr zu einem gestaltenden Investitions- und Interventionsstaat auslöste. Insofern ist also vor allem das Konzept der »Wiedergewinnung« im Zusammenhang mit Überschüssen problematisch. Das Bekenntnis zu Überschüssen ist weniger die Grundlage dafür, schmerzhafte Einschnitte zurückzunehmen, als vielmehr dafür, sie auf Dauer zu stellen.

Die Arbeit warnt also vor einer Perspektivverengung: Dass Überschüsse positive Effekte haben, heißt nicht, dass sie *ausschließlich* positive Effekte haben. Insbesondere müssen diese Effekte empirisch nachgewiesen und können nicht einfach theoretisch postuliert werden, zumal nicht auf Basis von Umkehrschlüssen aus Defizitzeiten. Die progressive Konsolidierungsthese basiert auf einer solchen überoptimistischen Extrapolation. Blickt man dagegen auf die Empirie, dann zeigt sich, dass Überschüsse neben positiven auch problematische Folgen haben. Vor allem aber stehen diese Folgen oft in einem Zielkonflikt miteinander.

Die Analyse der Überschussfälle zeigt damit auch, wie schwer es ist, eine theoretischen Idealen entsprechende Fiskalpolitik zu gestalten. Selbst wenn man den berechtigten fiskalsoziologischen Einwand, Fiskalpolitik sei immer konflikthaft und es könne deshalb gar keine »ideale« Fiskalpolitik geben, einmal ausblendet, zeigen alle sechs Überschussfälle in beinahe dialektischer Weise, wie das Bestreben, bestimmte Probleme zu vermeiden, die genau umgekehrten Probleme hervorrief. Aus Angst, ihren politischen Handlungsspielraum zu missbrauchen, beschränkten die Überschussländer ihn institutionell so sehr, dass dies selbst eine maßvolle Verwendung ihrer neu gewonnenen fiskalischen Spielräume behinderte. Aus Angst, zukünftige Generationen mit Schulden zu belasten, unterließen sie Investitionen in den Kapitalstock, der diesen Generationen vererbt werden wird. Aus Angst, Leistungen in der Zukunft nicht mehr finanzieren zu können, kürzten sie sie in der Gegenwart. In einem Satz: Aus Angst, zu risikofreudig zu handeln, betrieben diese Länder eine zutiefst risikoaverse Fiskalpolitik. Man kann mit einigem Recht argumentieren, diese Probleme des Überschussregimes seien weniger gravierend als die seines Vorgängerregimes. Aus der Perspektive Neuseelands im Jahr 1984 oder Kanadas im Jahr 1994 lässt sich dieser Einwand schwer bestreiten. Deshalb sollte man die Augen aber nicht vor den verbleibenden Problemen verschließen.

Damit ist nicht gesagt, fiskalpolitische Entscheidungsträger sollten sich nicht um Konsolidierungen oder sogar Überschüsse bemühen. Sie sollten aber die voraussichtlichen politischen Folgen einer bestimmten Ausgestaltung der Konsolidierung berücksichtigen: Eine Konsolidierung, die versucht, die ökonomischen Kosten möglichst niedrig zu halten, kann politische Kollateralschäden auslösen, die auch viele Jahre nach dem erfolgreichen Abschluss der Konsolidierung noch spürbar sind. Die Regierungen sollten sich also bewusst sein, dass sie mit der Formulierung eines Konsolidierungsprogramms einen fiskalpolitischen Pfad einschlagen, der auch nach einem Konsolidierungserfolg nur schwer wieder zu verlassen sein wird.

Dieses Schlusskapitel fasst die wichtigsten empirischen Befunde der Arbeit zunächst noch einmal zusammen. Danach wendet es sich möglichen theoretischen Schlüssen zu und diskutiert, welche allgemeinen Einsichten für die Analyse von Fiskalpolitik sich aus diesen Ergebnissen gewinnen lassen. Abschließend unternimmt es einen vorsichtigen Ausblick auf die Aussichten staatlicher Handlungsfähigkeit im Falle einer erfolgreichen Überwindung der noch andauernden Staatsschuldenkrise, wobei sich ein besonderes Augenmerk auf mögliche deutsche Haushaltsüberschüsse richten wird.

7.1 Überschussregime, Asymmetrie und das Scheitern progressiver Konsolidierungen

Die sechs in dieser Arbeit untersuchten Haushaltsüberschüsse waren kein Zeichen wachsender Gestaltungsfreiheit, sondern vielmehr ein Indiz für einen sinkenden Gestaltungswillen. Der Ausgangspunkt für die Entwicklung dieser These war der empirische Befund des fünften Kapitels: Weder erfolgte die

Verwendung von Überschüssen spiegelbildlich zu deren Entstehung noch entsprach sie der hochfliegenden Rhetorik progressiver Haushaltskonsolidierer. Denn während die Steuern ganz so gesenkt wurden, wie es eine Umkehrung der Defiziterfahrung erwarten ließ, blieben die Staatsausgaben und vor allem die Zukunftsinvestitionen hinter den Erwartungen zurück. Dabei hatten gerade Letztere in der Konsolidierung überproportional starke Einschnitte verkraften müssen. Die Überschüsse entstanden also auf der Ausgabenseite des Staatshaushalts und wurden auf der Einnahmenseite verwendet. Die Annahme einer Symmetrie zwischen Defiziten und Überschüssen, die vielen empirischen Arbeiten und letztlich auch der progressiven Konsolidierungsthese zugrunde liegt, lässt sich also nicht aufrechterhalten. Dass Defizite die fiskalpolitische Handlungsfähigkeit des Staates reduzieren, heißt nicht, dass Überschüsse sie automatisch erhöhen.

Der Fehler der Symmetrieannahme liegt in einer Gleichsetzung fiskalischen Handlungsspielraums mit fiskalpolitischer Handlungsfähigkeit. Denn in der Tat erhöhen erfolgreiche Konsolidierungen und Überschüsse den fiskalischen Handlungsspielraum: Sie senken die Zinslast, schaffen zusätzliche Freiräume im Budget und reduzieren den Druck der Finanzmärkte. Daraus folgt aber nicht, dass die Politik auch darin frei ist, diese Spielräume zu nutzen. Ein solches voluntaristisches Konzept von Fiskalpolitik setzt nämlich voraus, dass der Staat Überschüsse erzielen kann, ohne durch die vorhergehende Konsolidierung eine Neukonfiguration der fiskalpolitischen Restriktionen und Präferenzen auszulösen. Haushaltsüberschüsse kommen aber nicht durch Jungfrauengeburt in die Welt.

Vielmehr gilt gerade in der Fiskalpolitik mit Rose (1990: 263): »Policymakers are heirs before they are choosers.« Denn umfassende Konsolidierungen sind immer auch mit einer Umwälzung der fiskalpolitischen Institutionen (das heißt Restriktionen) sowie der fiskalpolitischen Interessen und Ideen (das heißt Präferenzen) verbunden. Die Fiskalpolitik operiert nach der Konsolidierung nicht nur im Korsett eines deutlich gestrafften Budgetprozesses, sondern auch in einem Umfeld, in dem tiefe Skepsis gegenüber fiskalpolitischem Aktivismus herrscht und in dem die Interessengruppen, die für solchen Aktivismus eintreten würden, erkennbar geschwächt sind. Nachhaltig erfolgreiche Konsolidierungen lösen also eine Beschränkung des politischen Handlungsspielraums aus. Fiskalpolitische Handlungsfähigkeit setzt aber die politische Fähigkeit voraus, fiskalische Spielräume auch zu nutzen. Deshalb ist die Gleichsetzung von Überschüssen mit wachsender fiskalpolitischer Handlungsfähigkeit voreilig. Es ist gerade der Verzicht auf politische Handlungsspielräume, der es Staaten erlaubt, Überschüsse zu erzielen. Erst weil es dem Staat gelingt, sich von Ansprüchen an seine fiskalpolitische Gestaltungskraft abzuschotten, ist er in der Lage, dauerhafte Überschüsse zu erzielen (siehe auch Krippner 2011: 144ff.).

Dieses Argument weist auf einen engen Zusammenhang zwischen Entstehung, Bewahrung und Verwendung von Überschüssen hin. Dieser Zusammenhang kann mithilfe des Konzepts eines Überschussregimes analytisch aufgeschlüsselt werden. Dieses Konzept basiert auf der Einsicht Schumpeters, Fiskalpolitik müsse zugleich als Ausdruck und als Ursache gesellschaftlicher Veränderungsprozesse analysiert werden. Im sechsten Kapitel wurden die Konturen dieses Regimes empirisch herausgearbeitet. Es zeichnet sich dadurch aus, dass es die Vermeidung von Defiziten als oberstes Ziel der Fiskalpolitik etabliert. Das heißt, dass die Vermeidung von Defiziten Vorrang hat, wenn sie mit anderen fiskalpolitischen Zielen kollidiert. Das Regime ist also ex negativo, in Abgrenzung zu Defiziten definiert. Es wird von einer komplementären Kombination von Ideen, Interessen und Institutionen gestützt. Seinen Kern bildet ein zunehmend unhinterfragt von allen relevanten Akteuren in Politik und Gesellschaft geteilter Konsens über die Ablehnung von Defiziten als legitimem Instrument der Fiskalpolitik. Das Regime ist deshalb auch so gut wie kein Gegenstand politischen Konflikts mehr, sondern wird nur politisiert, wenn ein Verstoß gegen seine Normen droht.

Zugleich bleibt das Regime in ein Klima permanenter fiskalischer Austerität eingebettet. Wenn es zu einem Konflikt mit anderen fiskalpolitischen Zielen kommt, erfolgen die zur Bewahrung des Überschusses nötigen Anpassungen daher fast ausschließlich auf der Ausgabenseite des Haushalts, die auch im Überschuss unter permanentem Druck steht. Dagegen konzentrieren sich die Maßnahmen zur Verwendung des Überschusses vor allem auf die Einnahmenseite. Überschüsse haben in diesem Regime also Vorrang vor Steuersenkungen und diese wiederum vor Mehrausgaben und Investitionen. Das führt dazu, dass die Staatstätigkeit im Überschuss nicht wieder wächst oder sogar weiter schrumpft, nachdem sie zuvor bereits in der Konsolidierung deutlich reduziert worden ist. Der Staat zieht sich zunehmend aus alten Handlungsfeldern zurück, ohne in gleichem Umfang neue Ziele zu formulieren.

Bewahrung und Verwendung des Überschusses werden dabei durch alle drei Dimensionen des fiskalischen Regimes miteinander verknüpft: Dieselben Institutionen, die eine Bewahrung des Überschusses sicherstellen sollen, erschweren auch seine ausgabenseitige Verwendung; dieselben Ideen, die den ausgeglichenen Haushalt zum Fixpunkt verantwortungsvoller Fiskalpolitik erheben, misstrauen auch dem Staat als gestaltendem Akteur in der Wirtschaft; und dieselben Interessen, die von einer restriktiven Fiskalpolitik profitieren, profitieren auch von Steuersenkungen.

Im Bereich der Institutionen stützt sich das Regime konkret auf drei Typen von Regeln: erstens auf explizite und implizite Vorgaben für den Haushaltssaldo und die Staatsverschuldung; zweitens auf Regeln, die nur einzelne Teile des Budgets – vor allem die Staatsausgaben oder die Staatseinnahmen – betreffen und diese zu permanenter Austerität verpflichten; und drittens auf institutionelle Reformen des Prozesses der Budgetformulierung, wie eine Stärkung des Finanzministeriums gegenüber den Fachressorts oder die Erstellung systematisch zu pessimistischer Prognosen. Diese Regeln sind nur selten gesetzlich festgeschrieben und ein Verstoß gegen sie hat üblicherweise keine juristischen, sondern nur politische Folgen. Sie greifen also nur, wenn es wirkmächtige Interessen gibt, die einen Regelverstoß sanktionieren. Deshalb reflektieren und bestärken diese Institutionen die Herausbildung eines Regimes, aber sie verursachen sie nicht. Ohne die Interaktion mit komplementären Ideen und Interessen blieben sie wirkungslos.

Im Bereich der Interessen stützt sich das Regime auf eine Verschiebung der relativen Stärken unterschiedlicher Interessengruppen, und zwar vor allem auf eine Schwächung der Befürworter aktivistischer Fiskalpolitik. Das betrifft sowohl den parlamentarischen als auch den außerparlamentarischen Raum. Im Parlament lässt das unbedingte Bekenntnis zu Überschüssen die Parteien zugunsten einer risikoaversen Fiskalpolitik auf einen stärkeren Aktivismus verzichten. Außerhalb des Parlaments führen die von der Konsolidierung ausgelösten Rückbaumaßnahmen in Verbindung mit der zunehmenden Globalisierung zu einem Einflussverlust der traditionellen Vertreter aktiver Fiskalpolitik gegenüber den auf Wettbewerbsfähigkeit fokussierten Exportsektoren. Dies betrifft sowohl die Gewerkschaften, insbesondere des öffentlichen Dienstes, als auch die Binnenwirtschaft. Vor allem aber wird ein leistungsfähiger Staat für die bürgerlichen Mittelschichten zunehmend weniger wichtig als ein hohes verfügbares Einkommen, da sie wesentliche Leistungen der Daseinsvorsorge nach der Konsolidierung zunehmend auf privaten Märkten beziehen.

Im Bereich der Ideen stützt sich das Regime schließlich auf die Herausbildung eines von der Wählermehrheit und allen wichtigen Parteien geteilten Konsenses darüber, dass Defizite kein legitimes Mittel der Fiskalpolitik darstellen. Dabei sind aber nicht nur Defizite dauerhaft diskreditiert, sondern auch das alte, aktivistische Staatsverständnis, das ihren Einsatz einst motivierte und das als mitverantwortlich für die tiefe Krise der 1980er- und 1990er-Jahre gilt. Dieser Konsens wird gestützt durch positive makroökonomische Erfahrungen in der Überschusszeit, die kausal interpretiert werden: So schreibt man den Überschüssen eine mäßigende Wirkung auf Zinsen und Inflation, eine Stimulierung der nationalen Ersparnis und einen positiven Effekt auf das Vertrauen von Anlegern und Investoren zu.

In einem voll entwickelten Überschussregime stützen und verstärken sich diese Elemente gegenseitig. Ein solches Überschussregime ist selbstverständlich ein Idealtyp, dessen Elemente in keinem einzigen Fall vollständig in der soeben beschriebenen Form zur Entfaltung kamen. In den angelsächsischen Ländern spielte die Skepsis gegenüber einem aktivistischen Staat eine stärkere Rolle als in den nordischen Ländern, in denen ein positives Staatsverständnis eine größere Tradition hat. Dafür hatten explizite institutionelle Regeln dort eine größere Bedeutung, während das Bekenntnis zu Überschüssen in Kanada und Australien einen informelleren Charakter behielt. Die Politisierung im Parteienwettbewerb beschränkte den politischen Handlungsspielraum der Regierung in den angelsächsischen Konkurrenzdemokratien stärker als in einem konsensorientierten Vielparteiensystem wie in Finnland oder einem Land mit einer sehr starken und überparteilichen Tradition des öffentlichen Dienstes wie Dänemark (Christiansen/Togeby 2006).

Die Darstellung des sechsten Kapitels hat solche Aspekte notgedrungen oft ausgelassen oder nur gestreift. Auch hat sie idiosynkratische Elemente der nationalen Fiskalpolitik, wie das fiskalische Ungleichgewicht zwischen Zentralstaat und Provinzen, das den kanadischen Konservativen ein großes Anliegen war, nicht weiter verfolgt. Stattdessen hat sie den gemeinsamen Kern aller sechs Fälle in den Mittelpunkt gestellt, um auf diese Weise die Konturen eines Überschussregimes herauszuarbeiten. Sie hat sich also auf Ähnlichkeiten statt auf Unterschiede konzentriert. Die Rechtfertigung dafür lag im empirischen Befund, dass die Annahme einer Symmetrie zwischen Defiziten und Überschüssen trotz aller Unterschiede in den institutionellen, kulturellen und ökonomischen Eigenheiten in keinem Land erfüllt war. Keinem der sechs Länder gelang die von progressiven Konsolidierern prognostizierte Wiedergewinnung fiskalpolitischer Handlungsfähigkeit.

Die Untersuchung der Arbeit hat sich auf die sechs Fälle langer Überschüsse konzentriert. Es hätte den Rahmen der vorliegenden Untersuchung gesprengt, daneben Fälle kurzer Überschüsse in vergleichbarer Tiefe zu analysieren. Diese wären aber auch theoretisch nur mäßig interessant. Denn die bei der Herausbildung des Überschussregimes wirkenden Mechanismen dürften dort ohnehin keine große Rolle gespielt haben, verdankten sich diese Überschüsse doch fast alle einnahmeseitigen Konsolidierungen. Einnahmeseitige Konsolidierungen lösen aber weder eine vergleichbare Neudefinition der Rolle des Staates in der Wirtschaft aus noch schwächen sie die Befürworter einer aktivistischen Fiskalpolitik. Wenn Ausgaben nicht gekürzt werden, bleiben auch deren Unterstützerkoalitionen stabil. Zugleich schwächen sie aber auch die Steuersenkungslobby nicht. Diese dürfte im Gegenteil sogar gestärkt werden, weil die Steuererhöhungen der Konsolidierung die Steuerlast der Bürger noch vergrößern. Es ist also plausibel, dass die hier identifizierten Mechanismen tatsächlich ein Alleinstellungsmerkmal der langen Überschüsse sind.

Die Unterschiede zwischen kurzen und langen Überschussperioden gehen demnach maßgeblich auf ihre Entstehung zurück. Denn nur vor deren Hintergrund ist die spätere (Nicht-)Bewahrung und Verwendung von Überschüssen zu verstehen. Keines der sechs untersuchten Länder mit langen Überschüssen begann ohne äußeren Anlass damit, dauerhafte Haushaltsüberschüsse zu erzielen. Ein Land, das viele Jahre lang immer wieder kleine Defizite ausweist, ohne dadurch in politische oder ökonomische Schwierigkeiten zu geraten, hat wenig Grund zu einem fiskalpolitischen Paradigmenwechsel. Dazu besteht erst ein Anlass, wenn das alte Paradigma in seinen Grundfesten erschüttert wird. Dies geschah in allen sechs Ländern durch eine tiefe Krise, die den Überschüssen vorausging und dazu führte, dass staatlicher Aktivismus nicht mehr als Lösung, sondern als Ursache gesellschaftlicher Probleme gedeutet wurde (Lewis 2003: 145).

Diese Krise war mehr als eine reine Fiskalkrise. Sie äußerte sich in der dreifachen Form ökonomischer, politischer und psychologischer Verwerfungen und hatte den Charakter einer Critical Juncture. Ihre Bedeutung lag damit auch weniger in den direkten fiskalpolitischen Korrekturen, die sie erzwang, als vielmehr in ihrem Langfristeffekt. Sie löste Anpassungsreaktionen in allen drei Dimensionen fiskalischer Regime aus. Erstens definierte der Staat seine Rolle in der Wirtschaft neu und zog sich aus Aufgabenbereichen zurück, die er nicht mehr finanzieren konnte oder wollte. Die Bürger suchten sich deshalb immer öfter private Alternativen zu staatlichen Angeboten. Zweitens brachte die Politik institutionelle Reformen auf den Weg, die eine bessere Kontrolle des Haushalts ermöglichen sollten, die den politischen Gestaltungsspielraum aber dauerhaft einschränkten. Und drittens entwickelten öffentliche und veröffentlichte Meinung eine »Phobie« (McAuley 2012: 9) oder »Obsession« (Richardson 2011) gegenüber Defiziten und Staatsverschuldung. Diese strikte Ablehnung erneuter Defizite prägte auch die fiskalpolitische Reaktion auf ungünstige makroökonomische Entwicklungen wie die Asienkrise oder die amerikanische Rezession des Jahres 2001. Statt mit neuen Defiziten reagierte die Fiskalpolitik darauf mit restriktiven Maßnahmen.

Die Krise hatte dabei einen doppelten Effekt. Zum einen trennt die Fiskalkrise die Länder mit dauerhaften Überschüssen von jenen, in denen Überschüsse eine Episode blieben. So verloren alle sechs Überschussländer in den späten 1980er- oder frühen 1990er-Jahren das Vertrauen der Finanzmärkte wie sonst kein anderes Land. Zum anderen korreliert die Tiefe der Krise innerhalb der Überschussländer mit dem Ausmaß des dort stattfindenden Staatsrückbaus, und zwar nicht nur in der Konsolidierung, sondern auch nach Überwindung der Probleme. Dort, wo das alte Modell am stärksten infrage gestellt worden war, wurde es auch im Überschuss am stärksten zurückgebaut, war die Asymmetrie zwischen Defiziten und Überschüssen also am größten. Es ist schwierig, Krisen ordinal miteinander zu vergleichen. Trotzdem lässt sich mit einiger Gewissheit sagen, dass Australien eine weniger tiefe Krise erlebte als Neuseeland und dass

Dänemarks Krise milder verlief als die Schwedens. Folgerichtig fielen die Kürzungen in Australien und Dänemark weicher aus als die Einschnitte in Neuseeland und Schweden.

Ein anderer Effekt der Krise war, dass sich die politische Toleranz gegenüber Entwicklungen, bei denen in der Vergangenheit ein Eingriff des Staates verlangt oder erwartet worden wäre, deutlich erhöhte. Länder wie Schweden und Neuseeland – bis in die 1980er-Jahre hinein dem Vollbeschäftigungsversprechen ganz besonders verpflichtet – waren im Überschuss bereit, für ihre Verhältnisse hohe Arbeitslosenquoten von 6 oder 8 Prozent zu akzeptieren. Ebenso rief der im OECD-Mittel überdurchschnittlich schnelle Anstieg der Ungleichheit keine politische Kurskorrektur hervor. Das Gleichgewicht von Staatseinnahmen und Staatsausgaben hatte das gesamtwirtschaftliche Gleichgewicht in Rhetorik und Realität als erstes Ziel der Fiskalpolitik ersetzt.

Die Krisenerfahrung war schließlich ein Hauptgrund dafür, dass die politische Dynamik im Überschuss nicht durch das Geltendmachen von Erfolgen, sondern durch die Angst vor Misserfolgen geprägt blieb. Der Grund dafür war die dem Überschussregime zugrunde liegende Tabuisierung von Defiziten. Diese machte Defizite zu einer schweren politischen Niederlage, die es zu vermeiden galt. Zwar waren nun tatsächlich freie Mittel verfügbar, die der Regierung erlaubt hätten, Credit Claiming für Steuersenkungen oder erhöhte Ausgaben zu betreiben, gleichzeitig wurde es aber zum obersten Ziel, nicht den Verlust eines Überschusses rechtfertigen zu müssen. Dies kann als Ausdruck des eng mit der Prospect Theory verbundenen Phänomens der Loss Aversion interpretiert werden (Kahnemann/Tversky 1979). Erlittene Verluste wiegen demnach schwerer als entgangene Gewinne gleicher Höhe. Der Überschuss war ein unter Einsatz großer Mengen politischen Kapitals mühsam errungener Erfolg, der sich mit der Zeit zudem als neuer Referenzpunkt der Fiskalpolitik etablierte. Dadurch wurde die »schwarze Null« ein wirkmächtiges Symbol, das kompetente von inkompetenter, verantwortungsvolle von verantwortungsloser Fiskalpolitik trennte. Gegen diesen Referenzpunkt zu verstoßen, drohte politisch sanktioniert und von der Opposition entsprechend instrumentalisiert zu werden. Den Verlust eines Überschusses galt es daher unbedingt zu vermeiden.

Blame Avoidance blieb deshalb auch unter den Bedingungen von Überschüssen ein dominantes Handlungsprinzip der Haushaltspolitik. Dabei hatte dieses Prinzip zwei Effekte: Primär mussten die Regierungen eine Rückkehr zu Defiziten verhindern. Zugleich mussten sie aber auch verhindern, dass ein Überschuss nur noch durch Blame erzeugende Maßnahmen zu erzielen sein würde, also durch harsche Kürzungen oder Steuererhöhungen. Das zwang sie, ihre Fiskalpolitik auf absichtsvoll pessimistische Prognosen zu stützen, um Spielräume für negative Überraschungen zu schaffen. Aus demselben Grund entschieden sich viele Regierungen zudem, Überschüsse in »stillen Reserven« verschwinden zu lassen, um in der Zukunft noch sicherer weitere Überschüsse präsentieren zu können. Aus dem Primat der Defizitvermeidung folgte deshalb eine risikoaverse, Aktivismus vermeidende Fiskalpolitik. Die Regierungen setzten den Überschuss nicht ein, um potenziell populäre, aber riskante politische Projekte voranzutreiben, sondern richteten ihre Politik auf den Erhalt des Überschusses aus. Andere Ziele wurden erst dann verfolgt, wenn sie das Ziel des Haushaltsausgleichs nicht gefährdeten. Dann war das Risiko von Blame gebannt und die noch verfügbaren Mittel konnten für Credit Claiming eingesetzt werden. Wo neue Ausgaben getätigt wurden, nahmen diese deshalb vielfach die Form von Einmalinvestitionen anstatt von neuen langfristigen Verpflichtungen an.

Dass Fiskalpolitik im Überschussregime von Risikoaversion geprägt war, impliziert, dass die Überschusspolitik keiner makroökonomischen Notwendigkeit folgte. Die Fiskalpolitik der Überschussländer unterlag anderen Verzerrungen als die von Defizitländern, entsprach aber genauso wenig einem theoretischen Ideal, wie etwa der Steuerglättung nach Barro (1979). Das bedeutet allerdings nicht, dass ökonomische Zwänge bei der Herausbildung des Überschussregimes keine Rolle spielten. In der Tat reagierte die Überschusspolitik auf zugrunde liegende ökonomische Trends, die sie legitimierten. Vor allem der demografische Wandel und die Globalisierung, aber auch der Umgang mit Rohstoffeinnahmen spielten dabei eine wichtige Rolle. Diese Phänomene stellten die ökonomischen Argumente bereit, mit denen das Regime begründet und verteidigt wurde. Sie waren besonders wirksam, wenn sie mit den Interessen der im internationalen Wettbewerb stehenden Sektoren dieser kleinen offenen Volkswirtschaften korrespondierten.

Zugleich unterblieben aufgrund der politischen Selbstbeschränkungen, die das Überschussregime konstituieren, ökonomisch gebotene Anpassungen der Fiskalpolitik. Klar zurückgewiesen werden muss insbesondere die Vorstellung, Überschüsse seien so etwas wie »die fehlende Hälfte von Keynes«. Auch den Überschussländern gelang es keineswegs, das in der politischen Realität stets fehlende Element des keynesianischen Rezepts – nämlich das Sparen im Aufschwung – mit Investitionen im Abschwung zu verbinden. Vielmehr wirkte das diskretionäre Element der Fiskalpolitik in den Überschussländern oftmals sogar prozyklisch: Im Abschwung verteidigten sie ihre Überschüsse durch straffe Fiskalpolitik, im Aufschwung luden die wachsenden Überschüsse dann zu einer Lockerung der Fiskalpolitik ein, da das Defizitkriterium nun seine bindende Wirkung verlor. Diese Abkehr von einem kontrazyklischen Einsatz der Fiskalpolitik war fast zwangsläufig, setzt dieser doch ein aktivistisches Staatsverständnis voraus, das dem Staat die Aufgabe zuweist, wirtschaftliche Ungleichgewichte zu beseitigen. Die Erosion dieses Staatsverständnisses ist aber ein konstituierendes Element des Überschussregimes, in dem deshalb auch kein Platz für keynesianische Fiskalpolitik ist.

Die tief sitzende Risikoaversion zeigte sich auch in der Reaktion der Überschussländer auf den Ausbruch der Weltfinanzkrise im Jahr 2008. Sie ist in dieser Arbeit nicht systematisch untersucht worden, weil sie in allen Ländern außer Schweden das vorläufige Ende der Überschusspolitik markierte. Diese Krise war schlicht so umfassend und so ausgeprägt, dass keine noch so risikoaverse Politik den Sturz ins Defizit hätte vermeiden können. Dennoch sind einige knappe Beobachtungen zur Krisenreaktion durchaus aufschlussreich. Denn zwar verabschiedeten die Überschussländer einige der größten Konjunkturprogramme innerhalb der Industrieländer (Cameron 2012; OECD AUS 2010: 30, 36), die – wie bereits in der Reaktion auf die Rezession der Jahre 2002 und 2003 – hauptsächlich die Form von Steuersenkungen annahmen (Dølvik/Andersen/Vartiainen 2012: 15). Diese Programme wurden aber erst nach langem Zögern auf den Weg gebracht (vgl. die Diskussion zu Kanada in Kapitel 6.6.5). In Schweden wurde diese zögerliche Reaktion sogar von den Experten des finanzpolitischen Rates kritisiert. Vor allem aber verpflichteten sich die Länder, so schnell wie möglich in den Überschuss zurückzukehren und schwenkten entsprechend schnell wieder auf einen Austeritätskurs zurück (Evans/Albo 2011). So erzielte Schweden bereits 2010 wieder einen ausgeglichenen Haushalt. Die kanadische Regierung versprach, bis 2014 zu Überschüssen zurückzukehren, ohne dafür jedoch die Steuern zu erhöhen oder die Sozialausgaben und die Verteidigungsausgaben zu senken (Doern/Stoney 2010: 18). Und die neuseeländische Regierung kündigte einen erneuten Überschuss für das Haushaltsjahr 2014/2015 an, ehe das Christchurch-Erdbeben diese Pläne erschütterte.

Besondere politische Bedeutung erlangte die Rückkehr in den Überschuss aber in Australien (Walter/Uhr 2013). Die Labor-Regierung hatte zunächst angekündigt, das Budget im Haushaltsjahr 2015/2016 wieder auszugleichen. Die Kritik der konservativen Opposition an diesem Ziel lautete – wie auch in den anderen Ländern – nicht etwa, die Regierung spare zu kräftig, sondern sie spare nicht kräftig genug. Wegen der fortgesetzten Attacken der Opposition zog die Regierung das Überschussziel deshalb im Vorfeld der Wahl des Jahres 2010 um drei Jahre auf das Haushaltsjahr 2012/2013 vor. Zudem verpflichtete sie sich, die realen Staatsausgaben um nicht mehr als 2 Prozent pro Jahr zu erhöhen und führte damit effektiv eine Ausgabengrenze ein (Budina et al. 2012: 9). Dieser unnötig harsche Austeritätskurs war ausschließlich politisch motiviert und erregte die Kritik vieler Ökonomen und sogar des IWF (Eslake 2011). Dass die Regierung das Ziel schließlich deutlich verfehlte, trug mit zu ihrer Wahlniederlage im Herbst 2013 bei.

Diese parteipolitische Reaktion auf die Weltfinanzkrise zeigt noch einmal den breiten Konsens, auf den sich das etablierte Überschussregime stützen konnte. Für den Erhalt der Überschüsse spielte die politische Ausrichtung der

Regierung fast keine Rolle, weil die fiskalischen Strategien beider Lager die unbedingte Verpflichtung zu weiteren Überschüssen enthielten. Deshalb war die Frage, welche Partei während der Fiskalkrise und welche Partei während der Konsolidierung regierte, für den Parteienwettbewerb teilweise wichtiger als die Lagerzugehörigkeit der einzelnen Parteien. Die Partei, die politisch für die Fiskalkrise verantwortlich gemacht werden konnte, legte danach besonderen Wert darauf, sich als fiskalpolitisch verantwortungsvoll zu präsentieren, unabhängig davon, welchem Lager sie angehörte. Aber auch die anderen Parteien konnten es sich, nachdem Überschüsse den Status einer in alle Richtungen abgesicherten Norm erreicht hatten, nur noch bei Strafe massiver öffentlicher und politischer Kritik erlauben, für ein Abweichen vom Überschusskurs einzutreten. Deshalb war eine Regierung, die jedes Jahr einen moderaten Überschuss auswies, vor Kritik der Opposition weitgehend geschützt. Indem die Opposition sich selbst aktiv zum Überschussziel bekannte, verzichtete sie nämlich zugleich darauf, die Fiskalpolitik als insgesamt zu restriktiv zu kritisieren. Dieser Allparteienkonsens stellte für die Regierung aber paradoxerweise keine Erleichterung dar, sondern erschwerte die Fiskalpolitik sogar. Denn er legte nicht nur der Opposition, sondern ebenso der Regierung Fesseln an: Auch für sie reduzierte er schließlich den politischen Spielraum, für eine aktivere Fiskalpolitik einzutreten, die den Überschusskurs infrage gestellt hätte.

Das Überschussregime entsprach in dieser Hinsicht ganz einem »policy regime« im Sinne Przeworskis, definiert als

> a set of policies pursued by the incumbent government, such that all parties seeking to win office in the next election would pursue the same set of policies […]. Policy regimes constitute an equilibrium in the sense that the best response of electoral challengers to the policy of the incumbent is to implement the same policies, while the best response of the incumbent to the challengers is to continue the same policies. (Przeworski 2014: 36f.)

Der Parteienwettbewerb spielte im Überschussregime allerdings eine Doppelrolle, weil die Parteien zwar nicht *um* das Regime, wohl aber *im* Regime konkurrierten. Damit ist der Parteienwettbewerb Ausdruck eines allgemeineren Befunds. Dass keine Konflikte um den Überschuss als fiskalpolitisches Ziel erster Ordnung stattfanden, heißt nämlich nicht, dass es keine Konflikte um fiskalpolitische Ziele zweiter Ordnung gab. Insbesondere wenn der Überschuss nicht in Gefahr schien, das Defizitvermeidungsmotiv also nicht akut mit anderen fiskalpolitischen Zielen kollidierte, rückten diese Konflikte in den Vordergrund. Deshalb gewannen auch Faktoren wie Parteiendifferenzen, politische Fragmentierung oder politische Konjunkturzyklen, die als Erklärungen für das Regime verworfen wurden, innerhalb des Regimes wieder an Bedeutung. Sie blieben jedoch stets innerhalb der von einem klaren Bekenntnis zur Bewahrung der Überschüsse gesetzten Grenzen.

Diese Grenzen galten auch für die parteipolitischen Unterschiede bei der Überschussverwendung. In Übereinstimmung mit den Annahmen der Staatstätigkeitsforschung senkten konservative Parteien die Steuern im Überschuss noch stärker als linke Regierungen. Letztere verwendeten Überschüsse demgegenüber stärker für Ausgabenerhöhungen, wobei konsumptive Ausgaben in der Tendenz stärker profitierten als Investitionen. Entsprechend war die Machtübernahme konservativer Parteien in allen Ländern, in denen es zu einem solchen Machtwechsel kam, mit einem stärkeren Fokus auf Steuersenkungen verbunden. Und die einzige Partei, die innerhalb der Überschussperiode eine Steuererhöhung durchsetzte, war Labour in Neuseeland.

Trotz dieser Differenzen gelang es aber selbst lange amtierenden progressiven Parteien wie den Liberalen in Kanada und den Sozialdemokraten in Schweden nicht, die Kollateralschäden der Konsolidierung im Überschuss wieder auszugleichen. Stattdessen konnten Steuersenkungen regelmäßig Vorrang vor Ausgabensteigerungen beanspruchen, selbst dann, wenn progressive Parteien mitregierten. Die Parteiendifferenz betrifft insofern vor allem das Ausmaß dieser Steuersenkungen. Hinsichtlich des eigentlichen Ziels progressiver Konsolidierungen, nämlich einer Erhöhung der öffentlichen Investitionen, unterschieden sich die Parteien dagegen kaum (Haffert/Mehrtens 2014a).

Die Verwendungspräferenzen konservativer Parteien ließen sich also einfacher mit dem Überschussregime kombinieren als die Verwendungspräferenzen linker Parteien. Denn die Bewahrung des Überschusses konnte von konservativen Parteien als Druckmittel eingesetzt werden, um weiteren Staatsrückbau auch nach der Konsolidierung voranzutreiben. Weil es ihnen gelang, Steuererhöhungen effektiv zu tabuisieren – oder, wie in Dänemark, sogar institutionell auszuschließen –, wurde das Überschussregime nämlich vor allem über permanenten Druck auf die Ausgabenseite stabilisiert. Unter diesen Bedingungen gerieten die Verwendungserfolge linker Parteien immer wieder in Gefahr, sobald ein wirtschaftlicher Abschwung den Überschuss gefährdete.

Konservative Parteien konnten das Bekenntnis zu Überschüssen somit als strategisches Instrument einsetzen, um andere fiskalpolitische Ziele zu erreichen. Im Gegensatz zum weitgehend gescheiterten Versuch von *starving the beast*, machten sie sich dabei die Logik eines *overfeeding the beast* zunutze (Haffert/Mehrtens 2014b). So schienen die Überschüsse zu signalisieren, der Staat sei gewissermaßen überernährt, weshalb man regelmäßig von ihm verlangen konnte, er müsse eine fiskalische Diät halten. Anders als von konservativen Überschusskritikern wie Gary S. Becker (2001) und Milton Friedman (2003) befürchtet, erwies sich eine wohlgenährte Bestie zudem als träge Bestie, die sich nur schwer zu umfangreichen Initiativen aufraffen konnte. Während konservative Versuche, einen direkten Rückbau der Staatstätigkeit durchzusetzen, also fast überall auf entschlossenen Widerstand trafen, war ihnen ein wesentlich größerer Erfolg beschieden, wo sie sich explizit in den Mantel fiskalischen Verantwortungsbewusstseins hüllten.

Interpretiert man diese Befunde fiskalsoziologisch, so können Überschüsse als ein zeitweiliger Sieg des Effizienzzwecks der Fiskalpolitik über ihren Legitimitätszweck gedeutet werden. Weil die mit dem Legitimitätsziel verbundenen Interessen an Einfluss verloren, war es überhaupt möglich, Überschüsse zu erzielen. Zugleich waren sie deshalb aber auch im Konflikt um die Verwendung der Überschüsse unterlegen. Selbst wo progressive Parteien regierten, räumten sie dem Effizienzziel in ihrer Fiskalpolitik daher Priorität vor dem Legitimitätsziel ein. Zugleich war mit diesem Kurs aber kein Legitimitätsverlust verbunden, im Gegenteil: Dieser wäre nur eingetreten, wenn es weiterhin als Aufgabe der Fiskalpolitik gegolten hätte, Legitimitätsforderungen zu erfüllen. Es gehörte aber gerade zu den Kernmerkmalen des Überschussregimes, die Fiskalpolitik von solchen Ansprüchen zu isolieren.

7.2 Überschüsse und die Theorie der Fiskalpolitik

In der Erzählung »Silver Blaze« überführt Sherlock Holmes den Täter auf Basis eines Nichtereignisses: *The dog did not bark.*[1] Folglich musste der Wachhund den Täter kennen, denn sonst hätte er angeschlagen. Aus Sicht gängiger Theorien der Fiskalpolitik, die einen inhärenten Deficit Bias demokratischer Regime diagnostizieren, sind Haushaltsüberschüsse ein ganz ähnliches Nichtereignis. Die fiskalpolitischen Akteure verhalten sich in diesem Fall nicht so, wie es – überspitzt gesagt – in ihrer Natur liegt. Das wirft die Frage auf, was sich aus Überschüssen für eine allgemeine Theorie der Fiskalpolitik lernen lässt. Auf Basis der hier präsentierten Ergebnisse können deshalb einige allgemeine Überlegungen zur Analyse von Fiskalpolitik angestellt werden.

Die theoretische und empirische Untersuchung von Haushaltsüberschüssen hat gezeigt, wie wichtig es ist, Fiskalpolitik in ihrem politischen und institutionellen Kontext zu analysieren. Dabei ist insbesondere zu beachten, wie die Fiskalpolitik selbst auf diesen Kontext zurückwirkt. Die Suche nach allgemeinen, überzeitlich und an allen Orten geltenden empirischen Gesetzmäßigkeiten der

1 »Gregory: Is there any point to which you would wish to draw my attention?
Holmes: To the curious incident of the dog in the night-time.
Gregory: The dog did nothing in the night-time.
Holmes: That was the curious incident.« (Conan Doyle [1894]2013)

Fiskalpolitik muss vergeblich bleiben, wenn diese regelmäßig ihre eigenen Kontextbedingungen erzeugt. Weil fiskalpolitische Reformen Veränderungen der herrschenden Interessen, Ideen und Institutionen auslösen, gilt Schattschneiders Diktum »new policies create new politics« im Bereich der Staatsfinanzen ganz besonders. Vergleichende fiskalpolitische Studien mit Untersuchungszeiträumen von 60, 90 oder 200 Jahren sind also mit großer Skepsis zu betrachten, weil sie die Bedeutung dieser Kontextfaktoren kaum hinreichend berücksichtigen können.

Aus der fundamentalen Bedeutung des Kontexts fiskalpolitischer Entscheidungen folgt allerdings keineswegs, jede fiskalpolitische Situation könne nur als Einzelfall betrachtet werden. Vielmehr waren mithilfe des Regimekonzepts strukturell bedingte Ähnlichkeiten zwischen den Überschussländern identifizierbar. Das Ziel war, gemeinsame Mechanismen zu erkennen, die unter der Kontextbedingung permanenter Austerität die Herausbildung eines Überschussregimes möglich oder sogar wahrscheinlich machen. Unter anderen Kontextbedingungen sind sie dagegen vermutlich wirkungslos. Kontextsensitivität verlangt also, sich der Grenzen eines Vergleichs bewusst zu sein, aber nicht, auf Vergleiche zu verzichten.

Zu den wichtigsten Kontextbedingungen eines Haushaltsüberschusses zählt seine Vorgeschichte. Alle sechs hier untersuchten Überschüsse entstanden aus tief greifenden, ausgabenseitigen Haushaltskonsolidierungen, deren Wurzeln bis zu den makroökonomischen Krisen der 1980er- und frühen 1990er-Jahre zurückreichten. Die Überschüsse waren Postkonsolidierungsüberschüsse und die Überschusspolitik blieb, anders als es die in der Literatur verbreitete Rede von »adjustment« und »Anpassung« suggeriert, von der Konsolidierungspolitik nachhaltig beeinflusst. Kontextsensitivität in der Analyse fiskalpolitischer Entscheidungen verlangt daher, solche längerfristigen Zusammenhänge zu berücksichtigen. Diese sind aber wiederum nur vor dem Hintergrund des Zeitalters permanenter Austerität nachzuvollziehen. In einem Wachstumskontext wie dem der Nachkriegszeit könnten Überschüsse dagegen durchaus ein Zeichen wachsender Gestaltungsfreiheit sein.

Eine kontextsensitive Perspektive, wie sie mit der Verwendung des Regimekonzepts verbunden ist, impliziert also einen zeitlichen Horizont mittlerer Länge. Damit setzt sie sich einerseits von Erklärungen mit zu langer Perspektive ab. Insbesondere kulturalistische Erklärungen greifen gewissermaßen zu lang. Keines der hier untersuchten Länder war »an und für sich fiskalisch konservativ«. Überall stützte sich die restriktive Fiskalpolitik vielmehr auf eine historisch spezifische Kombination von Interessen, Ideen und Institutionen, die – wie die letzten Jahre des neuseeländischen Überschusses zeigen – auch vor einer Erosion nicht geschützt waren. Andererseits weist sie auch eine unangemessene Kurzfristperspektive zurück. Dieser Vorwurf richtet sich vor allem gegen die Literatur, die Konsolidierungen als »fiscal adjustments«, also als zeitlich abgrenzbares, technisches Phänomen mit feststellbarem Anfang und Ende konzipiert. Wenn sie die Nachhaltigkeit von Konsolidierungen untersucht, dann üblicherweise nur über Zeiträume von zwei oder drei Jahren nach dem Ende der Konsolidierung. In einer solch kurzfristigen Perspektive sind fiskalische Regimewechsel aber kaum zu erkennen.

Charakteristisch für die Perspektivverengung weiter Teile der Konsolidierungsliteratur ist eine Studie des früheren schwedischen Finanzstaatssekretärs Jens Henriksson, in der er auf Basis der schwedischen Konsolidierungserfahrung »ten lessons about budget consolidation« formuliert. Von diesen zehn Lektionen ist genau eine (»the tenth and final lesson: stick to it«) auf die Postkonsolidierungszeit bezogen (Henriksson 2007). Diese Studie repräsentiert die Tendenz, erfolgreiche Konsolidierungen als Zweck an sich zu betrachten, der mit dem Erreichen eines ausgeglichenen Haushalts bereits erfüllt ist. Für die Bewertung einer Konsolidierung reicht es aber nicht aus, zu analysieren, wie sehr sich der Haushaltssaldo in welchem Zeitraum verbessert hat. Vielmehr ist auch der für die Konsolidierung langfristig zu zahlende politische Preis zu beachten. »Budgeting for fiscal space« (Schick 2009) ist eben nicht gleichbedeutend mit »budgeting for fiscal capacity«, weil auch die Voraussetzungen gegeben sein müssen, um den neuen Spielraum nutzen zu können. Weil dies nicht der Fall war, genügten selbst jahrelange Überschüsse nicht, um die bleibenden Spuren der Konsolidierung aus den Budgets zu tilgen.

Dass beträchtliche Teile der Literatur hingegen eine spiegelbildliche Symmetrie zwischen Defiziten und Überschüssen unterstellen, ist eine fast zwangsläufige Folge davon, dass sie sich die enge Verbindung von Konsolidierungs- und Postkonsolidierungspolitik nur unzureichend bewusst machen. Es ist daher ein wichtiges Desiderat dieser Literatur, nicht nur die Ursachen und Strategien, sondern auch die Folgewirkungen von Konsolidierungen zu untersuchen. Schließlich sind »nachhaltige« Konsolidierungen ein nie endender Prozess, zu dem nicht nur der Abbau eines gegenwärtigen Defizits, sondern auch die Vermeidung zukünftiger Defizite gehört. In diesem Sinne nachhaltige Konsolidierungen beschränken sich eben nicht auf »adjustment«, sondern verändern die Interessen, Ideen und Institutionen, von denen die Fiskalpolitik geprägt wird. Insbesondere die Endogenität der fiskalpolitischen Interessen wird in der Konsolidierungsliteratur jedoch fast vollständig vernachlässigt. Stattdessen betont sie vor allem formelle budgetäre Institutionen. Deren Wirksamkeit basiert aber ganz maßgeblich auf den sie stützenden Interessen. Die Regierungen hielten sich an ihre eigenen Vorgaben und erzielten Überschüsse, weil das politisch rentabel war und im Interesse ihrer Unterstützer lag. Ohne einen solchen Konsens wäre die Überschusspolitik dagegen auch mit scharfen Regeln kaum durchzusetzen gewesen. Es gilt also zu verstehen, warum ein bestimmter fiskalpolitischer Kurs im Interesse breiter und einflussreicher Gruppen lag.

Fiskalpolitik im Allgemeinen und Überschüsse im Besonderen sind aber nicht nur als Ergebnis, sondern auch als Quelle von Interessen zu untersuchen. So hat die Analyse gezeigt, wie die Sparmaßnahmen eine Neudefinition des Verhältnisses von Staat und Wirtschaft auslösten. Damit reduzierten sie dauerhaft die Erwartung daran, was der Staat leisten kann und leisten soll. Während die Bewahrung staatlicher Leistungen weiterhin starke Unterstützung fand, verlor ihr Wiederausbau deshalb seine wichtigsten Verbündeten. Die Analyse der Fiskalpolitik sollte also nicht nur den Einfluss des Kontexts auf die Fiskalpolitik, sondern auch deren Rückwirkung auf ihren Kontext berücksichtigen.

Diese doppelte Kontextsensitivität geht einher mit einer Rückbesinnung auf eine schumpetersche Fiskalsoziologie mit ihrer breiten Perspektive und ihrer Betonung der gesellschaftlichen Einbettung der Fiskalpolitik. Jüngere Versuche, Schumpeters Ansatz wieder aufzunehmen und vor allem auf den Bereich der Besteuerung anzuwenden, sind daher sehr zu begrüßen, sollten aber unbedingt um eine Berücksichtigung der Ausgabenseite und des Zusammenspiels mit anderen politisch-ökonomischen Großtrends ergänzt werden. Die Arbeit hat die enormen Potenziale einer solchen Perspektive aufgezeigt, ohne sie bereits vollständig ausschöpfen zu können. Gerade die Vergleichende Politische Ökonomie mit ihrem Fokus auf Produktions- und Wohlfahrtsstaatsregimen könnte die Untersuchung der Fiskalpolitik hier maßgeblich befruchten, zugleich aber auch selbst erheblich von einer stärkeren Berücksichtigung fiskalpolitischer Aspekte profitieren.

Eine solche fiskalsoziologische Vorgehensweise kann allerdings nur Erfolg haben, wenn sie die richtigen Fragen stellt und die richtigen Variablen untersucht. Hinsichtlich dieser forschungsstrategischen Überlegungen hat sich zum einen gezeigt, dass Persistenz häufig eine ebenso wichtige Frage für Untersuchungen der Fiskalpolitik ist wie Performanz. Zum anderen impliziert die Analyse, dass Nichtereignisse oftmals ebenso bedeutsam sind wie Ereignisse.

Weite Teile der empirischen und theoretischen Literatur zur Fiskalpolitik haben das Ziel, den generellen Einfluss erklärender Faktoren zu ermitteln: Erzeugen Koalitionen höhere oder niedrigere Defizite als Einparteienregierungen? Verschulden sich Föderalstaaten stärker oder weniger stark als Zentralstaaten? Führen stärkere Außenhandelsverflechtungen zu mehr oder zu weniger Staatstätigkeit? In vielen Fällen steht hinter solchen Analysen die Frage, mithilfe welcher Reformen sich gewünschte fiskalpolitische Ergebnisse herbeiführen lassen. Dabei unterstellen sie einen allgemeingültigen – und mittels Symmetrieannahme kausal umkehrbaren – Zusammenhang zwischen institutionellen sowie politischen Faktoren und den Ergebnissen der Fiskalpolitik. Demgegenüber impliziert Kontextsensitivität kausale Asymmetrie: Ob Institutionen wie Vetospieler zu größeren oder zu kleineren Defiziten führen, ist entschieden kontextabhängig. Die Frage nach ihrer allgemeinen Performanz ist insofern falsch gestellt.

Statt also zu versuchen, allgemeine Tendenzen in die eine oder andere Richtung herauszufinden und als *Bias* zu deklarieren, sollten Anpassung und Persistenz fiskalpolitischer Strategien im Kontext sich ändernder Rahmenbedingungen bei der Betrachtung in den Mittelpunkt rücken. Zugleich heißt das aber auch, dass es nicht reicht, die Wirkung einzelner Variablen innerhalb eines bestimmten fiskalpolitischen Kontexts zu analysieren. Stattdessen müssen die Stabilität und der Wandel dieses Kontexts untersucht werden. Dabei hat das Beispiel der Überschüsse gezeigt, wie die Fiskalpolitik durch ein spezifisches fiskalisches Regime strukturiert und restringiert sein kann. Wenn aber fiskalpolitische Erklärungen stets kontextabhängig sind und wenn dieser Kontext ganz wesentlich durch die Existenz eines fiskalischen Regimes geprägt wird, dann folgt daraus, dass der Reproduktion eines Regimes bei der Analyse ebenso große Bedeutung eingeräumt werden sollte wie seiner Entstehung. Für die hier untersuchten Überschüsse war die Frage, warum Länder ihre Überschüsse bewahrt haben, deshalb ebenso wichtig wie die Frage, warum sie überhaupt erst Überschüsse erzielt haben. Krise und Konsolidierung wurden daher vor allem in Bezug auf ihre Langfristeffekte untersucht.

Zudem verweist dieses Argument auf die Bedeutung von Persistenz für die Erklärung von Veränderung. Diese Bedeutung ist bei fiskalpolitischen Forschungsfragen besonders groß. Die Asymmetrie zwischen Defiziten und Überschüssen ist insofern mit dem von Streeck und Thelen (2005b) identifizierten Typ institutionellen Wandels durch »drift« verwandt, in dem die formale Persistenz einer Institution angesichts eines sich ändernden Umfelds zu ihrer funktionalen Neuausrichtung führt. Ganz ähnlich wirkten auch die in der Konsolidierung entstandenen fiskalischen Interessen, Ideen und Institutionen im neuen Überschusskontext weiter, hatten angesichts des neuen Kontexts nun aber andere Effekte: Die Überschusspolitik war zwar die Fortsetzung der Defizitpolitik, aber nicht deren Spiegelbild.

Fragen der Persistenz sind aber nicht nur ebenso wichtig wie Fragen der Performanz. Zu ihrer Beantwortung sind auch andere Ansätze nötig. Der in der finanz- und politikwissenschaftlichen Literatur verbreitetste Erklärungsansatz besteht darin, positive Erklärungen für eingetretene Ereignisse zu suchen: Weil A passiert ist, geschah danach B. Performanzorientierte Forschungsfragen, die auf die Entstehung von Phänomenen abzielen, lenken den Blick fast automatisch auf einen solchen Positivzusammenhang und damit auch auf eine bestimmte Form von Erklärungen. Mit einem Fokus auf Persistenz gerät dagegen die Bedeutung negativer Gründe in den Blick.

»The dog did not bark« war mithin nicht nur das Motto der Fallauswahl, sondern auch die Überschrift des bei der Fallanalyse verwendeten Ansatzes. Dabei wurden die empirischen Schlüsselphänomene vor allem als das analysiert, was sie nicht sind: Überschussbewahrung als Abwesenheit von Defiziten, Überschussverwendung als Abwesenheit von Gestaltungswillen. Daraus erwuchs eine Begründungsstrategie, die nicht positive Gründe für die gewählte Alternative, sondern negative Gründe gegen die ausgeschlossenen Alternativen ins Zentrum stellte. Den Kern des Überschussregimes bildet deshalb auch nicht die Zustimmung zu Überschüssen, sondern die Ablehnung von Defiziten. Es stützt sich nicht auf enthusiastische Anhänger eines Überschusses, sondern auf die Gegner einer Defizitpolitik. Das ist auch der Grund, warum die politische Dynamik des Überschusses von Blame Avoidance und nicht von Credit Claiming geprägt ist. Dass die erwartete Wiedergewinnung staatlicher Handlungsfähigkeit nicht stattfindet, hat deshalb mindestens ebenso viel mit der (negativen) Schwächung der politischen und gesellschaftlichen Vertreter einer aktiven Fiskalpolitik zu tun wie mit der (positiven) Stärkung ihrer Gegner. Es ist insofern nur konsequent, Überschüsse als Ausdruck sinkenden Gestaltungswillens zu interpretieren.

Die Bedeutung von Nichtereignissen für die Erklärung der Überschüsse zeigt sich auch an der Abwesenheit politischer Konflikte über die Überschusspolitik. Nachdem die eigentliche Krise überwunden war, blieben die Staatsfinanzen in den Überschussländern kein politisches Dauerthema, sondern nahmen schnell wieder eine Nebenrolle in Umfragen zur Bedeutung politischer Themen ein. Das heißt aber keineswegs, dass die Bevölkerung bereit gewesen wäre, erneute Defizite klaglos mitzutragen. Es war allen Politikern sehr bewusst, dass das Thema schnell wieder die Schlagzeilen beherrscht hätte, wenn sie vom Sparkurs abgewichen wären.

Die Überschüsse bestanden also nicht in erster Linie, weil bestimmte Akteure oder Institutionen sie gegen andere Interessen durchgesetzt hätten. Vielmehr gab es keine politisch wirkmächtigen Interessen, die versucht hätten, eine Änderung des Überschusskurses zu erzwingen. Die Bewahrung der Überschüsse wurde deshalb nicht in erster Linie aktiv herbeigeführt, sondern mindestens ebenso sehr passiv zugelassen: durch den Verzicht auf größere neue Initiativen in den ersten Überschussjahren und den Verzicht auf expansive Fiskalpolitik in den Rezessionen der Jahre 1997/1998 beziehungsweise 2001/2002.

Zugleich hat die Arbeit das Überschussregime aber als einen selbststabilisierenden Prozess interpretiert, der sich auf zunehmende Komplementaritäten und Verschränkungen der fiskalpolitischen Interessen, Ideen und Institutionen stützt. Solche Prozesse werden üblicherweise als Ausdruck positiven Feedbacks gedeutet, in dem die gewählte Alternative *increasing returns* erzeugt und somit weitere Investitionen in das Regime auslöst. Wie die Überschussfälle zeigen, ist aber auch der umgekehrte Fall negativen Feedbacks denkbar: Dann entstehen *decreasing returns* der nicht gewählten Alternative, die weitere Desinvestitionen auslösen. Ein Beispiel dafür ist der als Layering gedeutete institutionelle Wandel im Bereich staatlicher Daseinsvorsorge (Mehrtens 2013). Indem die Konsolidierung das Heranwachsen privater Alternativen begünstigte, reduzierte sie zugleich die Bindung der bürgerlichen Mittelschichten an die staatlichen Programme. Damit nahm auch deren Bereitschaft ab, sich für eine Verwendung der Überschüsse zum Wiederausbau dieser Programme einzusetzen, was diese weiter schwächte.

Regime können also nicht nur ihre eigenen Unterstützer erzeugen, wie in Piersons klassischem Argument über den Wohlfahrtsstaat, sie können auch die Unterstützer konkurrierender Regime schwächen. Eine solche Form der Selbststabilisierung ist aber fragiler als eine, die sich auf positives Feedback stützt. Denn ein Regime, das vor allem von der Schwäche seiner Gegner lebt, ist nur stabil, solange sich nicht eine glaubwürdige Alternative entwickelt, die keinem negativen Feedback durch das existierende Regime ausgesetzt ist. Während selbstverstärkende Prozesse mit der Zeit immer mehr Ressourcen erzeugen, um auch neue Alternativen abzuwehren, besteht die Stabilität alternativenschwächender Prozesse immer nur innerhalb eines bestimmten Kontexts von Alternativen. Pfadabweichungen bleiben jederzeit möglich.

Besonders deutlich wurde dies in den neuseeländischen Wahlkämpfen der Jahre 2005 und 2008. Im gesamten Untersuchungszeitraum waren die neuseeländischen Konservativen in diesen Wahlen die einzige große Partei, die ohne eine bedingungslose Verpflichtung, die Überschusspolitik fortzusetzen, in den Wahlkampf zog. Sie boten jedoch nicht etwa eine Rückkehr zu einer stärker aktivistischen Fiskalpolitik an. Vielmehr vertraten sie eine neue Alternative, die vor der Etablierung des Überschussregimes gar nicht zur Debatte gestanden hatte und deshalb von diesem auch nicht unterminiert worden war, nämlich einen klaren Fokus auf Steuersenkungen. Sie nutzten also die Tatsache, dass das Überschussregime vor allem im Konflikt zwischen »sparen« und »investieren« entstanden war und eröffneten eine neue Konfliktlinie zwischen »sparen« und »Steuern senken«. Die Anhänger von Steuersenkungen waren durch den Überschuss aber nicht geschwächt, sondern in verschiedener Hinsicht sogar gestärkt worden.

Gemeinsamer Kern dieser Betonung des fiskalpolitischen Kontexts, der besonderen Rolle von Persistenz und der Bedeutung negativen Feedbacks für die Stabilität fiskalischer Regime ist eine Absage an übermäßig voluntaristische Konzeptionen von Fiskalpolitik. Eine solche Konzeption ist die Voraussetzung progressiver Konsolidierungen, die auf der Möglichkeit politischer Kurswechsel basieren. Sie liegt aber grundsätzlich allen theoretischen Ansätzen zugrunde, die eine Steuerbarkeit fiskalpolitischer Ergebnisse unterstellen, etwa durch gezielte institutionelle Reformen. Nicht zuletzt wird sie implizit auch von vielen Kritikern der Überschussverwendung vertreten, die allzu oft eine Art voluntaristische Malevolenz der Regierung unterstellen und ihr vorwerfen, sie könne doch anders handeln, wenn sie nur wolle. Solche Handlungsfreiheit setzt aber politischen Handlungsspielraum voraus, der in der Fiskalpolitik nicht einfach als gegeben angenommen werden darf, sondern von den jeweils vorherrschenden Interessen, Ideen und Institutionen begrenzt wird. Folglich setzt ein fiskalpolitischer Kurswechsel in der Regel voraus, dass es der Regierung gelingt, auch eine Veränderung dieser Rahmenbedingungen zu bewirken. Das ist zwar durchaus möglich, insbesondere im Gefolge einer fiskalischen Krise, es ist aber wesentlich schwerer, als von den Vertretern eines fiskalpolitischen Voluntarismus unterstellt.

7.3 Konsolidierungen nach der Weltfinanzkrise und deutsche Haushaltsüberschüsse

Der vorige Abschnitt hat nachdrücklich vor kontextlosen Verallgemeinerungen gewarnt, die empirische Zusammenhänge, die für einen bestimmten Fall gefunden werden konnten, umstandslos auf andere Fälle übertragen. Diese Warnung ist stets mitzudenken, wenn zum Abschluss der Arbeit gefragt wird, was sich aus der empirischen und theoretischen Rückschau auf die Fiskalpolitik der Überschussländer zwischen 1980 und 2009 in der Vorausschau für die Fiskalpolitik der kommenden Jahre lernen lässt.

Ein vorsichtiger Blick voraus soll gewagt werden, weil viele der hier behandelten Fragen derzeit hochaktuell sind. Die andauernde Krise der Eurozone und die wiederkehrenden Debatten um die Anhebung der gesetzlichen Schuldengrenze im amerikanischen Kongress haben Staatsverschuldung zu einem der dominierenden politischen Themen unserer Zeit gemacht. Angesichts der noch immer spürbaren Folgen der Weltfinanzkrise wird Austerität in vielen Ländern auf Jahre hinaus das Leitprinzip der Fiskalpolitik bleiben. Dieser anhaltende Austeritätsdruck verleiht den Zielen progressiver Haushaltskonsolidierungen eine besondere Dringlichkeit. Denn die stetigen Sparmaßnahmen erzeugen immer stärkere Beschränkungen der fiskalischen Demokratie. Die Politik ist dadurch immer weniger frei in ihren Beschlüssen und scheint oft wenig mehr zu sein als das ausführende Organ der Entscheidungen internationaler Organisationen oder der Finanzmärkte. Vor diesem Hintergrund verbindet sich mit erfolgreichen Konsolidierungen nicht mehr nur die Hoffnung auf eine Wiedergewinnung fiskalischer Spielräume, sondern in letzter Konsequenz sogar die Hoffnung auf eine Wiedergewinnung nationaler Souveränität. Aber selbst Länder wie Österreich und die Niederlande, die weniger stark von der Krise betroffen sind und in denen das »Staatsvolk« sich seine Unabhängigkeit vom »Marktvolk« (Streeck 2013a) weitgehend bewahren konnte, leiden unter einem Verlust fiskalischer Handlungsspielräume. Im Gefolge der Krise werden progressive Haushaltskonsolidierungen also in fast allen Ländern eine große Bedeutung haben.

Die Kernbotschaft der Arbeit bietet in diesem Kontext zunächst einmal wenig Anlass zu Optimismus. Selbst wenn es einem Land gelingt, seinen Haushalt erfolgreich zu konsolidieren, wäre es voreilig, dies mit der Wiedergewinnung fiskalpolitischer Handlungsfähigkeit gleichzusetzen. Aus Sicht progressiver Konsolidierungen sind ausgeglichene Haushalte nämlich nur der erste Schritt, auf den eine Rückkehr zu einem aktiveren Verständnis der Fiskalpolitik folgen muss. Die Ergebnisse dieser Arbeit legen jedoch nahe, dass ein Erfolg im ersten Schritt den zweiten Schritt zunehmend unwahrscheinlicher macht. Wer verspricht, heute zu kürzen, um morgen wieder investieren zu können, stellt häufig fest, dass dieses »morgen« immer noch eine weitere Sparrunde entfernt ist. Und wer jahrelang erklären muss, warum vom Staat nichts mehr zu erwarten ist, wird Schwierigkeiten haben, den Staat dann wieder als Agenten gesellschaftlichen Gestaltungswillens zu präsentieren. Heutigen Konsolidierern könnte es nicht viel anders gehen als Paul Martin oder Göran Persson, für die nach einigen Jahren der größte Teil ihres politischen Kapitals mit ihrem Image als sparsame Haushälter verbunden war.

Selbst wenn es einigen Ländern gelingen sollte, durch Sparmaßnahmen fiskalische Spielräume zurückgewinnen, wird der dafür nötige Paradigmenwechsel die Fiskalpolitik wohl auch weiter prägen. Heute sind viele Staaten ökonomisch nicht in der Lage, die notwendigen Ressourcen für die gewünschten Investitionen in Bildung, Familien und Infrastruktur aufzubringen. In Zukunft, so steht zu befürchten, könnten sie es politisch nicht sein. Dabei dürfte ihre Lage sogar noch schwieriger werden als in den hier untersuchten Ländern, deren Krisen weitgehend lokal begrenzte Phänomene waren und denen die Bekämpfung ihrer Defizite von einer in den 1990er-Jahren anziehenden Weltkonjunktur erleichtert wurde. Angesichts der globalen Dimension der aktuellen Probleme und der zunehmend plausiblen Gefahr einer säkularen Stagnation der Wirtschaft ist mit solchen positiven Externalitäten kaum zu rechnen. Darum ist es auf Jahre hinaus unwahrscheinlich, staatliche Handlungsfähigkeit wiederzuerlangen. Weil der Schuldenabbau Vorrang beansprucht, werden die Kollateralschäden selbst erfolgreicher Konsolidierungen noch lange in den Budgets sichtbar bleiben.

Man kann diese Diagnose als düstere empirische Prognose lesen. Man kann sie aber auch als Aufforderung an die politischen Gestalter verstehen, Strategien zu entwickeln, diese negativen Konsequenzen zu vermeiden. Dabei sind zwei Möglichkeiten denkbar.

Zum einen könnten die Regierungen nach Alternativen zu höheren Staatsausgaben suchen, die trotzdem die gewünschten Effekte erzielen. In diese Richtung gehen Vorschläge für eine »Politik ohne Geld« (IW Köln 2011). Das hieße, noch einmal den Versuch zu unternehmen, der Rhetorik von der »Neuerfindung des Regierens« gerecht zu werden und die Leistungsfähigkeit des Staates zu erhöhen, ohne dafür mehr Ressourcen aufzuwenden. Gewissermaßen wäre das Ziel dabei, bessere Outcomes ohne höheren Output zu erzielen. Im Gegensatz dazu ist das Asymmetrieargument in einer outputorientierten Perspektive entwickelt worden. Es besagt, dass selbst Überschussländer nicht fähig waren, mehr Ressourcen für bestimmte Politikziele aufzubringen. Eine optimistische Lesart der »Politik ohne Geld« könnte deshalb einwenden, ein Rückgang der Ausgaben beweise noch nicht, dass dadurch auch die Qualität der staatlichen Leistungen sinke. Möglicherweise würden diese nun effizienter erbracht. Ein solches Argument müsste zunächst erklären können, warum durch Kürzungen Qualitätsgewinne zu erzielen sind, vor allem aber, warum diese nicht auch ohne die Kürzungen möglich sein sollten. Denn selbst wenn es tatsächlich möglich ist, die Produktivität des öffentlichen Sektors zu erhöhen, dann sollte es auch möglich sein, zusätzliche Ressourcen ebenfalls produktiver zu verwenden. Die durch eine erfolgreiche Konsolidierung entstehenden Spielräume sollten dann in staatliche Leistungen nun höherer Qualität und höherer Effektivität investiert werden können. Auch wenn verbesserte Outcomes ohne höhere Outputs möglich sein sollten, bliebe eine Steigerung der Outputs also weiterhin ein wünschenswertes Ziel. Ohnehin geben punktuelle Blicke in den Bereich der Outcomes wenig Anlass zu Optimismus in Bezug auf eine »Politik ohne Geld«. Die Länder mit der striktesten Austeritätspolitik erlebten auch den stärksten Anstieg der Einkommensungleichheit, ein Ergebnis, das auch von systematischen Studien des Zusammenhangs von Fiskalpolitik, Konsolidierungen und Ungleichheit bestätigt wird (Bastagli/Coady/Gupta 2012; Ball et al. 2013). Und auch die wiederkehrenden Klagen über eine Infrastrukturkrise weisen darauf hin, dass sinkende Outputs nach einiger Zeit auch zu problematischen Outcomes führen. Gegenüber den Chancen einer »Politik ohne Geld« ist also Skepsis angebracht.

Die andere Möglichkeit, die Ergebnisse dieser Arbeit als Handlungsauftrag zu verstehen, läge stattdessen darin, das Ziel einer Bewahrung politischer Handlungsspielräume bei der Ausgestaltung der Konsolidierungsmaßnahmen von Anfang an stärker zu berücksichtigen. Konsolidierungspakete werden in der Regel unter großem Druck und darum vor allem aus einer Kurzfristperspektive heraus beschlossen: Sie sollen die Finanzmärkte im Hier und Jetzt beruhigen und nicht erst in zehn Jahren. Aber gerade weil der Handlungsdruck ohnehin für eine Verkürzung der Perspektiven sorgt, ist zu fragen, ob nicht die Bewahrung politischer Handlungsspielräume als wichtiges Entscheidungskriterium neben die ökonomischen Kosten und Nutzen einer Konsolidierung gestellt werden sollte.

Eine Konsolidierung, die daraufhin ausgelegt wäre, fiskalpolitische Handlungsfähigkeit zu bewahren, müsste die Investitionen von vornherein stärker schützen. Statt überproportional an den Sparanstrengungen zu partizipieren, dürften diese also nur unterproportional zurückgeschnitten werden. Die dadurch entstehende Lücke im Konsolidierungspaket müsste allerdings durch Steuererhöhungen oder Kürzungen beim Wohlfahrtsstaat gefüllt werden. Freilich ist die Tatsache, dass üblicherweise die Investitionen gekürzt werden, gerade die Folge davon, dass solche Maßnahmen besonders schwer durchzusetzen sind. Die Investitionen werden nicht deshalb abgebaut, weil die politischen Entscheidungsträger sie für verzichtbar halten, sondern weil der politische Widerstand gegen andere Maßnahmen zu groß ist. Deshalb geraten die Investitionen zwischen den »immovable objects« des Sozialstaats (Pierson 1998) und dem von Steuerwiderstand und Steuerwettbewerb ausgehenden Steuersenkungsdruck immer stärker in Bedrängnis. Steuersenker und Wohlfahrtsstaatsverteidiger bilden insofern eine informelle Koalition auf Kosten der gestaltenden Ausgaben.

Aussichtsreicher ist daher vermutlich, institutionelle Reformen so zu gestalten, dass sie den politischen Handlungsspielraum nach der Konsolidierung nicht unnötig einschränken.[2] Solche Reformen sollen in der Regel einen Konsolidierungserfolg bewahren, in vielen Fällen beschränken sie jedoch auch seine Verwendung. Hier wären Änderungen durchaus denkbar: Beispielsweise könnte eine auf die Bewahrung von Handlungsfähigkeit gerichtete Fiskalpolitik öffentliche Investitionen von institutionellen Ausgabengrenzen ausnehmen, um die Möglichkeit zu behalten, Steuermehreinnahmen für Investitionen auszugeben. Dagegen kann man einwenden, dies schwäche die Glaubwürdigkeit der Regel. Allerdings basiert die Durchsetzungskraft einer Institution ohnehin mindestens ebenso sehr auf der Reputation ihrer Befürworter und Verteidiger wie auf ihrem Inhalt (Drazen 2000: 169).

Vor allem aber müsste die Konsolidierung so ausgestaltet werden, dass sie die ideellen, institutionellen und materiellen Grundlagen aktiver Fiskalpolitik vor zunehmender Erosion bewahrt. Vorausschauende Haushaltskonsolidierer werden Sparprogramme so zu gestalten versuchen, dass institutionelles Layering – durch das staatliche Programme weiter unter Druck geraten – verhindert wird. Hierbei dürfte der Schlüssel darin liegen, die bürgerlichen Mittelschichten weiter als Quelle von Voice in den Systemen staatlicher Daseinsvorsorge zu hal-

---

2 Verschiedene konkrete Optionen dazu diskutieren Easterly, Irwin und Servén (2008), die insbesondere die Frage aufwerfen, auf welche Maßzahlen sich numerische fiskalische Ziele beziehen sollten.

ten, statt sie durch Exit in private Alternativstrukturen zu entlassen. Das setzt allerdings voraus, dass ihr Widerspruch auch glaubwürdige Resonanz erfährt. Demokratische Administrationen in den USA, die aus Rücksicht auf Lehrergewerkschaften vor institutionellen Reformen des Schulsystems zurückgeschreckt sind und die Mittelschichten damit in den Exit der Privatschule getrieben haben, sind das deutlichste Beispiel für die langfristigen Gefahren unresponsiver Politik. Offenbar ist aber auch ein Land wie Schweden vor solchen Tendenzen nicht gefeit (Fladmoe 2012).

Selbst eine Politik, die solche Überlegungen berücksichtigt, löst aber das ursprüngliche Dilemma nicht auf. Kürzungen, die nicht zulasten der Investitionen gehen, müssen vom Wohlfahrtsstaat oder von den Steuerzahlern getragen werden. Und Mehrausgaben, die den Investitionen zugutekommen sollen, müssen sowohl dem Wohlfahrtsstaat als auch den Steuerzahlern vorenthalten werden. Gerade Letzteres zeigt, wie schwierig eine Erhöhung der Investitionen ist: Während sie sich in der Konsolidierung theoretisch nur gegen eine der beiden anderen Bereiche durchsetzen müssen, müssen sie bei der Überschussverwendung gegen beide gleichzeitig bestehen. So ist es einigen hier untersuchten Ländern zwar gelungen, die neuen fiskalischen Spielräume auch dem Wohlfahrtsstaat vorzuenthalten, ohne dass die Investitionen jedoch davon profitiert hätten. Stattdessen wurden die Steuern umso stärker gesenkt. Steuererhöhungen und Einschnitte beim Wohlfahrtsstaat – das zeigt eine Vielzahl empirischer Studien[3] – sind politisch am ehesten dann durchzusetzen, wenn der wirtschaftliche und politische Leidensdruck besonders hoch ist. Genau das ist im Überschuss aber nicht mehr der Fall. Ressourcen aus diesen Bereichen in die Investitionen umzuschichten, dürfte also sogar noch diffiziler werden. Das wirft die Frage auf, ob es überhaupt vorstellbar ist, ein Überschussregime als Investitionsregime auszugestalten oder ob Investitionszurückhaltung ein zwangsläufiger Bestandteil des Überschussregimes ist.

Diese Frage stellt sich speziell für den deutschen Staat. Denn während viele Länder mit hohen Defiziten zu kämpfen haben, geht es dem deutschen Fiskus, spätestens seit die Zinssätze in der Eurokrise auf ein Rekordniveau gefallen sind, so gut wie lange nicht. So weist der Bundeshaushalt bereits seit 2014 – ein Jahr eher als geplant – ein leichtes Plus aus und die Bundesregierung hat sich das Ziel gesetzt, nun dauerhaft eine »schwarze Null« zu erwirtschaften (Bundesministerium der Finanzen 2014a). Während sich also für die meisten Länder die Frage stellt, wie sie einen anhaltenden Verlust ihrer fiskalpolitischen Handlungsfähigkeit vermeiden können, besteht für den deutschen Staat die Hoffnung, in den

3 Vergleiche etwa Castles (2007), Swank und Steinmo (2002) sowie Breunig und Busemeyer (2011).

nächsten Jahren deutlich an Handlungsfähigkeit zu gewinnen. Allerdings sollten selbst andauernde Überschüsse kein Anlass für übertriebene Erwartungen sein.

Zunächst einmal ist noch völlig unklar, ob es sich bei solchen Überschüssen um mehr als eine Episode handeln wird. Beispiele wie die USA und Großbritannien belegen, dass kurzfristige Überschüsse nicht zwangsläufig eine langfristige Entspannung der öffentlichen Finanzlage nach sich ziehen und durchaus Teil eines fortbestehenden Defizit-Konsolidierungs-Zyklus sein können. Sollen die Überschüsse also keine Episode bleiben, verlangt dies eine dauerhafte Selbstbeschränkung des staatlichen Gestaltungswillens. Ob Deutschland zu dieser Selbstbeschränkung bereit sein wird, ist schwer zu prophezeien. Mit der Fiskalkrise im eigenen Land fehlt ein konstitutives Element des hier untersuchten Überschussregimes. Auch ist der deutsche Überschuss nicht harten Sparmaßnahmen, sondern konjunkturell bedingt hohen Steuereinnahmen und fallenden Zinsen zu verdanken. Andererseits ist vorstellbar, dass die Krise der Eurozone als Substitut für die fehlende eigene Krise wirkt. Mit der Aufnahme der Schuldenbremse ins Grundgesetz sind jedenfalls institutionelle Schritte zur Tabuisierung von Defiziten bereits unternommen worden – und zwar in einer Form, die den Wunsch nach einer stärkeren Investitionsorientierung explizit nicht berücksichtigte (Feld 2010: 235). Allerdings wurde sie bereits lange vor den ersten Überschüssen eingeführt und testiert somit keinen bereits erfolgten Paradigmenwechsel. Vor allem aber hängt die Wirksamkeit solcher Regeln vom politischen Willen ab, sie auch einzuhalten. Diese Nagelprobe steht noch aus. Zudem fehlt angesichts der in Berlin regierenden großen Koalition auch der politisch gewichtige Akteur, der eine Abweichung vom Überschusskurs politisieren und die Regierung so zu einem Überschusskurs zwingen könnte. Das dürfte auch ein Grund dafür sein, warum die tief sitzende Risikoaversion, die für die Fiskalpolitik der hier untersuchten Länder so charakteristisch ist, etwa in den rentenpolitischen Beschlüssen der großen Koalition nicht zu erkennen ist.

Aus Sicht progressiver Konsolidierungen ist die entscheidende Frage allerdings ohnehin nicht, ob Deutschland seine Überschüsse auf Dauer stellen kann, sondern ob es zu einer substanziellen Erhöhung der staatlichen Investitionstätigkeit und einem umfassenden Ausbau des »vorsorgenden Sozialstaats« kommen wird. Dies erscheint in beiden Fällen unwahrscheinlich. Jenseits des Ärmelkanals gibt es schon entsprechende Erfahrungen: Der Weg Großbritanniens erlaubt zwar größere Investitionen (von allen 17 Überschussfällen erhöhte die Regierung Blair die harten und weichen Investitionen in den Überschussjahren am stärksten), sobald er zu neuen Defiziten führt, sind diese jedoch erneutem Konsolidierungsdruck ausgesetzt. Die Länder, die den Überschuss auf Dauer stellen konnten, erzielten dagegen eine grundlegende Gesundung ihrer Staatsfinanzen, mussten dafür jedoch auf eine über Einzelmaßnahmen hinausgehende

Wiedergewinnung ihrer Handlungsfähigkeit verzichten. Der Weg, auf dem es gelungen wäre, einerseits die Ergebnisse permanenter Austeritätspolitik – niedrige Investitionen, Rückzug des Staates aus wichtigen Feldern der Daseinsvorsorge, zunehmend privatisierte Bereitstellung öffentlicher Güter – zu vermeiden, andererseits aber nicht wieder in einen Zyklus aus Defiziten und Defizitbekämpfung zu geraten, ist von keinem Land gefunden worden. Am nächsten kam diesem Weg noch Neuseeland, allerdings erst nach besonders drastischen Einschnitten in der Konsolidierung und nach einer Erhöhung der Einkommensteuer. Es wäre bemerkenswert, wenn ausgerechnet Deutschland eine Stärkung des Investitionsstaats bei gleichzeitigem Schuldenabbau gelingen würde. Dies wäre wohl nur möglich, wenn die dafür nötigen Mittel auf der Einnahmenseite generiert werden könnten – und damit ist bis auf Weiteres nicht zu rechnen.

Die Option eines neuseeländischen Weges, der steigende Investitionen bei einer Bewahrung ausgeglichener Haushalte durch Steuererhöhungen finanziert, wurde im Wahlkampf des Jahres 2013 von den Parteien der linken Mitte angeboten. Sie wurde jedoch in den Koalitionsverhandlungen des Spätherbstes 2013 schnell zu den Akten gelegt. Zwar verpflichtete sich die neue Regierung dennoch zu einer Erhöhung der öffentlichen Investitionen, diese wird jedoch viel zu klein ausfallen, um den enormen Investitionsbedarf zu decken (IW Köln 2014). So schätzten die großen Wirtschaftsforschungsinstitute in ihrer Gemeinschaftsdiagnose im Herbst 2013 die notwendigen zusätzlichen Bildungsinvestitionen auf 16 Milliarden Euro und die notwendigen Infrastrukturinvestitionen auf 8 Milliarden Euro pro Jahr (Projektgruppe Gemeinschaftsdiagnose 2013). Demgegenüber sah der im März 2014 beschlossene erste Finanzplan der neuen Regierung für den Zeitraum von 2014 bis 2018 eine kaum mehr als symbolische Erhöhung der Bruttoinvestitionen von 25,8 auf 27 Milliarden Euro vor (Bundesministerium der Finanzen 2014b). Unter dem Druck einer wachsenden öffentlichen Debatte hat die Regierung hier mittlerweile Nachbesserungsbedarf erkannt und im November 2014 ein Investitionsprogramm von insgesamt 10 Milliarden Euro für die Jahre 2016 bis 2018 in Aussicht gestellt (Bundesministerium der Finanzen 2014c). Vor allem aber plant sie, private Anleger stärker an öffentlichen Investitionen zu beteiligen – denn der Staat könne diese trotz ausgeglichener Haushalte nicht alleine finanzieren, so Wolfgang Schäubles Sicht (Schäuble 2014).

Die mit Abstand kostspieligste Entscheidung der großen Koalition bleibt aber ein Rentenpaket, das aus der Erhöhung der Rente für Mütter vor 1992 geborener Kinder und der Einführung einer abschlagsfreien Verrentungsmöglichkeit für 63-Jährige nach 45 Berufsjahren bestand. Die informelle Koalition aus Steuersenkern und Sozialstaatsbewahrern auf Kosten einer stärkeren Investitionstätigkeit zeigte sich also quicklebendig. Hinzu kommt, dass für einen Großteil der Bildungsausgaben und der Investitionen die Länder und Gemeinden verantwortlich sind. Die Länder werden von der Schuldenbremse aber noch deutlich stärker beschränkt als der Bund. Und hinter dem aggregierten Überschuss der Gemeinden verbirgt sich ein enormes Ungleichgewicht zwischen finanzstarken und finanzschwachen Kommunen. Insbesondere der anstehenden Neuaushandlung der Bund-Länder-Finanzbeziehungen kommt daher entscheidende Bedeutung für die Investitionsfähigkeit des deutschen Gesamtstaats zu.

Insgesamt bestehen also erhebliche Zweifel daran, dass gerade Deutschland gelingt, was allen anderen Ländern misslang, nämlich dauerhaft ausgeglichene Haushalte mit einer substanziellen Wiedergewinnung staatlicher Handlungsfähigkeit zu verbinden. Denn es ist so simpel wie wahr, dass, wer einen handlungsfähigen Staat will, auch einen handlungsfähigen Staat durchsetzen muss. Fiskalpolitische Handlungsfähigkeit setzt nicht nur die fiskalischen Möglichkeiten, sondern auch den politischen Willen voraus, einen aktiven Staat mit dem Anspruch auf gesellschaftliche Gestaltung zu finanzieren. Defizite erschweren das und Überschüsse können es unter bestimmten Umständen erleichtern. Aber Überschüsse sind nicht bereits selbst Handlungsfähigkeit.

Tabellen und Abbildungen

Tabellen

Abbildungen

Anhang

Tabellen

Abbildungen

Tabelle A-1 Überschüsse und bereinigte Überschüsse, 1980–2009

Land	Überschuss im Finanzierungssaldo	Überschuss im zyklisch bereinigten Saldo
Australien	**1998, 1999, 2000, 2002, 2003, 2004, 2005, 2006, 2007**	1988, 1997, **1998, 1999, 2000,** 2001, **2002, 2003, 2004, 2005, 2006, 2007**
Belgien	2001, 2006	2003
Dänemark	**1986, 1987, 1988, 1989, 1999, 2000,** 2001, 2002, **2004, 2005, 2006, 2007, 2008**	**1986, 1987, 1988, 1989,** 1990, **1999, 2000, 2004, 2005, 2006, 2007, 2008**
Deutschland	1989, **2000,** 2007, 2008	**2000**
Finnland	**1980, 1981, 1982, 1983, 1984, 1985,1986, 1987, 1988, 1989, 1990, 1998, 1999, 2000, 2001, 2002, 2003, 2004, 2005, 2006, 2007, 2008**	**1980, 1981, 1982, 1983, 1984, 1985, 1986, 1987, 1988, 1989, 1990, 1998, 1999, 2000, 2001, 2002, 2003, 2004, 2005, 2006, 2007, 2008**
Frankreich	keine	keine
Großbritannien	1989, **1999, 2000, 2001**	**1999, 2000, 2001**
Irland	**1997, 1998, 1999, 2000,** 2001, 2003, 2004, 2005, **2006,** 2007	1992, 1993, 1994, 1995, 1996, **1997, 1998, 1999, 2000, 2006**
Island	**1999, 2000,** 2004, **2005, 2006, 2007**	1997, **1999, 2000, 2005, 2006, 2007**
Italien	keine	keine
Japan	**1988, 1989, 1990, 1991,** 1992	1985, 1986, 1987, **1988, 1989, 1990, 1991**
Kanada	**1997, 1998, 1999, 2000,** 2001, **2004, 2005, 2006, 2007**	**1997, 1998, 1999, 2000, 2004, 2005, 2006, 2007**
Neuseeland	**1994, 1995, 1996, 1997, 2000, 2001, 2002, 2003, 2004, 2005, 2006, 2007, 2008**	1993, **1994, 1995, 1996, 1997,** 1998, 1999, **2000, 2001, 2002, 2003, 2004, 2005, 2006, 2007, 2008**
Niederlande	1999, **2000, 2006,** 2007, 2008	**2000,** 2005, **2006**
Österreich	keine	keine
Portugal	keine	keine
Schweden	**1987, 1988, 1989, 1990, 1998, 1999, 2000, 2001,** 2004, **2005, 2006, 2007, 2008**	1986, **1987, 1988, 1989, 1990,** 1997, **1998, 1999, 2000, 2001, 2005, 2006, 2007, 2008,** 2009
Schweiz	2000, **2006, 2007, 2008, 2009**	**2006, 2007, 2008, 2009**
Spanien	**2005, 2006, 2007**	**2005, 2006, 2007**
USA	1998, 1999, **2000**	**2000**

Fett gedruckte Jahre zeigen einen Überschuss in beiden Maßzahlen an.
Quelle: OECD Economic Outlook Database No. 92.

Tabelle A-2 Konsolidierungsperioden nach Überschusstyp

Lange Perioden		Kurze Perioden	
Australien	1992–1998	Dänemark	1982–1986
Dänemark	1993–1999	Großbritannien	1993–1999
Finnland	1993–1998	Island	1995–1999
Kanada	1992–1997	Island	2002–2004[b]
Neuseeland	1990–1994	Japan	1983–1988
Schweden	1993–1998	Niederlande	1994–1999[a]
		Niederlande	2003–2006
		Schweden	1985–1987
		Spanien	2000–2005[b]
		USA	1992–1998

a OECD-Daten für 1995 unbrauchbar.
b Identifiziert auf Basis des zyklisch bereinigten Saldos.
Eine Konsolidierungsperiode ist definiert als der Zeitraum, in dem sich der Haushaltssaldo jedes Jahr weiter verbessert, bis ein Überschuss erreicht ist.
Quelle: OECD (2012a).

Tabelle A-3 Quellen für die in Kapitel 5.3 verwendeten Variablen

Variable	Hauptquelle	Ergänzungen
Saldo	OECD EO No. 92	Australien: EO No. 80 Deutschland: EO No. 70
Bruttoverschuldung	OECD EO No. 92	Australien: IMF Historical Public Debt Database Deutschland, Island, Portugal: EO No. 70; Schweiz: EO No. 80
Nettoverschuldung	OECD EO No. 92	Deutschland, Island: EO No. 70
Zinslast	OECD EO No. 92	Deutschland: EO No. 66
Nettokern	Eigene Berechnung	–
Invest_hart	OECD EO No. 92	Belgien, Dänemark, Island, Schweden: EO No. 80; Deutschland, Großbritannien, Portugal, Schweiz, Spanien: Kamps (2006)
Invest_weich	Eigene Berechnung	–
Bildung	OECD Education Statistics	Alle Länder außer Dänemark, Island, Niederlande, ergänzt mit Daten von Marius Busemeyer (persönliche Kommunikation mit dem Autor). Island, Niederlande: World Bank World Development Indicators
Arbeit	OECD Employment and Labour Market Statistics	–
Familien	OECD Social Expenditure Database	–
Forschung	OECD Science, Technology and R&D Statistics	–
Einnahmen	OECD EO No. 92	Deutschland: EO No. 75; Schweiz: EO No. 80
Steuern	OECD EO No. 92	–
Steuern_ip	OECD EO No. 92	–
Steuern_korp	OECD EO No. 92	–
Sozialausgaben	OECD EO No. 92	–
Kabinett_links	Armingeon et al. (2012)	–
Kabinett_mitte	Armingeon et al. (2012)	–
Handel	OECD EO No. 92	–
Kapitalverkehr	Armingeon et al. (2012)	–
Wachstum	OECD EO No. 92	–
Log_PKE	OECD EO No. 92	–
Arbeitslosigkeit	OECD EO No. 92	Deutschland: EO No. 70
Realzins	OECD EO No. 92	Deutschland, Island: EO No. 66
Junge	OECD EO No. 92	–
Senioren	OECD EO No. 92	–

EO=OECD Economic Outlook.

Abbildung A-1 Entwicklung des Haushaltssaldos, in Prozent des BIP

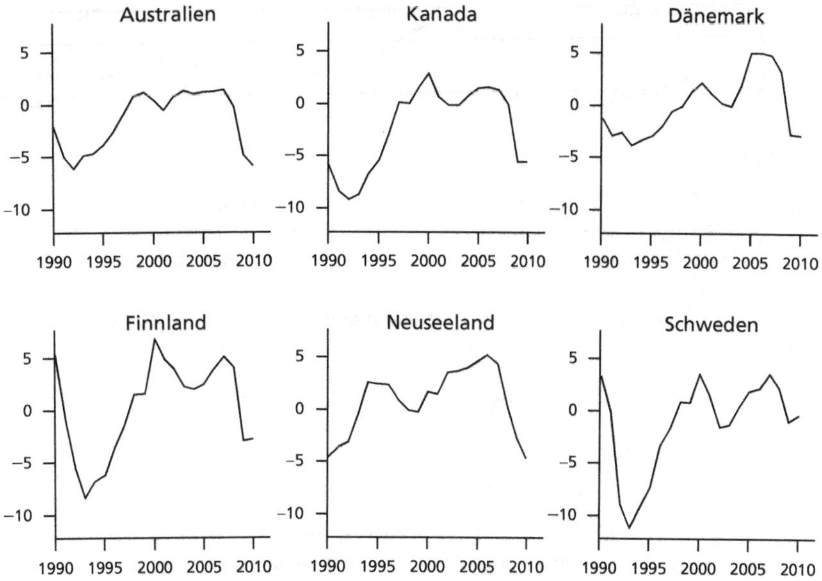

Quelle: OECD (2012a).

Abbildung A-2 Entwicklung der Nettoverschuldung, in Prozent des BIP

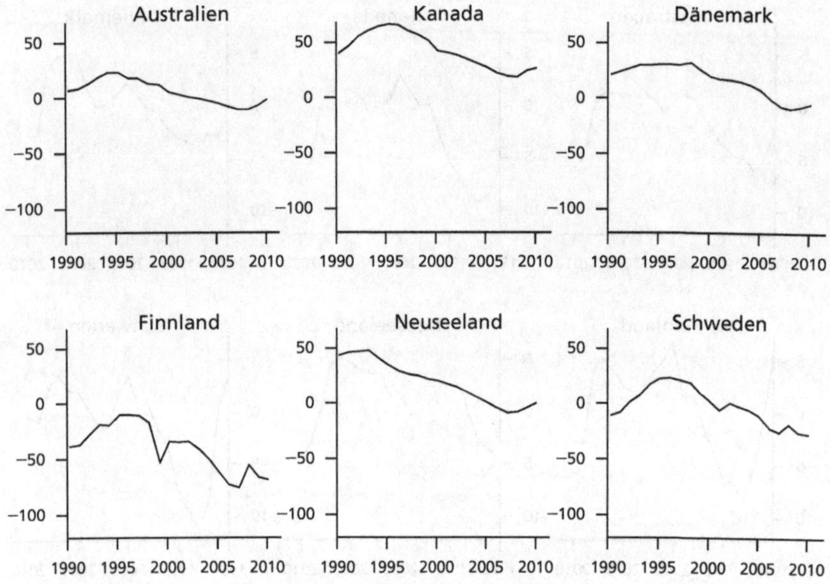

Quelle: OECD (2012a).

Abbildung A-3 Entwicklung der zyklisch bereinigten Staatseinnahmen und Staatsausgaben, in Prozent des BIP

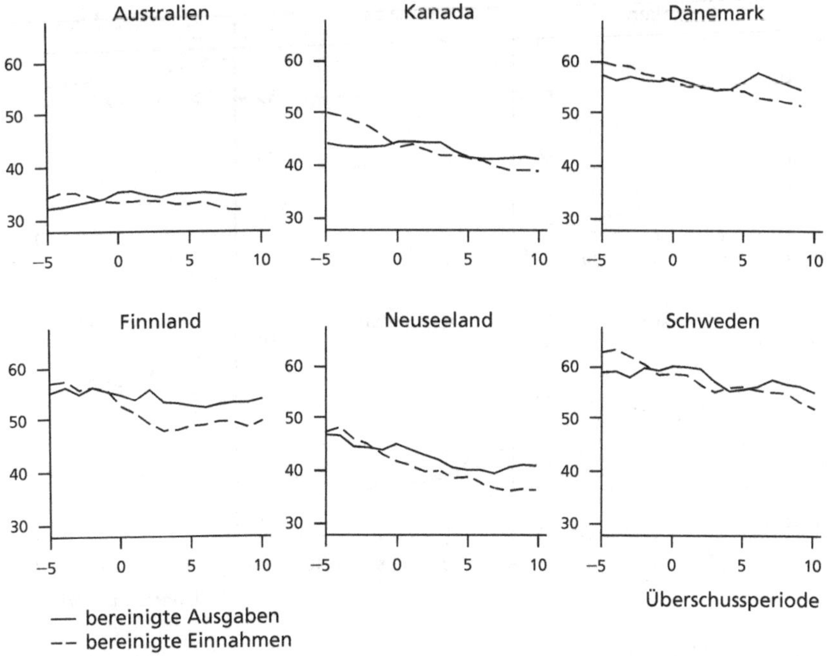

Quelle: OECD (2012a).

Abbildung A-4 Entwicklung der zyklisch bereinigten Nettoausgaben, in Prozent des BIP

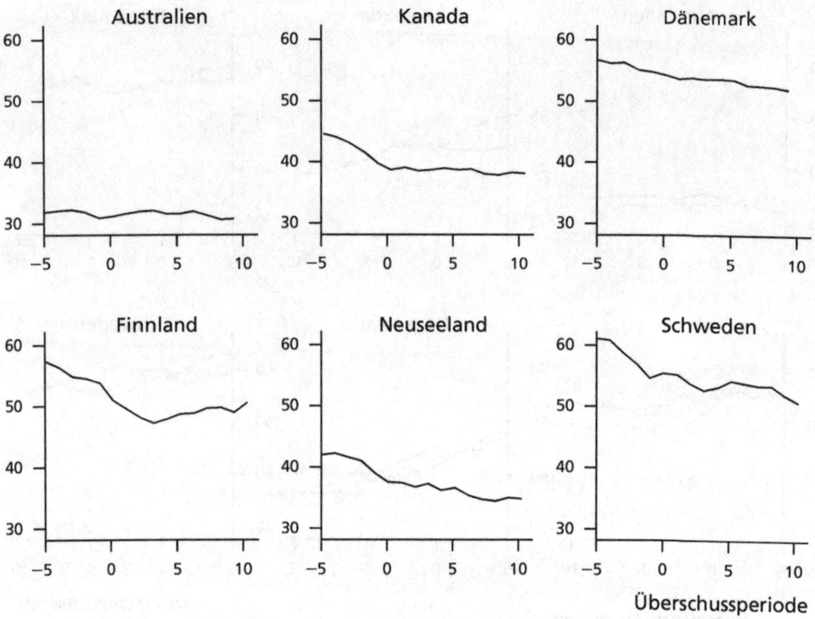

Quelle: OECD (2012a).

Abbildung A-5 Entwicklung der Nettokernausgaben, in Prozent des BIP

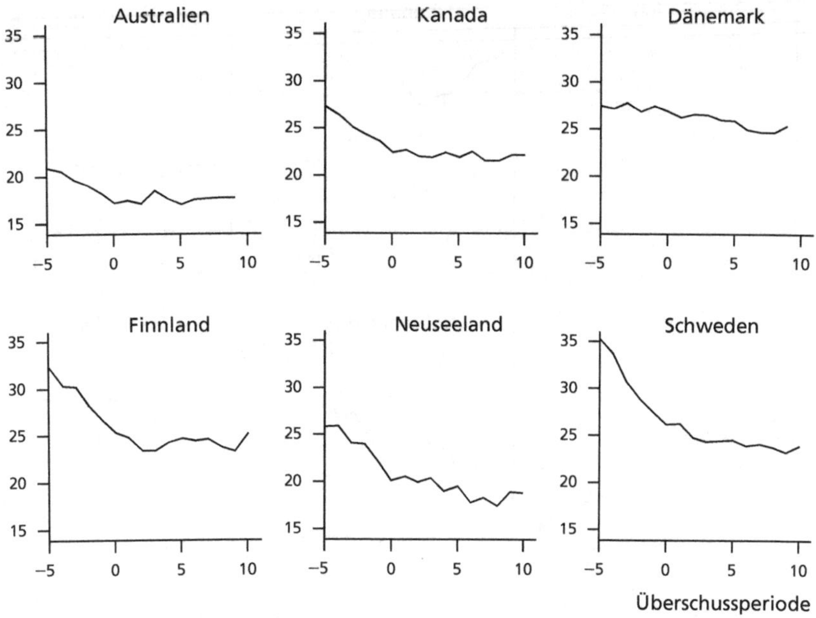

Quelle: OECD (2012a).

Abbildung A-6 Entwicklung der Bruttoinvestitionen, in Prozent des BIP

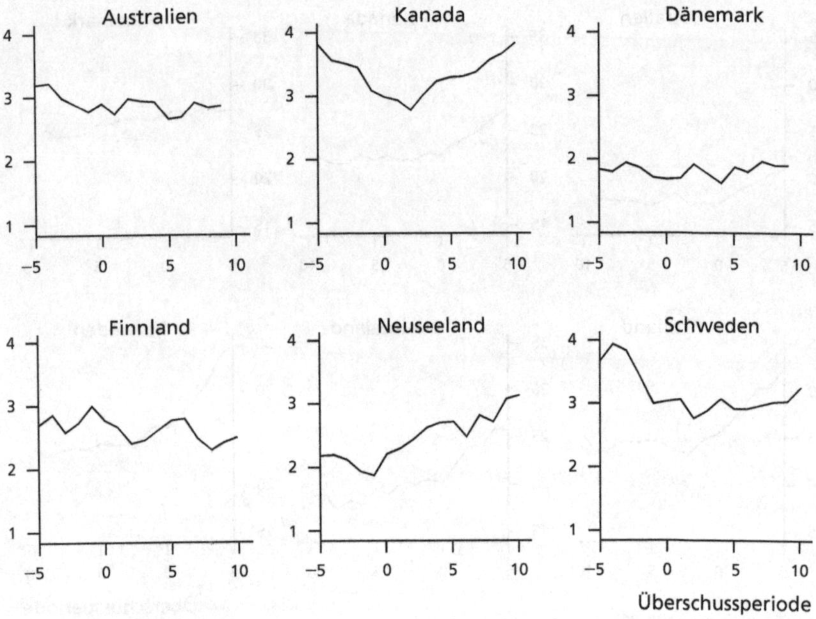

Quelle: OECD (2012a).

Abbildung A-7 Entwicklung der weichen Investitionen, in Prozent des BIP

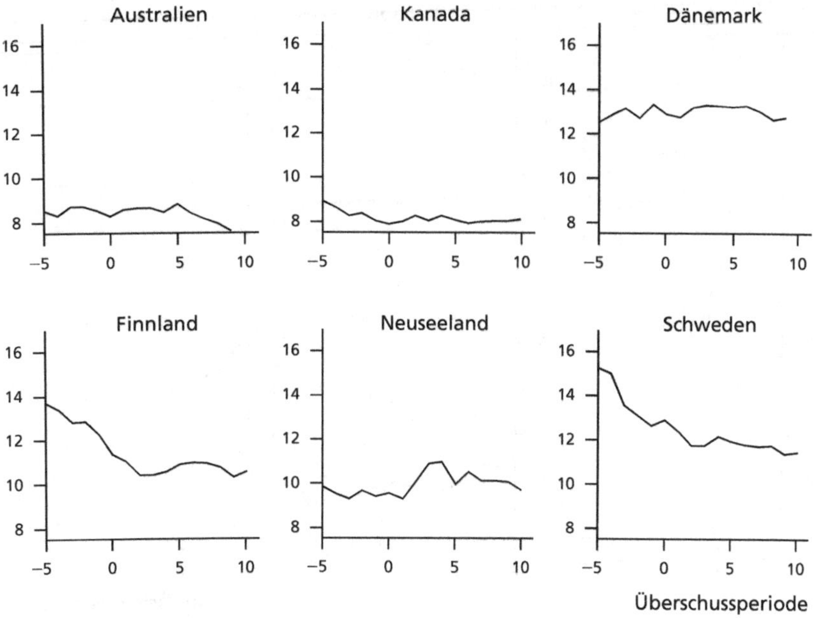

Quelle: OECD (2012a).

Abbildung A-8 Entwicklung der Sozialausgaben, in Prozent des BIP

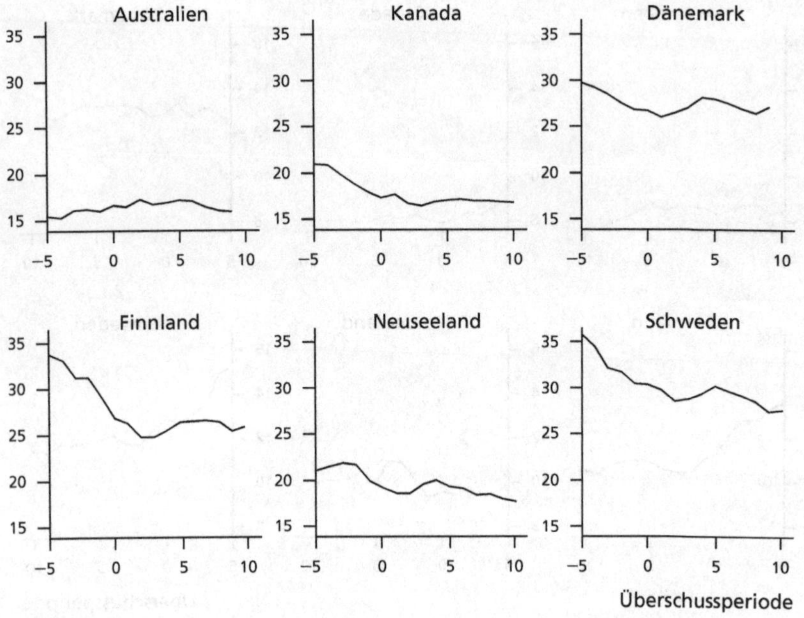

Quelle: OECD (2012a).

Literatur

Abbas, Ali, et al., 2010: *Fiscal Policy and the Current Account.* IMF Working Paper 10/121. Washington, DC: International Monetary Fund.

Abell, John D., 1990: Twin Deficits During the 1980s: An Empirical Investigation. In: *Journal of Macroeconomics* 12, 81–96.

Abildgren, Kim, 2010: *Monetary History of Denmark: 1990–2005.* Kopenhagen: Danmarks Nationalbank.

Addison-Smyth, Diarmaid/Kieran McQuinn, 2010: Quantifying Revenue Windfalls from the Irish Housing Market. In: *The Economic and Social Review* 41, 201–223.

Aghion, Philippe/Peter Howitt, 1990: *A Model of Growth through Creative Destruction.* NBER Working Paper 3223. Cambridge, MA: National Bureau of Economic Research.

Ahrend, Rüdiger/Pietro Catte/Robert Price, 2006: *Interactions Between Monetary and Fiscal Policy: How Monetary Conditions Affect Fiscal Consolidation.* OECD Economics Department Working Paper 06/521. Paris: Organisation for Economic Co-operation and Development.

Alesina, Alberto, 1987: Macroeconomic Policy in a Two-Party System as a Repeated Game. In: *Quarterly Journal of Economics* 102, 651–678.

——, 2000: The Political Economy of the Budget Surplus in the United States. In: *Journal of Economic Perspectives* 14, 3–19.

Alesina, Alberto/Silvia Ardagna, 1998: Tales of Fiscal Adjustments. In: *Economic Policy* 27, 487–545.

——, 2009: *Large Changes in Fiscal Policy: Taxes versus Spending.* NBER Working Paper 15438. Cambridge, MA: National Bureau of Economic Research.

——, 2012: *The Design of Fiscal Adjustments.* NBER Working Paper 18423. Cambridge, MA: National Bureau of Economic Research.

Alesina, Alberto/Dorian Carloni/Gianpaolo Lecce, 2012: The Electoral Consequences of Large Fiscal Adjustments. In: Alberto Alesina/Francesco Giavazzi (Hg.), *Fiscal Policy after the Great Recession.* Chicago: University of Chicago Press, 531–570.

Alesina, Alberto/Allan Drazen, 1991: Why Are Stabilizations Delayed? In: *American Economic Review* 81, 1170–1188.

Alesina, Alberto/Roberto Perotti, 1995a: *Fiscal Expansions and Fiscal Adjustments in OECD Countries.* NBER Working Paper 5214. Cambridge, MA: National Bureau of Economic Research.

——, 1995b: *The Political Economy of Budget Deficits.* IMF Staff Papers 42/1. Washington, DC: International Monetary Fund.

Alesina, Alberto/Guido Tabellini, 1990: A Positive Theory of Fiscal Deficits and Government Debt. In: *Review of Economic Studies* 57, 403–414.

Alonso, William/Paul Starr (Hg.), 1987: *The Politics of Numbers*. New York: Russell Sage.

Alphonso, Caroline, 2001: Economist Urges Martin to Lift GST until April. In: *The Globe and Mail*, 6.11.2001, A1.

Argy, Fred, 2003: The Public Borrowing Straitjacket: Does It Make Sense? In: *Australian Quarterly* 75, 4–12.

——, 2007: *Australia's Fiscal Straightjacket: Eight Myths about Tax and Public Debt which Are Holding Us back*. Sydney: Centre for Policy Development.

Armingeon, Klaus, et al., 2012: *Comparative Political Data Set I 1960–2010*. Bern: Institut für Politikwissenschaft, Universität Bern.

Arter, David, 2012: ›Big Bang‹ Elections and Party System Change in Scandinavia: Farewell to the ›Enduring Party System‹? In: *Parliamentary Affairs* 65, 822–844.

Arthur, W. Brian, 1994: *Increasing Returns and Path Dependence in the Economy*. Ann Arbor: University of Michigan Press.

Aschauer, David A., 1989: Is Public Expenditure Productive? In: *Journal of Monetary Economics* 23, 177–200.

Auditor General, 2005: *2005 February Status Report of the Auditor General of Canada, Chapter 4: Accountability of Foundations*. Ottawa: Office of the Auditor General of Canada.

Auerbach, Alan J./William G. Gale, 2000: *Perspectives on the Budget Surplus*. NBER Working Paper 7837. Cambridge, MA: National Bureau of Economic Research.

Auffermann, Burkhard, 2009: Das politische System Finnlands. In: Wolfgang Ismayr (Hg.), *Die politischen Systeme Westeuropas*. Wiesbaden: VS Verlag, 219–263.

Aulich, Chris, 2010: Reconstructing the Australian State: The Privatization Factor. In: John Springford (Hg.), *Dealing with Debt: Lessons from Abroad*. London: CentreForum, 74–92.

Australian Government, verschiedene Jahre: *Budget Overview*. Canberra: Australian Government.

Babad, Michael, 2012: ›Honorary‹ Third World then: How WSJ Describes Canada Now. In: *The Globe and Mail*, 10.9.2012. <www.theglobeandmail.com/report-on-business/top-business-stories/honorary-third-world-then-how-wsj-describes-canada-now/article4202469/>

Backhaus, Jürgen G., 2004: Fiscal Sociology: What for? In: Jürgen G. Backhaus/Richard E. Wagner (Hg.), *Handbook of Public Finance*. Boston: Kluwer, 521–542.

—— (Hg.), 2005: *Essays on Fiscal Sociology*. Frankfurt a.M.: Peter Lang.

Backhaus, Jürgen G./Richard E. Wagner, 2004: Society, State, and Public Finance: Setting the Analytical Stage. In: Jürgen G. Backhaus/Richard E. Wagner (Hg.), *Handbook of Public Finance*. Boston: Kluwer, 1–18.

Baldacci, Emanuele, et al., 2011: *Assessing Fiscal Stress*. IMF Working Paper 11/100. Washington, DC: International Monetary Fund.

Ball, Laurence, et al., 2013: *The Distributional Effects of Fiscal Consolidation*. IMF Working Paper 13/151. Washington, DC: International Monetary Fund.

Ball, Laurence/N. Gregory Mankiw, 1995: *What Do Budget Deficits Do?* NBER Working Paper 5263. Cambridge, MA: National Bureau of Economic Research.

Bandelow, Nils C., 2003: Lerntheoretische Ansätze in der Policy-Forschung. In: Matthias L. Maier/Frank Nullmeier/Tanja Pritzlaff (Hg.), *Politik als Lernprozess? Wissenszentrierte Ansätze in der Politikanalyse.* Opladen: Leske + Budrich, 98–121.

Barker, Felicity C./Robert A. Buckle/Robert W. St. Clair, 2008: *Roles of Fiscal Policy in New Zealand.* New Zealand Treasury Working Paper 08/02. Wellington: The New Zealand Treasury.

Barro, Robert J., 1974: Are Government Bonds Net Wealth? In: *Journal of Political Economy* 82, 1095–1117.

——, 1979: On the Determination of the Public Debt. In: *Journal of Political Economy* 87, 940–971.

Barta, Zsófia, 2011: *Flirting with Disaster: Explaining Excessive Public Debt Accumulation in Italy and Belgium.* Dissertation. London: The London School of Economics and Political Science (LSE).

Bartlett, Bruce, 2007: »Starve the Beast«: Origins and Development of a Budgetary Metaphor. In: *The Independent Review* 12, 5–26.

Bastagli, Francesca/David Coady/Sanjeev Gupta, 2012: *Income Inequality and Fiscal Policy.* IMF Staff Discussion Note 12/08. Washington, DC: International Monetary Fund.

Battin, Tim, 2002: The Australian Labor Party and the Notion of Economic Management. In: *Journal of Economic and Social Policy* 6, 1–12.

Baumgartner, Frank R., et al., 2009: Punctuated Equilibrium in Comparative Perspective. In: *American Journal of Political Science* 53, 603–620.

Baumgartner, Frank R./Bryan D. Jones, 2005: *The Politics of Attention: How Government Prioritizes Problems.* Chicago: University of Chicago Press.

BBC, 2013: *Australia Faces a Revenue Black Hole as Economy Slows.* <www.bbc.co.uk/news/business-22507511>

Beach, Derek/Rasmus B. Pedersen, 2013: *Process-Tracing Methods: Foundations and Guidelines.* Ann Arbor: University of Michigan Press.

Beck, Hanno/Aloys Prinz, 2013: *Staatsverschuldung: Ursachen, Folgen, Auswege.* München: C. H. Beck.

Beck, Nathaniel, 2001: Time-Series-Cross-Section Data: What Have We Learned in the Past Few Years? In: *Annual Review of Political Science* 4, 271–293.

Beck, Nathaniel/Jonathan N. Katz, 1995: What to Do (and Not to Do) with Time-Series Cross-Section Data. In: *American Political Science Review* 89, 634–647.

Becker, Gary S., 2001: The Real Reason We Need a Tax Cut. In: *Business Week*, 19.3.2005, 28.

Bell, Daniel, 1976: *The Cultural Contradictions of Capitalism.* New York: Basic Books.

Benner, Mats, 2003: The Scandinavian Challenge: The Future of Advanced Welfare States in the Knowledge Economy. In: *Acta Sociologica* 46, 132–149.

Benner, Mats/Torben Bundgaard Vad, 2000: Sweden and Denmark: Defending the Welfare State. In: Fritz W. Scharpf/Vivien A. Schmidt (Hg.), *Welfare and Work in the Open Economy*, Vol. 2: *Diverse Responses to Common Challenges in Twelve Countries* Oxford: Oxford University Press, 399–466.

Bennett, Andrew/Colin Elman, 2006: Complex Causal Relations and Case Study Methods: The Example of Path Dependence. In: *Political Analysis* 14, 250–267.

Berger, Suzanne, 2000: Globalization and Politics. In: *Annual Review of Political Science* 3, 43–62.

Berkmen, Pelin, 2007: *Precautionary Monetary and Fiscal Policies.* IMF Working Paper 07/30. Washington, DC: International Monetary Fund.

Blanchard, Olivier, 1984: Current and Anticipated Deficits, Interest Rates and Economic Activity. In: *European Economic Review* 25, 7–27.

Blanchard, Olivier/Daniel Leigh, 2013: *Growth Forecast Errors and Fiscal Multipliers.* IMF Working Paper 13/1. Washington, DC: International Monetary Fund.

Blatter, Joachim/Markus Haverland, 2012: *Designing Case Studies: Explanatory Approaches in Small-N Research.* Basingstoke: Palgrave Macmillan.

Blejer, Mario I./Adrienne Cheasty (Hg.), 1993: *How to Measure the Fiscal Deficit: Analytical and Methodological Issues.* Washington, DC: International Monetary Fund.

Block, Fred, 1981: The Fiscal Crisis of the Capitalist State. In: *Annual Review of Sociology* 7, 1–27.

Blomert, Reinhard, 2001: Sociology of Finance: Old and New Perspectives. In: *Economic Sociology – European Electronic Newsletter* 2, 9–14.

Blomqvist, Paula, 2004: The Choice Revolution: Privatization of Swedish Welfare Services in the 1990s. In: *Social Policy and Administration* 38, 139–155.

Blöndal, Jon R., 2001a: Budgeting in Canada. In: *OECD Journal on Budgeting* 1, 39–82.

——, 2001b: Budgeting in Sweden. In: *OECD Journal on Budgeting* 1, 27–57.

Blöndal, Jon R./Jens K. Kristensen/Michael Ruffner, 2002: Budgeting in Finland. In: *OECD Journal on Budgeting* 2, 119–152.

Blöndal, Jon R./Michael Ruffner, 2004: Budgeting in Denmark. In: *OECD Journal on Budgeting* 4, 49–79.

Blyth, Mark, 2002: *Great Transformations: Economic Ideas and Institutional Change in the Twentieth Century.* Cambridge: Cambridge University Press.

——, 2013: *Austerity: The History of a Dangerous Idea.* Oxford: Oxford University Press.

Bohn, Henning, 1998: The Behavior of U.S. Public Debt and Deficits. In: *The Quarterly Journal of Economics* 113, 949–963.

Boix, Carles, 1997: Political Parties and the Supply Side of the Economy: The Provision of Physical and Human Capital in Advanced Economies, 1960–1990. In: *American Journal of Political Science* 41, 814–845.

——, 1998: *Political Parties, Growth and Equality.* Cambridge: Cambridge University Press.

——, 2000: Partisan Governments, the International Economy, and Macroeconomic Policies in Advanced Nations, 1960–1993. In: *World Politics* 53, 38–73.

Bolger, James B., 1993: *Fiscal Responsibility Bill: Introduction.* New Zealand Parliamentary Debates, 16.9.1993. Wellington: New Zealand Parliament. <www.vdig.net/hansard/archive.jsp?y=1993&m=09&d=16&o=27&p=36>

Bongiorno, Frank, 2008: Howard's End: The 2007 Australian Election. In: *The Round Table* 97, 589–603.

Bonoli, Giuliano, 2012: Blame Avoidance and Credit Claiming Revisited. In: Giuliano Bonoli/David Natali (Hg.), *The Politics of the New Welfare State.* Oxford: Oxford University Press, 93–110.

Boskin, Michael J., 1982: Federal Government Deficits: Some Myths and Realities. In: *American Economic Review* 72, 296–303.

Bourgon, Jocelyne, 2009: *The Government of Canada's Experience Eliminating the Deficit, 1994–1999.* Waterloo: Centre of International Governance Innovation.

Brede, Falko/Rainer-Olaf Schultze, 2008: Das politische System Kanadas. In: Klaus Stüwe/Stefan Rinke (Hg.), *Die politischen Systeme in Nord- und Lateinamerika: Eine Einführung.* Wiesbaden: VS Verlag, 315–341.

Brender, Adi/Allan Drazen, 2008: How Do Budget Deficits and Economic Growth Affect Reelection Prospects? Evidence from a Large Panel of Countries. In: *American Economic Review* 98, 2203–2220.

Brennan, Geoffrey/Jonathan Pincus, 2002: Australia's Economic Institutions. In: Francis G. Castles/Geoffrey Brennan (Hg.), *Australia Reshaped: 200 Years of Institutional Transformation.* Cambridge: Cambridge University Press, 53–85.

Breunig, Christian/Marius R. Busemeyer, 2011: Fiscal Austerity and the Trade-off between Public Investment and Social Spending. In: *Journal of European Public Policy* 19, 921–938.

Broome, Andre, 2006: Setting the Fiscal Policy Agenda: Economic News and Election Year Tax Debates in New Zealand. In: *Law in Context* 24, 60–77.

Brown, Kevin, 1991: Riding to the End of a Wave. In: *Financial Times*, 24.5.1991, 20.

Brümmerhoff, Dieter, 2011: *Finanzwissenschaft.* 10. Auflage. München: Oldenbourg.

Buchanan, James M., 1967: Fiscal Policy and Fiscal Preference. In: *Public Choice* 2, 1–10.

Buchanan, James M./Richard A. Musgrave, 1999: *Public Finance and Public Choice: Two Contrasting Visions of the State.* Cambridge, MA: MIT Press.

Buchanan, James M./Gordon Tullock, 1962: *The Calculus of Consent: Logical Foundations of Constitutional Democracy.* Ann Arbor: University of Michigan Press.

Buchanan, James M./Richard E. Wagner, 1977: *Democracy in Deficit: The Political Legacy of Lord Keynes.* New York: Academic Press.

Budina, Nina, et al., 2012: *Fiscal Rules at a Glance: Country Details from a New Dataset.* IMF Working Paper 12/273. Washington, DC: International Monetary Fund.

Buiter, Willem, 2006: *Stabilisation Policy in New Zealand: Counting Your Blessings, One by One.* Macroeconomic Policy Forum. Wellington: The New Zealand Treasury.

Bundesministerium der Finanzen (BMF), 2014a: *Bundeskabinett beschließt Haushaltsentwurf 2015.* Pressemitteilung vom 2.7.2014. Berlin: BMF. <www.bundesfinanzministerium.de/Content/DE/Pressemitteilungen/Finanzpolitik/2014/07/2014-07-02-PM30.html>

——, 2014b: *Bundeskabinett beschließt Regierungsentwurf des Bundeshaushalts 2014 und Eckwerte für die Jahre 2015 bis 2018.* Pressemitteilung vom 12.3.2014. Berlin: BMF. <www.bundesfinanzministerium.de/Content/DE/Pressemitteilungen/Finanzpolitik/2014/03/2014-03-12-PM8-bundeshaushalt-eckwerte.html>

——, 2014c: *Monatsbericht des BMF November 2014.* Berlin: BMF. <www.bundesfinanzministerium.de/Content/DE/Monatsberichte/2014/11/Downloads/monatsbericht_2014_11_deutsch.pdf?__blob=publicationFile&v=6>

Burrell, Steve, 2007: Testing the Limits. In: *Sydney Morning Herald*, 21.4.2007. <www.smh.com.au/news/business/testing-the-limits/2007/04/20/1176697091237.html?page=fullpage>

Burt, Tim, 1999: Proceeding with Caution. In: *Financial Times*, 17.5.1999, 2.

Busemeyer, Marius R., 2009: From Myth to Reality: Globalisation and Public Spending in OECD Countries Revisited. In: *European Journal of Political Research* 48, 455–482.

Busemeyer, Marius R./Torben Iversen, 2014: The Politics of Opting Out: Explaining Educational Financing and Popular Support for Public Spending. In: *Socio-Economic Review* 12(2), 299–328.

Buti, Marco/Lucio R. Pench, 2004: Why Do Large Countries Flout the Stability Pact and What Can Be Done about It? In: *Journal of Common Market Studies* 42, 1025–1032.

Calmfors, Lars, 2012: *Sweden – from Macroeconomic Failure to Macroeconomic Success.* CESifo Working Paper 3790. München: Center for Economic Studies ifo Institut.

Calmfors, Lars/Simon Wren-Lewis, 2011: *What Should Fiscal Councils Do?* CESifo Working Paper 3382. München: Center for Economic Studies ifo Institut.

Cameron, David R., 1978: The Expansion of the Public Economy. In: *American Political Science Review* 72, 1243–1261.

——, 2012: European Fiscal Responses to the Great Recession. In: Nancy Bermeo/Jonas Pontusson (Hg.), *Coping with Crisis: Government Reactions to the Great Recession.* New York: Russell Sage, 91–129.

Campbell, Andrea L., 2009: What Americans Think of Taxes. In: Isaac W. Martin/Ajay K. Mehrotra/Monica Prasad (Hg.), *The New Fiscal Sociology: Taxation in Comparative and Historical Perspective.* Cambridge: Cambridge University Press, 48–67.

Campbell, John L., 1993: The State and Fiscal Sociology. In: *Annual Review of Sociology* 19, 163–185.

——, 2002: Ideas, Politics, and Public Policy. In: *Annual Review of Sociology* 28, 21–38.

Capoccia, Giovanni/Daniel Kelemen, 2007: The Study of Critical Junctures: Theory, Narrative, and Counterfactuals in Historical Institutionalism. In: *World Politics* 59, 341–369.

Castles, Francis G., 1985: *The Working Class and Welfare: Welfare in Australia and New Zealand.* Sydney: Allen & Unwin.

——, 1998: The Really Big Trade-off: Home Ownership and the Welfare State in the New World and the Old. In: *Acta Politica* 33, 5–19.

——, 2007: Testing the Retrenchment Hypothesis: An Aggregate Overview. In: Francis G. Castles (Hg.), *The Disappearing State? Retrenchment Realities in an Age of Globalisation.* Cheltenham: Edward Elgar, 19–43.

Cerny, Philip G., 1996: International Finance and the Erosion of State Policy Capacity. In: Philip Gummet (Hg.), *Globalization and Public Policy.* Cheltenham: Edward Elgar, 83–104.

Certified General Accountants Association of Canada, 2008: *The Federal Budget Surplus: Surprise or Strategy?* Ottawa: Certified General Accountants Association of Canada.

Chalk, Nigel/Richard Hemming, 1998: *What Should Be Done with a Fiscal Surplus?* IMF Paper on Policy Analysis and Assessment 98/10. Washington, DC: International Monetary Fund.

Chase, Steven, 2005: No-Deficit Policy too Rigid, Economist Suggests. In: *The Globe and Mail,* 21.6.2005, A1.

——, 2007: Critics Attack Harper's Spending ›Madness‹. In: *The Globe and Mail,* 13.2.2007, A4.

Chinn, Menzie D./Hiro Ito, 2008: A New Measure of Financial Openness. In: *Journal of Comparative Policy Analysis* 10, 309–322.

Christensen, Johan, 2012: Bringing the Bureaucrats Back in: Neo-Liberal Tax Reform in New Zealand. In: *Journal of Public Policy* 32, 141–168.

Christiansen, Peter, 2008: Public Expenditures: Is the Welfare State Manageable? In: Erik Albaek et al. (Hg.), *Crisis, Miracles, and Beyond: Negotiated Adaptation of the Danish Welfare State.* Aarhus: Aarhus University Press, 146–170.

Christiansen, Peter/Lise Togeby, 2006: Power and Democracy in Denmark: Still a Viable Democracy. In: *Scandinavian Political Studies* 29, 1–24.

Clasen, Jochen/Nico A. Siegel (Hg.), 2007: *Investigating Welfare State Change: The ›Dependent Variable Problem‹ in Comparative Analysis.* Cheltenham: Edward Elgar.

Collier, David/Jason Seawright, 2010: Glossary. In: Henry E. Brady/David Collier (Hg.), *Rethinking Social Inquiry: Diverse Tools, Shared Standards.* Lanham: Rowman & Littlefield, 313–360.

Collier, Ruth Berins/David Collier, 1991: *Shaping the Political Arena: Critical Junctures, the Labor Movement, and Regime Dynamics in Latin America.* Princeton: Princeton University Press.

Collins, Simon, 2003: Blooming Economic Health Not Matched in Social Statistics. In: *New Zealand Herald,* 18.2.2003. <www.nzherald.co.nz/economy/news/article.cfm?c_id=34&objectid=3101243>

Commonwealth of Australia, verschiedene Jahre: *Parliamentary Debates: House of Representatives.* Canberra: The Parliament of Australia.

Conan Doyle, Arthur, [1894]2013: *The Memoirs of Sherlock Holmes.* Public Domain Book.

Congressional Budget Office, 2001: *The Budget and Economic Outlook: Fiscal Years 2001–2010.* Washington, DC: Congress of the United States.

Cook, Peter, 1995: The Budget Canada Needs, It also Wants. In: *The Globe and Mail,* 6.3.1995, B2.

Cordes, Joseph J., 1996: How Yesterday's Decisions Affect Today's Budget and Fiscal Options. In: Eugene C. Steuerle/Masashiro Kawai (Hg.), *The New World Fiscal Order: Implications for Industrialized Nations.* Washington, DC: The Urban Institute Press, 95–116.

Costello, Peter, 1996: *Charter of Budget Honesty Bill 1996, Second Reading.* Commonwealth of Australia, Parliamentary Debates, House of Representatives, 11.12.1996. Canberra: Parliament of Australia.

——, 1997: *Charter of Budget Honesty Bill 1996, Second Reading.* Commonwealth of Australia, Parliamentary Debates, House of Representatives, 5.12.1997. Canberra: Parliament of Australia.

——, 2000: *Budget Speech 2000–01.* Department of the Treasury. Canberra: Parliament of Australia.

——, 2008: *The Costello Memoirs.* Melbourne: Melbourne University Press.

Courchene, Thomas J., 2002: *Half-Way Home: Canada's Remarkable Fiscal Turnaround and the Paul Martin Legacy.* Policy Matters 03/08. Montreal: Institute for Research on Public Policy.

Coyne, Andrew, 1995: Envisioning a Sustainable Debt. In: *The Globe and Mail,* 14.10.1995, D1, D5.

Crean, Simon, 2003: *Budget Debate.* Commonwealth of Australia, Parliamentary Debates, House of Representatives, 15.3.2003. Canberra: Parliament of Australia.

Cukierman, Alex/Allan H. Meltzer, 1989: A Political Theory of Government Debt and Deficits in a Neo-Ricardian Framework. In: *American Economic Review* 79, 713–732.

Cullen, Michael, 2008: *Budget Speech.* Wellington: New Zealand Treasury. <www.treasury.govt.nz/budget/2008/speech/b08-speech.pdf>

Cumming, Fia, 1998: Poll Shock for Howard: GST, Health Concern. In: *Sydney Morning Herald,* 17.5.1998, 6.

Cusack, Thomas R., 1999: Partisan Politics and Fiscal Policy. In: *Comparative Political Studies* 32, 464–486.

Dahlström, Carl, 2006: *Big Cuts, Little Time: Welfare State Retrenchment in Sweden.* CES Working Paper 05/128. Cambridge, MA: Harvard University, Minda de Gunzburg Center for European Studies.

Dalziel, Paul, 2002: New Zealand's Economic Reforms: An Assessment. In: *Review of Political Economy* 14, 31–46.

Dänisches Finanzministerium, 2005: *Budget Outlook, December 2005.* Copenhagen: Ministry of Finance.

——, verschiedene Jahre: *Convergence Programme for Denmark.* Copenhagen: Ministry of Finance.

Darby, Julie/V. Anton Muscatelli/Graeme Roy, 2004: *Fiscal Consolidation and Decentralisation: A Tale of Two Tiers.* Working Paper. Glasgow: University of Glasgow.

David, Paul A., 1985: Clio and the Economics of QWERTY. In: *American Economic Review* 75, 332–337.

Davis, Graeme/Robert Ewing, 2005: *Why Has Australia Done Better than New Zealand? Good Luck oder Good Management?* New Zealand Treasury Working Paper 2005/01. Wellington: The New Zealand Treasury.

De Deken, Johan/Bernhard Kittel, 2007: Social Expenditure under Scrutiny: The Problems of Using Aggregate Spending Data for Assessing Welfare State Dynamics. In: Jochen Clasen/Nico A. Siegel (Hg.), *Investigating Welfare State Change: The ›Dependent Variable Problem‹ in Comparative Analysis.* Cheltenham: Edward Elgar, 72–104.

de Haan, Jakob/Jan-Egbert Sturm/Olaf de Groot, 2008: Policy Adjustments and Sustainability of Public Finances in the Netherlands. In: Reinhard Neck/Jan-Egbert Sturm (Hg.), *Sustainability of Public Debt.* Cambridge, MA: MIT Press, 85–106.

de Haan, Jakob/Jan-Egbert Sturm/Bernd Jan Sikken, 1996: Government Capital Formation: Explaining the Decline. In: *Weltwirtschaftliches Archiv* 132, 55–74.

Debelle, Guy, 1996: The Ends of Three Small Inflations: Australia, New Zealand and Canada. In: *Canadian Public Policy* 22, 56–78.

Debrun, Xavier, 2011: *Democratic Accountability, Deficit Bias and Independent Fiscal Agencies.* IMF Working Paper 11/173. Washington, DC: International Monetary Fund.

Debrun, Xavier/Manmohan Kumar, 2007: Fiscal Rules, Fiscal Councils and All That: Commitment Devices, Signaling Tools or Smokescreens? In: Banca d'Italia (Hg.), *Fiscal Policy: Current Issues and Challenges.* Rome: Structural Economic Analysis Department, Public Finance Workshop, 479–512.

della Porta, Donatella, 2008: Comparative Analysis: Case-Oriented versus Variable-Oriented Research. In: Donatella della Porta/Michael Keating (Hg.), *Approaches and Methodologies in the Social Sciences: A Pluralist Perspective.* Cambridge: Cambridge University Press, 198–222.

Department of Finance Canada, verschiedene Jahre: *Budget Plan.* Ottawa: Department of Finance Canada.

Devries, Pete, et al., 2011: *A New Action-based Dataset of Fiscal Consolidation.* IMF Working Paper 11/128. Washington, DC: International Monetary Fund.

Doern, G. Bruce, 2009: Evolving Budgetary Policies and Experiments: 1980 to 2009–2010. In: Allan M. Maslove (Hg.), *How Ottawa Spends, 2009–2010 Economic Upheaval and Political Dysfunction.* Ottawa: McGill-Queen's University Press, 14–43.

Doern, G. Bruce/Christopher Stoney, 2010: Double Deficit: Fiscal and Democratic Challenges in the Harper Era. In: G. Bruce Doern/Christopher Stoney (Hg.), *How Ottawa Spends 2010–2011: Recession, Realignment, and the New Deficit Era.* Ottawa: McGill-Queen's University Press, 1–30.

Dølvik, Jon Erik/Jørgen Goul Andersen/Juhana Vartiainen, 2012: *Nordic Models in Turbulent Times: Developments in Social and Labour Market Governance since the Crisis in the 1990s.* Unpublished manuscript. Oslo.

Downs, Anthony, 1957: *An Economic Theory of Democracy.* New York: Harper & Row.

Drazen, Allan, 2000: *Political Economy in Macroeconomics.* Princeton: Princeton University Press.

Drazen, Allan/William Easterly, 2001: Do Crises Induce Reform? Simple Empirical Tests of Conventional Wisdom. In: *Economics and Politics* 13, 129–157.

Drazen, Allan/Vittorio Grilli, 1993: The Benefit of Crises for Economic Reforms. In: *American Economic Review* 83, 598–607.

Easterly, William/Timothy C. Irwin/Luis Servén, 2008: Walking up the Down Escalator: Public Investment and Fiscal Stability. In: *World Bank Research Observer* 23, 37–56.

Eccleston, Richard, 2008: The Double Edged Sword: Tax Cut Policies and the 2007 Federal Election Campaign. In: *Social Alternatives* 27, 28–32.

Eckstein, Harry, 1975: Case Study and Theory in Political Science. In: Fred I. Greenstein/Nelson W. Polsby (Hg.), *The Handbook of Political Science: Strategies of Inquiry.* Reading: Addison-Wesley, 79–137.

Edlin, Bob 1998: Hopes of Fiscal Lift after Tax Cut Prize. In: *The Sunday Star-Times*, 1.2.1998, 7.

Edlund, Jonas, 2006: Trust in the Capability of the Welfare State and General Welfare State Support: Sweden 1997–2002. In: *Acta Sociologica* 49, 395–417.

Eisner, Marc Allen, 2011: *The American Political Economy: Institutional Evolution of Market and State.* New York: Routledge.

Eldredge, Niles/Stephen J. Gould, 1972: Punctuated Equilibria: An Alternative to Phyletic Gradualism. In: Thomas J. M. Schopf (Hg.), *Models in Paleobiology.* San Francisco: Freeman, Cooper & Co., 82–115.

Elmendorf, Douglas W./N. Gregory Mankiw, 1998: *Government Debt.* NBER Working Paper 6470. Cambridge, MA: National Bureau of Economic Research.

Emigh, Rebecca, 1997: The Power of Negative Thinking: The Use of Negative Case Methodology in the Development of Sociological Theory. In: *Theory and Society* 26, 649–684.

Erixon, Lennart, 2011: Under the Influence of Traumatic Events, New Ideas, Economic Experts and the ICT Revolution – The Economic Policy and Macroeconomic Performance of Sweden in the 1990s and 2000s. In: Lars Mjøset (Hg.), *The Nordic Varieties of Capitalism.* Bingley: Emerald, 265–330.

Errington, Wayne/Peter van Onselen, 2007: *John Winston Howard: The Biography.* Melbourne: Melbourne University Publishing.

Escolano, Julio, 2010: *A Practical Guide to Public Debt Dynamics, Fiscal Sustainability, and Cyclical Adjustment of Budgetary Aggregates.* IMF Technical Notes and Manuals. Washington, DC: International Monetary Fund.

Eslake, Saul, 2011: Budget Surplus Is a Needless Obsession. In: *Sydney Morning Herald*, 30.11. 2011, 6.

Esping-Andersen, Gøsta, 1990: *The Three Worlds of Welfare Capitalism.* Cambridge: Polity.

——, et al., 2002: *Why We Need a New Welfare State.* Oxford: Oxford University Press.

European Commission, 2003: *Public Finances in EMU 2003.* Brüssel: EC.

——, 2005: *Public Finances in EMU 2005.* Brüssel: EC.

——, 2006: *Public Finances in EMU 2006.* Brüssel: EC.

——, 2007: *Public Finances in EMU 2007.* Brüssel: EC.

——, 2008: *Public Finances in EMU 2008.* Brüssel: EC.

Evans, Bryan/Greg Albo, 2011: Permanent Austerity: The Politics of the Canadian Exit Strategy from Fiscal Stimulus. In: *Alternate Routes* 22, 7–28.

Feld, Lars P., 2010: Sinnhaftigkeit und Effektivität der deutschen Schuldenbremse. In: *Perspektiven der Wirtschaftspolitik* 11, 226–245.

Feldstein, Martin, 2002: Commentary: Is There a Role for Discretionary Fiscal Policy? In: Federal Reserve Bank of Kansas City (Hg.), *Economic Policy Symposium Proceedings.* Kansas: Federal Reserve Bank of Kansas City, 151–162.

Ferlie, Ewan, et al., 1996: *The New Public Management in Action.* Oxford: Oxford University Press.

Feschuk, Scott, 1997: Social Issues Top Money Matters: Spending on Health and Education Gains Importance as Deficit Disappears, Poll Suggests. In: *The Globe and Mail*, 6.12.1997, A4.

——, 1998: Reform's Taxing Idea Replaced by Deficit: Manning Bending to Popular View. In: *The Globe and Mail*, 16.1.1998, A4.

Finnisches Finanzministerium, 2007: *Fiscal Policy Rules and the Reform of Spending Limits in Finland.* Helsinki: Ministry of Finance.

——, verschiedene Jahre: *Stability Programme for Finland.* Helsinki: Ministry of Finance.

Fladmoe, Audun, 2012: Mass Political Polarization and Attitudes Towards Education as Part of the Welfare State in Norway, Sweden and Finland. In: *Journal of European Social Policy* 22, 45–62.

Fortin, Pierre, 1996: The Great Canadian Slump. In: *Canadian Journal of Economics* 29, 761–787.

Frankel, Jeffrey A./Jesse Schrager, 2013: Over-optimistic Official Forecasts in the Eurozone and Fiscal Rules. In: *Review of World Economics* 149, 247–272.

Franzese, Robert J., 2002a: Electoral and Partisan Cycles in Economic Policies and Outcomes. In: *Annual Review of Political Science* 5, 369–421.

——, 2002b: *Macroeconomic Policies of Developed Democracies.* Cambridge: Cambridge University Press.

Friedman, Milton, 2003: What Every American Wants. In: *Wall Street Journal*, 15.1.2003. <www.wsj.com/articles/SB1042593796704188064>

Gaard, Sören/Mads Kieler, 2005: *Two Decades of Structural Reform in Denmark: A Review.* Working Paper no. 16/2005. Kopenhagen: Finansministeriet.

Ganghof, Steffen, 2005a: *High Taxes in Hard Times: How Denmark Built and Maintained a Huge Income Tax*. MPIfG Discussion Paper 05/5. Köln: Max-Planck-Institut für Gesellschaftsforschung.

——, 2005b: Vergleichen in qualitativer und quantitativer Politikwissenschaft: X-zentrierte versus Y-zentrierte Forschungsstrategien. In: Sabine Kropp/Michael Minkenberg (Hg.), *Vergleichen in der Politikwissenschaft*. Wiesbaden: VS Verlag, 76–93.

——, 2006: *The Politics of Income Taxation: A Comparative Analysis*. Colchester: ECPR Press.

Garrett, Geoffrey, 1998: *Partisan Politics in the Global Economy*. Cambridge: Cambridge University Press.

Garrett, Geoffrey/Deborah Mitchell, 2001: Globalization, Government Spending and Taxation in the OECD. In: *European Journal of Political Research* 39, 145–177.

Genschel, Philipp/Peter Schwarz, 2011: Tax Competition: A Literature Review. In: *Socio-Economic Review* 9, 339–370.

George, Alexander L./Andrew Bennett, 2005: *Case Studies and Theory Development in the Social Sciences*. Cambridge, MA: MIT Press.

Gerring, John, 2007: *Case Study Research: Principles and Practices*. Cambridge: Cambridge University Press.

Giavazzi, Francesco/Marco Pagano, 1990: Can Severe Fiscal Contractions Be Expansionary? Tales of Two Small European Countries. In: Olivier Jean Blanchard/Stanley Fischer (Hg.), *NBER Macroeconomics Annual 1990, Vol. 5*. Cambridge, MA: MIT Press, 75–122.

——, 1996: *Non-Keynesian Effects of Fiscal Policy Changes: International Evidence and the Swedish Experience*. NBER Working Paper 5332. Cambridge, MA: National Bureau of Economic Research.

Giddens, Anthony, 1998: *The Third Way: The Renewal of Social Democracy*. Cambridge: Polity.

Gittins, Ross, 1999: The High Cost of Paying Less Tax. In: *Sydney Morning Herald*, 25.8.1999, 15.

——, 2000: Careful, It's loaded. In: *Sydney Morning Herald*, 14.8.2000, 35.

——, 2004: How Costello Primed His Giveaway Budget. In: *Sydney Morning Herald*, 10.5.2004, 34.

——, 2007: Higher Education Fund the Pinnacle of Jam-jar Economics. In: *Sydney Morning Herald*, 21.5.2007, 19.

Glaeser, Edward, 2011: *Triumph of the City: How Our Greatest Invention Makes Us Richer, Smarter, Greener, Healthier, and Happier*. New York: Penguin.

Gmeiner, Jens, 2013: *Die »Zukunftspartei« Schwedens? Die Schwedische Sozialdemokratie zwischen erfolgreicher Vergangenheit und unsicherer Zukunft*. Berlin: Friedrich-Ebert-Stiftung.

Goldfinch, Shaun/Daniel Malpass, 2007: The Polish Shipyard: Myth, Economic History and Economic Policy Reform in New Zealand. In: *Australian Journal of Politics and History* 53, 118–137.

Goldscheid, Rudolf, [1926]1976: Staat, öffentlicher Haushalt und Gesellschaft. In: Rudolf Hickel (Hg.), *Die Finanzkrise des Steuerstaats: Beiträge zur politischen Ökonomie der Staatsfinanzen*. Frankfurt a.M.: Suhrkamp, 253–316.

——, [1917]1976a: Finanzwissenschaft und Soziologie. In: Rudolf Hickel (Hg.), *Die Finanzkrise des Steuerstaats: Beiträge zur politischen Ökonomie der Staatsfinanzen*. Frankfurt a.M.: Suhrkamp, 317–328.

Goldscheid, Rudolf, [1917]1976b: Staatssozialismus oder Staatskapitalismus. In: Rudolf Hickel (Hg.), *Die Finanzkrise des Steuerstaats: Beiträge zur politischen Ökonomie der Staatsfinanzen.* Frankfurt a.M.: Suhrkamp, 40–252.

Goodale, Ralph, 2004: *New Agenda for Achievement: The Budget Speech 2004.* Ottawa: Department of Finance Canada. <www.fin.gc.ca/budget04/pdf/speeche.pdf>

Goul Andersen, Jørgen, 2007: The Danish Welfare State as ›Politics for Markets‹: Combining Equality and Competitiveness in a Global Economy. In: *New Political Economy* 12, 71–78.

——, 2008: Public Support for the Danish Welfare State: Interests and Values, Institutions and Performance. In: Erik Albaek et al. (Hg.), *Crisis, Miracles, and Beyond: Negotiated Adaptation of the Danish Welfare State.* Aarhus: Aarhus University Press, 75–114.

——, 2011a: From the Edge of the Abyss to Bonanaza – and Beyond. In: Lars Mjøset (Hg.), *The Nordic Varieties of Capitalism.* Bingley: Emerald, 89–165.

——, 2011b: *Retrenchment with Consent: Framing, Persuasion and Ambivalent Attitudes in Two Danish Welfare Reforms.* CCWS Working Paper 2011-74. Vancouver: Community Coordination for Woman's Savety.

Gould, Stephen J./Richard C. Lewontin, 1979: The Spandrels of San Marco and the Panglossian Paradigm: A Critique of the Adaptionist Programme. In: *Proceedings of the Royal Society of London, Series B: Biological Sciences* 205, 581–598.

Graeber, David, 2011: *Debt: The First 5,000 Years.* New York: Melville House.

Grattan, Michelle/Steve Burrell, 2001: We'll Stick to a Surplus No Matter What: PM. In: *Sydney Morning Herald*, 13.10.2001, 1.

Green-Pedersen, Christoffer, 2002: *The Politics of Justification: Party Competition and Welfare-State Retrenchment in Denmark and the Netherlands from 1982 to 1998.* Amsterdam: Amsterdam University Press.

Green-Pedersen, Christoffer/Anders Lindbom, 2005: Employment and Unemployment in Denmark and Sweden: Success or Failure for the Universal Welfare Model? In: Uwe Becker/Hermann Schwartz (Hg.), *Employment ›Miracles‹ in Critical Comparison: The Dutch, Scandinavian, Swiss, Australian and Irish Cases versus Germany and the USA.* Amsterdam: Amsterdam University Press, 65–85.

Gruen, David/Amanda Sayegh, 2005: The Evolution of Fiscal Policy in Australia. In: *Oxford Review of Economic Policy* 21, 618–635.

Guajardo, Jaime/Daniel Leigh/Andrea Pescatori, 2011: *Expansionary Austerity: New International Evidence.* IMF Working Paper 11/158. Washington, DC: International Monetary Fund.

Guichard, Stephanie, et al., 2007: *What Affects Fiscal Consolidation? Some Evidence from OECD-Countries.* OECD Economics Department Working Paper 553. Paris: Organisation for Economic Co-operation and Development.

Habermas, Jürgen, 2013: Demokratie oder Kapitalismus? Vom Elend der nationalstaatlichen Fragmentierung in einer kapitalistisch integrierten Weltgesellschaft. In: *Blätter für deutsche und internationale Politik* 58, 59–70.

Haffert, Lukas/Philip Mehrtens, 2015: From Austerity to Expansion? Consolidation, Budget Surpluses, and the Decline of Fiscal Capacity. In: *Politics and Society* 43(1), 119–148.

——, 2014a: Haushaltsüberschüsse und ihre Verwendung: Wiedergewinnung staatlicher Handlungsfähigkeit? In: *Zeitschrift für Staats- und Europawissenschaften* 12, 466–497.

Haffert, Lukas/Philip Mehrtens, 2014b: Haushaltsüberschüsse, konservative Parteien und das Trilemma der Fiskalpolitik. In: *Politische Vierteljahresschrift* 55, 699–724.

Hall, Peter A., 1989a: Conclusion: The Politics of Keynesian Ideas. In: Peter A. Hall (Hg.), *The Political Power of Economic Ideas: Keynesianism Across Nations.* Princeton: Princeton University Press, 361–391.

—— (Hg.), 1989b: *The Political Power of Economic Ideas: Keynesianism Across Nations.* Princeton: Princeton University Press.

——, 1993: Policy Paradigms, Social Learning, and the State. In: *Comparative Politics* 25, 275–296.

——, 2003: Aligning Ontology and Methodology in Comparative Research. In: James Mahoney/Dietrich Rueschemeyer (Hg.), *Comparative Historical Analysis in the Social Sciences.* Cambridge: Cambridge University Press, 373–404.

——, 2008: Systematic Process Analysis: When and How to Use it? In: *European Political Science* 7, 304–317.

Hall, Peter A./David Soskice (Hg.), 2001: *Varieties of Capitalism: The Institutional Foundations of Comparative Advantage.* Oxford: Oxford University Press.

Hallerberg, Mark, 2004: *Domestic Budgets in a United Europe.* Ithaca: Cornell University Press.

Hallerberg, Mark/Rolf Strauch/Jürgen von Hagen, 2009: *Fiscal Governance in Europe.* Cambridge: Cambridge University Press.

Hancké, Bob, 2009: *Intelligent Research Design: A Guide for Beginning Researchers in the Social Sciences.* Oxford: Oxford University Press.

Harchaoui, Tarek M./Faouzi Tarkhani/Paul Warren, 2003: *Public Infrastructure in Canada: Where Do We Stand?* Ottawa: Statistics Canada.

Hassett, Kevin A./R. Glenn Hubbard, 1999: *The Magic Mountain: A Guide to Defining and Using a Budget Surplus.* Washington, DC: The AEI Press.

Hazledine, Tim/John Quiggin, 2006: No More Free Beer Tomorrow? Economic Policy and Outcomes in Australia and New Zealand since 1984. In: *Australian Journal of Political Science* 41, 145–159.

Helsingin Sanomat, 2000a: *Government Decides on FIM 3.8 Billion Tax Cut to Sweeten Incomes Agreement.* 22.11.2000. <www2.hs.fi/english/archive/news.asp?id=20001122IE3>

——, 2000b: *Lipponen and Niinistö, Ltd.* 19.9.2000. <www2.hs.fi/english/archive/news.asp?id=20000919IE13>

——, 2000c: *New Textbook Sees Finnish Welfare State Surrounded by Confusion.* 7.11.2000. <www2.hs.fi/english/archive/news.asp?id=20001107IE13>

——, 2000d: *Surplus Budget Cuts Dental Care, National Pensions.* 21.7.2000. <www2.hs.fi/english/archive/news.asp?id=20000721xx3>

——, 2001a: *Esko Aho Criticises Economic Optimism of Government.* 30.7.2001. <www2.hs.fi/english/archive/news.asp?id=20010730IE4>

——, 2001b: *The Growth of the Finnish Economy Did Not Eradicate Unemployment.* 3.1.2001. <www2.hs.fi/english/archive/news.asp?id=20010103IE21>

——, 2001c: *Minister Niinistö Presents New Budget: ›Now is Not the Time for Stimulation‹.* 5.9.2001. <www2.hs.fi/english/archive/news.asp?id=20010905IE5>

——, 2001d: *Niinistö Shares Nokia Chairman's Concern over Level of Taxes in Finland.* 27.11.2001. <www2.hs.fi/english/archive/news.asp?id=20011127IE1>

Helsingin Sanomat, 2002a: *Few New Expenses Included in 2003 Budget.* 5.8.2002. <www2.hs.fi/english/archive/news.asp?id=20020805IE6>

——, 2002b: *Finance Minister Niinistö Would Cut Back Harshly on Public Spending.* 7.2.2002. <www2.hs.fi/english/archive/news.asp?id=20020207IE2>

——, 2002c: *Prime Minister Lipponen Says Tax Cuts Possible as Incentive for Incomes Agreement.* 31.1.2002. <www2.hs.fi/english/archive/news.asp?id=20020131IE3>

——, 2003a: *Finance Ministry Lowers Growth Forecasts.* 26.2.2003. <www2.hs.fi/english/archive/news.asp?id=20030226IE6>

——, 2003b: *Nokia Chairman Ollila: Finnish Income Taxes Still too High.* 11.2.2003. <www2.hs.fi/english/archive/news.asp?id=20030211IE6>

——, 2003c: *Opposition Left Alliance MPs Warn about Tax Cuts.* 6.8.2003. <www2.hs.fi/english/archive/news.asp?id=20030806IE2>

Henriksson, Jens, 2007: *Ten Lessons About Budget Consolidation.* Brüssel: Bruegel.

Herle, David, 2010: Building a Public Consensus for Action: Canada's Fiscal Turnaround in the 1990s. In: John Springford (Hg.), *Dealing With Debt – Lessons From Abroad.* London: Centre Forum, 19–40.

Herndon, Thomas/Michael Ash/Robert Pollin, 2013: *Does High Public Debt Consistently Stifle Economic Growth? A Critique of Reinhart and Rogoff.* PERI Working Paper 322. Amherst: Political Economy Research Institute.

Hibbs, Douglas, 1977: Political Parties and Macroeconomic Policy. In: *American Political Science Review* 71, 1467–1487.

Hicks, Alexander M./Duane H. Swank, 1992: Politics, Institutions, and Welfare Spending in Industrialized Democracies, 1960–82. In: *American Political Science Review* 86, 658–674.

Honkapohja, Seppo/Erkki Koskela, 1999: Finland's Depression: A Tale of Bad Luck and Bad Policies. In: *Economic Policy*, 399–436.

Honkapohja, Seppo, et al., 2009: *Economic Prosperity Recaptured: The Finnish Path from Crisis to Fast Growth.* CESifo Book Series. Cambridge, MA: MIT Press.

Hood, Christopher, 1995: The »New Public Management« in the 1980s: Variations on a Theme. In: *Accounting, Organizations and Society* 20, 93–109.

Howard, John, 1995: *The Role of Government.* Headland Speech, 6.6.1995. <http://australianpolitics.com/1995/06/06/john-howard-headland-speech-role-of-govt.html>

——, 1998: *Announcement of 1998 Federal Election Date.* 30.8.1998. <http://australianpolitics.com/elections/1998/300898.shtml>

——, 2010: *Lazarus Rising: A Personal and Political Autobiography.* Sydney: HarperCollins.

Huber, Evelyne/John D. Stephens, 2000: Partisan Governance, Women's Employment, and the Social Democratic Service State. In: *American Sociological Review* 65, 323–342.

——, 2001: *Development and Crisis of the Welfare State: Parties and Policies in Global Markets.* Chicago: The University of Chicago Press.

Ignatieff, Michael, 2010: *Budget Debate.* Parliament of Canada, Edited Hansard. 40th Parliament, 3rd Session, 5.3.2010.

ILO (International Labour Organization), 2013: *LABORSTA Labour Statistics Database.* Genf: ILO.

IMF (International Monetary Fund), 2010: Will It Hurt? Macroeconomic Effects of Fiscal Consolidation. In: *World Economic Outlook: Recovery, Risk, and Rebalancing.* Washington, DC: IMF, 93–124.

IMF (International Monetary Fund), 2012: The Good, the Bad, and the Ugly: 100 Years of Dealing with Public Debt Overhangs. In: *World Economic Outlook: Coping with High Debt and Sluggish Growth.* Washington, DC: IMF, 101–127.

IMF AUS (International Monetary Fund Australia), verschiedene Jahre (a): *Australia: Article IV Consultation–Staff Report and Public Information Notice on the Executive Board Discussion.* Washington, DC: : IMF.

——, verschiedene Jahre (b): *Australia: Selected Issues.* Washington, DC: IMF.

IMF CAN (International Monetary Fund Canada), verschiedene Jahre: *Canada: Article IV Consultation–Staff Report and Public Information Notice on the Executive Board Discussion.* Washington, DC: IMF.

IMF FIN (International Monetary Fund Finland), verschiedene Jahre: *Finland: Article IV Consultation–Staff Report and Public Information Notice on the Executive Board Discussion.* Washington, DC: IMF.

IMF NZL (International Monetary Fund New Zealand), verschiedene Jahre: *New Zealand: Article IV Consultation–Staff Report and Public Information Notice on the Executive Board Discussion.* Washington, DC: IMF.

IMF SWE (International Monetary Fund Sweden), verschiedene Jahre (a): *Sweden: Article IV Consultation–Staff Report and Public Information Notice on the Executive Board Discussion.* Washington, DC: IMF.

——, verschiedene Jahre (b): *Sweden: Selected Issues.* Washington, DC: IMF.

Irons, John/Josh Bivens, 2010: *Government Debt and Economic Growth.* EPI Briefing Paper No. 271. Washington, DC: Economic Policy Institute.

Irvine, Jessica, 2007: Arguing the Toss over how We Can Share a Pot Full of Honey. In: *Sydney Morning Herald,* 16.4.2007, 17.

Irwin, Timothy C., 2012: *Accounting Devices and Fiscal Illusions.* IMF Staff Discussion Note 12/02. Washington, DC: International Monetary Fund.

Iversen, Torben, 2005: *Capitalism, Democracy, and Welfare.* Cambridge: Cambridge University Press.

Iversen, Torben/Anne Wren, 1998: Equality, Empolyment, and Budgetary Restraint: The Trilemma of the Service Economy. In: *World Politics* 50, 507–546.

IW Köln (Institut der deutschen Wirtschaft Köln; Hg.), 2011: *Politik ohne Geld: Was trotz knapper öffentlicher Kassen getan werden kann.* Köln: Institut der deutschen Wirtschaft.

——, 2014: *Infrastruktur zwischen Standortvorteil und Investitionsbedarf.* Köln: Institut der deutschen Wirtschaft.

Jackson, Andrew/Erin Weir, 2008: The Conservative Tax Record: More of the Same, or a Turn for the Worse? In: Teresa Healy (Hg.), *The Harper Record.* Ottawa: Canadian Centre for Policy Alternatives.

Jahn, Detlef, 2009: Das politische System Schwedens. In: Wolfgang Ismayr (Hg.), *Die politischen Systeme Westeuropas.* Wiesbaden: VS Verlag, 107–150.

James, Colin, 2007: A Contest of Values or a Contest of Wills? Factors and Issues in the 2005 Election. In: Stephen Levine/Nigel Roberts (Hg.), *The Baubles of Office: The New Zealand General Election of 2005.* Wellington: Victoria University Press, 50–61.

Janssen, John, 2001: *New Zealand's Fiscal Policy Framework: Experience and Evolution.* New Zealand Treasury Working Paper 01/25. Wellington: The New Zealand Treasury.

Jones, Bryan D., et al., 2009: A General Empirical Law of Public Budgets: A Comparative Analysis. In: *American Journal of Political Science* 53, 855–873.

Kahnemann, Daniel/Amos Tversky, 1979: Prospect Theory: An Analysis of Decision Under Risk. In: *Econometrica* 47, 263–291.

Kalecki, Michal, 1943: Political Aspects of Full Employment. In: *The Political Quarterly* 14, 322–330.

Kamps, Christophe, 2006: *New Estimates of Government Net Capital Stocks for 22 OECD Countries, 1960–2001*. IMF Staff Papers 53/1. Washington, DC: International Monetary Fund.

Kananen, Johannes, 2012: Nordic Paths from Welfare to Workfare: Danish, Swedish and Finnish Labour Market Reforms in Comparison. In: *Local Economy* 27, 558–576.

Katzenstein, Peter, 1985: *Small States in World Markets: Industrial Policy in Europe*. Ithaca: Cornell University Press.

Kearns, Jonathan/Philip Lowe, 2011: Australia's Prosperous 2000s: Housing and the Mining Boom. In: Hugo Gerard/Jonathan Kearns (Hg.), *The Australian Economy in the 2000s*. Sydney: Reserve Bank of Australia, 73–100.

Kelly, Joanne, 2002: Budgeting and Program Review in Canada 1994–2000. In: *Australian Journal of Public Administration* 59, 72–78.

Kelsey, Jane, 1997: *The New Zealand Experiment: A World Model for Structural Adjustment?* Auckland: Auckland University Press.

Keman, Hans, 2010: Cutting Back Public Investment after 1980: Collateral Damage, Policy Legacies and Political Adjustment. In: *Journal of Public Policy* 30, 163–182.

Kenney, Jason, 2001: *Budget Debate*. Parliament of Canada, Edited Hansard. 37th Parliament, 1st Session, 11.12.2001.

Kiander, Jaako, 2003: *Macroeconomic Policies and Performance in the Nordic EU Countries in the 1990s*. Ezoneplus Working Paper 17b. Berlin: Ezoneplus.

——, 2004: *Growth and Employment in Nordic Welfare States in the 1990s: A Tale of Crisis and Revival*. VATT Discussion Paper 336. Helsinki: VATT Institute for Economic Research.

Kim, Jun Il, 2007: *Fiscal Policy and the Exchange Rate-Current Account Nexus*. IMF Working Paper 07/27. Washington, DC: International Monetary Fund.

King, Gary/Robert Keohane/Sidney Verba, 1994: *Designing Social Inquiry: Scientific Inference in Qualitative Research*. Princeton: Princeton University Press.

Kingdon, John W., [1984]2011: *Agendas, Alternatives, and Public Policies*. 2. Auflage. Boston: Little, Brown.

Kirchgässner, Gebhard, 2008: *Homo Oeconomicus: Das ökonomische Modell individuellen Verhaltens und seine Anwendung in den Wirtschafts- und Sozialwissenschaften*. 3. Auflage. Tübingen: Mohr Siebeck.

Kitschelt, Herbert, 2001: Partisan Competition and Welfare State Retrenchment: When Do Politicians Choose Unpopular Policies? In: Paul Pierson (Hg.), *The New Politics of the Welfare State*. Oxford: Oxford University Press, 265–302.

Kittel, Bernhard, 2006: A Crazy Methodology? On the Limits of Macro-Quantitative Social Science Research. In: *International Sociology* 21, 647–677.

Kittel, Bernhard/Herbert Obinger, 2003: Political Parties, Institutions, and the Dynamics of Social Expenditure in Times of Austerity. In: *Journal of European Public Policy* 10, 20–45.

Kittel, Bernhard/Hannes Winner, 2002: *How Reliable is Pooled Analysis in Political Economy? The Globalization-Welfare State Nexus Revisited.* MPIfG Discussion Paper 02/3. Köln: Max-Planck-Institut für Gesellschaftsforschung.

Konrad, Kai, 2007: Fiskalische Handlungsfähigkeit und globaler Wettbewerb. In: Jürgen Kocka (Hg.), *Zukunftsfähigkeit Deutschlands: Sozialwissenschaftliche Essays.* WZB-Jahrbuch 2006. Berlin: WZB, 113–130.

Konrad, Kai/Holger Zschäpitz, 2010: *Schulden ohne Sühne: Warum der Absturz der Staatsfinanzen uns alle trifft.* München: C. H. Beck.

Korpi, Walter, 1983: *The Democratic Class Struggle.* London: Routledge.

Korpi, Walter/Joakim Palme, 2003: New Politics and Class Politics in the Context of Austerity and Globalization: Welfare State Regress in 18 Countries, 1975–95. In: *American Political Science Review* 97, 425–446.

Krasner, Stephen D., 1988: Sovereignity: An Institutional Perspective. In: *Comparative Political Studies* 21, 66–94.

Krippner, Greta R., 2011: *Capitalizing on Crisis: The Political Origins of the Rise of Finance.* Cambridge, MA: Harvard University Press.

Kroeger, Arthur, 1996: Changing Course: The Federal Government's Program Review of 1994–95. In: Amelita Armit/Jacques Bourgault (Hg.), *Hard Choices or No Choices: Assessing Program Review.* Ottawa: The Institute of Public Administartion Canada, 21–28.

Kumar, Manmohan S./Jaejoon Woo, 2010: *Public Debt and Growth.* IMF Working Paper 10/174. Washington, DC: International Monetary Fund.

Langley, Ann, 1999: Strategies for Theorizing from Process Data. In: *Academy of Management Review* 24, 691–710.

Laugesen, Ruth, 2003: Money or the Bank? In: *Sunday Star-Times*, 12.10.2003.

Leigh, Andrew, 2006: Political Economy of Tax Reform in Australia. In: *Public Policy* 1, 52–60.

Levine, Stephen/Nigel Roberts, 2007: Mixed Messages: Voting Behaviour in New Zealand in 2005. In: Stephen Levine/Nigel Roberts (Hg.), *The Baubles of Office: The New Zealand General Election of 2005.* Wellington: Victoria University Press, 359–383.

Levy, Jack S., 1997: Prospect Theory, Rational Choice, and International Relations. In: *International Studies Quarterly* 41, 87–112.

Lewis, Timothy, 1999: *The Political Economy of Debt and Deficit Politics in Canada.* Dissertation. Toronto: University of Toronto.

——, 2003: *In the Long Run We're All Dead: The Canadian Turn to Fiscal Restraint.* Vancouver: UBC Press.

Liberal Party of Canada, 1997: *Securing Our Future Together: Preparing Canada for the 21st Century.* Ottawa: The Liberal Party of Canada.

——, 2000: *Opportunity for All: The Liberal Plan for the Future of Canada.* Ottawa: The Liberal Party of Canada.

——, 2004: *Moving Canada Forward: The Paul Martin Plan for Getting Things Done.* Ottawa: The Liberal Party of Canada.

Lienert, Ian, 2010: *Should Advanced Countries Adopt a Fiscal Responsibility Law?* IMF Working Paper 10/254. Washington, DC: International Monetary Fund.

Lijphart, Arend, 1999: *Patterns of Democracy: Government Forms and Performance in Thirty-Six Countries.* New Haven: Yale University Press.

Lilico, Andrew/Ed Holmes/Hiba Sameen, 2009: *Controlling Spending and Government Deficits: Lessons from History and International Experience.* London: Policy Exchange.

Lindbeck, Assar, 1997: The Swedish Experiment. In: *Journal of Economic Literature* 35, 1273–1319.

——, et al., 1994: *Turning Sweden Around.* Cambridge, MA: MIT Press.

Lindgren, Karl-Oskar, 2011: The Variety of Capitalism in Sweden and Finland. In: Uwe Becker (Hg.), *The Changing Political Economies of Small West European Countries.* Amsterdam: Amsterdam University Press, 45–72.

Lindh, Yngve/Gösta Ljungman, 2007: Fiscal Rules and the Scope for Stabilisation Policy: The Case of Sweden. In: Banca d'Italia (Hg.), *Fiscal Policy: Current Issues and Challenges.* Papers presented at the Banca d'Italia workshop held in Perugia, 29.–31.3.2007. Roma: Banca d'Italia, 29–53.

Ljungman, Gösta, 2008: *Expenditure Ceilings – A Survey.* IMF Working Paper 08/282. Washington, DC: International Monetary Fund.

Lowi, Theodore J., 1972: Four Systems of Policy, Politics, and Choice. In: *Public Administration Review* 33, 298–310.

Lundback, Erik J., 2008: *Medium-Term Budgetary Frameworks: Lessons for Austria from International Experience.* IMF Working Paper 08/163. Washington, DC: International Monetary Fund.

Lykketoft, Mogens, 2009: *The Danish Model: A European Success Story.* Berlin: Friedrich-Ebert-Stiftung.

Lyons, Peter, 2007: Cullen's Budget Surplus Miserly Rather than Wise Management. In: *New Zealand Herald,* 22.10.2007.

MacKinnon, Janice, 2003: *Minding the Public Purse: The Fiscal Crisis, Political Trade-offs and Canada's Future.* Montreal: McGill-Queen's University Press.

Maclean's, 1996: *Previewing the Budget.* 26.2.1996, 18.

——, 2000: *Tax Relief in Perspective.* 25.12.2000, 44.

——, 2001: *Uncertain Times.* 24.12.2001, 52.

——, 2005: *No More Blank Cheques.* 1.7.2005, 45.

——, 2008: *One Sip of that Deficit Punch Can Make Us All Addicts.* 10.11.2008, 14.

Mahoney, James, 2000: Path Dependence in Historical Sociology. In: *Theory and Society* 29, 507–548.

Maiden, Samantha, 2006: The Doctrine of Choice. In: Nick Cater (Hg.), *The Howard Factor: A Decade that Transformed the Nation.* Melbourne: Melbourne University Press, 132–139.

Manning, Preston, 1997: *Budget Debate.* Parliament of Canada, Edited Hansard. 35th Parliament, 19.2.1997.

Marques, Rafael, 2004: *Fiscal Sociology: Setting a Research Agenda.* Konferenzbeitrag. Annual Meeting of the American Sociological Association, San Francisco, 14.–17.8.2004.

Martin, Paul, 1995: *Address to the Ottawa-Carleton Board of Trade.* 21.6.1995. Ottawa: Department of Finance Canada.

——, 1997: *Building the Future for Canadians.* Budget Speech, 18.2.1997. Ottawa: Department of Finance Canada.

——, 2001: *Securing Progress in an Uncertain World.* Budget Speech, 10.12.2001. Ottawa: Department of Finance Canada.

Martin, Paul, 2008: *Come Hell or High Water: My Life in and out of Politics*. Toronto: McClelland & Stewart.

Martin, Isaac W./Ajay K. Mehrotra/Monica Prasad, 2009: *The New Fiscal Sociology: Taxation in Comparative and Historical Perspective*. Cambridge: Cambridge University Press.

Maslove, Allan M./Kevin D. Moore, 1997: From Red Books to Blue Books: Repairing Ottawa's Fiscal House. In: Gene Swimmer (Hg.), *How Ottawa Spends, 1997–1998. Seeing Red: A Liberal Report Card.* Ottawa: Carleton University Press.

Massey, Patrick, 1995: *New Zealand: Market Liberalization in a Developed Economy.* New York: St. Martin's Press.

Mauro, Paolo (Hg.), 2011: *Chipping Away at Public Debt: Sources of Failure and Keys to Success in Fiscal Adjustment.* Hoboken: Wiley.

——, et al., 2013: *A Modern History of Fiscal Prudence and Profligacy.* IMF Working Paper 13/5. Washington, DC: International Monetary Fund.

McAuley, Ian, 2012: *The Australian Economy: Will Our Prosperity Be Short-lived?* Albert Park: The Australian Collaboration.

McCallum, John, 2008: *Budget Debate.* Parliament of Canada, Edited Hansard. 39th Parliament, 2nd Session, 27.2.2008.

McCarthy, Shawn, 1999: Canadians' Message to Ottawa: Keep Cutting the Debt. In: *The Globe and Mail,* 8.2.1999, A1.

McDermott, John/Robert Wescott, 1996: *An Empirical Analysis of Fiscal Adjustments.* IMF Working Paper 96/59. Washington, DC: International Monetary Fund.

McFarlane, Ian, 2006: The Real Reasons why It Was the 1990s Recession We Had to Have. In: *The Age,* 2.12.2006. <www.theage.com.au/news/business/the-real-reasons-why-it-was-the-1990s-recession-we-had-to-have/2006/12/01/1164777791623.html>

McIlroy, Anne, 2000: Most Feel Health Care Should Get Priority. In: *The Globe and Mail,* 19.2.2000, A1.

McLure, Michael, 2005: Approaches to Fiscal Sociology. In: Jürgen G. Backhaus (Hg.), *Essays on Fiscal Sociology.* Frankfurt a.M.: Peter Lang.

McQuaig, Linda, 1995: *Shooting the Hippo: Death by Deficit and Other Canadian Myths.* Toronto: Viking.

Mehrotra, Aaron/Timo Välilä, 2006: Public Investment in Europe: Evolution and Determinants in Perspective. In: *Fiscal Studies* 27, 443–471.

Mehrtens, Philip, 2014: *Staatsschulden und Staatstätigkeit: Zur Transformation der politischen Ökonomie Schwedens.* Schriften aus dem Max-Planck-Institut für Gesellschaftsforschung, Bd. 80. Frankfurt a.M.: Campus.

Meltzer, Allan H./Scott F. Richard, 1981: A Rational Theory of the Size of Government. In: *Journal of Political Economy* 89, 914–927.

Mercer, Jonathan, 2005: Prospect Theory and Political Science. In: *Annual Review of Political Science* 8, 1–21.

Merola, Rossana/Douglas Sutherland, 2012: *Fiscal Consolidation: Part 3. Long-Run Projections and Fiscal Gap Calculations.* OECD Economics Department Working Paper 934. Paris: Organisation for Economic Co-operation and Development.

Mertens, Daniel, 2015: *Erst sparen, dann kaufen? Privatverschuldung in Deutschland.* Schriften aus dem Max-Planck-Institut für Gesellschaftsforschung, Bd. 82. Frankfurt a.M.: Campus.

Mikosch, Heiner/Silke Übelmesser, 2007: Staatsverschuldungsunterschiede im internationalen Vergleich und Schlussfolgerungen für Deutschland. In: *Perspektiven der Wirtschaftspolitik* 8, 309–334.

Minister of Justice, Government of Canada, 2007: *Tax-back Guarantee Act.* Section 60, Chapter 29, 22.6.2007. Ottawa: Government of Canada, Minister of Justice. <http://lois.justice.gc.ca/PDF/T-1.3.pdf>

Mintz, Jack M., 2007: *2007 Tax Competitiveness Report: A Call for Comprehensive Tax Reform.* Toronto: C.D. Howe Institute.

Molander, Per, 2000: Reforming Budgetary Institutions: Swedish Experiences. In: Rolf Strauch/Jürgen von Hagen (Hg.), *Institutions, Politics and Fiscal Policy.* Boston: Kluwer, 191–212.

Montagnon, Peter, 1995: Bank Governor Passes First Inflation Test. In: *Financial Times*, 22.10.1995, 4.

Morel, Nathalie/Bruno Palier/Joakim Palme (Hg.), 2012: *Towards a Social Investment Welfare State? Ideas, Policies and Challenges.* Bristol: Policy.

Morgan, Iwan W., 2009: *The Age of Deficits: Presidents and Unbalanced Budgets from Jimmy Carter to George W. Bush.* Lawrence: University Press of Kansas.

Mühleisen, Martin, et al., 2005: *How Do Canadian Budget Forecasts Compare with Those of Other Industrial Countries?* IMF Working Paper 05/66. Washington, DC: International Monetary Fund.

Mulas-Granados, Carlos, 2003: The Political and Economic Determinants of Budgetary Consolidation in Europe. In: *European Political Economy Review* 1, 15–39.

——, 2006: *Economics, Politics and Budgets: The Political Economy of Fiscal Consolidations in Europe.* Basingstoke: Palgrave Macmillan.

Murphy, Antoin E., 2000: *The ›Celtic Tiger‹. An Analysis of Ireland's Economic Growth Performance.* EUI Working Paper RSC 2000/16. Florence: Eurooean University Institute.

Musgrave, Richard, 1980: Theories of Fiscal Crises: An Essay in Fiscal Sociology. In: Henry J. Aaron/Michael J. Boskin (Hg.), *The Economics of Taxation.* Washington, DC: Brookings Institution, 361–390.

Nannestad, Peter, 2009: Das politische System Dänemarks. In: Wolfgang Ismayr (Hg.), *Die politischen Systeme Westeuropas.* Wiesbaden: VS Verlag, 65–106.

Nannestad, Peter/Christoffer Green-Pedersen, 2008: Keeping the Bumblebee Flying: Economic Policy in the Welfare State of Denmark, 1973–1999. In: Erik Albaek et al. (Hg.), *Crisis, Miracles, and Beyond: Negotiated Adaptation of the Danish Welfare State.* Aarhus: Aarhus University Press, 33–74.

New Zealand Herald, 2006: *Budget 2006: At a Glance.* 18.5.2006.

——, 2007a: *It's Time to Loosen up, Dr Cullen.* 11.10.2007.

——, 2007b: *We Can't Match Howard's Tax Plans, Says Cullen.* 17.10.2007.

——, 2008: *Debt Now Key Election Issue.* 5.8.2008.

New Zealand Treasury, 2001: *Tax Review 2001.* Wellington: The New Zealand Treasury. <www.treasury.govt.nz/publications/reviews-consultation/taxreview2001/taxreview2001-report.pdf>

——, 2006: *Budget 2006. Fiscal Strategy Report.* Wellington: The New Zealand Treasury. <www.treasury.govt.nz/budget/2006/pdfs/fsr06.pdf>

Newspoll, 1996: *Federal Budget: Impact on Economy.* <http://polling.newspoll.com.au>

——, 2007: *Political & Issues Trends.* <http://polling.newspoll.com.au>

Nikolai, Rita, 2012: Towards Social Investment? Patterns of Public Policy in the OECD World. In: Nathalie Morel/Bruno Palier/Joakim Palme (Hg.), *Towards a Social Investment Welfare State? Ideas, Policies and Challenges.* Bristol: Policy, 91–116.

Niskanen, William A, 1997: *Use a Pending Budget Surplus Only for Major Fiscal Reforms.* Committee on the Budget; United States House of Representatives. Cato Institute, Washington, DC, 23.10.1997. <www.cato.org/publications/congressional-testimony/use-pending-budget-surplus-only-major-fiscal-reforms>

——, 2006: Limiting Government: The Failure of »Starve the Beast«. In: *Cato Journal* 26, 553–558.

Nordhaus, William D., 1975: The Political Business Cycle. In: *Review of Economic Studies* 42, 169–190.

Normandin, Michel, 1999: Budget Deficit Persistence and the Twin Deficits Hypothesis. In: *Journal of International Economics* 49, 171–193.

North, Douglass C., 1990: *Institutions, Institutional Change and Economic Performance.* Cambridge: Cambridge University Press.

O'Connor, James, 1973: *The Fiscal Crisis of the State.* New York: St. Martin's Press.

O'Neill, Tim, 2005: *Review of Canadian Federal Fiscal Forecasting: Processes and Systems.* Toronto: O'Neill Strategic Economics.

Obinger, Herbert, 2012: Die Finanzkrise und die Zukunft des Wohlfahrtsstaates. In: *Leviathan* 40, 441–461.

Obinger, Herbert, et al., 2010a: Denmark: The Survival of a Social Democratic Welfare State. In: Herbert Obinger et al. (Hg.), *Transformations of the Welfare State.* Oxford: Oxford University Press, 80–129.

——, 2010b: New Zealand: Retrenchment and Reconstruction. In: Herbert Obinger et al. (Hg.), *Transformations of the Welfare State.* Oxford: Oxford University Press, 130–190.

OECD (Organisation for Economic Co-operation and Development), 2008: *Growing Unequal? Income Distribution and Poverty in OECD Countries.* Paris: OECD.

——, 2010: *Tax Expenditures in OECD Countries.* Paris: OECD.

——, 2011a: *Divided We Stand: Why Inequality Keeps Rising.* Paris: OECD.

——, 2011b: *Pensions at a Glance 2011: Retirement-Income Systems in OECD and G20 Countries.* Paris: OECD.

——, 2012a: *Economic Outlook No. 92 Database.* Paris: OECD.

——, 2012b: *Restoring Public Finances, 2012 Update.* Paris: OECD.

——, 2014: *Taxing Wages.* Paris: OECD.

OECD AUS, verschiedene Jahre: *OECD Economic Survey: Australia.* Paris: OECD.

OECD CAN, verschiedene Jahre: *OECD Economic Survey: Canada.* Paris: OECD.

OECD DNK, verschiedene Jahre: *OECD Economic Survey: Denmark.* Paris: OECD.

OECD FIN, verschiedene Jahre: *OECD Economic Survey: Finland.* Paris: OECD.

OECD NLD, 2002: *OECD Economic Survey: Netherlands.* Paris: OECD.

OECD NZL, verschiedene Jahre: *OECD Economic Survey: New Zealand.* Paris: OECD.

OECD SWE, verschiedene Jahre: *OECD Economic Survey: Sweden.* Paris: OECD.

Olsen, Gregg M., 1996: Re-Modeling Sweden: The Rise and Demise of the Compromise in a Global Economy. In: *Social Problems* 43, 1–20.

Olson, Mancur, 1982: *The Rise and Decline of Nations: Economic Growth, Stagflation, and Social Rigidities.* New Haven: Yale University Press.

Ostry, Jonathan David, et al., 2010: *Fiscal Space.* IMF Staff Position Note 2010/11. Washington, DC: International Monetary Fund.

Palmer, Randall/Louise Egan, 2011: Chrétien Says Austerity Measures Work; Cuts to Social Programs in 1990s Saved Canada from Turning into What Greece Is Today. In: *The Globe and Mail,* 22.11.2011, B8.

Paquet, Gilles/Robert Shepherd, 1996: The Program Review Process: A Deconstruction. In: Gene Swimmer (Hg.), *How Ottawa Spends, 1996–1997: Life Under the Knife.* Ottawa: Carleton University Press, 39–72.

Parliament of Canada, verschiedene Jahre: *Edited Hansard.*

Patashnik, Eric M., 2008: *Reforms at Risk: What Happens after Major Policy Changes Are Enacted.* Princeton: Princeton University Press.

Peacock, Alan T./Jack Wiseman, 1961: *The Growth of Public Expenditure in the United Kingdom.* Princeton: Princeton University Press.

Perotti, Roberto, 1999: Fiscal Policy in Good Times and Bad. In: *The Quarterly Journal of Economics* 114, 1399–1436.

——, 2011: *The »Austerity Myth«: Gain Without Pain?* NBER Working Paper 17571. Cambridge, MA: National Bureau of Economic Research.

Persson, Göran, 1996: The Swedish Experience in Reducing Budget Deficits and Debt. In: *Economic Review – Federal Reserve Bank of Kansas City,* First Quarter 1996, 7–9.

——, 1997: *Den som är satt i skuld är icke fri.* Stockholm: Atlas.

Persson, Torsten/Lars E. O. Svensson, 1989: Why a Stubborn Conservative Would Run a Deficit: Policy with Time-Inconsistent Preferences. In: *The Quarterly Journal of Economics* 104, 325–345.

Persson, Torsten/Guido Tabellini, 2003: *The Economic Effects of Constitutions.* Cambridge, MA: MIT Press.

Pierson, Paul, 1993: When Effect Becomes Cause: Policy Feedback and Political Change. In: *World Politics* 45, 595–628.

——, 1994: *Dismantling the Welfare State: Reagan, Thatcher and the Politics of Retrenchment.* Cambridge: Cambridge University Press.

——, 1996: The New Politics of the Welfare State. In: *World Politics* 48, 143–179.

——, 1998: Irresistable Forces, Immovable Objects: Post-industrial Welfare States Confront Permanent Austerity. In: *Journal of European Public Policy* 5, 539–560.

——, 2001a: Coping with Permanent Austerity: Welfare State Restructuring in Affluent Democracies. In: Paul Pierson (Hg.), *The New Politics of the Welfare State.* Oxford: Oxford University Press, 410–456.

——, 2001b: From Expansion to Austerity: The New Politics of Taxing and Spending. In: Martin A. Levin/Marc K. Landy/M. Shapiro (Hg.), *Seeking the Center: Politics and Policymaking at the New Century.* Washington, DC: Georgetown University Press, 54–80.

—— (Hg.), 2001c: *The New Politics of the Welfare State.* Oxford: Oxford University Press.

——, 2004: *Politics in Time: History, Institutions, and Social Analysis.* Princeton: Princeton University Press.

Pierson, Paul/Theda Skocpol, 2002: Historical Institutionalism in Contemporary Political Science. In: Ira Katznelson/Helen V. Milner (Hg.), *Political Science: State of the Discipline.* New York: W.W. Norton, 693–721.

Plümper, Thomas/Vera E. Troeger/Philip Manow, 2005: Panel Data Analysis in Comparative Politics: Linking Method to Theory. In: *European Journal of Political Research* 44, 327–354.

Porter, Theodore M., 1995: *Trust in Numbers: The Pursuit of Objectivity in Science and Public Life.* Princeton: Princeton University Press.

Posen, Adam S., 1993: Why Central Bank Independence Does not Cause Low Inflation: There Is No Institutional Fix for Politics. In: Richard O'Brien (Hg.), *Finance and the International Economy.* Oxford: Oxford University Press, 40–65.

——, 1995: Declarations Are Not Enough: Financial Sector Sources of Central Bank Independence. In: Ben S. Bernanke/Julio J. Rotemberg (Hg.), *NBER Macroeconomics Annual 1995, Vol. 10.* Cambridge, MA: MIT Press, 253–274.

Posner, Paul L./Bryon S. Gordon, 2001: Can Democratic Governments Save? Experiences of Countries with Budget Surpluses. In: *Public Budgeting and Finance* 21, 1–28.

Prewitt, Kenneth, 1987: Public Statistics and Democratic Politics. In: William Alonso/Paul Starr (Hg.), *The Politics of Numbers.* New York: Russell Sage, 261–274.

Projektgruppe Gemeinschaftsdiagnose, 2010: *Erholung setzt sich fort – Risiken bleiben groß. Gemeinschaftsdiagnose Frühjahr 2010.* Düsseldorf: Hans-Böckler-Stiftung

——, 2013: *Gemeinschaftsdiagnose Herbst 2013: Konjunktur zieht an – Haushaltsüberschüsse sinnvoll nutzen.* Pressemitteilung vom 17.10.2013. Berlin: DIW.

Przeworski, Adam, 2014: Choices and Echoes: Stability and Change of Policy Regimes. In: Hideko Magara (Hg.), *Economic Crises and Policy Regimes: The Dynamics of Policy Innovation and Paradigmatic Change.* Cheltenham: Edward Elgar, 33–55.

Przeworski, Adam/Henry Teune, 1970: *The Logic of Comparative Social Inquiry.* New York: Wiley.

Pusey, Michael, 1991: *Economic Rationalism in Canberra: A Nation-Building State Changes Its Mind.* Cambridge: Cambridge University Press.

Regeringskansliet, 2011: *The Swedish Fiscal Policy Framework.* Stockholm: Regeringskansliet.

Reinhart, Carmen M./Kenneth S. Rogoff, 2010a: *From Financial Crash to Debt Crisis.* NBER Working Paper 15795. Cambridge, MA: National Bureau of Economic Research.

——, 2010b: *Growth in a Time of Debt.* NBER Working Paper 15639. Cambridge, MA: National Bureau of Economic Research.

——, 2011: *A Decade of Debt.* Washington, DC: Peterson Institute for International Economics.

Reinhart, Vincent S./Brian Sack, 2000: The Economic Consequences of Disappearing Government Debt. In: *Brookings Papers on Economic Activity*, 163–220.

Richardson, David, 2011: *Surplus Fetish: The Political Economy of the Surplus, Deficit and Debt.* Policy Brief No. 26. Canberra: The Australia Institute.

Richardson, Ruth, 1994: *Fiscal Responsibility Bill, Third Reading.* New Zealand Parliamentary Debates, 22.6.1994. Wellington: New Zealand Parliament. <www.vdig.net/hansard/archive.jsp?y=1994&m=06&d=22&o=90&p=96>

Robinson, Marc, 2002: Accrual Accounting and Australian Fiscal Policy. In: *Fiscal Studies* 23, 287–300.

Rodrik, Dani, 1996: Understanding Economic Policy Reform. In: *Journal of Economic Literature* 34, 9–41.

Rodrik, Dani, 1998: Why do More Open Economies Have Bigger Governments? In: *Journal of Political Economy* 106, 997–1032.

Rogoff, Kenneth S./Anne Sibert, 1988: Elections and Macroeconomic Policy Cycles. In: *Review of Economic Studies* 55, 1–16.

Rohlfing, Ingo, 2012: *Case Studies and Causal Inference: An Integrative Framework.* Basingstoke Palgrave.

Romano, Flavio, 2006: *Clinton and Blair: The Political Economy of the Third Way.* London: Routledge.

Romer, Christina, 2012: *Fiscal Policy in the Crisis: Lessons and Policy Implications*, IMF Fiscal Forum. Washington, DC: International Monetary Fund.

Romer, Christina/David Romer, 2009: *Do Tax Cuts Starve the Beast: The Effect of Tax Changes on Government Spending.* NBER Working Paper No. 13548. Cambridge, MA: National Bureau of Economic Research.

Romer, Paul M., 1990: Endogenous Technological Change. In: *Journal of Political Economy* 98, 71–102.

Rose, Richard, 1990: Inheritance Before Choice in Public Policy. In: *Journal of Theoretical Politics* 2, 263–291.

Roubini, Nouriel/Jeffrey D. Sachs, 1989: Political and Economic Determinants of Budget Deficits in the Industrial Democracies. In: *European Economic Review* 33, 903–938.

Rubin, Jeffrey, 2001: Ottawa needs stimulus package in a fall budget. In: *The Globe and Mail*, 20.10.2001, B8.

Russell, Ellen, 2005: *What Should we do With the Federal Budget Surplus?* Ottawa: Canadian Centre for Policy Alternatives.

Russell, Marcia, 1996: *Revolution: New Zealand from Fortress to Market.* Auckland: Hodder Moa Beckett.

Sancak, Cemile/Lucy Qian Liu/Taisuke Nakata, 2011: Canada: A Success Story. In: Paolo Mauro (Hg.), *Chipping Away at Public Debt.* Hoboken: Wiley, 1–29.

Sander, Gordon/Paul Austin, 1996: Sweden after the Fall. In: *The Wilson Quarterly* 20, 46–71.

Savoie, Donald, 1999: *Governing from the Centre: The Concentration of Power in Canadian Politics.* Toronto: Toronto University Press.

Scarth, Todd (Hg.), 2004: *Hell and High Water: An Assessment of Paul Martin's Record and Implications for the Future.* Ottawa: Canadian Centre for Policy Alternatives.

Schaechter, Andrea, et al., 2012: *Fiscal Rules in Response to the Crisis – Toward the »Next-Generation« Rules. A New Dataset.* IMF Working Paper 12/187. Washington, DC: International Monetary Fund.

Schäfer, Armin, 2008: *Krisentheorien der Demokratie: Unregierbarkeit, Spätkapitalismus und Postdemokratie.* MPIfG Discussion Paper 08/10. Köln: Max-Planck-Institut für Gesellschaftsforschung.

Schäfer, Armin/Wolfgang Streeck, 2013a: Introduction. In: Armin Schäfer/Wolfgang Streeck (Hg.), *Politics in the Age of Austerity.* Cambridge: Polity, 1–25.

—— (Hg.), 2013b: *Politics in the Age of Austerity.* Cambridge: Polity.

Scharpf, Fritz W., 1991: *Crisis and Choice in European Social Democracy.* Ithaca: Cornell University Press.

Scharpf, Fritz W./Vivien A. Schmidt (Hg.), 2000: *Welfare and Work in the Open Economy.* 2 Vols. Oxford: Oxford University Press.

Schattschneider, Elmer E., 1935: *Politics, Pressures and the Tariff.* New York: Prentice-Hall.

Schäuble, Wolfgang, 2010: ohne Titel. In: Deutscher Bundestag, *Plenarprotokoll 17/57.* Stenografischer Bericht der 57. Sitzung der 17. Wahlperiode, 14.9.2010, 5907. Berlin: Deutscher Bundestag.

——, 2014: *Bundeshaushalte ohne Neuverschuldung sollen ab 2015 Normalität werden.* Rede des Finanzministers zur Einbringung des Bundeshaushalts vor dem deutschen Bundestag, 9.9. 2014. Berlin: Bundesfinanzministerium. <www.bundesfinanzministerium.de/Content/DE/Reden/2014/2014-09-09-Bundestag-Haushalt-textfassung.html>

Scherf, Wolfgang, 2007: *Öffentliche Verschuldung.* Finanzwissenschaftliche Arbeitspapiere, Nr. 80. Gießen: Justus-Liebig-Universität.

Schick, Allan, 2000: »A Surplus, If We Can Keep It«: How the Federal Budget Surplus Happened. In: *The Brookings Review* 18, 36–39.

——, 2004: Fiscal Institutions versus Political Will. In: George Kopits (Hg.), *Rules-Based Fiscal Policy in Emerging Markets: Background, Analysis and Prospects.* Basingstoke: Palgrave Macmillan, 81–94.

——, 2009: Budgeting for Fiscal Space. In: *OECD Journal on Budgeting* 2009/2, 1–18.

Schmidt, Manfred G., 1993: Theorien in der international vergleichenden Staatstätigkeitsforschung. In: Adrienne Héritier (Hg.), *Policy-Analyse: Kritik und Neuorientierung.* Politische Vierteljahresschrift 34, Sonderheft 24. Wiesbaden: VS Verlag, 371–393.

——, et al. (Hg.), 2007: *Der Wohlfahrtsstaat: Eine Einführung in den historischen und internationalen Vergleich.* Wiesbaden: VS Verlag.

Schularick, Moritz, 2012: *Public Debt and Financial Crises in the Twentieth Century.* School of Business & Economics Discussion Paper 2012/1. Berlin: Freie Universität Berlin.

Schumpeter, Joseph A., [1918]1976: Die Krise des Steuerstaats. In: Rudolf Hickel (Hg.), *Die Finanzkrise des Steuerstaats: Beiträge zur politischen Ökonomie der Staatsfinanzen.* Frankfurt a.M.: Suhrkamp, 329–379.

Schwartz, Hermann, 1994: Small States in Big Trouble: State Reorganization in Australia, Denmark, New Zealand, and Sweden in the 1980s. In: *World Politics* 46, 527–555.

——, 2000: Internationalization and Two Liberal Welfare States: Australia and New Zealand. In: Fritz W. Scharpf/Vivien A. Schmidt (Hg.), *Welfare and Work in the Open Economy,* Vol. 2: *Diverse Responses to Common Challenges.* Oxford: Oxford University Press, 69–130.

——, 2001: The Danish Miracle: Luck, Pluck, or Stuck? In: *Comparative Political Studies* 34, 131–155.

——, 2006: Explaining Australian Economic Success: Good Policy or Good Luck? In: *Governance* 19, 173–205.

——, 2012: Housing, the Welfare State, and the Global Financial Crisis: What is the Connection? In: *Politics and Society* 40, 33–56.

Schwedisches Finanzministerium, verschiedene Jahre: *Spring Fiscal Policy Bill – Budget Statement.* Stockholm: Ministry of Finance Sweden.

Scott, Graham, 1995: New Zealand's Fiscal Responsibility Act. In: *Agenda* 2, 3–16.

Scruggs, Lyle, 2004: *Welfare State Entitlements Data Set: A Comparative Institutional Analysis of Eighteen Welfare States.* Storrs: University of Connecticut, Department of Political Science.

Scruggs, Lyle/Detlef Jahn/Kati Kuitto, 2014: *Comparative Welfare Entitlements Dataset 2. Version 2014-03.* Storrs, Greifswald: University of Connecticut, University of Greifswald. <http://cwed2.org>

Seils, Eric, 2004: *Finanzpolitik und Arbeitsmarkt in den Niederlanden: Haushaltsinstitutionen, Koalitionsverträge und die Beschäftigungswirkung von Abgaben*. Wiesbaden: VS Verlag.

Sewell, William H., 1996: Three Temporalities: Toward an Eventful Sociology. In: Terrence McDonald (Hg.), *The Historic Turn in the Human Sciences*. Ann Arbor: University of Michigan Press, 245–280.

Shepsle, Kenneth A./Barry R. Weingast, 1981: Political Preferences for the Pork Barrel: A Generalization. In: *American Journal of Political Science* 25, 96–111.

Siegel, Nico A., 2002: *Baustelle Sozialpolitik: Konsolidierung und Rückbau im internationalen Vergleich*. Frankfurt a.M.: Campus.

——, 2007: When (Only) Money Matters: The Pros and Cons of Expenditure Analysis. In: Jochen Clasen/Nico A. Siegel (Hg.), *Investigating Welfare State Change: The ›Dependent Variable Problem‹ in Comparative Analysis*. Cheltenham: Edward Elgar, 43–71.

Skocpol, Theda, 1985: Bringing the State Back In: Strategies of Analysis in Current Research. In: Peter B. Evans/Dietrich Rueschemeyer/Theda Skocpol (Hg.), *Bringing the State Back In*. Cambridge: Cambridge University Press, 3–43.

Soifer, Hillel David, 2012: The Causal Logic of Critical Junctures. In: *Comparative Political Studies* 45, 1572–1597.

Standard & Poor's, 2011: *Sovereign Rating and Country T&C Assessment Histories*. 3.8.2011. New York: Standard & Poor's.

Starke, Peter, 2008: *Radical Welfare State Retrenchment: A Comparative Analysis*. Basingstoke: Palgrave Macmillan.

Starr, Paul, 1987: The Sociology of Official Statistics. In: William Alonso/Paul Starr (Hg.), *The Politics of Numbers*. New York: Russell Sage, 7–57.

Steinbrück, Peer, 2009: ohne Titel. In: Deutscher Bundestag, *Plenarprotokoll 16/225*. Stenografischer Bericht der 225. Sitzung der 16. Wahlperiode, 29.5.2009, 24866. Berlin: Deutscher Bundestag.

Steinmo, Sven, 1993: *Taxation and Democracy: Swedish, British and American Approaches to Financing the Modern State*. New Haven: Yale University Press.

——, 2002: Globalization and Taxation: Challenges to the Swedish Welfare State. In: *Comparative Political Studies* 35, 839–862.

Steuerle, C. Eugene, 2014: *Dead Men Ruling: How to Restore Fiscal Freedom and Rescue Our Future*. New York: Century Foundation Press.

Stevenson, Richard W., 2002: Bush's Way Clear to Press Agenda for the Economy. In: *New York Times*, 11.11.2002, 1.

Stiglitz, Joseph E., 1998: Boats, Planes and Capital Flows. In: *Financial Times*, 25.3.1998, 32.

Stinchcombe, Arthur, 1968: *Constructing Social Theories*. New York: Harcourt.

Stockman, David, 1986: *The Triumph of Politics: How the Reagan Revolution Failed*. New York: Harper & Row.

——, 2013: *The Great Deformation: The Corruption of Capitalism in America*. New York: PublicAffairs.

Streeck, Wolfgang, 2009: *Re-Forming Capitalism: Institutional Change in the German Political Economy*. Oxford: Oxford University Press.

——, 2010: Noch so ein Sieg, und wir sind verloren. In: *Leviathan* 38, 159–173.

——, 2011: The Crises of Democratic Capitalism. In: *New Left Review* 71, 5–29.

Streeck, Wolfgang, 2013a: *Gekaufte Zeit: Die vertagte Krise des demokratischen Kapitalismus.* Frankfurter Adorno-Vorlesungen 2012. Berlin: Suhrkamp.

——, 2013b: *The Politics of Public Debt: Neoliberalism, Capitalist Development, and the Restructuring of the State.* MPIfG Working Paper 13/7. Köln: Max-Planck-Institut für Gesellschaftsforschung.

Streeck, Wolfgang/Daniel Mertens, 2010a: *An Index of Fiscal Democracy.* MPIfG Working Paper 10/3. Köln: Max-Planck-Institut für Gesellschaftsforschung.

——, 2010b: Politik im Defizit: Austerität als fiskalpolitisches Regime. In: *Der moderne Staat* 3, 7–29.

——, 2011: *Fiscal Austerity and Public Investment: Is the Possible the Enemy of the Necessary?* MPIfG Working Paper 11/12. Köln: Max-Planck-Institut für Gesellschaftsforschung.

Streeck, Wolfgang/Kathleen Thelen (Hg.), 2005a: *Beyond Continuity: Institutional Change in Advanced Political Economies.* Oxford: Oxford University Press.

——, 2005b: Introduction: Institutional Change in Advanced Political Economies. In: Wolfgang Streeck/Kathleen Thelen (Hg.), *Beyond Continuity: Institutional Change in Advanced Political Economies.* Oxford University Press, 1–39.

Sturm, Jan-Egbert, 1998: *Public Capital Expenditure in OECD Countries.* Cheltenham: Edward Elgar.

Svallfors, Stefan, 2011: A Bedrock of Support? Trends in Welfare State Attitudes in Sweden, 1981–2010. In: *Social Policy and Administration* 45, 806–825.

Swan, Wayne, 2008: *Budget Speech.* Commonwealth of Australia, Parliamentary Debates, House of Representatives, 13.5.2008. Canberra: Parliament of Australia.

Swank, Duane, 2001: Political Institutions and Welfare State Restructuring: The Impact of Institutions on Social Policy Change in Developed Democracies. In: Paul Pierson (Hg.), *The New Politics of the Welfare State.* Oxford: Oxford University Press, 197–237.

Swank, Duane/Sven Steinmo, 2002: The New Political Economy of Taxation in Advanced Capitalist Democracies. In: *American Journal of Political Science* 46, 642–655.

Tabellini, Guido, 1991: The Politics of Intergenerational Distribution. In: *Journal of Political Economy* 99, 335–357.

Tanner, Evan, 2013: *Fiscal Sustainability: A 21st Century Guide for the Perplexed. IMF Working Paper 13/89.* Washington, DC: International Monetary Fund.

Tanzi, Vito/Ludger Schuknecht, 2000: *Public Spending in the 20th Century: A Global Perspective.* Cambridge: Cambridge University Press.

Taylor, Donald H., 2012: *Balancing the Budget is a Progressive Priority.* New York: Springer.

The Age, 2007: *Labor Seizes on Lib's Future Fund Backing.* In: *The Age* 03/2007, 7.

The Economist, 1988: *Not a Kiwi Kinnock.* 6.8.1988, 45.

——, 1995: *How Lucky Can You Get?* 4.11.1995, 20.

——, 1998: *A Kiwi Conundrum.* 30.4.1998, 70.

——, 2000: *Tax Cuts? Why?* 3.8.2000, 44.

——, 2002: *Reforming the EU's Stability Pact?* 26.10.2002, 49.

——, 2008: *Breaking the Deficit Taboo.* 15.11.2008, 48.

Thelen, Kathleen, 1999: Historical Institutionalism in Comparative Politics. In: *Annual Review of Political Science* 2, 369–404.

——, 2014: *Varieties of Liberalization and the New Politics of Social Solidarity.* Cambridge: Cambridge University Press.

Tillmann, Antje, 2009: ohne Titel. In: Deutscher Bundestag, *Plenarprotokoll 16/225*. Stenografischer Bericht der 225. Sitzung der 16. Wahlperiode, 29.5.2009, 24859. Berlin: Deutscher Bundestag.

Timonen, Virpi, 2003: *Restructuring the Welfare State: Globalization and Social Policy Reform in Finland and Sweden*. Cheltenham: Edward Elgar.

Tsebelis, George, 1995: Decision Making in Political Systems: Veto Players in Presidentialism, Parliamentarism, Multicameralism and Multipartyism. In: *British Journal of Political Science* 25, 289–325.

——, 2002: *Veto Players: How Political Institutions Work*. New York: Russell Sage Foundation.

Tufte, Edward R., 1978: *Political Control of the Economy*. Princeton: Princeton University Press.

Turnbull, Malcolm, 2009: *Budget Debate*. Commonwealth of Australia, Parliamentary Debates, House of Representatives, 14.5.2009. Canberra: Parliament of Australia.

Tyson, Justin, 2014: *Reforming Tax Expenditures in Italy: What, Why, and How?* IMF Working Paper 14/7. Washington, DC: International Monetary Fund.

U.S. Government Accountability Office, 1999: *Budget Surpluses: Experiences of Other Nations and Implications for the United States*. Washington, DC: U.S. Government Accountability Office.

van der Ploeg, Frederick, 2008: *Structural Reforms, Public Investment and the Fiscal Stance: A Prudent Approach*. Stockholm: Finanspolitiska rådet.

Vartiainen, Juhana, 2011: The Finnish Model of Economic and Social Policy – from Cold War Primitive Accumulation to Generational Conflicts? In: Lars Mjøset (Hg.), *The Nordic Varieties of Capitalism*. Bingley: Emerald, 53–87.

Vis, Barbara, 2009: The Importance of Socio-economic and Political Losses and Gains in Welfare State Reform. In: *Journal of European Social Policy* 19, 395–407.

——, 2011: Prospect Theory and Political Decision Making. In: *Political Studies Review* 9, 334–343.

Vis, Barbara/Kees van Kersbergen, 2007: Why and how Do Political Actors Pursue Risky Reforms? In: *Journal of Theoretical Politics* 19, 153–172.

Visser, Jelle, 2006: Union Membership Statistics in 24 Countries. In: *Monthly Labor Review* 129, 38–49.

von Hagen, Jürgen/Andrew H. Hallett/Rolf Strauch, 2002: Budgetary Consolidation in Europe: Quality, Economic Conditions, and Persistence. In: *Journal of the Japanese and International Economies* 16, 512–535.

Vowles, Jack, et al. (Hg.), 1998: *Voters' Victory? New Zealand's First Election under Proportional Representation*. Auckland: Auckland University Press.

—— (Hg.), 1995: *Towards Consensus? The 1993 General Election in New Zealand and the Transition to Poportional Representation*. Auckland: Auckland University Press.

Vuchelen, Jef/Stijn Caekelbergh, 2010: Explaining Public Investment in Western Europe. In: *Applied Economics* 42, 1783–1796.

Wade, Matt, 2001: Lack of Cash Means Tax Takes a Back Seat. In: *Sydney Morning Herald*, 7.11.2001, 11.

Wagner, Richard E., 2007: *Fiscal Sociology and the Theory of Public Finance: An Exploratory Essay*. Cheltenham: Edward Elgar.

Wagschal, Uwe, 1996: *Staatsverschuldung: Ursachen im internationalen Vergleich*. Opladen: Leske + Budrich.

Wagschal, Uwe, 2001: Deutschlands Steuerstaat und die vier Welten der Besteuerung. In: Manfred G. Schmidt (Hg.), *Wohlfahrtsstaatliche Politik: Institutionen, politischer Prozess und Leistungsprofil.* Opladen: Leske + Budrich, 124–160.

——, 2003: Wer ist schuld an den Schulden? Zur Politischen Ökonomie der Staatsverschuldung. In: Herbert Obinger/Uwe Wagschal/Bernhard Kittel (Hg.), *Politische Ökonomie: Demokratie und wirtschaftliche Leistungsfähigkeit.* Opladen: Leske + Budrich, 289–320.

Wagschal, Uwe/Georg Wenzelburger, 2008a: Die Rückgewinnung staatlicher Handlungsfähigkeit: Staatsverschuldung und Haushaltskonsolidierung im internationalen Vergleich. In: *Der moderne Staat,* 141–164.

——, 2008b: *Haushaltskonsolidierung.* Wiesbaden: VS Verlag.

——, 2008c: Roads to Success: Budget Consolidations in OECD Countries. In: *Journal of Public Policy* 28, 309–339.

Walkenhorst, Peter/Nora Dihel, 2002: *The Impact of the Terrorist Attacks of 11 September 2001 on International Trading and Transport Activities.* Workshopbeitrag. Workshop »The Economic Consequences of Global Terrorism«, Deutsches Institut für Wirtschaftsforschung (DIW), Berlin, 14–15.6.2002.

Walter, Ryan/John Uhr, 2013: Budget Talk: Rhetorical Constraints and Contests. In: *Australian Journal of Political Science* 48, 431–444.

Wanna, John, 2006: *Between a Rock and a Hard Place: the Nonsense of Australia's Charter of Budget Honesty Act 1998.* Konferenzbeitrag. Australasian Political Studies Association Conference, Newcastle, NSW, University of Newcastle, 25.–27.7.2006.

Weaver, R. Kent, 1986: The Politics of Blame Avoidance. In: *Journal of Public Policy* 6, 371–398.

—— (Hg.), 1992: *The Collapse of Canada?* Washington, DC: Brookings Institution.

Wenzelburger, Georg, 2010a: The Analysis of Budget Consolidations. Concepts, Research Designs and Measurement. In: *Journal of Economic and Social Measurement* 34, 269–291.

——, 2010b: *Haushaltskonsolidierungen und Reformprozesse.* Berlin: LIT.

White, Joseph/Aaron Wildavsky, 1991: *The Deficit and the Public Interest: The Search for Responsible Budgeting in the 1980s.* Berkeley: University of California Press.

Wildavsky, Aaron, 1975: *Budgeting: A Comparative Theory of Budgetary Processes.* Boston: Little, Brown.

Williams, Paul D., 2008: The 2007 Australian Federal Election: The Story of Labor's Return from the Electoral Wilderness. In: *Australian Journal of Politics and History* 54, 104–125.

Williamson, Oliver E., 1975: *Markets and Hierarchies: Analysis and Antitrust Implications.* New York: Free Press.

Wilson, Sven E./Daniel M. Butler, 2007: A Lot More to Do: The Sensitivity of Time-Series Cross-Section Analyses to Simple Alternative Specifications. In: *Political Analysis* 15, 101–123.

Wittmann, Walter, 2010: *Staatsbankrott. Warum Länder Pleite gehen – Wie es dazu kommt – Weshalb uns das was angeht.* Zürich: Orell Füssli.

Wlezien, Christopher, 2005: On the Salience of Political Issues: The Problem with ›Most Important Problem‹. In: *Electoral Studies* 24, 555–579.

Wootten, George, 2006: *Avoiding Blame? A Discussion of the Strategic Politics of the Harris Conservatives in Ontario.* Konferenzbeitrag. Annual Conference of the Canadian Political Science Association, Toronto, York University, Department of Political Science, 1.–3.6.2006.

World Economic Forum, 2008: *The Global Competitiveness Report 2008–2009.* Genf: World Economic Forum. <www.weforum.org/pdf/GCR08/GCR08.pdf>

Zohlnhöfer, Reimut, 2008: Stand und Perspektiven der vergleichenden Staatstätigkeitsforschung. In: Frank Janning/Katrin Toens (Hg.), *Die Zukunft der Policy-Forschung: Theorien, Methoden, Anwendungen.* Wiesbaden: VS Verlag, 157–174.

——, 2009: *Globalisierung der Wirtschaft und finanzpolitische Anpassungsreaktionen in Westeuropa.* Baden-Baden: Nomos.

Zohlnhöfer, Reimut/Herbert Obinger, 2005: Ausverkauf des »Tafelsilbers«: Bestimmungsfaktoren der Privatisierungserlöse in EU- und OECD-Staaten 1990–2000. In: *Politische Vierteljahresschrift* 46, 602–628.

Zorn, Hendrik, 2009: *Recounting the Beans: The Statistical Construction of Fiscal Reality.* Dissertation. Köln: Universität zu Köln.

Sascha Münnich
Interessen und Ideen
Die Entstehung der Arbeitslosen-versicherung in Deutschland und den USA
2010. 436 Seiten

Philipp Klages
Wirtschaftliche Interessen und juristische Ideen
Die Entwicklung des Aktienrechts in Deutschland und den USA
2010. 216 Seiten

Mark Lutter
Märkte für Träume
Die Soziologie des Lottospiels
2010. 296 Seiten

Ulrich Dolata
Wandel durch Technik
Eine Theorie soziotechnischer Transformation
2011. 171 Seiten

Britta Rehder
Rechtsprechung als Politik
Der Beitrag des Bundesarbeitsgerichts zur Entwicklung der Arbeitsbeziehungen in Deutschland
2011. 400 Seiten

Renate Mayntz (ed.)
Crisis and Control
Institutional Change in Financial Market Regulation
2012. 299 Seiten

Dominic Akyel
Die Ökonomisierung der Pietät
Der Wandel des Bestattungsmarkts in Deutschland
2013. 239 Seiten

Daniel Seikel
Der Kampf um öffentlich-rechtliche Banken
Wie die Europäische Kommission Liberalisierung durchsetzt
2013. 259 Seiten

Tobias ten Brink
Chinas Kapitalismus
Entstehung, Verlauf, Paradoxien
2013. 372 Seiten

Benjamin Werner
Der Streit um das VW-Gesetz
Wie Europäische Kommission und Europäischer Gerichtshof die Unternehmenskontrolle liberalisieren
2013. 223 Seiten

Philip Mehrtens
Staatsschulden und Staatstätigkeit
Zur Transformation der politischen Ökonomie Schwedens
2014. 297 Seiten

Armin Schäfer
Der Verlust politischer Gleichheit
Warum die sinkende Wahlbeteiligung der Demokratie schadet
2015. 332 Seiten

Daniel Mertens
Erst sparen, dann kaufen?
Privatverschuldung in Deutschland
2015. 387 Seiten

Timur Ergen
Große Hoffnungen und brüchige Koalitionen
Industrie, Politik und die schwierige Durchsetzung der Photovoltaik
2015. 343 Seiten

Renate Mayntz (ed.)
Negotiated Reform
Multilevel Governance of Financial Regulation
2015. 193 Seiten

Lukas Haffert
Freiheit von Schulden – Freiheit zum Gestalten?
Die Politische Ökonomie von Haushaltsüberschüssen
2016. 332 Seiten